Juridicum - Schriften zum Arbeitsrecht

Reihe herausgegeben von

Jacob Joussen, Bochum, Deutschland

Die Schriftenreihe widmet sich dem Arbeitsrecht in seiner ganzen Breite. Sie ermöglicht die Veröffentlichungen von Abhandlungen aus dem Bereich des Individualarbeitsrechts ebenso wie aus dem kollektiven Arbeitsrecht. Damit sind neben Fragestellungen des gesamten Arbeitsvertragsrechts insbesondere auch Beiträge aus dem Betriebsverfassung-, dem Tarif- und dem Koalitionsrecht Gegenstand der Reihe. Sie ist offen für sehr gute wissenschaftliche Forschungsarbeiten aus diesem Fächerbereich, auch soweit sie aus europäischen oder internationalen Bezügen stammen.

Herausgeber Prof. Dr. Jacob Joussen Juristische Fakultät Ruhr-Universität Bochum

Benedict Seiwerth

Die gerichtliche Kontrolle von Arbeitgeberweisungen

Eine Analyse unter Einbeziehung verwaltungsrechtlicher Wertungen

Springer

Benedict Seiwerth
Eberhard Karls Universität Tübingen
Tübingen, Deutschland

D 21

ISSN 2522-5863 ISSN 2522-5871 (electronic)
Juridicum - Schriften zum Arbeitsrecht
ISBN 978-3-658-52309-1 ISBN 978-3-658-52310-7 (eBook)
https://doi.org/10.1007/978-3-658-52310-7

Die Deutsche Nationalbibliothek verzeichnet diese Publikation in der Deutschen Nationalbibliografie; detaillierte bibliografische Daten sind im Internet über https://portal.dnb.de abrufbar.

Planung/Lektorat: Carina Reibold
Springer ist ein Imprint der eingetragenen Gesellschaft Springer Fachmedien Wiesbaden GmbH und ist ein Teil von Springer Nature.
Die Anschrift der Gesellschaft ist: Abraham-Lincoln-Str. 46, 65189 Wiesbaden, Germany

Für Charlotte und Hanno

Vorwort

Die vorliegende Arbeit wurde im Sommersemester 2025 von der juristischen Fakultät der Eberhard Karls Universität Tübingen als Dissertation angenommen.

Besonders danken möchte ich zunächst meinem Doktorvater Herrn *Prof. Dr. Hermann Reichold.* Er hat mir mit viel Geduld und Verständnis nicht nur ermöglicht, während der Promotionszeit in England zu studieren, um meinen *Master of Laws* (LL.M.) zu erhalten, sondern insbesondere auch meine Dissertation im Anschluss berufsbegleitend fertigzustellen.

Danken möchte ich auch Herrn *Prof. Dr. Johannes Saurer* für die zügige Erstellung des Zweitgutachtens sowie Herrn *Prof. Dr. Christian Picker* für die Übernahme des Vorsitzes im Rahmen der Disputation am 25. November 2025.

Gedankt sei an dieser Stelle herzlich Herrn *Dr. Pascal Ludwig*, dem kein Abendessen zu schade war, sich mit mir zu meinem Dissertationsthema auszutauschen, was mir gerade zu Beginn sehr half. Herzlich gedankt sei auch meinem Vater *Michael Seiwerth* für das Korrekturlesen meiner Arbeit – ein für einen Praktiker nicht immer kurzweiliges Vergnügen.

Mein größter Dank gilt meiner Frau *Charlotte*, die nicht nur stets da war, um mit ihr über meine Arbeit zu sprechen, und sie auch korrekturgelesen hat, sondern mir auch während der gesamten Promotionszeit den Rücken freihielt – selbst nachdem zwischenzeitlich unser Sohn geboren wurde – und mir so den erfolgreichen Abschluss meiner Arbeit überhaupt erst möglich machte.

Mainz, im April 2026 *Benedict Seiwerth*

Inhaltsübersicht

Inhaltsverzeichnis

Abkürzungsverzeichnis

a.E.	am Ende
ABlEG	Amtsblatt der Europäischen Gemeinschaften
AcP	Archiv für die civilistische Praxis
AGG	Allgemeines Gleichstellungsgesetz
Anm .	Anmerkung
AöR	Archiv des öffentlichen Rechts
ArbG	Arbeitsgericht
ArbGG	Arbeitsgerichtsgesetz
ArbRAktuell	Arbeitsrecht Aktuell
AufenthG	Aufenthaltgesetz
BAG	Bundesarbeitsgericht
BAGE	Sammlung der Entscheidungen des Bundesarbeitsgerichts
BAT	Bundes-Angestelltentarifvertrag
BauGB	Baugesetzbuch
BDSG	Bundesdatenschutzgesetz
Bearb.	Bearbeiter
Begr.	Begründer
BEM	Betriebliches Eingliederungsmanagement
BGB	Bürgerliches Gesetzbuch
BGBl.	Bundesgesetzblatt
BGH	Bundesgerichtshof
BGHZ	Entscheidungen des Bundesgerichtshofes in Zivilsachen
BR-Drucks.	Drucksachen des Bundesrates
Bspw.	beispielsweise
BT-Drucks.	Drucksachen des Deutschen Bundestages
BVerfG	Bundesverfassungsgericht
BVerfGG	Bundesverfassungsgerichtsgesetz
BVerwG	Bundesverwaltungsgericht
BVerwGE	Entscheidungen des Bundesverwaltungsgerichts
BW PolG	Baden-Württembergisches Polizeigesetz
BWPolG	Polizeirecht Baden-Württenberg

d.h.	das heißt
DVBl.	Deutsches Verwaltungsblatt
EAG Bau	Europarechtsanpassungsgesetzes Bau
EMRK	Europäische Menschenrechtskonvention
EurUP	Zeitschrift für Europäisches Umwelt- und Planungsrecht
EWCA Civ	England and Wales Court of Appeal (Civil Division)
FS	Festschrift
GewO	Gewerbeordnung
GG	Grundgesetz
ggf.	gegebenenfalls
GS	Gedächtnisschrift
Hrsg.	Herausgeber
ICR	Industrial Case Reports
IFG	Informationsfreiheitsgesetz
IRLR	Industrial Relations Law Reports
i.S.v.	im Sinne von
i.V.m.	in Verbindung mit
JURA	Juristische Ausbildung
JuS	Juristische Schulung
JVEG	Justizvergütungs- und -entschädigungsgesetz
JZ	Juristenzeitung
KI	Künstliche Intelligenz
KI-VO	Verordnung über künstliche Intelligenz (VO (EU) 2024/1689)
LAG	Landesarbeitsgericht
m.w.N.	mit weiteren Nachweisen
NachwG	Nachweisgesetz
NJOZ	Neue Juristische Online-Zeitschrift
NJW	Neue Juristische Wochenschrift
NVwZ	Neue Zeitschrift für Verwaltungsrecht
NZA	Neue Zeitschrift für Arbeitsrecht
NZA-RR	Neue Zeitschrift für Arbeitsrecht – Rechtsprechungs-Report
RdA	Recht der Arbeit
RG	Reichsgericht

RGZ	Entscheidungssammlungen der Entscheidungen des Reichsgerichts in Zivilsachen
SGB	Sozialgesetzbuch
St. Rspr.	ständige Rechtsprechung
UKSC	Supreme Court
UmwRG	Umwelt-Rechtsbehelfsgesetz
VerwRspr	Verwaltungsrechtsprechung
Vgl.	vergleiche
vs.	versus
VVDStRL	Veröffentlichungen der Vereinigung der Deutschen Staatsrechtslehrer
VwGO	Verwaltungsgerichtsordnung
VwVfG	Verwaltungsverfahrensgesetz
WLR	Weekly Law Reports
ZfA	Zeitschrift für Arbeitsrecht
ZPO	Zivilprozessordnung
zs.	zusammen

Kapitel 1: Hinführung

A. *Problemaufriss*

Arbeitsverträge sind sogenannte *relationale* Verträge. *Relational*, oder auch *unvollständig*, beschreibt in den Wirtschaftswissenschaften Vertragsbeziehungen, bei denen die Parteien *ex ante* nicht alle Eventualitäten vorhersehen und daher vertraglich festlegen können.[1] Dies kann zum einen die Pflichten des Arbeitgebers betreffen. Ein gängiges Beispiel sind Bonuszahlungen, deren Höhe in das Ermessen des Arbeitgebers gestellt sind. In besonderem Maße betrifft die *Unvollständigkeit* jedoch die vertraglich geschuldete Arbeitsleistung des Arbeitnehmers.[2] Bei Vertragsschluss kann regelmäßig noch nicht feststehen, welche Tätigkeiten der Arbeitnehmer wo und wann zu erbringen hat. Mit Hilfe des Weisungsrechts füllt der Arbeitgeber das Arbeitsverhältnis mit Leben und tut das, was den Parteien bei Abschluss des Arbeitsvertrages (noch) nicht möglich war: Er bestimmt die alltäglichen Arbeitsaufgaben des Arbeitnehmers anhand von Inhalt, Ort und Zeit. Damit konkretisiert er den durch den Arbeitsvertrag sowie kollektivrechtliche Vereinbarungen und Gesetze vorgegebenen Rahmen.[3] Entsprechend ist das „Wesensmerkmal"[4] eines jeden Arbeitsvertrages das vertragliche Weisungsrecht des Arbeitgebers.

---

1 *Relational* meint, dass neben den lückenhaften ausdrücklichen Vertragsregelungen zwischen den Parteien eine Vertrauensbeziehung besteht, die ungeschrieben – also implizit – gegenseitige Erwartungen an die Vertragsdurchführung beinhaltet. Zu impliziten Verträgen wie auch zur ökonomischen Analyse von Arbeitsverträgen insgesamt, siehe *Reichold*, RdA 2002, 321 (326 ff.).

2 Das BAG spricht im Zusammenhang mit Versetzungsklauseln vom „im Arbeitsrecht bestehenden spezifischen Anpassungs- und Flexibilisierungsbedürfnis [...] Der Arbeitsvertrag bedarf als Dauerschuldverhältnis einer ständigen, bei Vertragsschluss gedanklich nicht vorwegnehmbaren Anpassung. Die Einflussfaktoren sind im Arbeitsrecht so zahlreich und vielgestaltig, dass gesicherte Prognosen kaum möglich sind [...]", BAG, Urteil vom 11. April 2006 – 9 AZR 557/05, NZA 2006, 1149 (1152), Rn. 36.

3 Das Leistungsbestimmungsrecht des Arbeitgebers erstreckt sich gemäß § 106 S. 2 GewO zudem noch auf das Verhalten und die Ordnung im Betrieb.

4 BAG, Urteil vom 23. September 2004 – 6 AZR 567/03, BAGE 112, 80, NZA 2005, 359 (360); die Bedeutung des Weisungsrechts zeigt sich an § 611a BGB, der die Weisungsgebundenheit als eines der Kernmerkmale eines Arbeitsverhältnisses normiert; vgl. auch ErfK/*Preis*, § 611a BGB, Rn. 1.

B. Seiwerth, *Die gerichtliche Kontrolle von Arbeitgeberweisungen*, Juridicum – Schriften zum Arbeitsrecht, https://doi.org/10.1007/978-3-658-52310-7_1

Die Unvollständigkeit relationaler Verträge birgt für die Vertragsparteien Risiken. Insbesondere begeben sie sich in die Gefahr, die andere Vertragspartei könnte die entstandene Abhängigkeit in Verbindung mit vertraglichen Spielräumen nutzen, um sich bei der Vertragsdurchführung Vorteile zu verschaffen.[5] Dieses Problem verschärft sich bei Arbeitsverhältnissen aus zwei Gründen: Zum einen besteht zwischen Arbeitgeber und Arbeitnehmer ein Machtgefälle.[6] Arbeitgeber sind regelmäßig nicht nur wirtschaftlich stärker, sondern besitzen auch einen Wissensvorsprung. Diese Wertung liegt beispielsweise § 2 Abs. 1 S. 7, Abs. 4 S. 2 NachwG zugrunde, wonach der Arbeitnehmer auch über gesetzliche Arbeitsbedingungen unterrichtet werden muss.[7] Zum anderen ist das Arbeitsverhältnis für Arbeitnehmer üblicherweise deren Existenzgrundlage. Daher können Arbeitnehmer je nach persönlicher Situation (insb. der eigenen Qualifikation und Arbeitsmarktsituation) geneigt sein, sie übervorteilende Weisungen hinzunehmen.

Das Arbeitsrecht begegnet dieser Gefahr, indem es die Ausübung des vertraglichen Weisungsrechts durch den Arbeitgeber begrenzt. Gemäß § 106 S. 1 GewO „kann der Arbeitgeber Inhalt, Ort und Zeit der Arbeitsleistung nach billigem Ermessen näher bestimmen". Diese Vorschrift ist der allgemeinen Bestimmung des § 315 BGB nachgebildet.[8] Anders als bei § 315 BGB besteht das Erfordernis eines „billigen Ermessens" zum Schutz der Arbeitnehmer jedoch nicht nur „im Zweifel".

Entspricht eine Weisung nicht billigem Ermessen, ist sie für den Arbeitnehmer von Beginn an unverbindlich. Dies ist spätestens seit einer Grundsatzentscheidung des BAG vom Oktober 2017 ganz überwiegende Meinung, [9] Folgt ein Arbeitnehmer einer unbilligen Weisung nicht, begeht er keine Pflichtverletzung.

---

5 *Williamson*, The Mechanisms of Governance (1996), S. 55 ff.

6 *Gamillscheg*, Die Grundrechte im Arbeitsrecht, S. 29 f. mit Verweis auf die Motive zum Entwurf des Arbeitsschutzgesetzes (1890), wonach dem „'Proletarier' [...] ,beim Vertragsabschluß jede Einwirkung auf die einzelnen Bedingungen des Arbeitsvertrages entzogen'" sei.

7 In diesem Sinne auch die durch das NachwG umgesetzte, frühere Richtlinie 91/533/EWG (ABlEG 1991 Nr. L 288 S. 32 v. 18. Oktober 1991): „Diese Maßnahmen zielen darauf ab, die Arbeitnehmer besser vor etwaiger Unkenntnis ihrer Rechte zu schützen [...]".

8 Zur Historie siehe unten Kapitel 4, C., II., 1., d), S. 156 ff.; siehe auch *Hromadka*, in: FS v. Hoyningen-Huene (2014), S. 145 (155 f.).

9 BAG, Urteil vom 18. Oktober 2017 –10 AZR 330/16, BAGE 160, 296, NZA 2017, 1452.

Von großer praktischer Bedeutung ist damit die Frage, inwieweit Gerichte überprüfen können, ob eine Weisung billigem Ermessen entspricht – oder eben nicht. Mit anderen Worten: In welchem Maße die Ausübung des Weisungsrechts als Ermessensentscheidung des Arbeitgebers gerichtlich überprüfbar ist.

Betrachtet man hierfür den Wortlaut des § 106 GewO, fällt ein Aspekt ins Auge: § 106 GewO erinnert sprachlich stark an § 40 VwVfG: „Ist die Behörde ermächtigt, *nach* ihrem Ermessen zu *handeln* [...], hat sie ihr Ermessen entsprechend dem Zweck der Ermächtigung auszuüben und die gesetzlichen Grenzen des Ermessens einzuhalten“.[10]

Trotz dieser Parallele unterscheiden sich die gerichtliche Kontrolldichte im Arbeitsgerichtsverfahren von der im Verwaltungsstreitverfahren. Gerichte der Verwaltungsgerichtsbarkeit kontrollieren das Handeln einer Behörde weitergehend als Gerichte für Arbeitssachen die Weisungen eines Arbeitgebers. Im Verwaltungsstreitverfahren prüfen die Gerichte gemäß § 114 VwGO und damit spiegelbildlich zu § 40 VwVfG, ob das Verwaltungshandeln der Behörde rechtswidrig ist, weil ein Ermessensfehlgebrauch oder eine Ermessensüberschreitung vorliegt. Ein sogenannter Ermessensfehlgebrauch liegt beispielsweise vor, wenn die Behörde bei ihrer Entscheidung nicht alle wesentlichen Gesichtspunkte in ihrer Entscheidung berücksichtigt.[11] Anders bei den Gerichten für Arbeitssachen: Nach aktueller Rechtsprechung des BAG obliege den Gerichten nach §§ 106 S. 1 GewO, § 315 Abs. 3 S. 1 BGB allein die Prüfung, ob der Arbeitgeber die „Grenzen seines Bestimmungsrechts beachtet hat“.[12] Bei dieser Prüfung kommt es nach Ansicht des BAG spätestens seit einer Entscheidung aus dem Jahr 2016

> „nicht auf die vom Bestimmungsberechtigten angestellten Erwägungen an, sondern darauf, ob Ergebnis der getroffenen Entscheidung den gesetzlichen Anforderungen genügt“.[13]

10 [Hervorhebungen nicht im Original].

11 Huck/Müller/*Müller*, VwVfG, § 40 Rn. 28.

12 BAG, Urteil vom 24. Oktober 2018 – 10 AZR 19/18, NZA 2019, 619 (621), Rn. 26; BAG, Urteil vom 18. Oktober 2017 – 10 AZR 47/17, BAGE 160, 325, NZA 2018, 162 (163 f.), Rn. 19; BAG, Urteil vom 30. November 2016 – 10 AZR 11/16, NZA 2017, 1394 (1397), Rn. 28.

13 BAG, Urteil vom 30. November 2016 – 10 AZR 11/16, NZA 2017, 1394 (1397), Rn. 28; nachfolgend ebenso etwa BAG, Urteil vom 24. Oktober 2018 – 10 AZR 19/18, NZA 2019, 619 (621), Rn. 26; gleichlaufend BAG, Urteil vom 19. Juni 2024 – 5 AZR 249/23, NZA 2024, 1430 (1433), Rn. 37; BAG, Urteil vom 30. November 2022 – 5 AZR 336/21, BAGE 179, 304, NZA 2023, 429 (433),

Gerichte für Arbeitssachen prüfen also anders als Verwaltungsgerichte nicht den Entscheidungsvorgang des Bestimmungsberechtigten, sondern nur das Ergebnis dieses Vorgangs.

Diese Arbeit untersucht vor diesem Hintergrund zweierlei: Erstens wird herausgearbeitet, weshalb eine bloße Ergebniskontrolle und der generelle Verzicht auf eine Vorgangskontrolle beim Weisungsrecht nicht überzeugend sind. Zweitens wird untersucht, welche Folgen sich aus Fehlern im Entscheidungsvorgang („Vorgangsfehler") für den Arbeitgeber ergeben und wie für das Weisungsrecht ein Modell abgestufter Fehlerfolgen entwickelt werden kann.

B. Gang der der Untersuchung

I. Aufbau

Die Untersuchung erfolgt in drei Schritten:

- Auswertung der Rechtsprechung des BAG: Wie ist die aktuelle Rechtsprechung des BAG zu verstehen (Aussagen und Begründung),[14] wie verhält sich die aktuelle Rechtsprechung des BAG zur früheren Rechtsprechung[15] und weshalb ist die aktuelle Rechtsprechung zu kritisieren[16] (Kapitel 2)?
- Prägnante Darstellung der gerichtlichen Kontrolle im Verwaltungsstreitverfahren: Welche Rolle spielt die Vorgangskontrolle im Verwaltungsrecht[17] und welche Wertungen lassen sich für die Bestimmung einer angemessenen Kontrolldichte finden[18] (Kapitel 3)?
- Entwicklung einer eigenen Lösung: Welche gesetzlichen Anforderungen ergeben sich an das billige Ermessen?[19] Inwieweit hat die im Verwaltungsrecht bestehende grundsätzliche Kongruenz von materiellrechtlicher Bindung und gerichtlicher Kontrolle auch beim

Rn. 39; BAG, Urteil vom 18. Oktober 2017 – 10 AZR 47/17, BAGE 160, 325, NZA 2018, 162 (163 f.), Rn. 19.

14 Siehe unten Kapitel 2, A., S. 23 ff.

15 Siehe unten Kapitel 2, B., S. 67 ff.

16 Siehe unten Kapitel 2, C., S. 93 ff.

17 Siehe unten Kapitel 3, C, S. 109 ff.

18 Siehe unten Kapitel 3, D, S. 142 ff.

19 Siehe unten Kapitel 4, A., S. 145 ff.

Weisungsrecht Bestand?[20] Lässt sich aus im Verwaltungs- und Arbeitsrecht etablierten Wertungen ein passendes Fehlerfolgenregime entwickeln[21] (Kapitel 4)?

II. Warum ein Vergleich mit dem Verwaltungsrecht?

Ein Blick ins Verwaltungsrecht bietet sich insbesondere aus den folgenden Gründen an: Zunächst hat sich im Verwaltungsrecht vor dem Hintergrund der Gewaltenteilung ein ausdifferenziertes System angemessener Kontrolldichte entwickelt. Beim Weisungsrecht steht hingegen bislang weniger die allgemeine Frage der Kontrolldichte im Vordergrund, sondern die inhaltliche Frage, welche Weisungen nach Inhalt, Zeit und Ort (noch) zulässig sind. Zwischen Arbeitgeberweisung und Behördenentscheidung gibt es wie eingangs beschrieben offenkundige Parallelen: Der Entscheidungsspielraum löst in beiden Kontexten das Problem der Unvollständigkeit und Arbeitgebern wie auch Behörden steht ein kontrollfreier Spielraum zu (Letztentscheidungsbefugnis). Schließlich üben beide in gewissem Maße Macht über Arbeitnehmer bzw. Bürger aus.[22] Diese strukturellen Parallelen legen es nahe, dass im Verwaltungsrecht relevante Überlegungen und Wertungen auch für das Weisungsrecht fruchtbar gemacht werden können. Dies veranschaulicht auch – wie im Einzelnen noch zu erörtern sein wird – die Rechtsprechung des BAG; etwa, wenn das BAG eine Vorgangskontrolle bei einseitigen Leistungsbestimmungen des Arbeitgebers ausdrücklich mit einem Vergleich zum Verwaltungsrecht ablehnt mit der Begründung, dass dem Arbeitgeber im Unterschied zur Behörde im konkreten Fall keine Letztentscheidungsbefugnis zustehe.[23]

III. Ziel der Arbeit

Ziel der Arbeit ist es nachzuweisen, dass

20 Siehe unten Kapitel 4, B, S. 163ff.

21 Siehe unten Kapitel 4, C, S. 191 ff.

22 *Würdinger* spricht im Kontext des Arbeitsverhältnisses bspw. von „sozialer Macht“, MüKoBGB/*Würdinger*, BGB, § 315 Rn. 74 unter Verweis auf *Söllner*, Einseitige Leistungsbestimmungen im Arbeitsverhältnis (1966), S. 130; *Gamillscheg*, AcP 164 (1964), 385 (407 ff.).

23 BAG, Urteil vom 3. 12. 2002 – 9 AZR 457/01, BAGE 104, 55, NZA-RR 2003, 613, im Einzelnen noch Kapitel 2., B., III., 2., a), S. 78 ff.

- das billige Ermessen nach § 106 GewO auch materiell-rechtliche Vorgaben für den Entscheidungsvorgang des Arbeitgebers enthält, und nicht nur im Hinblick auf das Ergebnis;
- Gerichte die Einhaltung dieser materiell-rechtlichen Bindungen grundsätzlich kontrollieren müssen (Kongruenz von Bindung und Kontrolle);
- für das Weisungsrecht keine generelle Ausnahme von dieser Kongruenz von Bindung und Kontrolle möglich ist;
- die Vorgangskontrolle lediglich ausnahmsweise eingeschränkt sein kann, nämlich durch eine Betrachtung der Fehlerfolgen. Mit anderen Worten: die Fehlerfolge im Sinne einer Unverbindlichkeit der Weisung allein wegen Vorgangsfehlern kann ausnahmsweise unverhältnismäßig sein;
- die Frage, wann eine solche Ausnahme vorliegt, schematisch beantwortet werden kann durch eine Abwägung der Interessen von Arbeitgeber und Arbeitnehmer am Bestand der Weisung trotz eines Vorgangsfehlers bzw. an der Aufhebung deswegen;
- diese Abwägung anhand von Faktoren geschehen kann, die im Verwaltungsrecht bzw. im Arbeitsrecht zur Bestimmung angemessener gerichtlicher Kontrolle bereits anerkannt sind.

Insgesamt greift die Arbeit soweit wie möglich auf Grundsätze zurück, die in der Rechtsprechung des BAG für das Weisungsrecht anerkannt sind. Mit anderen Worten: Die hier entwickelte Kritik und Lösung sollen sich möglichst nahtlos in das bestehende „Rechtsprechungskorsett“ einfügen. Damit verbunden ist die Hoffnung, dass die Arbeit am ehesten zur Weiterentwicklung der Rechtsprechung beiträgt, wenn sie soweit möglich auf ihr aufbaut und dadurch die „Hemmschwelle“ für einen Wandel geringhält.

Kapitel 2: Entwicklung der Rechtsprechung des BAG

Wie in der Hinführung erwähnt, beschränkt sich das BAG erstmals in einem Urteil aus dem Jahr 2016 ausdrücklich auf die Kontrolle allein des Ergebnisses einer Weisung. Die Analyse ist daher zweigeteilt; in „aktuelle“ und „frühere“ Rechtsprechung. Aktuelle Rechtsprechung meint ausgewählte Urteile seit 2016, die sich ausdrücklich auf eine Ergebniskontrolle beschränken. Frühere Rechtsprechung meint hingegen relevante Urteile vor 2016.

A. Aktuelle Rechtsprechung des BAG

Die aktuelle Rechtsprechung wird auf Zweierlei untersucht. Zunächst wird herausgearbeitet, wie der Kontrollmaßstab des BAG, wonach es nicht auf die vom Arbeitgeber angestellten Erwägungen ankomme, zu verstehen ist. Mit anderen Worten: Wie weit entzieht das BAG den Entscheidungsvorgang der gerichtlichen Kontrolle? Zweitens, wie das BAG die Beschränkung auf eine Ergebniskontrolle begründet.

I. Umfang gerichtlicher Kontrolle

Möchte man besser verstehen, wie konsequent das BAG auf die Kontrolle des Entscheidungsvorgangs verzichtet, lohnt ein Blick auf drei Urteile aus den Jahren 2017 und 2018. Diesen Urteilen lässt sich entnehmen, dass es für die gerichtliche Kontrolle jedenfalls unbeachtlich sein soll, wenn Arbeitgeber auf Grundlage unvollständiger Informationen entscheiden (1.). Weiter sei es unbeachtlich, wenn Arbeitgeber anhand unrichtiger Informationen entscheiden (2.). Ob das BAG in letzter Konsequenz auch sachfremde und missbräuchliche Erwägungen oder willkürlich getroffenen Entscheidung unbeachtet lassen würde, lässt sich nicht sicher sagen – aber auch nicht ausschließen (3.).

B. Seiwerth, *Die gerichtliche Kontrolle von Arbeitgeberweisungen*,
Juridicum – Schriften zum Arbeitsrecht, https://doi.org/10.1007/978-3-658-52310-7_2

1. *Unvollständige* Erwägungen

Zunächst lässt sich der vom BAG angewandte Kontrollmaßstab so interpretieren, dass eine Weisung auch dann billigem Ermessen entsprechen kann, wenn Arbeitgeber nicht alle wesentlichen Umstände des Einzelfalles gekannt und bei ihrer Entscheidung berücksichtigt haben. Dies lässt sich zwei Urteilen aus dem Jahr 2017 entnehmen. In beiden Urteilen wurden Arbeitnehmer versetzt, ohne zuvor angehört worden zu sein, obwohl dies im konkreten Fall gesetzlich bzw. vertraglich vorgesehen war.

a) BAG, Urteil vom 18. Oktober 2017 – 10 AZR 47/17 („Betriebliches Eingliederungsmanagement – BEM“)

2017 formulierte das BAG die Beschränkung auf eine Ergebniskontrolle erstmals als Orientierungssatz:[24]

> „Im Rahmen der gerichtlichen Überprüfung einer Ausübung des Weisungsrechts kommt es nach § 106 GewO, § 315 BGB *nicht auf die vom Bestimmungsberechtigten angestellten Erwägungen an, sondern darauf*, ob das Ergebnis der getroffenen Entscheidung die Grenzen billigen Ermessens wahrt. Der Arbeitgeber trägt das Risiko der Unwirksamkeit seiner Maßnahme, wenn er wesentliche Aspekte unberücksichtigt lässt, die ihm im Rahmen eines an sich gebotenen BEM hätten bekannt werden können.“[25]

aa) Wesentlicher Sachverhalt und Entscheidungsgründe

Gegenstand dieses Urteils war die Versetzung eines Arbeitnehmers von der Nachtschicht in die am Tag gelegene Wechselschicht. Der auf vertragsgemäße Beschäftigung klagende Arbeitnehmer kämpfte seit längerem mit einer Suchterkrankung. Infolge dieser Suchterkrankung war er wiederholt krankheitsbedingt abwesend, teils über einen längeren Zeitraum. Die Arbeitgeberin führte mit dem Arbeitnehmer ein sogenanntes Krankenrückkehrgespräch. Ziel eines Krankenrückkehrgespräch ist es, mögliche betriebliche Ursachen für eine Erkrankung herauszufinden.[26] Der genaue

---

24 Im Unterschied zu anderen Gerichten stammen die Orientierungssätze einer Entscheidung des BAG von den Richtern und Richterinnen selbst, also vom Entscheidungsorgan (sog. Orientierungssätze der Richterinnen und Richter des BAG).

25 BAG, Urteil vom 18. Oktober 2017 – 10 AZR 47/17, BAGE 160, 325, NZA 2018, 162, Orientierungssatz 3 [Hervorhebungen nicht im Original].

26 *Kraushaar*, NZA 2005, 913 (915).

Inhalt des Krankenrückführgespräches blieb streitig. Insbesondere konnte nicht geklärt werden, ob gesundheitliche Belastungen durch die Arbeit in der Nachtschicht und die Versetzung in die Wechselschicht als mögliche Lösung thematisiert worden waren.[27]

Jedenfalls aber erfüllte das Krankenrückkehrgespräch nicht die gesetzlichen Voraussetzungen an ein betriebliches Eingliederungsmanagement (BEM), wozu die Arbeitgeberin nach § 84 Abs. 2 SGB IX a.F. verpflichtet gewesen wäre.[28] Bei einem BEM soll unabhängig von möglichen betrieblichen Krankheitsursachen besprochen werden, wie eine Arbeitsunfähigkeit überwunden und das Arbeitsverhältnis erhalten werden kann.[29]

Die Arbeitgeberin versetzte den Arbeitnehmer im Anschluss an das Krankenrückführgespräch in die Wechselschicht. Gegenüber dem Betriebsrat begründete die Arbeitgeberin die Versetzung mit den häufigen Ausfällen des Arbeitnehmers. Auf krankheitsbedingte Ausfälle des Arbeitnehmers könne sie in der Wechselschicht besser reagieren.

Nach Ansicht des Arbeitnehmers widersprach seine Versetzung billigem Ermessen. Grund seiner häufigen Abwesenheit sei seine Suchterkrankung. Die Suchterkrankung stehe als solche nicht im Zusammenhang mit der Arbeit in der Nachtschicht. Überdies – so der Arbeitnehmer im Berufungsverfahren – habe die Versetzung in die tagsüber gelegene Wechselschicht zu einer Terminkollision geführt, infolge derer er nicht mehr wöchentlich, sondern nur noch 14-tägig an Sitzungen zur Suchttherapie habe teilnehmen können.[30]

Die Arbeitgeberin berief sich im Gerichtsverfahren einerseits auf gesundheitsbezogene Erwägungen. Die Versetzung sei in der Annahme erfolgt, die Nachtschicht könne der Gesundheit des Arbeitgebers abträglich sein. In Abstimmung mit dem Betriebsarzt habe man daher feststellen wollen, ob die Fehlzeiten im Zusammenhang mit der Nachtschicht stünden und durch eine Versetzung reduziert werden könnten. Andererseits trug die Arbeitgeberin – wie bereits gegenüber dem Betriebsrat – betriebliche Gründe vor, wonach die häufigen Ausfälle des Arbeitnehmers in der tagsüber

27 LAG Baden-Württemberg, Urteil vom 22. November 2016 – 15 Sa 76/15, BeckRS 2016, 124196, Rn. 26.

28 Das Urteil verweist noch auf § 84 Abs. 2 SGB IX in seiner noch bis zum 31. Dezember 2017 geltenden Fassung. Diese Regelungen zum BEM finden sich inzwischen in § 167 Abs. 2 SGB IX.

29 NPGWJ/*Greiner*, SGB IX, § 167 Rn. 4.

30 LAG Baden-Württemberg, Urteil vom 22. November 2016 – 15 Sa 76/15, BeckRS 2016, 124196, Rn. 26.

gelegenen Wechselschicht leichter zu kompensieren seien und den Betriebsablauf weniger stark beeinträchtigten.

Die Vorinstanz gab der Klage des Arbeitnehmers statt. Die Versetzung habe die Grenzen billigen Ermessens nach § 106 GewO, § 315 BGB überschritten. Sie sei im Ergebnis unbillig, denn die Arbeitgeberin habe kein legitimes Interesse an der Versetzung vorgetragen. Der Arbeitgeberin sei es verwehrt, sich bei der nach § 106 GewO, § 315 BGB erforderlichen Interessensabwägung auf gesundheitsbezogene Aspekte zu berufen. Solche Erwägungen wären gerade Gegenstand eines BEM gewesen, welches die Arbeitnehmerin pflichtwidrig unterließ.[31] Auf die von der Arbeitgeberin vorgebrachten betrieblichen Gründe, den Arbeitnehmer in der Wechselschicht leichter ersetzen zu können, ging das LAG nicht ein.

Das BAG gab der Revision der Arbeitgeberin statt und verwies die Sache zur abschließenden Entscheidung an das LAG zurück. Das Unterlassen des BEM führe weder zur formellen oder materiellen Unwirksamkeit einer Weisung, noch sei es der Arbeitgeberin verwehrt, sich im gerichtlichen Verfahren auf den Gesundheitszustand des Arbeitnehmers zur Begründung einer Weisung zu berufen, auch wenn kein BEM durchgeführt wurde.[32] Eine solche (sanktionierende) Rechtsfolge eines unterlassenen BEM lasse sich § 84 Abs. 2 SGB IX a.F., der Voraussetzungen und Anforderungen an das BEM regelt, nicht entnehmen.[33]

Darüber hinaus habe das LAG übersehen, dass es bei der gerichtlichen Kontrolle einer Versetzung oder sonstigen Ausübung des Weisungsrechts nach den allgemeinen Regelungen der § 106 GewO, § 315 BGB nicht auf die vom Bestimmungsberechtigten angestellten Erwägungen ankomme. Maßgeblich sei allein, ob das Ergebnis der Entscheidung die Grenzen billigen Ermessens wahre.[34] Es sei nicht erforderlich, dass der Arbeitnehmer seine Interessen zuvor selbst einbringe. Da Gerichte allein das Ergebnis einer Entscheidung kontrollieren, sei vielmehr entscheidend, ob die Weisung auch diese – womöglich außer Acht gelassenen – Interessen des Arbeitnehmers bei der notwendigen Abwägung wahre (Verhältnismäßigkeit).

---

31 BAG, Urteil vom 18. Oktober 2017 – 10 AZR 47/17, BAGE 160, 325, NZA 2018, 162 (164), Rn. 26; LAG Baden-Württemberg, Urteil vom 22. November 2016 – 15 Sa 76/15, BeckRS 2016, 124196, Rn. 49.

32 BAG, Urteil vom 18. Oktober 2017 – 10 AZR 47/17, BAGE 160, 325, NZA 2018, 162 (164), Rn. 26.

33 BAG, Urteil vom 18. Oktober 2017 – 10 AZR 47/17, BAGE 160, 325, NZA 2018, 162 (164), Rn. 27 ff.

34 BAG, Urteil vom 18. Oktober 2017 – 10 AZR 47/17, BAGE 160, 325, NZA 2018, 162 (165), Rn. 33.

Unterlässt ein Arbeitgeber die Durchführung eines BEM und lässt er infolgedessen „erhebliche Belange" des Arbeitnehmers – etwa mangels Kenntnis – bei seiner Entscheidung unberücksichtigt, erweise sich die Weisung bei der gerichtlichen Kontrolle „regelmäßig als unwirksam [...], sofern nicht gleichwohl die von ihm [Arbeitgeber] angeführten Abwägungsgesichtspunkte die Wahrung billigen Ermessens begründen können".[35] Insofern könne das unterlassene BEM beim Erteilen einer Weisung sehr wohl zu Rechtsnachteilen führen.[36] Mit anderen Worten: Der Arbeitgeber kann frei entscheiden, ob er eine Weisung allein auf Basis der ihm bereits bekannten Umstände erteilen möchte, oder sich zunächst nach ggf. relevanten Arbeitnehmerbelangen erkundigen möchte, um sich ein möglichst vollständiges Bild zu machen.[37] Je unvollständiger das Bild des Arbeitgebers, desto höher ist die Wahrscheinlichkeit bzw. das Risiko, relevante, die Interessen des Arbeitgebers überwiegende Arbeitnehmerbelange übersehen zu haben.

Das LAG werde die Versetzung daher entsprechend diesen Grundsätzen erneut zu prüfen haben. Hierbei seien jene Umstände zu berücksichtigen, die im Zeitpunkt der Anordnung der Versetzung objektiv gegeben waren. Arbeitgeber und Arbeitnehmer könnten im Hinblick auf solche Umstände ihren Vortrag ergänzen.[38] Schließlich benennt das BAG mögliche Umstände, die in die Abwägung einfließen sollen. Dabei unterscheidet das BAG zwischen zwei mit der Versetzung verfolgten Zwecken. So benennt das BAG einerseits Umstände, welche die Versetzung zum Zwecke des Gesundheitsschutzes begründen können,[39] andererseits Umstände im

35 BAG, Urteil vom 18. Oktober 2017 – 10 AZR 47/17, BAGE 160, 325, NZA 2018, 162 (165), Rn. 33 erneut mit Verweis auf BAG, Urteil vom 18. Oktober 2017 – 10 AZR 330/16, BAGE 160, 296, NZA 2017, 1452 („Unverbindlichkeit unbilliger Weisungen").

36 Das BAG verweist bei diesem Punkt auf die Anmerkung von *Kothe/Liebsch* zur Vorinstanz. Wie das BAG abgrenzend hervorhebt, sehen *Kothe/Liebsch* mögliche Rechtsnachteile nicht erst auf Stufe der Angemessenheit, sondern bei der Verhältnismäßigkeit insgesamt. Nach Ansicht von *Kothe/Liebsch* verfolge die Versetzung keinen legitimen Zweck, soweit der Arbeitgeber mit der Weisung versuche, betriebliche Ursachen für die Erkrankung auszuschließen. Denn für diesen Zweck sei gerade das BEM vorgesehen, vgl. *Kothe/Liebsch*, jurisPR-ArbR 36/17, Anm. 5, zu C.

37 So im Zusammenhang mit der Frage, ob die Kontrolle des Ergebnisses anhand einer objektiven Abwägungslage zu erfolgen hat, auch *Rieble*, der dabei von einer „Aufklärungsobliegenheit" des Bestimmungsberechtigten spricht, Staudinger/*Rieble* § 315 Rn. 424.

38 BAG, Urteil vom 18. Oktober 2017 – 10 AZR 47/17, BAGE 160, 325, NZA 2018, 162 (166), Rn. 38

39 BAG, Urteil vom 18. Oktober 2017 – 10 AZR 47/17, BAGE 160, 325, NZA 2018, 162 (166), Rn. 39.

Zusammenhang mit der vom Arbeitgeber vorgebrachten einfacheren Ersetzbarkeit in der Wechselschicht.[40] Bei letzterem seien neben den betrieblichen Interessen des Arbeitgebers unter anderem auch mögliche Nachteile des Arbeitnehmers für dessen Suchttherapie zu berücksichtigen.

Eine Begründung, weshalb es beim billigen Ermessen nicht auf die vom Bestimmungsberechtigten angestellten Erwägungen ankomme, sondern allein auf die objektive Interessenslage, lässt sich der Entscheidung nicht entnehmen.[41]

bb) Bewertung des Urteils

Dem Urteil lassen sich sowohl Aussagen entnehmen zum Umfang der Vorgangskontrolle als auch zum Umfang der Ergebniskontrolle:

(1) Vorgangskontrolle

Zunächst lässt sich eine Aussage des BAG zur Fallgruppe der Unbeachtlichkeit „unvollständiger Erwägungen" ableiten. Im konkreten Fall hatte die Arbeitgeberin bei ihrer Weisung – mangels Kenntnis – gesundheitliche Aspekte außer Acht gelassen, die potenziell ein berechtigtes Interesse des Arbeitnehmers darstellen. Dies betrifft sowohl die Behauptung des Arbeitnehmers, die Arbeit in der Nachtschicht habe auf seine Gesundheit keine Auswirkungen, als auch die behauptete Terminkollision mit den 14-täglichen Therapiesitzungen. Ob die Arbeitgeberin diese Umstände bei ihrer Entscheidung tatsächlich berücksichtigt hat, ist nach Ansicht des BAG unbeachtlich. Wie die rechtlichen Vorgaben des BAG an das LAG zeigen, sei allein entscheidend, ob diese Umstände im Zeitpunkt der Entscheidung objektiv vorlagen. Eine unvollständige Entscheidungsgrundlage begründe damit keinen rechtlich relevanten Fehler. Vielmehr könne auch eine Weisung auf unvollständiger Entscheidungsgrundlage billigem Ermessen entsprechen, wenn die Weisung die (eigentlich unbeachteten) Interessen des Arbeitnehmers im Ergebnis gleichwohl angemessen berücksichtigt. Mit anderen Worten: Solange die Arbeitgeberinteressen auch weiterhin überwiegen.

---

40 BAG, Urteil vom 18. Oktober 2017 – 10 AZR 47/17, BAGE 160, 325, NZA 2018, 162 (166), Rn. 40.

41 Hierzu sowie insgesamt zur Begründung einer reinen Ergebniskontrolle durch das BAG ausführlich unten Kapitel 2, A., I., 2., S. 38 ff.

Weiter umfasst die Fallgruppe „unvollständige Erwägungen“ nicht nur betriebliche Umstände. Betriebliche Umstände meint im konkreten Fall etwa die Frage, ob sich der Arbeitnehmer in der Wechselschicht tatsächlich leichter ersetzen lasse. Stattdessen wendet das BAG die Fallgruppe „unvollständige Erwägungen“ einschränkungslos an. Einbezogen werden auch Umstände, die aus der privaten Sphäre des Arbeitnehmers stammen. Dies ergibt sich aus der folgenden Überlegung: Bei einem BEM geht es nicht allein um betriebliche Ursachen einer Erkrankung, sondern um den Gesundheitszustand eines Arbeitnehmers insgesamt. So machte auch im konkreten Fall der Arbeitnehmer geltend, entscheidend sei seine Suchterkrankung, die keinen betrieblichen Ursprung habe. Auch betrifft die vom Arbeitnehmer behauptete Terminkollision allein den privaten Bereich des Arbeitnehmers. Gerade diese privaten Umstände flossen nicht in den Entscheidungsvorgang der Arbeitgeberin ein. Erwägungen des Arbeitgebers sind nach der Rechtsprechung des BAG folglich unabhängig davon unbeachtlich, ob sich Erwägungen auf betriebliche Umstände beziehen oder nicht.

(2) Ergebniskontrolle

Für den Umfang der Ergebniskontrolle lässt sich aus der Entscheidung ableiten, dass die bei der Ergebniskontrolle vorzunehmende Abwägung nicht auf solche Erwägungen beschränkt ist, die der Arbeitgeber tatsächlich angestellt hatte oder zumindest kannte. Der Begriff „Erwägungen“ ist dabei weit zu verstehen.

„Erwägungen“ meint zum einen die mit einer Weisung verfolgten Zwecke – also welche Interessen der Arbeitgeber mit einer Weisung wahrnehmen wollte. Im konkreten Fall wurde etwa die Versetzung gegenüber dem Betriebsrat allein mit der tagsüber besseren Ersetzbarkeit des Arbeitnehmers begründet. Auch blieb streitig, ob beim Krankenrückkehrgespräch über die gesundheitlichen Auswirkungen einer Versetzung gesprochen wurde. Beides sind zumindest Anhaltspunkte dafür, dass die Versetzung ursprünglich allein die bessere Ersetzbarkeit in der Wechselschicht bezweckte. Gleichwohl berücksichtigt das BAG auch die vom Arbeitgeber im Gerichtsverfahren vorgetragene Begründung, wonach man mit der Versetzung (auch) gesundheitliche Belastungen habe verringern wollen, ohne zu hinterfragen, ob diese Zwecksetzung bereits im Zeitpunkt der Weisungserteilung bestand. Dabei ist zu berücksichtigen, dass der Arbeitgeber die

Darlegungs- und Beweislast dafür trägt, dass eine Weisung billigem Ermessen entspricht.[42]

Zum anderen meint „Erwägungen" die tatsächlichen und rechtlichen Umstände, mit denen sich Arbeitgeber und Arbeitnehmerinteressen begründen lassen und die daher für die Bewertung einzelner Zwecke relevant sind. Dies zeigt sich an der ausdrücklichen Vorgabe des BAG, wonach die Parteien ihren Vortrag hinsichtlich der relevanten Umstände ergänzen sollen. Hierbei ist insbesondere an die vom Arbeitnehmer behauptete Terminkollision zu denken, von denen der Arbeitgeber bei Weisungserteilung – mangels Anhörung – ggf. keine Kenntnis hatte.

Stattdessen erfolgt die Ergebniskontrolle anhand aller im Zeitpunkt der Weisung objektiv gegebenen Umstände und den sich hieraus ergebenden Interessen bzw. legitimen Zwecken. Das bedeutet, Gerichte sind nicht gehindert, zu Gunsten des Arbeitgebers auch Umstände zu berücksichtigen, die im Zeitpunkt der Weisungserteilung zwar vorlagen und ein berechtigtes Interesse bzw. Zweck begründen, aber nicht als Erwägung in die ursprüngliche Entscheidung des Arbeitgebers eingeflossen sind. Dies gilt unabhängig davon, ob der Arbeitgeber diese Umstände überhaupt kannte oder nicht. Diese rein objektive Ergebniskontrolle erlaubt eine weite Auslegung des vom BAG angewandten Kontrollmaßstabes. Ebenso wie Arbeitnehmer können Arbeitgeber relevante Interessen und Zwecke nachträglich vor Gericht vortragen, solange sie im Zeitpunkt der Weisungserteilung vorlagen.[43] Insofern könnte man auch von einem „Nachschieben" von Gründen zur Erteilung der Weisung sprechen.[44]

---

42 So das BAG auch hier, vgl. BAG, Urteil vom 18. Oktober 2017 – 10 AZR 47/17, BAGE 160, 325, NZA 2018, 162 (164), Rn. 19. Die arbeitgeberseitige Darlegungs- und Beweislast bestimmt sich nach den allgemeinen Regeln des Günstigkeitsprinzips, wonach „derjenige, der eine Rechtsfolge für sich in Anspruch nimmt, diejenigen Tatsachen zu behaupten und zu beweisen, die kraft Gesetzes den Schluß auf die begehrte Rechtsfolge zulassen", BGH, Urteil vom 8. November 1951 – IV ZR 10/51, BGHZ 3, 342, NJW 1952, 142 (143). Diese Darlegungs- und Beweislastverteilung beim Weisungsrecht entspricht der ständigen Rechtsprechung des BAG, zuletzt etwa BAG, Urteil vom 5. Juni 2021 – 9 AZR 217/20, NZA 2021, 1625 (1630), Rn. 48.

43 Dies kann verstanden werden als eine Abkehr von früherer Rechtsprechung, wonach für die Ergebniskontrolle nur Umstände abwägungsrelevant waren, von denen der Arbeitgeber im Zeitpunkt seiner Entscheidung Kenntnis hatte, so etwa BAG, Beschluss vom 21. Januar 2004 – 6 AZR 583/02, NZA 2005, 61; BAG, Urteil vom 23. September 2004 – 6 AZR 567/03, NZA 2005, 359.

44 Der Begriff des „Nachschiebens" ist in Anlehnung an § 102 BetrVG gewählt. Danach kann sich der Arbeitgeber im Kündigungsprozess nur auf solche

b) BAG, Urteil vom 18. Oktober 2017 – 10 AZR 330/16 („Unverbindlichkeit unbilliger Weisungen“)

Zur Fallgruppe „unvollständiger Erwägungen“ lassen sich auch der Grundsatzentscheidung des BAG zur Unverbindlichkeit unbilliger Weisungen Hinweise entnehmen.[45]

aa) Wesentlicher Sachverhalt und Entscheidungsgründe

Im Kern stritten die Parteien auch hier über die Wirksamkeit einer Versetzung. Der Arbeitsvertrag enthielt eine Versetzungsklausel, nach welcher der Arbeitnehmer vor einer Versetzung anzuhören sei.[46] Ebenso existierte eine vergleichbare tarifvertragliche Regelung.[47]

Nach Beschwerden seitens Arbeitskollegen über dessen Verhalten versetzte die Arbeitgeberin den klagenden Arbeitnehmer vorübergehend an einen anderen Standort. Ob der Arbeitnehmer zuvor angehört wurde, konnte nicht geklärt werden. Der Arbeitnehmer leistete der Versetzungsanordnung keine Folge, woraufhin er abgemahnt und schließlich gekündigt wurde. Nach Ansicht des Arbeitnehmers war die Weisung bereits wegen der angeblich unterlassenen Anhörung unwirksam.[48]

Das BAG entschied, die Versetzung habe billigem Ermessen widersprochen. Das BAG begründet dies jedoch nicht mit der möglicherweise unterlassenen Anhörung. Vielmehr sei die Versetzung unverhältnismäßig. Die

---

Umstände berufen, die er zuvor gegenüber dem Betriebsrat vorgetragen hat, ErfK/*Kania*, BetrVG, § 102 Rn. 27.

45 Auch in einer aktuelleren Entscheidung des BAG, die die Abberufung einer Fachleiterin an einem Gymnasium behandelt, verweist das BAG beim Kontrollmaßstab einer Ergebniskontrolle auf die Grundsatzentscheidung zur Unverbindlichkeit unbilliger Weisungen als „st. Rspr.“, vgl. Urteil vom 24. Oktober 2018 – 10 AZR 19/18, NZA 2019, 619 (621), Rn. 26. In der Entscheidung über die Abberufung der Fachleiterin waren allerdings die von der Arbeitgeberin angestellten Erwägungen bei Weisungsentscheidung unproblematisch, weshalb diese Entscheidung nicht näher besprochen wird.

46 BAG, Urteil vom 18. Oktober 2017 – 10 AZR 330/16, BAGE 160, 296, NZA 2017, 1452 (1453), § 1 Ziff. 2 des Arbeitsvertrages.

47 BAG, Urteil vom 18. Oktober 2017 – 10 AZR 330/16, BAGE 160, 296, NZA 2017, 1452 (1453), § 4 des anzuwendenden Manteltarifvertrages.

48 Hierzu im Tatbestand ausführlicher die Vorinstanz: LAG Hamm, Urteil vom 17. März 2016 – 17 Sa 1660/15, BeckRS 2016, 68957, Rn. 29.

nur vorübergehende Versetzung sei insbesondere nicht geeignet, den Konflikt zwischen den Mitarbeitern nachhaltig zu lösen.[49]

Bezüglich der Anhörung könne dahinstehen, ob sie stattfand. Eine fehlende oder unvollständige Anhörung führe nicht zur Unwirksamkeit der Weisung.[50] Die (tarif-)vertraglichen Regelungen über die Anhörung enthielten keine derartige Rechtsfolge bei einer unterbliebenen Anhörung – weder nach ihrem Wortlaut noch nach ihrer Systematik. Eine Unwirksamkeit lasse sich auch nicht auf Sinn und Zweck der Anhörung stützen: Entsprechend einer vergleichbaren Tarifvertragsregelung[51] solle die Anhörung lediglich sicherstellen, „dass der Arbeitgeber die belastenden Folgen einer beabsichtigten Versetzung richtig einschätzen und seine Versetzungsentscheidung aufgrund einer alle wesentlichen Umstände berücksichtigenden Interessensabwägung treffen kann".[52] Ziel der Anhörung sei es somit, „ein 'richtiges' Ergebnis zu erreichen".[53] Ein solches „richtiges Ergebnis" sei bei einer Weisung gegeben, wenn die getroffene Versetzungsentscheidung billiges Ermessen wahre.

Bei der gerichtlichen Überprüfung billigen Ermessens wiederum komme es nicht auf die vom Arbeitgeber angestellten Erwägungen an, sondern allein darauf, ob das Ergebnis der getroffenen Entscheidung den vertraglichen, tarifvertraglichen oder gesetzlichen Anforderungen genüge. Daher verlange auch der Zweck der Anhörung nicht, die Maßnahme bereits deshalb als unwirksam anzusehen, weil der Arbeitnehmer seine Interessen nicht „zuvor selbst eingebracht" habe.[54] Berücksichtige der Arbeitgeber wegen einer fehlenden Anhörung erhebliche Belange des Arbeitnehmers nicht hinreichend, werde sich die Maßnahme im Rahmen der gerichtlichen Kontrolle, in der der Arbeitnehmer seine Interessen noch vorbringen könne, regelmäßig als unwirksam erweisen.[55] Im weiteren Verlauf der

49 BAG, Urteil vom 18. Oktober 2017 – 10 AZR 330/16, BAGE 160, 296, NZA 2017, 1452 (1458), Rn. 56.

50 BAG, Urteil vom 18. Oktober 2017 – 10 AZR 330/16, BAGE 160, 296, NZA 2017, 1452 (1455), Rn. 33.

51 § 12 Abs. 1 S. 2 Bundesangestelltentarifvertrag (BAT).

52 BAG, Urteil vom 18. Oktober 2017 – 10 AZR 330/16, BAGE 160, 296, NZA 2017, 1452 (1455), Rn. 35, mit Verweis auf BAG, Urteil vom 30.10.1985 – 7 AZR 216/83, AP BAT § 12 Nr.1, zu Ziff. 2.

53 BAG, Urteil vom 18. Oktober 2017 – 10 AZR 330/16, BAGE 160, 296, NZA 2017, 1452 (1455), Rn. 35.

54 BAG, Urteil vom 18. Oktober 2017 – 10 AZR 330/16, BAGE 160, 296, NZA 2017, 1452 (1455), Rn. 35.

55 BAG, Urteil vom 18. Oktober 2017 – 10 AZR 330/16, BAGE 160, 296, NZA 2017, 1452 (1455), Rn. 35.

Urteilsbegründung wiederholt das BAG die Beschränkung auf eine Ergebniskontrolle und prüft so dann allein die Verhältnismäßigkeit der Versetzung.[56]

bb) Bewertung des Urteils

Das BAG kontrolliert die Weisung auch hier allein anhand des Ergebnisses der getroffenen Entscheidung. Darauf, ob der Arbeitgeber im Zeitpunkt der Entscheidung alle wesentlichen Umstände berücksichtigt hat, komme es nicht an. Eine Vorgangskontrolle erfolgt nicht.

Beachtenswert ist, dass das gerade nicht den Fall mangelnder Kausalität zwischen unterbliebener Anhörung und konkreten Weisung meint.[57] Das BAG beschreibt also nicht den Fall, in dem die Belange, die mangels Anhörung unbekannt geblieben sind, auf das Ergebnis keinen Einfluss hatten. Etwa, weil die Belange des Arbeitnehmers in Hinblick auf den konkreten Zweck der Versetzung schon nicht schützenswert waren und daher ohnehin nicht zu berücksichtigen gewesen wären. Nein, stattdessen beschreibt das BAG den Fall, dass die unterlassene Anhörung tatsächlich auch zu einer unvollständigen Entscheidungsgrundlage führt. Dies wird insbesondere daran deutlich, wenn das BAG darauf abstellt, der Arbeitnehmer könne erhebliche Belange, die unberücksichtigt blieben, (später) bei Gericht vorbringen.

Weshalb nur eine Ergebniskontrolle, nicht aber auch eine Vorgangskontrolle stattfindet, begründet das BAG nicht. Insoweit wird nur auf ein vorangegangenes Urteil des BAG verwiesen.[58]

2. *Unrichtige* Erwägungen – BAG, Urteil vom 23. August 2018 – 2 AZR 235/18 („Pfandgut“)

Dass eine Entscheidung trotz *unrichtiger* Entscheidungsgrundlage billiges Ermessen wahren kann, lässt sich einem Urteil des BAG von August 2018 entnehmen.[59]

56 BAG, Urteil vom 18. Oktober 2017 – 10 AZR 330/16, BAGE 160, 296, NZA 2017, 1452 (1456), Rn. 45, (1458), Rn. 55-57.

57 Siehe zur Kausalitätserwägung unten Kapitel 2., B., III., 1., c), S. 76 ff.

58 Hierzu sowie insgesamt zur Begründung einer reinen Ergebniskontrolle durch das BAG ausführlich Kapitel 2, A., II., S. 38 ff.

59 BAG, Urteil vom 23. August 2018 – 2 AZR 234/18, AP BGB § 626 Nr. 272.

a) Wesentlicher Sachverhalt und Entscheidungsgründe

Die klagende Arbeitnehmerin war als Reinigungskraft angestellt. Die Arbeitgeberin ließ Reinigungsarbeiten an einem Flughafen durchführen. Die Arbeitnehmerin sammelte während den Reinigungsarbeiten wiederholt Pfandgut, obwohl ihr dies nach Weisung der Arbeitgeberin verboten war. Das Verbot, Pfandgut zu sammeln, teilte die Arbeitgeberin ihren Mitarbeitern unter anderem durch ein Informationsblatt mit.[60] In diesem Informationsblatt begründete die Arbeitgeberin ihr Verbot unter anderem damit, dass herumstehende oder entsorgte Pfandgegenstände Eigentum der Flughafenbetreiberin seien und ihre unerlaubte Aneignung ein Vermögensdelikt sei.[61] Nachdem die Arbeitnehmerin wiederholt gegen das Verbot verstoßen hatte, wurde sie zunächst abgemahnt und schließlich gekündigt. Im Kündigungsschutzprozess berief sich die Arbeitnehmerin unter anderem auf die Unbilligkeit des Verbotes als Weisung. Nach Ansicht der Arbeitnehmerin sei das Verbot zu Unrecht mit der Strafbarkeit des Pfandsammelns begründet worden.

Das BAG entschied, das Verbot wahre billiges Ermessen.[62] Insbesondere komme es bei der gerichtlichen Kontrolle nicht darauf an, ob die Begründung zutreffe, wonach das Sammeln des Pfandgutes ein Vermögensdelikt

---

60 BAG, Urteil vom 23. August 2018 – 2 AZR 234/18, AP BGB § 626 Nr. 272, Rn. 4.

61 LAG Hessen, Urteil vom 23.01.2018 – 8 Sa 334/17, BeckRS 2018, 17967, Rn. 5.

62 BAG, Urteil vom 23. August 2018 – 2 AZR 234/18, AP BGB § 626 Nr. 272, Rn. 15 ff. Zur Billigkeitskontrolle wendet das BAG den aus der Entscheidung zum BEM bekannten Kontrollmaßstab an: „Die Leistungsbestimmung nach billigem Ermessen (§ 106 S. 1 GewO, § 315 BGB) verlangt eine Abwägung der wechselseitigen Interessen nach verfassungsrechtlichen und gesetzlichen Wertentscheidungen, den Grundsätzen der Verhältnismäßigkeit und Angemessenheit sowie der Verkehrssitte und Zumutbarkeit. In die Abwägung sind alle Umstände des Einzelfalls einzubeziehen. Dem Inhaber des Bestimmungsrechts nach § 106 GewO, § 315 I BGB verbleibt für die rechtsgestaltende Leistungsbestimmung ein nach billigem Ermessen auszufüllender Spielraum. Innerhalb dieses Spielraums können ihm mehrere Entscheidungsmöglichkeiten zur Verfügung stehen. Dem Gericht obliegt nach § 106 GewO, § 315 III 1 BGB die Prüfung, ob er die Grenzen seines Bestimmungsrechts beachtet hat. *Bei dieser Prüfung kommt es nicht auf die vom Bestimmungsberechtigten angestellten Erwägungen an, sondern darauf, ob das Ergebnis der getroffenen Entscheidung den gesetzlichen Anforderungen genügt.* Die Darlegungs- und Beweislast für die Einhaltung dieser Grenzen hat der Bestimmungsberechtigte. Maßgeblicher Zeitpunkt für die Ausübungskontrolle ist der Zeitpunkt, zu dem er die Ermessensentscheidung zu treffen hatte (*stRspr*, BAG 18.10.2017 – 10 AZR 47/17 – Rn. 19, [„Betriebliches Eingliederungsmanagement“]; Urteil vom 18.10.2017 – 10 AZR 330/16 – Rn. 45 [„Unverbindlichkeit unbilliger Weisungen“])“.

verwirkliche. Dabei betont das BAG erneut, bei der Prüfung des billigen Ermessens sei allein maßgeblich, ob das Ergebnis der getroffenen Entscheidung der Billigkeit entspreche.[63] Im Ergebnis sei das Verbot angemessen, da das Interesse der Arbeitnehmerin, während der Arbeitszeit zu privaten Zwecken Pfandgut zu sammeln, nicht anerkennenswert sei.[64] Argumente, weshalb es nicht auf die von der Arbeitgeberin angestellten Erwägungen ankomme, führt das BAG nicht an. Es verweist – im Rahmen des Kontrollmaßstabes – lediglich auf die beiden bereits erörterten Urteile aus dem Jahr 2017.[65]

b) Bewertung des Urteils

Aus dem Urteil lassen sich zwei Aussagen ableiten:

Zunächst lässt sich dem Urteil die Fallgruppe „unrichtiger Erwägungen" entnehmen, welche die bereits identifizierte Fallgruppe „unvollständiger Erwägungen" ergänzt. Das BAG lässt die Frage ausdrücklich offen, ob die rechtliche Bewertung des Pfandsammelns als strafbare Handlung vertretbar war, obwohl die Erwägung – ausweislich des Informationsschreibens an die Mitarbeiter – Teil der Entscheidungsgrundlage der Arbeitgeberin war. Stattdessen geht das BAG zur Ergebniskontrolle über, genauer: zur Interessensabwägung im Rahmen der Angemessenheit.

Weiter lassen sich der Urteilsbegründung Anhaltspunkte dafür entnehmen, dass nur betriebliche Erwägungen unbeachtlich seien. Die Frage der Strafbarkeit eines bestimmten Verhaltens ist keine Frage betrieblicher Organisation aus der Sphäre des Arbeitgebers, sondern betrifft die objektive Rechtslage „für jedermann". Insgesamt kann die Beschränkung auf eine Ergebniskontrolle daher auch hier als umfassend verstanden werden.

63 BAG, Urteil vom 23. August 2018 – 2 AZR 234/18, AP BGB § 626 Nr. 272, Rn. 25.

64 BAG, Urteil vom 23. August 2018 – 2 AZR 234/18, AP BGB § 626 Nr. 272, Rn. 24.

65 Die Entscheidung zum BEM wurde bereits in Kapitel 2, A., I., 1., a) auf S. 24 ff. besprochen. Die Entscheidung zur Unverbindlichkeit unbilliger Weisungen wurde bereits in Kapitel 2, A., I., 1., a) auf S. 31 ff. besprochen.

3. Sachfremde und missbräuchliche Erwägungen sowie willkürlich getroffene Entscheidung

Nachdem die Fallgruppen unvollständiger und unrichtiger Erwägungen in der Rechtsprechung des BAG belegt werden konnten, verbleibt die Frage, wie sich der Kontrollmaßstab des BAG zu *sachfremden* und miss*bräuchlichen* Erwägungen verhält, und inwieweit *willkürlich getroffene* Entscheidungen erfasst werden.

Willkürlich getroffene Entscheidungen sind dabei zu unterscheiden von *im Ergebnis willkürlichen* Entscheidungen: *Willkürlich getroffene* Entscheidung meint dabei den Fall, dass Arbeitgeber im Zeitpunkt ihrer Entscheidung keine sachlichen Erwägungen angestellt haben, unabhängig davon, ob objektiv sachliche Gründe für eine Weisung gegeben waren. Dies unterscheidet sie von *im Ergebnis willkürlichen* Entscheidungen, an denen ein Arbeitgeber auch objektiv – also auch *ex post* – kein legitimes Interesse haben konnte.

Der Unterschied von *willkürlich getroffenen* Entscheidungen und *im Ergebnis willkürlichen* Entscheidungen ist insofern von Bedeutung, als dass Arbeitnehmer vor *im Ergebnis* – also objektiv – *willkürlichen* Entscheidungen auch über eine reine Ergebniskontrolle geschützt sind. Wo objektiv kein berechtigtes/ sachliches Interesse an einer Entscheidung gegeben ist, fällt auch eine Interessensabwägung zu Lasten des Arbeitgebers aus. Anders ist das bei lediglich *willkürlich getroffenen* Entscheidungen. Stellt sich eine Weisung *ex post* als im Ergebnis noch angemessen heraus, hängt die Billigkeit *willkürlich getroffener* Entscheidungen letztlich vom Zufall ab. Diese Problematik einer reinen Ergebniskontrolle hebt auch *Lembke* hervor – allerdings nur im Zusammenhang mit Weisungen, die von Systemen sog. künstlicher Intelligenz („KI“) erlassen werden.[66] Ein Unterschied zwischen menschlich *willkürlich getroffener* und maschinell *willkürlich getroffener* Entscheidung besteht jedoch nicht. In beiden Fällen wird eine Entscheidung ohne sachliche Erwägung getroffen.

Soweit ersichtlich, musste das BAG seit 2016 noch nicht über einen Fall entscheiden, in dem eine der drei genannten Fallgruppen relevant war. Daher kann nicht mit Sicherheit gesagt werden, ob das BAG die reine Ergebniskontrolle so konsequent verstanden haben möchte, dass auch sachfremde oder missbräuchliche Erwägungen die Billigkeit einer Weisung unberührt lassen. Auch Sachverhalte willkürlich getroffener Entscheidungen wurden

66 Henssler/Willemsen/Kalb/*Lembke*, GewO, § 106 GewO Rn. 6.

seit 2016 durch das BAG nicht entschieden.[67] Daher kann an dieser Stelle nur eine Auslegung des vom BAG verwendeten Kontrollmaßstabes erfolgen.

Mangels Einschränkung im Wortlaut des Kontrollmaßstabes, wonach es bei der „Prüfung [...] nicht auf die vom Bestimmungsberechtigten angestellten Erwägungen" ankomme, „sondern *allein*" auf das Ergebnis,[68] ist eine derart strikte Interpretation nicht auszuschließen. Der Kontrollmaßstab verneint die gerichtliche Kontrolle des Entscheidungsvorgangs insgesamt.[69] Es wird nicht zwischen bestimmten Arten von Erwägungen differenziert. Der Wortlaut des den Kontrollmaßstab aufstellenden Urteils enthält auch keine „Hintertür". Beispielsweise beinhaltet er keine sprachliche Einschränkung, wonach der Entscheidungsvorgang „grundsätzlich" nicht kontrolliert werde. Auch nachfolgende Urteile des BAG enthalten keine derartige Einschränkung.[70]

Von einer strikten Interpretation im Sinne eines umfassenden Erwägungsausschlusses scheint auch die Kommentarliteratur auszugehen. Jedenfalls wurde der Kontrollmaßstab des BAG zahlreich übernommen, ohne diesen mit Blick auf sachfremde, missbräuchliche Erwägungen oder willkürlich getroffene Entscheidungen in Frage zu stellen bzw. entsprechende Ausnahmen zu diskutieren.[71]

---

67 Die Frage aufwerfend, wie ernst das BAG es mit einer reinen Ergebniskontrolle tatsächlich meint, auch *Kolbe*, Anmerkung zu BAG, Beschluss vom 14. Juni 2017 – 10 AZR 330/16 (A), AP GewO § 106 Nr. 36, unter II.

68 BAG, Urteil vom 18. Oktober 2017 – 10 AZR 47/17, BAGE 160, 325, NZA 2018, 162 (166), Rn. 38 [Hervorhebung nicht im Original].

69 So etwa *Höpfner/Daum*, ZfA 2021, 467 (478), nach deren Ansicht es ausreichend sei, wenn eine Weisung ohne Abwägung getroffen wurde und daher zufällig verhältnismäßig ist; zumindest nicht ausschließend, jedoch mit Verweis auf Unterschiede zur früheren Rechtsprechung *Kolbe*, Anmerkung zu BAG, Beschluss vom 14. Juni 2017 – 10 AZR 330/16 (A), AP GewO § 106 Nr. 36, unter II.

70 Siehe etwa BAG, Urteil vom 27. April 2021 – 9 AZR 343/20, NZA-RR 2021, 606 (612), Rn. 66; BAG, Urteil vom 24. Oktober 2018 – 10 AZR 19/18, NZA 2019, 619 (621), Rn. 26; BAG, Urteil 24. Mai 2018 – 6 AZR 116/17, NZA-RR 2018, 568 (572), Rn. 39.

71 Siehe bspw. ErfK/*Preis*, § 106 GewO Rn. 10; BeckOGK/*Maschmann*, GewO, § 106 GewO Rn. 104; Schaub ArbR-HdB/*Linck*, § 45 Rn. 21; *Höpfner/Daum*, ZfA 2021, 467 (478) die in Zufallsergebnissen kein Problem sehen.

4. Zwischenergebnis

Der vom BAG in der aktuellen Rechtsprechung formulierte Kontrollmaßstab lässt eine Auslegung zu, wonach der Entscheidungsvorgang des Arbeitgebers umfassend von der gerichtlichen Kontrolle auszunehmen ist. Soweit es um unvollständige oder unrichtige Erwägungen geht, hat das BAG dies bereits ausdrücklich bestätigt. Das BAG unterscheidet dabei nicht zwischen betrieblichen Erwägungen und privaten Interessen des Arbeitnehmers. Den Kontrollmaßstab des BAG konsequent angewandt, führen weder sachfremde und missbräuchliche Erwägungen noch willkürlich getroffene Entscheidungen zur Unbilligkeit einer Weisung. Entscheidend ist allein die Billigkeit des Ergebnisses. Eine Vorgangskontrolle findet nach dieser Auslegung insgesamt nicht statt.

II. Begründung für reine Ergebniskontrolle

Eine Begründung für eine reine Ergebniskontrolle gibt das BAG in den bereits erörterten Urteilen nicht. Insoweit verweist das BAG nur wiederholt auf ein Urteil vom November 2016 zur Versetzung einer Flugbegleiterin.[72]

Soweit ersichtlich, ist dieses Urteil zugleich das erste, in dem das BAG ausdrücklich erklärt, die Erwägungen des Arbeitgebers blieben – „anders als die Revision annimmt" – bei der gerichtlichen Kontrolle unberücksichtigt.[73] Daher wird als nächstes dieses Urteil auf eine tragfähige Begründung hin untersucht (a) und die dabei gewonnene Erkenntnis auf die bereits erörterten Urteile übertragen (b).

---

72 BAG, Urteil vom 18. Oktober 2017 – 10 AZR 47/17, BAGE 160, 325, NZA 2018, 162 (166), Rn. 38 („Betriebliches Eingliederungsmanagement"); BAG, Urteil vom 18. Oktober 2017 – 10 AZR 330/16, BAGE 160, 296, NZA 2017, 1452 (1455), Rn. 35 („Unverbindlichkeit unbilliger Weisungen"); BAG, Urteil vom 23. August 2018 – 2 AZR 234/18, AP BGB § 626 Nr. 272, Rn. 20 („Pfandgut"), jeweils mit Verweis auf BAG, Urteil vom 30. November 2016 – 10 AZR 11/16, NZA 2017, 1394.

73 BAG, Urteil vom 30. November 2016 – 10 AZR 11/16, NZA 2017, 1394 (1397), Rn. 28.

1. BAG, Urteil vom 30. November 2016 – 10 AZR 11/16 („Flugbegleiterin“)

Zunächst ist zu fragen, ob das Urteil eine Aussage zum Verzicht auf eine Vorgangskontrolle trifft und gegebenenfalls eine Begründung hierfür enthält.

a) Wesentlicher Sachverhalt und Entscheidungsgründe

Gegenstand der Entscheidung war erneut eine Versetzung. Die Arbeitgeberin war ein Luftfahrtunternehmen, bei dem die Arbeitnehmerin als Flugbegleiterin beschäftigt war. Die Arbeitgeberin führte Direktflüge von drei Standorten aus durch: Frankfurt, München und Hamburg. Die Arbeitnehmerin war zunächst in Hamburg stationiert. Die Arbeitgeberin reorganisierte später ihren Flugbetrieb und entschied, den Direktverkehr aus Hamburg einzustellen. Als Grund für die Reorganisation nannte die Arbeitgeberin einen Rückgang an Fluggästen in Hamburg und die mit der Reorganisation verbundenen Einsparungen als Reaktion hierauf. Im Zuge dieser Reorganisation wurde die Arbeitnehmerin nach Frankfurt versetzt.[74] Direktflüge wurden fortan allein aus Frankfurt und München durchgeführt. Hamburg wurde ohne örtliche Strukturen (Betriebsräume, festes Personal) fortan allein für Zubringerflüge nach Frankfurt und München genutzt.

Die Arbeitnehmerin wehrte sich gegen die Versetzung. Sie vertrat unter anderem die Ansicht, die Versetzung widerspreche billigem Ermessen. Hierbei argumentierte sie in zwei Richtungen: *Erstens* habe die Arbeitgeberin keine Einzelfallabwägung vorgenommen. In diesem Zusammenhang trug die Arbeitnehmerin betriebliche Gründe vor, weshalb man sie auch ohne Direktflüge weiterhin von Hamburg aus einsetzen könne. Dabei berief sie sich insbesondere darauf, die bezweckten Einsparungen (Entfall Mieten, Abzug des stationären Personals etc.) könnten auch ohne die vollständige

74 Um Missverständnissen vorzubeugen: Das BAG bestätigte die Vorinstanzen, wonach hierin keine einvernehmliche Änderung des vertraglich geschuldeten Einsatzortes zu sehen sei, vgl. BAG, Urteil vom 30. November 2016 – 10 AZR 11/16, NZA 2017, 1394 (1396), Rn. 15. Das Arbeitsgericht verneinte eine Vertragsänderung unter anderem deshalb, weil die Arbeitnehmerin das Versetzungsangebot der Arbeitgeberin erst nach sechs Monaten annahm. Die Annahme sei daher erst zu einem Zeitpunkt erfolgt, in dem die Arbeitgeberin gemäß § 147 Abs. 2 BGB nach regelmäßigen Umständen nicht mehr mit einer Annahme rechnen durfte, vgl. ArbG Hamburg, Urteil vom 15. Oktober 2014 – 28 Ca 131/14, BeckRS 2014, 119147, Rn. 32 f.

Standortschließung realisiert werden. Ein Einsatz aus Hamburg sei auch ohne örtliche Strukturen möglich.[75] So könne die Arbeitgeberin die Flugbegleiter zunächst als Passagier per Zubringerflug von Hamburg zum Einsatzort nach Frankfurt oder München befördern (sog. „Dead-Head-Beförderung“). *Zweitens* gab die Arbeitnehmerin persönliche Umstände an, aufgrund derer sich für sie „gravierende Belastungen“ durch die Versetzung ergäben. Etwa sei ein Umzug ihrer Familie nicht ohne weiteres möglich.

Die Arbeitgeberin hingegen berief sich insbesondere auf ihre der Versetzung zugrunde liegende Entscheidung zur Reorganisation; nämlich Direktflüge aus Hamburg einzustellen und festes Personal von dort abzuziehen. Dieser Entscheidung komme bei der Interessensabwägung besonderes Gewicht zu.[76]

Streitig blieb, in welchem exakten Umfang sich die Anzahl der Flüge, die die Arbeitgeberin von Hamburg aus durchführte, als Folge der Reorganisation reduzierte.

Das BAG entschied, die Versetzung entspreche billigem Ermessen.[77] Den hierbei angewandten Kontrollmaßstab bestimmte das BAG wie folgt:[78]

> „Dem Inhaber des Bestimmungsrechts nach § 106 GewO, § 315 I BGB verbleibt auch im Falle der Versetzung für die rechtsgestaltende Leistungsbestimmung ein – hier auf betriebliche Gründe beschränkter – nach billigem Ermessen auszufüllender Spielraum. Innerhalb dieses Spielraums können dem Bestimmungsberechtigten mehrere Entscheidungsmöglichkeiten zur Verfügung stehen. Dem Gericht obliegt nach § 315 III 1 BGB die Prüfung, ob der Arbeitgeber als Gläubiger die *Grenzen seines Bestimmungsrechts* beachtet hat. [...] *Bei dieser Prüfung kommt es – anders als die Revision annimmt – nicht auf die vom Bestimmungsberechtigten angestellten Erwägungen an, sondern darauf, ob das Ergebnis der getroffenen Entscheidung den gesetzlichen Anforderungen genügt.* Die Darlegungs- und Beweislast für die Einhaltung dieser Grenzen hat der Bestimmungsberechtigte [...]. Maßgeblicher Zeitpunkt für die Ausübungskontrolle ist der Zeitpunkt, zu dem der Arbeitgeber die Ermessensentscheidung zu treffen hat [...].
>
> Die Leistungsbestimmung nach billigem Ermessen (§ 106 S. 1 GewO, § 315 BGB) verlangt eine Abwägung der wechselseitigen Interessen nach verfassungsrechtlichen und gesetzlichen Wertentscheidungen, den allgemeinen Wertungsgrundsätzen der Verhältnismäßigkeit und Angemessenheit sowie der Verkehrssitte und

---

75 BAG, Urteil vom 30. November 2016 – 10 AZR 11/16, NZA 2017, 1394 (1399), Rn. 37.

76 BAG, Urteil vom 30. November 2016 – 10 AZR 11/16, NZA 2017, 1394 (1396).

77 ArbG Hamburg, Urteil vom 15. Oktober 2014 – 28 Ca 131/14, BeckRS 2014, 119147, Rn. 44 ff.; LAG Hamburg, Urteil vom 19. November 2015, 2 Sa 71/14, BeckRS 2015, 116669, Rn. 41 ff.

78 BAG, Urteil vom 30. November 2016 – 10 AZR 11/16, NZA 2017, 1394 (1397 f.), Rn. 28-31 [Hervorhebungen nicht im Original].

Zumutbarkeit. *In die Abwägung sind alle Umstände des Einzelfalls einzubeziehen* (stRspr [...]).

Beruht die Weisung auf einer *unternehmerischen Entscheidung* [auch „Organisationsentscheidung“ genannt], so kommt dieser besonderes Gewicht zu. Das unternehmerische Konzept ist dabei nicht auf seine Zweckmäßigkeit hin zu überprüfen. *Die Arbeitsgerichte können vom Arbeitgeber nicht verlangen, von ihm nicht gewollte Organisationsentscheidungen zu treffen.* Eine unternehmerische Entscheidung führt aber nicht dazu, dass die Abwägung mit Interessen des Arbeitnehmers von vornherein ausgeschlossen wäre und sich die Belange des Arbeitnehmers nur in dem vom Arbeitgeber durch die unternehmerische Entscheidung gesetzten Rahmen durchsetzen könnten. Die unternehmerische Entscheidung ist ein zwar wichtiger, aber nicht der alleinige Abwägungsgesichtspunkt. Im Einzelfall können besonders schwerwiegende, insbesondere verfassungsrechtlich geschützte Belange des Arbeitnehmers entgegenstehen. Es kommt darauf an, ob das Interesse des Arbeitgebers an der Durchsetzung seiner Organisationsentscheidung auch im Einzelfall die Weisung rechtfertigt. Das ist der Fall, wenn die zugrunde liegende unternehmerische Entscheidung die Versetzung auch angesichts der für den Arbeitnehmer entstehenden Nachteile nahelegt *und sie nicht willkürlich oder missbräuchlich erscheinen lässt*“.

Bei der Subsumtion stellt das BAG zunächst auf die unternehmerische Entscheidung der Arbeitgeberin ab, den Flugbetrieb zu reorganisieren und den Standort Hamburg zu schließen.[79] Da diese unternehmerische Entscheidungen ein betriebliches Konzept widerspiegelt, spricht man auch von einer *Organisationsentscheidungen* des Arbeitgebers.[80] Die Organisationsentscheidung zur Reorganisation sei auch tatsächlich umgesetzt worden und auf Dauer angelegt gewesen.[81] Bei dieser Prüfung komme es, so betont das BAG, nicht auf den genauen Umfang des Rückgangs von Flügen aus Hamburg an. Maßgeblich sei allein, dass die „getroffene Organisationsentscheidung“ (Standortschließung) tatsächlich umgesetzt wurde. Eine inhaltliche Prüfung erfolge grundsätzlich nicht. Anhaltspunkte, wonach die Entscheidung zur Standortschließung ausnahmsweise als willkürlich oder missbräuchlich zu anzusehen sei, gebe es keine. Die Arbeitgeberin habe die durch die Standortschließung bezweckten Einsparungen plausibel dargelegt.[82]

79 BAG, Urteil vom 30. November 2016 – 10 AZR 11/16, NZA 2017, 1394 (1398), Rn. 32.

80 *Dütz/Thüsing*, Arbeitsrecht, Rn. 410b.

81 BAG, Urteil vom 30. November 2016 – 10 AZR 11/16, NZA 2017, 1394 (1398), Rn. 35 f.

82 BAG, Urteil vom 30. November 2016 – 10 AZR 11/16, NZA 2017, 1394 (1399), Rn. 37.

Ob die Einsparungen im Detail zutreffen und sich tatsächlich realisieren, unterliege „ebenso wenig einer gerichtlichen Kontrolle wie die Beurteilung, ob andere Organisationsentscheidungen [als eine Standortschließung] möglich und gegebenenfalls wirtschaftlich sinnvoller gewesen wären“.[83] Eine Zweckmäßigkeitskontrolle der Reorganisation durch das Gericht komme nicht in Betracht.[84]

Deshalb seien auch die Einwände der Arbeitnehmerin unbeachtlich, wonach die mit der Standortschließung bezweckten Einsparung auch ohne Abzug der Flugbegleitung realisiert werden könnten, wenn die Flugbegleitung ohne örtliche Strukturen weiterhin von Hamburg aus eingesetzt würde. Bei diesen Vorschlägen der Arbeitnehmerin handele es sich um eine andere Organisation des Betriebes, die der Arbeitgeberin nicht gegen ihren Willen auferlegt werden könne.[85]

Die Standortschließung bedinge auch die Versetzung der Arbeitnehmerin, da andernfalls Dead-Head-Beförderungen von Hamburg zum Einsatzort nach Frankfurt die Regel werden würden und keine Ausnahme blieben. Dies sei im Zusammenspiel mit der tarifvertraglich vorgesehenen Übernahme von „Dead-Head-Kosten“ durch die Arbeitgeberin wirtschaftlich nicht vereinbar mit der getroffenen Organisationsentscheidung.[86]

Schließlich stünden der Versetzung auch keine unzumutbaren persönlichen, familiären oder sonstige außervertraglichen Belastungen entgegen.[87] Insbesondere dürfe eine Flugbegleiterin bereits nach der Art ihrer Tätigkeit nicht davon ausgehen, Vorteile eines „dauerhaft ortsfesten Arbeitseinsatzes“ beanspruchen zu können.[88]

---

83 BAG, Urteil vom 30. November 2016 – 10 AZR 11/16, NZA 2017, 1394 (1399), Rn. 37, wobei das BAG verweist auf ein BAG, Urteil vom 13. November 2013 – 10 AZR 1082/12, AP GewO § 106 Nr. 28, Rn. 47.

84 BAG, Urteil vom 30. November 2016 – 10 AZR 11/16, NZA 2017, 1394 (1398 f.), Rn. 37, wonach es unerheblich sei, ob sie Einsparungen auf anderem Wege und ohne Versetzungen ebenso gut hätten realisiert werden können. Denn dabei würde es sich „um eine andere Organisation des Betriebes handeln, die der Bekl. [Arbeitgeberin] nicht gegen deren Willen auferlegt werden“ könne.

85 BAG, Urteil vom 30. November 2016 – 10 AZR 11/16, NZA 2017, 1394 (1399), Rn. 37.

86 BAG, Urteil vom 30. November 2016 – 10 AZR 11/16, NZA 2017, 1394 (1399), Rn. 39 f.

87 BAG, Urteil vom 30. November 2016 – 10 AZR 11/16, NZA 2017, 1394 (1400), Rn. 53.

88 BAG, Urteil vom 30. November 2016 – 10 AZR 11/16, NZA 2017, 1394 (1400), Rn. 53.

b) Bewertung des Urteils

Dieses Urteil unterscheidet sich von den bereits erörterten Urteilen in einem wesentlichen Punkt: Das BAG prüft hier nicht nur eine einzige Entscheidung der Arbeitgeberin, sondern zwei separate Entscheidungen. Zum einen wird die Weisung geprüft, also die Versetzung der Arbeitnehmerin von Hamburg nach Frankfurt. Zum anderen prüft das BAG inzident die der Weisung voreangehende Organisationsentscheidung, den Hamburger Standort zu schließen, welche sämtliche dort stationierten Mitarbeiter betrifft.

Anders die bereits erörterten Urteile: Diese haben eine „isolierte Weisung" zum Gegenstand. So etwa die Urteile zum BEM und zur Unverbindlichkeit unbilliger Weisungen. Dort versetzte die Arbeitgeberin die Arbeitnehmer aus gesundheitlichen Gründen bzw. um einen Konflikt mit Arbeitskollegen zu lösen. Die Versetzungen erfolgten einzelfallbezogen und nicht, um ein „größeres" betriebliches Konzept umzusetzen.[89]

Zur Verdeutlichung der Unterschiede zwischen Organisationsentscheidung und Weisung folgt zunächst ein knapper Exkurs (1.), um Aussage (2.) und Begründung (3.) dieses Urteils besser deuten bzw. bewerten zu können.

aa) Exkurs: Vergleich von Weisung und betriebsbedingter Kündigung

Der Exkurs vergleicht die gerichtliche Kontrolle von Weisungen mit der Kontrolle betriebsbedingter Kündigungen. Dieser Vergleich ist aufschlussreich, da Gerichte bei Weisungen, die Organisationsentscheidungen umsetzen, auf Grundsätze zur gerichtlichen Kontrolle betriebsbedingter Kündigungen zurückgreifen. Die Parallelen sind wenig überraschend; Kündigung und Weisung sind beides einseitige Entscheidungen des Arbeitgebers, bei denen er ein Ermessen ausübt.[90]

---

89 Das Urteil zum Pfandgut (siehe Kapitel 2, A., I., 2., S. 38 ff.) lässt sich auch so einordnen, dass das Verbot, Pfandflaschen zu sammeln, eine abstrakte Organisationsentscheidung ist, die lediglich durch Weisung an die Arbeitnehmerin rechtlich umgesetzt wurde. Allerdings prüft das BAG das Verbot nur wie eine isoliert erteilte Weisung (siehe zu dieser Einordnung unten Kapitel 4, C., III., 4., b), aa), S. 214 ff.).

90 Materiell besteht zwischen Weisung und betriebsbedingter Kündigung ein wesentlicher Unterschied. Die Weisung des Arbeitgebers dient der Vertragsdurchführung. Sie konkretisiert die vertragliche Leistungspflicht des Arbeitnehmers. Erst nach dieser Konkretisierung kann der Arbeitnehmer seine vertraglich geschuldete Arbeitspflicht erfüllen und damit zum Erlöschen bringen. Die

(1) Betriebsbedingte Kündigung

Bei betriebsbedingten Kündigungen liegen Organisationsentscheidung und Kündigungsentscheidung normtechnisch auf zwei getrennten Ebenen. Die Organisationsentscheidung, den Betrieb umzuorganisieren, ist Tatbestandsvoraussetzung einer betriebsbedingten Kündigung. Die nachfolgende Entscheidung, einen bestimmten Arbeitnehmer zu kündigen, liegt auf Rechtsfolgenseite.

(a) Tatbestandsseite

Sind betrieblicher, persönlicher und sachlicher Anwendungsbereich des allgemeinen Kündigungsschutzes gegeben, bedarf eine ordentliche Kündigung gemäß § 1 Abs. 1 KSchG zu ihrer Wirksamkeit tatbestandlich einer sozialen Rechtfertigung. Eine solche Rechtfertigung kann gemäß § 1 Abs. 2 KSchG vorliegen, wenn die Kündigung durch „dringende betriebliche Erfordernisse" bedingt ist, die einer Weiterbeschäftigung des Arbeitnehmers entgegenstehen.

Solch betriebliche Erfordernisse entstehen durch eine *unternehmerische Entscheidung*, mit welcher Arbeitgeber auf bestimmte *außer- oder innerbetriebliche Umstände* reagieren, und durch welche sich der Bedarf an Arbeitskräften dauerhaft verringert.[91] Außerbetrieblicher Umstand kann beispielsweise ein Absatzrückgang sein; innerbetrieblicher Umstand die Entscheidung, künftig ein anderes Produkt herzustellen. Außerbetrieblicher Umstand (Absatzrückgang) und unternehmerische Entscheidung (Drosselung der Produktion) können gedanklich getrennt werden. Durch den Absatzrückgang allein verringert sich der Arbeitskräftebedarf nicht, da Arbeitgeber ebenso gut auf Halde produzieren können. Hingegen fallen, wie am

---

Kündigung hingegen dient der Beendigung des bestehenden Arbeitsvertrages. Dieser strukturelle Unterschied ist auch der Grund, weshalb es das BAG ablehnt, die Wirksamkeit einer Versetzung an eine soziale Auswahl entsprechend § 1 Abs. 3 KSchG zu knüpfen; vgl. BAG, Urteil vom 17. August 2011 – 10 AZR 202/10, NZA 2012, 265 (266), Rn. 22, 25; anders im Ergebnis das LAG Schleswig-Holstein, Urteil vom 26. August 2015 – 3 Sa 157/15, BeckRS 2015, 72635, Rn. 24 und 27 das interessanterweise beim rechtlichen Kontrollmaßstab eine soziale Auswahl entsprechend § 1 Abs. 3 KSchG ablehnt, bei der anschließenden Subsumtion jedoch eine Vergleichbarkeit des klagenden Arbeitnehmers mit Kollegen nach Gesichtspunkten der „Schutzwürdigkeit" aufgrund familiärer Verpflichtungen vornimmt.

91 BAG, Urteil vom 23. Februar 2012 – 2 AZR 548/10, NZA 2012, 852 (853), Rn. 15.

Beispiel der Produktionsumstellung erkennbar, die innerbetrieblichen Umstände und die unternehmerische Entscheidung häufig zusammen.[92] Grund für die Verringerung des Arbeitskräftebedarfs ist dann allein die unternehmerische Entscheidung, den Betrieb umzugestalten. Ob Arbeitgeber sich auf außer- oder innerbetriebliche Umstände berufen, steht ihnen frei.

Da die unternehmerische Entscheidung in beiden Fällen ein betriebliches Konzept widerspiegelt, spricht man auch von einer *Organisationsentscheidung* des Arbeitgebers.[93] Diese Ebene lässt sich daher auch als *Organisationsebene* beschreiben. Das BAG formuliert die skizzierten Anforderungen üblicherweise wie folgt:

> „Eine Kündigung ist durch dringende betriebliche Erfordernisse bedingt, wenn der Bedarf für eine Weiterbeschäftigung des gekündigten Arbeitnehmers im Betrieb voraussichtlich dauerhaft entfallen ist. Auf der Grundlage der betrieblichen Dispositionen des Arbeitgebers [*Organisationsentscheidung*] müssen im Tätigkeitsbereich des Gekündigten mehr Arbeitnehmer beschäftigt sein, als zur Erledigung der anfallenden Arbeiten benötigt werden."[94]

Der Umfang, in dem die Erwägungen, die zur Organisationsentscheidung geführt haben, gerichtlich überprüft werden, unterscheidet sich danach, ob sich Arbeitgeber auf außerbetriebliche Umstände berufen (sog. *selbstbindende* Organisationsentscheidung) oder ob sie die Verringerung an Arbeitskräftebedarf auf innerbetriebliche Umstände stützen (sog. *gestaltende* Organisationsentscheidung).[95]

Machen Arbeitgeber geltend, bestimmte außerbetrieblicher Umstände (Absatzrückgang) würden eine getroffene Organisationsentscheidung (Drosselung der Produktion) in ihrer konkreten Form erforderlich machen, müssen Arbeitgeber diese äußeren Umstände sowie deren Auswirkung auf den Arbeitskräftebedarf – als Tatsachen – darlegen und beweisen.[96] Irren sich Arbeitgeber hierbei (bspw. über den Umfang eines Absatzrückgangs oder dessen Dauerhaftigkeit), kann dies zur gerichtlichen Feststellung führen, der Arbeitskräftebedarf sei nicht im vom Arbeitgeber behaupteten Umfang entfallen. Eine hierauf gestützte Kündigung ist dann unwirksam. In dieser Fallgruppe berufen sich Arbeitgeber nicht auf ihre unternehmerische Freiheit, sondern *binden sich selbst* an das Vorliegen bestimmter

92 *Waltermann*, Arbeitsrecht, Rn. 372.
93 *Dütz/Thüsing*, Arbeitsrecht, Rn. 410b.
94 BAG, Urteil vom 23. Februar 2012 – 2 AZR 548/10, NZA 2012, 852 (853), Rn. 15.
95 ErfK/*Oetker*, KSchG § 1 Rn. 259.
96 BAG, Urteil vom 7. Dezember 1978 – 2 AZR 155/77, NJW 1979, 1902 (1903); ausführlich *Schiefer*, NZA-RR 2005, 1 (2).

außerbetrieblicher Tatsachen, die zum Wegfall des Arbeitskräftebedarfs führen. Entscheidend ist damit allein, ob die behaupteten („bindenden") Tatsachen – die als solche gerichtlich voll überprüfbar sind – vorliegen oder nicht.[97]

Anders im Fall *gestaltender* Organisationsentscheidungen. Hier machen Arbeitgeber ihre Organisationsentscheidung nicht vom Vorliegen bestimmter außerbetrieblicher Umstände abhängig. Stattdessen berufen sich Arbeitgeber auf ihre Freiheit, den Betrieb nach eigenen Vorstellungen *zu gestalten*. Solch gestaltende Organisationsentscheidungen prüfen die Gerichte im ersten Schritt nur dahingehend, ob sie tatsächlich getroffen wurden, ob sie auf Dauer angelegt sind und ob sie umgesetzt wurden. Die Prüfung dieser Tatsachen erfolgt ohne Einschränkung;[98] Arbeitgebern steht bei diesen Fragen, also ob eine Organisationsentscheidung getroffen wurde, die auf Dauer angelegt ist und umgesetzt wurde, kein Beurteilungsspielraum zu.[99]

Praktisch gesehen werden Arbeitgeber auch bei gestaltenden Organisationsentscheidungen häufig auf außerbetriebliche Umstände reagieren, indem sie als Unternehmer ihr Handeln an Markterfordernissen ausrichten. Führen Arbeitgeber diese außerbetrieblichen Umstände jedoch nicht als Begründung an, sondern allein ihre unternehmerische Gestaltungsfreiheit, werden die dahinterstehenden Erwägungen gerichtlich nicht überprüft.[100] Ob die tatsächlichen Umstände, die als Erwägungen in die Organisationsentscheidung des Arbeitgebers eingeflossen sind, von diesem richtig und vollständig erfasst wurden, ist unerheblich. Auf das Ausmaß eines Absatzrückgangs etwa kommt es nicht an. Ebenso wenig, ob sich – wie im hier besprochenen Fall der Flugbegleiterin – die mit einer Standortschließung bezweckten Einsparungen (Entfall Mieten etc.) realisieren. Maßgeblich bleibt allein, ob Arbeitgeber an ihrer gestaltenden Organisationsentscheidung, die auf Dauer angelegt ist, festhalten und sie umsetzen.

Bei der Ausübung dieser Organisationsmacht unterliegen Arbeitgeber kaum Beschränkungen. Inhaltlich wird eine getroffene

---

97 BAG, Urteil vom 23. Februar 2012 – 2 AZR 548/10, NZA 2012, 852 (853 f.), Rn. 16.

98 BAG, Urteil vom 22. Oktober 2015 – 2 AZR 650/14, NZA 2016, 630 (633) Rn. 33.

99 Der Begriff des „unbestimmten Rechtsbegriffs" und die eng damit verknüpfte Lehre vom Beurteilungsspielraum werden im dritten Kapitel dieser Arbeit erörtert, siehe Kapitel 3, C., II., S. 118 ff.

100 *Linck* beschreibt außerbetriebliche Umstände in diesem Fall passend als Motiv der gestaltenden Organisationsentscheidung, Schaub ArbRHdB/*Linck*, § 134 Betriebsbedingte Kündigung, Rn. 5.

Organisationsentscheidung nur dahingehend kontrolliert, ob sie nicht „offenbar unsachlich, unvernünftig oder willkürlich" ist.[101] Bei Missbrauch und Willkür können sich Arbeitgeber bei der Interessensabwägung auf eine tatsächlich getroffene Organisationsentscheidung nicht berufen.

Darüber hinaus unterliegen Arbeitgeber keinen Beschränkungen. Die Organisationsentscheidung muss weder unternehmerisch zweckmäßig sein,[102] noch sind Arbeitgeber gehalten, bei ihrer Organisationsentscheidung die eigenen Interessen mit denen ihrer Belegschaft oder gar einzelner Arbeitnehmer abzuwägen. Mit anderen Worten: Das Ergebnis einer Organisationsentscheidung muss die Interessen der Arbeitnehmer nicht angemessen wahren.[103] Folglich kommt es auf Organisationsebene auf die Erwägungen des Arbeitgebers regelmäßig nicht an. Dies gilt sowohl für die tatsächlichen Umstände, die ein Arbeitgeber seiner Organisationsentscheidung zugrunde legt, als auch für die unternehmerischen Zwecke, die er damit verfolgt.

Das BAG begründet diese gerichtliche Zurückhaltung mit der durch Art. 12 GG geschützten Unternehmerfreiheit eines Arbeitgebers.[104] Bis zur Grenze von Missbrauch und Willkür, so das BAG, seien Arbeitgeber mit Blick auf ihre durch Art. 12 GG geschützte Unternehmerfreiheit frei.[105] Es sei nicht Sache der Gerichte, Arbeitgebern eine „bessere" oder „richtigere" Unternehmenspolitik vorzuschreiben und damit in deren wirtschaftliche

101 St. Rspr. seit BAG, Urteil vom 30. April 1987 – 2 AZR 184/86, BAGE 55, 262, NZA 1987, 776 (777 f.), zu I.

102 BAG, Urteil vom 22. Oktober 2015 – 2 AZR 650/14, NZA 2016, 630 (633) Rn. 33.

103 Vgl. etwa BAG, Urteil vom 15. Juni 2021 – 9 AZR 217/20, NZA 2021, 1625 (1630), Rn. 46: „Der Arbeitgeber ist regelmäßig nicht gehindert, eine Organisationsentscheidung zu treffen, die zum Wegfall des Arbeitsplatzes führt. [...] Dem Arbeitgeber kann auch unter Beachtung der jeweils aus Art. 12 I GG folgenden, gegenläufigen Grundrechtspositionen der Arbeitsvertragsparteien nicht vorgegeben werden, welche und wie viele Arbeitsplätze er in seinem Betrieb weiter vorzuhalten hat [...]".

104 BAG, Urteil vom 31. Juli 2014 – 2 AZR 422/13, NZA 2015, 101 (103), Rn. 31; in diesem Zusammenhang weist *Kiel* zu Recht darauf hin, dass letztlich willkürliche oder unvernünftige Unternehmerentscheidung nicht zu verhindern seien, wenn die Gerichte bei ihrer Kontrolle nicht legitimiert sind, die Belastbarkeit der Unternehmenspolitik zu beurteilen, vgl. Ascheid/Preis/Schmidt/*Kiel*, Kündigungsrecht, KSchG, § 1 Rn. 455.

105 BAG, Urteil vom 31. Juli 2014 – 2 AZR 422/13, NZA 2015, 101 (103), Rn. 31; in diesem Zusammenhang weist *Kiel* zu Recht darauf hin, dass letztlich willkürliche oder unvernünftige Unternehmerentscheidung nicht zu verhindern seien, wenn die Gerichte bei ihrer Kontrolle nicht legitimiert sind, die Belastbarkeit der Unternehmenspolitik zu beurteilen, vgl. Ascheid/Preis/Schmidt/*Kiel*, Kündigungsrecht, KSchG, § 1 Rn. 455.

Kalkulation einzugreifen.[106] Für eine beschlossene und tatsächlich umgesetzte Organisationsentscheidung spreche die Vermutung, sie sei aus sachlichen – „nicht zuletzt wirtschaftlichen" – Gründen getroffen worden und daher nicht willkürlich oder rechtsmissbräuchlich.[107]

(b) Rechtsfolgenseite

Von der Organisationsentscheidung bzw. -ebene auf Tatbestandseite zu unterscheiden ist auf Rechtsfolgenseite die Kündigung als die der Organisationsentscheidung nachfolgende Auswahlentscheidung des Arbeitgebers. Hat sich der Arbeitskräftebedarf verringert (*betriebliche Erfordernisse*), eröffnet dies Arbeitgebern einen Spielraum, betroffene Arbeitnehmer zu kündigen. Dieser Spielraum betrifft sowohl die Frage, ob Arbeitgeber auf die Verringerung des Arbeitskräftebedarfs mit Kündigung reagieren möchten, als auch die Frage, welchen Arbeitnehmern ggf. gekündigt wird. Die Kündigung ist letztlich eine mögliche Variante zur Umsetzung der zuvor getroffenen Organisationsentscheidung. Daher kann man die Rechtsfolgenseite auch als *Umsetzungsebene* beschreiben.[108]

Im Vergleich zur Organisationsebene unterliegt die Entscheidung auf Umsetzungsebene weitergehenden rechtlichen Anforderungen. Die gerichtliche Kontrolle ist auf Umsetzungsebene nicht auf eine Willkür- und Missbrauchskontrolle beschränkt. Vielmehr prüfen Gerichte insbesondere auch das Ergebnis der Kündigungsentscheidung. Nämlich im Kern, ob die Kündigung eine verhältnismäßige Umsetzung der getroffenen Organisationsentscheidung ist.[109] Also ob die Kündigung zur Umsetzung geeignet, erforderlich ist und die Interessen des Arbeitnehmers angemessen berücksichtigt. Diese Verhältnismäßigkeitsprüfung findet ihren gesetzlichen

---

106 BAG, Urteil vom 26. September 2002 – 2 AZR 636/01, BAGE 103 (35 f.), NZA 2003, 549 (550), zu II., Ziff. 1, lit b); BAG, Urteil vom 15. Juni 2021 – 9 AZR 217/20, NZA 2021, 1625 (1630), Rn. 46.

107 BAG, Urteil vom 18. Juni 2015 – 2 AZR 480/14, BAGE 152, 47, NZA 2015, 1315 (1318 f.), Rn. 35.

108 Ascheid/Preis/Schmidt/*Kiel*, Kündigungsrecht, KSchG, § 1 Rn. 527; *Stein*, Kritische Justiz 2001, 282 (293).

109 BAG, Urteil vom 26. März 2015 – 2 AZR 417/14, NZA 2015, 1083 (1086), Rn. 26.

Anknüpfungspunkt darin, dass die betrieblichen Erfordernisse *dringend* sein bzw. die Kündigung *bedingen* müssen.[110]

Im Vergleich zur verhaltens- und personenbedingten Kündigung ist die Ergebniskontrolle bei betriebsbedingten Kündigungen jedoch modifiziert.

Zwar wird zunächst auch hier geprüft, ob die Kündigung geeignet und erforderlich ist, um das geänderte unternehmerische Konzept (Organisationsentscheidung) zu realisieren. Mit anderen Worten: Kann dem Wegfall des konkreten Arbeitskräftebedarfs anders als durch Entlassung des Arbeitnehmers Rechnung getragen werden (z.B. Versetzung nach zumutbarer Umschulung).[111]

Allerdings ist die Prüfung der Angemessenheit eingeschränkt. Grundsätzlich erfolgt keine Abwägung der Vorteile, die sich Arbeitgeber von einer Organisationsentscheidung verspricht, mit den Nachteilen der Kündigung für Arbeitnehmer. Sind Kündigungen zur Umsetzung einer Organisationsentscheidung geeignet und erforderlich, steht ihre Angemessenheit nicht zur Disposition. Es erfolgt grundsätzlich keine Interessensabwägung zwischen Arbeitgeber- und Arbeitnehmerinteressen.

An die Stelle einer Interessensabwägung tritt die soziale Auswahl im Sinne von § 1 Abs. 3 KSchG, wonach Arbeitgeber die zu kündigenden Arbeitnehmer anhand deren sozialer Schutzwürdigkeit auswählen müssen. Arbeitgeber müssen nach dieser Vorschrift „die Dauer der Betriebszugehörigkeit, das Lebensalter, die Unterhaltspflichten und die Schwerbehinderung des Arbeitnehmers [...] ausreichend berücksichtig[en]".

Hintergrund für diese eingeschränkte Ergebniskontrolle ist erneut die Unternehmerfreiheit des Arbeitgebers: Die Organisationsentscheidung des Arbeitgebers würde mittelbar auf ihre unternehmerische Zweckmäßigkeit hin überprüft, wenn Gerichte fragten, ob die mit der Organisationsentscheidung bezweckten (unternehmerischen) Vorteile in einem angemessenen Verhältnis zu den Nachteilen des Arbeitnehmers infolge der Kündigung stehen.[112] Damit die Organisationsentscheidung nicht mittelbar kontrolliert wird, soll nach der Rechtsprechung des BAG eine Abwägung von Arbeitgeber- und Arbeitnehmerinteressen daher nur ganz ausnahmsweise möglich

---

110 Ascheid/Preis/Schmidt/*Kiel*, Kündigungsrecht, KSchG, § 1 Rn. 527 zur Frage, ob beiden Merkmalen dogmatisch eine unterschiedliche Bedeutung zukommt, m.w.N.

111 Die Alternative einer Weiterbeschäftigung nach zumutbaren Umschulungs- oder Fortbildungsmaßnahmen findet sich ausdrücklich in § 1 Abs. 2 S. 3 KSchG.

112 Ascheid/Preis/Schmidt/*Kiel*, Kündigungsrecht, KSchG, § 1 Rn. 591.

sein.[113] So könne eine – zumeist nur vorübergehende – Weiterbeschäftigung dem Arbeitgeber ausnahmsweise zuzumuten sein, wenn ein Arbeitnehmer aufgrund „schwerwiegender persönlicher Umstände besonders schutzbedürftig ist".[114] Allerdings hat das BAG auch diese Ausnahme wieder in Frage gestellt.[115]

(c) Zwischenergebnis

Insgesamt lässt sich festhalten, dass Organisationsentscheidung und Kündigungsentscheidung unterschiedlich stark kontrolliert werden. Für Organisations- und Umsetzungsebene gelten unterschiedliche Maßstäbe.

Organisationsentscheidungen sind weitestgehend kontrollfrei. Mit Blick auf die grundgesetzlich geschützte Unternehmerfreiheit eines Arbeitgebers beschränkt sich die Kontrolle primär auf tatsächliche Fragen (Vorliegen und Inhalt). Die Ausübungskontrolle beschränkt sich auf eine Willkür- und Missbrauchskontrolle. In solchen Fällen können sich Arbeitgeber nicht auf das Vorliegen einer tatsächlich getroffenen Organisationsentscheidung berufen. Das Tatbestandsmerkmal „betriebliche Erfordernisse" wird dann verneint. Eine weitergehende Ausübungskontrolle findet nicht statt. Daher sind auf Organisationsebene die Erwägungen von Arbeitgebern (ausnahmsweise) nur insoweit beachtlich, wie sie Willkür oder Missbrauch begründen

113 BAG, Urteil vom 30. April 1987 – 2 AZR 184/86, BAGE 55, 262, NZA 1987, 776 (778), zu IV.

114 BAG, Urteil vom 30. April 1987 – 2 AZR 184/86, BAGE 55, 262, NZA 1987, 776 (777 f.), zu I., wobei die Feststellung des LAG, ein Härtefall sei nicht gegeben, der Revision standhielt. *Preis* gibt an, es existiere keine BAG-Entscheidung, die eine betriebsbedingte Kündigung aufgrund eines Härtefalls als unangemessen einstufte, vgl. Ascheid/Preis/Schmidt/*Preis*, Kündigungsrecht, 1. Teil, Grundlagen zur Beendigung, H. Prinzipien zur Ausfüllung der Kündigungsgründe, Rn. 47.

115 BAG, Urteil vom 20. Januar 2005 – 2 AZR 500/03, NJW 2005, 2109 (2110): „Nach der neueren Rechtsprechung des BAG [...] kann sich eine einzelfallbezogene Interessenabwägung bei betriebsbedingten Kündigungsgründen, *wenn überhaupt*, so allenfalls in seltenen Ausnahmefällen zu Gunsten des Arbeitnehmers auswirken. *Soweit* die Rechtsprechung bisher beim Vorliegen betriebsbedingter Kündigungsgründe und durchgeführter Sozialauswahl *die Möglichkeit einer Interessenabwägung nicht völlig ausgeschlossen hat*, muss hier nicht abschließend entschieden werden, *ob daran festzuhalten ist*. Jedenfalls *sind die aufgestellten Voraussetzungen für eine derartige „Härtefallregelung" so hoch anzusetzen, dass kaum mehr Raum für eine praktische Anwendung einer solchen Interessenabwägung bleibt.*" [Hervorhebungen nicht im Original].

können. Darüber hinaus sind Erwägungen, die zur Organisationsentscheidung geführt haben (etwa Einsparpotenziale), unbeachtlich.

Die nachgelagerte Kündigungsentscheidung unterliegt neben dem allgemeinen Verhältnismäßigkeitsgrundsatz den Anforderungen aus § 1 Abs. 3 KSchG. Auf Umsetzungsebene sind Erwägungen insoweit unbeachtlich, wie sie für die Ergebniskontrolle einer Kündigung keine Rolle spielen. Dies betrifft insbesondere Erwägungen, die zur Organisationsentscheidung geführt haben; etwa die vom Arbeitgeber mit einer Reorganisation bezweckten Vorteile. Denn wird das Interesse des Arbeitgebers an der Umsetzung einer Organisationsentscheidung gar nicht erst mit den Interessen der von der Kündigung betroffenen Arbeitnehmer abgewogen, kommt es auf korrespondierende Erwägungen weder für die Ergebniskontrolle noch für die Vorgangskontrolle an. Man kann insofern auch von einem Gleichlauf von Ergebnis- und Vorgangskontrolle sprechen.

(2) Weisung

Die Unternehmerfreiheit des Arbeitgebers hat auf die gerichtliche Kontrolle von Weisungen vergleichbare Auswirkungen, sofern eine Weisung eine gestaltende Organisationsentscheidung des Arbeitgebers umsetzt.[116] Dabei unterscheidet sich die gerichtliche Kontrolle einer Weisung von einer betriebsbedingten Kündigung insofern, als dass der Tatbestand des billigen Ermessens nach § 106 GewO – anders als der Tatbestand einer betriebsbedingten Kündigung gemäß § 1 Abs. 2 S. 1 KSchG – keine Organisationsentscheidung voraussetzt.[117]

Einer Vergleichbarkeit von Weisung und betriebsbedingter Kündigung steht dies jedoch nicht entgegen. Denn setzen Arbeitgeber mit einer

116 In der Rechtsprechung des BAG finden sich soweit ersichtlich nur Urteile zu Weisungen, die *gestaltende* Organisationsentscheidungen behandeln. Deshalb beschränkt sich die hiesige Darstellung auf solche. Sollte sich ein Arbeitgeber jedoch auf eine *selbstbindende* Organisationsentscheidung berufen, was wegen der damit verbundenen Darlegungs- und Beweisrisiken praktisch äußerst selten vorkommt, gilt das oben Gesagte (Kapitel 2., A., II., 1., b), aa), (1), (a), S. 44 ff.): Erwägungen des Arbeitgebers, die tatsächliche Umstände widerspiegeln, an der Arbeitgeber seine Organisationsentscheidung „gebunden" hat, wären als Tatbestandsmerkmale einer vollen gerichtlichen Kontrolle zugänglich.

117 Dogmatisch denkbar wäre allenfalls, dass der Arbeitsvertrag, Betriebsvereinbarungen oder Tarifverträge das Recht des Arbeitgebers zur Weisungserteilung (insb. Versetzung) von einer zuvor getroffenen Organisationsentscheidung abhängig machen.

Weisung eine Organisationsentscheidung um, prüfen die Gerichte auch hier letztlich zwei getrennte Entscheidungen: Die eigentliche Weisung und inzident die vorgelagerte Organisationsentscheidung. Auch hier unterliegen beide Entscheidungen unterschiedlichen rechtlichen Anforderungen, und auch hier wird die weitest gehende Kontrollfreiheit einer Organisationsentscheidung durch eine nur eingeschränkte Ausübungskontrolle auf Umsetzungsebene abgesichert:

(a) Grundfall *isolierte* Weisung

Im Grundfall einer „isolierten" Weisung, und als Ausgangspunkt jeder Prüfung, formuliert das BAG den Kontrollmaßstab des billigen Ermessens im Sinne von § 106 GewO, § 315 BGB in ständiger Rechtsprechung wie folgt:

> „Die Leistungsbestimmung nach billigem Ermessen verlangt eine Abwägung der wechselseitigen Interessen nach verfassungsrechtlichen und gesetzlichen Wertentscheidungen, den allgemeinen Wertungsgrundsätzen der Verhältnismäßigkeit und Angemessenheit sowie der Verkehrssitte und Zumutbarkeit. In die Abwägung sind alle Umstände des Einzelfalls einzubeziehen."[118]

Da Arbeitgebern ein Ermessen zusteht, ist die gerichtliche Kontrolle allein eine rechtliche und keine Kontrolle auch der Zweckmäßigkeit. Arbeitgebern verbleibt in den Grenzen des billigen Ermessens ein Spielraum.[119] Hierzu erfolgt im Wesentlichen eine Verhältnismäßigkeitsprüfung, bestehend aus Geeignetheit, Erforderlichkeit und insbesondere Angemessenheit der Weisung. Bei der Angemessenheit wird der mit einer Weisung bezweckte Nutzen den durch die Weisung berührten Interessen eines Arbeitnehmers gegenübergestellt. Mit anderen Worten: Es wird geprüft, ob die Beeinträchtigungen für den Arbeitnehmer nicht außer Verhältnis stehen zum vom Arbeitgeber verfolgten Zweck bzw. Nutzen.[120] Insofern erfolgt eine umfassende Ergebniskontrolle. Entscheidend ist dabei jedoch allein, ob die Arbeitnehmerinteressen angemessen berücksichtigt wurden, und

118 BAG, Vorlagebeschluss vom 30. Januar 2019 – 10 AZR 299/18, NZA 2019, 693 (695), Rn. 46; BAG, Urteil vom 18. Oktober 2017 – 10 AZR 47/17, BAGE 160, 325, NZA 2018, 162 (163), Rn. 19.

119 BAG, Urteil vom 24. Oktober 2018 – 10 AZR 19/18, NZA 2019, 619 (621), Rn. 26.

120 BAG, Urteil vom 23. September 2004 – 6 AZR 567/03, BAGE 112, 80, NZA 2005, 359 (361), zu IV. Ziff. 2, lit. a): „Eine Leistungsbestimmung entspricht billigem Ermessen, wenn die wesentlichen Umstände des Falles abgewogen und die beiderseitigen Interessen angemessen berücksichtigt worden sind."; MHdB ArbR/*Reichold*, § 40 Arbeitspflicht und Arbeitszeit, Rn. 28.

nicht, ob sie durch eine alternative Weisung noch stärker hätten berücksichtigt werden können.

(b) Eine die Organisationsentscheidung *umsetzende* Weisung

Diese Anforderungen an das billige Ermessen im Sinne von § 106 GewO verschieben sich bei einer Weisung, die eine Organisationsentscheidung umsetzt. Denn bei der Interessensabwägung ist von Bedeutung, inwieweit eine Weisung Ausdruck der durch Art. 12 GG geschützten Unternehmerfreiheit eines Arbeitgebers ist.[121]

Entsprechend macht es einen Unterschied, ob eine Weisung „isoliert" betrachtet werden kann. So etwa, wenn einem Arbeitnehmer durch die Weisung eine alltägliche Aufgabe übertragen wurde, die ebenso gut hätte einem Kollegen übertragen werden können. Anders aber, wenn Arbeitgeber für eine alternative Weisung zugleich ihren Betrieb im größeren Maßstab umorganisieren müssten. Wehrt sich etwa ein Arbeitnehmer gegen seine Versetzung, da er am bisherigen Standort verbleiben möchte, obwohl dieser Standort geschlossen werden soll, müsste der Arbeitgeber, um diesem Wunsch nachzukommen, nicht nur auf die erteilte Weisung verzichten, sondern zugleich seine Organisationsentscheidung, den Standort zu schließen, aufgeben. Letzteres hätte weitreichende Auswirkungen auf die Unternehmensorganisation und griffe erkennbar stark in die durch Art. 12 GG geschützte Unternehmerfreiheit des Arbeitgebers ein.

Vor diesem Hintergrund schränkt das BAG die Ergebniskontrolle einer Weisung ein. Dazu wird die allgemeine Verhältnismäßigkeitsprüfung im Bereich der Angemessenheit durch einen Zusatz abstrakt-typisierend

121 BAG, Urteil vom 24. Februar 2011 – 2 AZR 636/09, BAGE 137, 164, NZA 2011, 1087 (1089), Rn. 26: „[...] auf Seiten des Arbeitgebers nicht nur sein vertraglich begründetes und aktuell ausgeübtes Weisungsrecht als solches steht, sondern seine Weisung weitergehend durch Art. 12 I GG oder durch andere grundrechtlich relevante Rechtsgüter geschützt ist [...]"; BAG, Urteil vom 10. Oktober 2002 – 2 AZR 472/01, NZA 2003, 483 (486), zu B., II., Ziff. 3, lit a), bb): „Demgegenüber kommt zwar als konkurrierende, durch Art. 12 I GG grundrechtlich geschützte Position der Bekl. vor allem ihre Unternehmerfreiheit in Betracht. In welcher Intensität dieses Recht der Bekl. betroffen ist, kann aber auf Grund ihres nicht hinreichend konkreten Sachvortrags nicht festgestellt werden.".

begrenzt, wenn eine Weisung eine Organisationsentscheidung *umsetzt*.[122] Hierfür ergänzt das BAG den üblichen Kontrollmaßstab und greift dabei inhaltlich auf die Grundsätze zur betriebsbedingten Kündigung zurück:

> „Die Leistungsbestimmung nach billigem Ermessen verlangt [üblicher Kontrollmaßstab].
>
> Beruht die Weisung auf einer *unternehmerischen Entscheidung*, so kommt dieser *besonderes Gewicht* zu. Das unternehmerische Konzept ist dabei nicht auf seine Zweckmäßigkeit hin zu überprüfen. *Die Arbeitsgerichte können vom Arbeitgeber nicht verlangen, von ihm nicht gewollte Organisationsentscheidungen zu treffen.* Eine unternehmerische Entscheidung führt aber nicht dazu, dass die Abwägung mit Interessen des Arbeitnehmers von vornherein ausgeschlossen wäre und sich die Belange des Arbeitnehmers nur in dem vom Arbeitgeber durch die unternehmerische Entscheidung gesetzten Rahmen durchsetzen könnten. Die unternehmerische Entscheidung ist ein zwar wichtiger, aber nicht der alleinige Abwägungsgesichtspunkt. *Im Einzelfall können besonders schwerwiegende, insbesondere verfassungsrechtlich geschützte Belange des Arbeitnehmers entgegenstehen*. Es kommt darauf an, ob das Interesse des Arbeitgebers an der Durchsetzung seiner Organisationsentscheidung auch im Einzelfall die Weisung rechtfertigt. Das ist der Fall, wenn die zugrunde liegende *unternehmerische Entscheidung* die Versetzung auch angesichts der für den Arbeitnehmer entstehenden Nachteile nahelegt [...].“[123]

Was bei betriebsbedingten Kündigungen ausdrücklich gesetzliche Tatbestandsvoraussetzung ist, – nämlich eine vorausgehende Organisationsentscheidung – liest das BAG bei der Kontrolle einer Weisung in die Ermessensprüfung hinein.[124] Auch bei einer Weisung wird inzident geprüft, ob eine behauptete Organisationsentscheidung tatsächlich getroffen wurde.

---

122 Dieser abstrakt-typisierende Ansatz erinnert methodisch an die sog. Drei-Stufen-Lehre des BVerfG, Urteil vom 11. Juni 1958 – 1 BvR 596/56, BVerfGE 7, 377 (397 ff.), NJW 1958, 1035 (1039 f.). Auch die Drei-Stufen-Lehre beinhaltet keine bereits im Wortlaut von Art. 12 GG angelegten Voraussetzungen. Vielmehr ist sie das Ergebnis einer Auslegung von Art. 12 GG, welche die Verhältnismäßigkeitsprüfung anhand der Interessen konkretisiert bzw. (abstrakt-generell) strukturiert, die bei einem Eingriff in der jeweiligen Intensität (Stufe) typischerweise betroffen sind, vgl. Sachs/*Mann*, GG Art. 12, Rn. 125 ff.

123 BAG, Urteil vom 30. November 2016 – 10 AZR 11/16, NZA 2017, 1394 (1397), Rn. 30 [Hervorhebungen nicht im Original]; ähnlich im Zusammenhang mit dem allgemeinen Beschäftigungsanspruch auch BAG, Urteil vom 15. Juni 2021 – 9 AZR 217/20, NZA 2021, 1625 (1630), Rn. 47.

124 Zur Übertragung des rechtlichen Konzepts der Organisationsentscheidung auf das Weisungsrecht auch *Repey*, ArbRAktuell 2017, 214 (215), der unter anderem kritisiert, die Organisationsentscheidung werde bei Weisungen in ihrer Bedeutung ungerechtfertigt überhöht und gehe hier in ihrem Gewicht über jenes hinaus, welches ihr bei betriebsbedingten Kündigungen zukomme. Denn bei betriebsbedingten Kündigungen sei die Organisationsentscheidung nur eine Voraussetzung von vielen weiteren wie bspw. die soziale Auswahl nach § 1 Abs. 3 KSchG.

Hierin liegt damit die *erste Parallele* zur gerichtlichen Kontrolle betriebsbedingter Kündigungen.

Ob die Organisationsentscheidung unternehmerisch zweckmäßig oder verhältnismäßig ist, kontrollieren die Gerichte nicht. Wie bei betriebsbedingten Kündigungen ist die Organisationsentscheidung inhaltlich kontrollfrei. Die Ausübungskontrolle ist auf Organisationsebene stark eingeschränkt. Auf Organisationsebene müssen Arbeitgeber die Interessen von Arbeitnehmern nicht berücksichtigen. Bis zur Grenze von Missbrauch und Willkür unterliegen auch hier die Erwägungen, die Arbeitgeber zu einer bestimmten Organisationsentscheidung veranlasst haben, keiner gerichtlichen Kontrolle. Diese nur sehr eingeschränkte Kontrolle der Organisationsentscheidung ist somit die *zweite Parallele.*

Und schließlich verschieben sich die rechtlichen Anforderungen an das billige Ermessen auf Umsetzungsebene. Ist die konkrete Weisung zur Umsetzung der Organisationsentscheidung erforderlich, treten die Interessen des Arbeitnehmers regelmäßig hinter denen des Arbeitgebers an der Umsetzung seiner Organisationsentscheidung zurück.[125] Sofern Arbeitnehmer nicht ausnahmsweise eine besondere Belastung (Unzumutbarkeit) vorbringen können, wahren umsetzende Weisungen billiges Ermessen.[126] Eine umfassende Abwägung der Vorteile, die mit einer Organisationsentscheidung verfolgt werden, mit den individuellen Nachteilen eines Arbeitnehmers findet nicht statt.[127] Die gerichtliche Prüfung ist stattdessen auf die Frage beschränkt, ob die Organisationsentscheidung auch ohne die Weisung

---

125 Kritisch *Repey*, ArbRAktuell 2017, 214 (215), der darauf abstellt, ein Arbeitnehmer werde nur selten weitere Grundrechte anführen können, als die ohnehin bei jeder Weisung betroffene Berufsfreiheit sowie das Recht auf freie Entfaltung der Persönlichkeit.

126 Zum Kriterium der *Unzumutbarkeit* siehe nur BAG, Urteil vom 30. November 2016 – 10 AZR 11/16, NZA 2017, 1394 (1400), Rn. 53.

127 Hierüber kann auch die Formulierung des BAG nicht hinwegtäuschen, wonach eine unternehmerische Entscheidung nicht dazu führe, dass die Abwägung mit Interessen des Arbeitnehmers von vornherein ausgeschlossen wäre. Denn letztlich fragt das BAG im Kern, ob die Organisationsentscheidung auch auf anderem als auf dem Arbeitgeber mit konkreter Weisung gewählten Wege umgesetzt werden kann. Diese Prüfung ist als Suche nach Alternativen jedoch keine Abwägung der Arbeitnehmerinteressen mit denen des Arbeitgebers an der Umsetzung seiner Organisationsentscheidung, da die Organisationsentscheidung gerade nicht berührt werden darf, sondern von den Gerichten ohne Änderung aufrechterhalten wird; siehe BAG, Urteil vom 30. November 2016 – 10 AZR 11/16, NZA 2017, 1394 (1400), Rn. 54: „Umstände, die auf die Möglichkeit hindeuten könnten, *unter Aufrechterhaltung der getroffenen und umgesetzten unternehmerischen Entscheidung* unter Berücksichtigung der Interessen der Kl. auf deren Versetzung zu verzichten, hat diese nicht aufgezeigt.“

umgesetzt werden könne, und ob die Umsetzung für den Arbeitnehmer wegen gravierender Folgen ausnahmsweise unzumutbar ist. In dieser eingeschränkten Ergebniskontrolle liegt die *dritte Parallele* zur betriebsbedingten Kündigung. Es findet keine umfassende Abwägung der mit einer Organisationsentscheidung verfolgten Ziele mit den Interessen des Arbeitnehmers statt. Eine Weisung ist vielmehr regelmäßig angemessen, sofern damit ein unternehmerisches Konzept verfolgt wird. Die Ergebniskontrolle einer Weisung wird beschränkt – und damit die Anforderungen an das billige Ermessen –, damit die Organisationsentscheidung des Arbeitgebers nicht mittelbar über die gerichtliche Prüfung einer Weisung inhaltlich kontrolliert wird.

bb) Aussage zur Vorgangskontrolle auf Umsetzungsebene

Überträgt man die Erkenntnisse aus dem Vergleich von betriebsbedingter Kündigung und Weisung auf das Urteil des BAG zur Versetzung der Flugbegleiterin, lässt sich präzise einordnen, in welchem Umfang das BAG den Entscheidungsvorgang der Arbeitgeberin auf Umsetzungsebene tatsächlich einer gerichtlichen Kontrolle entzieht und damit die bereits erörterten Urteile stützt.

(1) Aussage zum generellen Verzicht auf Vorgangskontrolle

Für den umfassenden Verzicht auf eine Vorgangskontrolle auf Umsetzungsebene spricht zunächst der bereits bekannte, von nachfolgenden Urteilen übernommene Kontrollmaßstab. Bei der Prüfung nach § 315 Abs. 3 S. 1 BGB komme es – anders als die Arbeitnehmerin annehme – nicht auf die vom Bestimmungsberechtigten angestellten Erwägungen an. Diese Einschränkung erfolgt als Konkretisierung der gerichtlichen Kontrolle nach § 315 Abs. 3 S. 1 BGB. Wenn das BAG weiter davon spricht, „bei dieser Prüfung“ komme es darauf an, „ob das Ergebnis *der* getroffenen Entscheidung den gesetzlichen Anforderungen“ genüge,[128] könnte damit die Weisung gemeint sein. Denn allein sie ist als Leistungsbestimmung nach § 315 Abs. 3 S. 1 BGB kontrollfähig.

Gegen diese Interpretation spricht auch nicht der letzte Satz des Kontrollmaßstabes. Darin werden die Anforderungen an eine Weisung präzisiert,

128 BAG, Urteil vom 30. November 2016 – 10 AZR 11/16, NZA 2017, 1394 (1397), Rn. 28 [Hervorhebung nicht im Original].

die eine Organisationsentscheidung umsetzt. Zur Erinnerung: Nach Ansicht des BAG komme es darauf an,

> „ob das Interesse des Arbeitgebers an der Durchsetzung seiner Organisationsentscheidung auch im Einzelfall die Weisung rechtfertigt. Das ist der Fall, wenn die zugrunde liegende unternehmerische Entscheidung die Versetzung auch angesichts der für den Arbeitnehmer entstehenden Nachteile nahelegt *und sie nicht willkürlich oder missbräuchlich erscheinen lässt.*“[129]

Willkür und Missbrauch beziehen sich hier sprachlich auf die Weisung („sie“). Beide Kategorien erfordern es, auch die einer Entscheidung zugrunde liegenden Erwägungen in den Blick zu nehmen – also eine Vorgangskontrolle.[130] Insofern könnte man bereits an dieser Stelle daran zweifeln, dass das BAG auf Umsetzungsebene tatsächlich auf jegliche Vorgangskontrolle verzichten möchte. Jedoch kann diese Formulierung als sprachliche Ungenauigkeit verstanden werden. Denn das BAG prüft bei der Subsumtion unter diesen Kontrollmaßstab allein, ob die Entscheidung auf Organisationsebene als willkürlich oder missbräuchlich zu anzusehen sei.[131] Dies steht auch im Einklang mit der im Exkurs beschriebenen Prüfungslogik: Arbeitgeber können bei der Interessensabwägung beim billigen Ermessen (d.h. der Ergebniskontrolle auf Umsetzungsebene) ihr Interesse an der Umsetzung einer Organisationsentscheidung in die Waagschale werfen – sofern die Organisationsentscheidung nicht missbräuchlich oder willkürlich getroffen wurde.[132] Dementsprechend ist die vom BAG gewählte, und aus früheren Entscheidungen übernommene Formulierung eine unglückliche, da das BAG nicht Willkür oder Missbrauch auf Umsetzungsebene meint.[133] Die Aussage, auf Umsetzungsebene erfolge keine

129 BAG, Urteil vom 30. November 2016 – 10 AZR 11/16, NZA 2017, 1394 (1397), Rn. 30 [Hervorhebung nicht im Original].

130 Zur Erinnerung: Willkürlich getroffene Entscheidungen sind zu unterscheiden von im Ergebnis willkürlichen Entscheidungen. Für Erstere ist eine Vorgangskontrolle von besonderer Bedeutung, siehe hierzu oben Kapitel 2, A., I., 3., S. 36 ff.

131 BAG, Urteil vom 30. November 2016 – 10 AZR 11/16, NZA 2017, 1394 (1399), Rn. 37.

132 Siehe oben Kapitel 2, A. II., 1., b), aa), S. 44 ff.

133 Verwiesen wird auf das BAG, Urteil vom 28. August 2013 – 10 AZR 569/12, NZA-RR 2014, 181 (184), Rn. 42, welches wiederrum verweist auf BAG, Urteil vom 26. September 2012 – 10 AZR 412/11, NJOZ 2013, 457 (460), Rn. 37. Beide Urteile sind in diesem Punkt jedoch als Fortführung bereits ergangener Entscheidungen zu verstehen, die in diesem Zusammenhang ausdrücklich auf die Organisationsentscheidung abstellen, vgl. etwa BAG, Urteil vom 13. Juni 2012 – 10 AZR 296/11, NZA 2012, 1154 (1157), 4. Orientierungssatz sowie Rn. 31 und 37.

Vorgangskontrolle, kann nicht allein wegen dieses Zusatzes in Frage gestellt werden.

Auch die weitere im Urteil vorgenommene Subsumtion stützt nicht die Annahme, das BAG wolle auf Umsetzungsebene auf eine Vorgangskontrolle verzichten.

Denn betrachtet man, an welchen Stellen das BAG die Entscheidungsgrundlage der Arbeitgeberin thematisiert, wird der Unterschied zwischen Organisations- und Umsetzungsebene erneut relevant. Thematisiert werden der tatsächliche Rückgang des Fluggastaufkommens und die mit der Reorganisation bezweckten Einsparungen. Bei den Einsparungen geht es sowohl um deren tatsächliche Höhe als auch darum, ob sie auch auf anderem Wege realisiert werden können. All diese Erwägungen betreffen die Organisationsentscheidung zur Standortschließung und nicht die individuelle Versetzung der Arbeitnehmerin. Eine Kontrolle der angesprochenen Erwägungen lehnt das BAG wiederholt mit dem Hinweis ab, dass Gerichte – kurz gesagt – unternehmerische Entscheidungen von Arbeitgebern bis zur Grenze von Missbrauch und Willkür respektieren müssten.

Auf Umsetzungsebene, also bei der individuellen Versetzung, flossen die von der Arbeitnehmerin angegriffenen Erwägungen zur Reorganisation nicht erneut in die Entscheidung der Arbeitgeberin mit ein. Auf Umsetzungsebene verbleibt einzig der Wille, die Standortschließung umzusetzen und die Arbeitnehmerin – wie die Flugbegleitung insgesamt – aus Hamburg abzuziehen. Entsprechend stand – was die Versetzung als Weisung betrifft – nur das Ergebnis der Abwägung im Streit. Hier beruft sich die Arbeitnehmerin darauf, die individuelle Versetzung sei ihr aus persönlichen Gründen unzumutbar. Mit anderen Worten: Ob die individuelle Versetzung die Interessen der Arbeitnehmerin angemessen berücksichtigt. Die Entscheidungsgrundlage der Arbeitgeberin wird bei dieser „Härtefall"-Prüfung nicht (erneut) thematisiert. Insgesamt entzieht das BAG damit allein jene Erwägungen einer gerichtlichen Kontrolle, die zur Reorganisation geführt haben.

Soweit das BAG bei der Subsumtion unter die Voraussetzungen einer wirksamen Organisationsentscheidung jene Erwägungen für unbeachtlich erklärt, die zur Organisationsentscheidung der Arbeitgeberin geführt haben, kann hieraus nicht zugleich die Aussage entnommen werden, auch auf umsetzungsebene seien Erwägungen der Arbeitgeberin allgemein unbeachtlich. Denn für Organisationsentscheidung und nachfolgende Weisung gelten unterschiedliche Kontrollmaßstäbe. Allein die Weisung ist am Maßstab des billigen Ermessens nach § 106 GewO, § 315 BGB zu messen. Aussagen zur Kontrolldichte von Organisationsentscheidungen präzisieren damit nicht zugleich die rechtlichen Anforderungen an das billige Ermessen. Dies machen zwei Überlegungen deutlich:

Erstens der vom BAG verwendete Kontrollmaßstab: Billiges Ermessen wird dahingehend auslegt, dass – kurz gesagt – eine Abwägung von Arbeitgeber- und Arbeitnehmerinteressen erforderlich sei. Eine Organisationsentscheidung, wie die Standortschließung, kommt hierbei insoweit zum Tragen, als dass das Bedürfnis an deren Umsetzung ein erhebliches Interesse an der Weisung begründen kann. Das Pendel schlägt dann zugunsten des Arbeitgebers aus. Die Entscheidung zur Standortschließung wird damit als Vorfrage im Rahmen des billigen Ermessens geprüft. Man kann sie entweder als Teil der Subsumtion bzw. Abwägung unter das billige Ermessen betrachten, oder – mit Blick auf den typisierenden Ansatz des BAG – als Quasi-Tatbestandsmerkmal, bei dessen Vorliegen sich die Anforderungen an die Verhältnismäßigkeit einer Weisung zu Gunsten des Arbeitgebers verschiebt.[134] Die Organisationsentscheidung selbst wird dabei jedoch nicht dem Maßstab des billigen Ermessens unterworfen.[135]

Zweitens ist die Entscheidung zur Standortschließung von der späteren Versetzung abstrakt und entfaltet gegenüber einzelnen Arbeitnehmern keine Rechtswirkung.[136] Erst die Versetzung bestimmt einen neuen Einsatzort, also den Ort an dem Arbeitnehmer ihre Arbeitsleistung erbringen müssen. Erst die Versetzung ist damit eine Leistungsbestimmung im Sinne von § 106 GewO, § 315 Abs. 3 S. 1 BGB, die billiges Ermessen wahren muss.

---

134 Eine solche Typisierung der Verhältnismäßigkeitsprüfung ist nicht neu. Ein prominentes Beispiel ist die Drei-Stufen-Theorie des BVerfG; entwickelt in der sog. Apothekenentscheidung, BVErfG, Urteil vom 11. Juni 1958 – 1 BvR 596/56, BVerfGE 7, 377 (405 f.); vgl. zur Typisierung der Verhältnismäßigkeitsprüfung etwa auch von Huber/Voßkuhle/*Manssen*, GG, Art. 12 GG, Rn. 140 mit Verweis auf BVerfG, Beschluss vom 12. Oktober 1977 – 1 BvR 217/75, 1 BvR 216/75, BVerfGE 46, 120 (138), der die Drei-Stufen-Theorie ausdrücklich als Ergebnis einer strikten Anwendung des Verhältnismäßigkeitsgrundsatzes bezeichnet (dort Fn. 623).

135 Ebenso *Hofmann*, Assistenzsysteme in der Industrie 4.0 (2021), S. 193 ff., Rn. 402-407.

136 BAG, Urteil vom 15. Juni 2021 – 9 AZR 217/20, NZA 2021, 1625 (1629), Rn. 40, wonach eine wirksame Weisung des Arbeitgebers für den Arbeitnehmer Bestand hat, bis sie durch eine andere (wirksame) Weisung ersetzt wird.

(2) Aussage einer begrenzten Vorgangskontrolle aus Zusammenspiel von Organisations- und Umsetzungsebene

Was die Vorgangskontrolle auf Umsetzungsebene betrifft, kann dem Urteil vor dem Hintergrund des Zusammenspiels von Organisations- und Umsetzungsebene allenfalls eine klarstellende Aussage entnommen werden. Nämlich, dass jene Erwägungen bei der Prüfung billigen Ermessens unbeachtlich sind, die bereits Grundlage der Organisationsentscheidung geworden sind.

Denn sind auf Organisationsebene die Erwägungen der Arbeitgeberin bis zur Grenze von Missbrauch und Willkür unbeachtlich, muss das für diese Erwägungen erst recht auf der Umsetzungsebene gelten. Andernfalls würde die mit Blick auf Art. 12 GG geforderte Kontrollfreiheit auf Organisationsebene umgangen, würden diese Erwägungen auf Umsetzungsebene doch noch kontrolliert. Entsprechend kann es auch auf der Umsetzungsebene nicht darauf ankommen, ob eine zugrundeliegende wirtschaftliche Prognose des Arbeitgebers zutreffend ist oder nicht.

Darüber hinaus werden bei der Kontrolle der Weisung die mit der Organisationsentscheidung verfolgten Ziele nicht nochmals mit den Arbeitnehmerinteressen abgewogen. Die gerichtliche Kontrolle beschränkt sich zum einen auf die Frage, ob die konkret getroffene Organisationsentscheidung durch alternative Weisung umgesetzt werden könne. Eine Interessensabwägung findet bei dieser Suche nach Alternativen nicht statt. Zum anderen erfolgt lediglich eine Härtefallprüfung. Allerdings schraubt das BAG die Anforderungen hieran so hoch („besonders schwerwiegende, insbesondere verfassungsrechtlich geschützte Belange des Arbeitnehmers"), dass sich diese Prüfung auf die Frage nach der Zumutbarkeit beschränkt, bei der praktisch kein Raum für eine Interessensabwägung verbleibt.[137] Entsprechend fragt das BAG auch bei der Subsumtion allein nach dem Ausmaß, in dem die Interessen der Arbeitnehmerin betroffen sind, nicht aber danach, ob die

137 Dass hohe Anforderungen an eine solche Härtefallprüfung zum Ausschluss einer wirklichen Interessensabwägung führen beschreibt das BAG für die ähnlich gelagerte Frage bei betriebsbedingten Kündigungen, vgl. BAG, Urteil vom 20. Januar 2005 – 2 AZR 500/03, NJW 2005, 2109 (2110): „[...] *die aufgestellten Voraussetzungen für eine derartige „Härtefallregelung"* [sind] *so hoch anzusetzen, dass kaum mehr Raum für eine praktische Anwendung einer* [...] *Interessenabwägung bleibt.*"

mit der Restrukturierung verfolgten Interessen der Arbeitgeberin die Einschränkungen überwiegen.[138]

(3) Zusammenfassung zur Aussage des Urteils

Das BAG trifft in diesem Urteil nur eine sehr begrenzte Aussage zum Ausschluss der Vorgangskontrolle auf Umsetzungsebene. Zwar verwendet das BAG den in nachfolgenden Urteilen zitierten Kontrollmaßstab, der einen umfassenden Verzicht auf eine Vorgangskontrolle bei der Prüfung des billigen Ermessens nahelegt. Allerdings wird eine solch weitgehende Aussage von der Subsumtion des BAG nicht getragen. Erwägungen des Arbeitgebers erklärt das BAG allein bei der Prüfung der Organisationsentscheidung für unbeachtlich. Da die Organisationsentscheidung nicht am Maßstab billigen Ermessens zu bewerten ist, ist hierin keine Aussage zur Vorgangskontrolle bei Weisungen zu sehen. Dem Urteil kann insoweit allenfalls entnommen werden, dass solche Erwägungen im Rahmen des billigen Ermessens unbeachtlich sind, die bereits Grundlage der Organisationsentscheidung geworden sind, damit deren Kontrollfreiheit nicht unterlaufen wird.

cc) Übertragbarkeit der Ratio von Organisationsebene auf Umsetzungsebene

Nachdem aufgezeigt werden konnte, dass das Urteil nur eine begrenzte Aussage über den Umfang der Vorgangskontrolle auf Umsetzungsebene trifft, stellt sich die Frage, ob zumindest die Ratio, mit der das BAG die Vorgangskontrolle auf Organisationsebene beschränkt, unausgesprochen – also ohne zusätzliche Begründung – auf das billige Ermessen übertragbar ist. Hiergegen sprechen jedoch folgende Argumente:

(1) Gleichlauf von Vorgangskontrolle und Ergebniskontrolle

Eine Übertragbarkeit der Ratio scheitert zunächst daran, dass der weitest gehende Verzicht auf eine Vorgangskontrolle auf Organisationsebene keine eigenständige Überlegung ist, sondern logische Folge davon, dass bereits

138 BAG, Urteil vom 30. November 2016 – 10 AZR 11/16, NZA 2017, 1394 (1400), Rn. 53.

das Ergebnis einer Organisationsentscheidung kaum rechtlichen Anforderungen unterliegt.

Arbeitgeber sind auf Organisationsebene insbesondere nicht gehalten, eine Interessensabwägung vorzunehmen. Der Maßstab billigen Ermessens gilt hier nicht. Müssen Arbeitgeber Arbeitnehmerinteressen im Ergebnis nicht berücksichtigen, ist es denklogisch egal, ob deren Interessen zuvor vollständig oder korrekt erfasst wurden und in Entscheidung eingeflossen sind. Die Kontrollfreiheit des Entscheidungsvorgangs entspricht damit der Kontrollfreiheit des Entscheidungsergebnisses.

Anders auf Umsetzungsebene bzw. in Fällen, in denen eine Weisung „isoliert" erteilt wurde; also keine Organisationsentscheidung umsetzt. Hier findet eine umfassende Ergebniskontrolle am Maßstab des billigen Ermessens statt. Eine Weisung muss verhältnismäßig sein und die Arbeitnehmerinteressen angemessen berücksichtigen. Verlangt ist eine Abwägung der wechselseitigen Interessen.[139] Daher kann der Verzicht auf eine Vorgangskontrolle beim billigen Ermessen nicht aus der Kontrollfreiheit des Ergebnisses abgeleitet werden. Im Gegenteil: Setzt eine Abwägung nicht voraus, dass die relevanten Abwägungsbelange zuvor korrekt und vollständig erfasst wurden, damit sie in die Abwägung einfließen können?

(2) Kein umfassender Verzicht auf Vorgangskontrolle auf Umsetzungsebene

Die Ratio, mit der das BAG die Ausübungskontrolle auf Organisationsebene einschränkt, kann bereits deshalb nicht zum umfassenden Verzicht auf eine Vorgangskontrolle auf Umsetzungsebene herangezogen werden, weil das BAG selbst bei Organisationsentscheidungen eine Missbrauchs- und Willkürkontrolle vornimmt. Wie oben dargelegt, enthält der Kontrollmaßstab des BAG, so wie er seit 2016 angewandt wird, jedoch keine dahingehende Einschränkung.

(3) Unterschiedlich starker Eingriff in Unternehmerfreiheit

Schließlich lässt sich die Ratio auch wertungsmäßig nicht ohne Weiteres auf das billige Ermessen übertragen. Organisationsentscheidungen

139 BAG, Urteil vom 10. Juli 2013 – 10 AZR 915/12, BAGE 145, 341, AP GewO § 106 Nr. 24, Rn. 28.

betreffen grundlegende Fragen der betrieblichen Organisation, wie das Beispiel der Standortschließung zeigt. Inhaltliche Kontrolle und gerichtliche Aufhebung solcher Entscheidungen würden entsprechend stark in die durch Art. 12 GG geschützte Unternehmerfreiheit des Arbeitgebers eingreifen. Arbeitgeber müssten ihren Betrieb in grundlegenden Fragen anders organisieren.

Ein Eingriff von solcher Intensität ist jedoch nicht zu befürchten, wo dieselbe betriebliche Organisation auch mit einer alternativen Weisung umgesetzt werden kann, oder wo eine Weisung erst gar keine Organisationsentscheidung umsetzt, sprich: Bei „isolierten" Weisungen. Wie oben dargelegt, unterscheiden sich aus diesem Grund die Anforderungen an das billige Ermessen einer Weisung je nach Fallgruppe.[140] Folglich können Überlegungen zur Kontrolldichte von Weisungen, die eine Organisationentscheidung umsetzen, nicht pauschaliert und auf sämtliche Arten von Weisungen übertragen werden.

dd) Schlussfolgerung für die gerichtliche Kontrolle von Weisungen

Aus den Parallelen zwischen betriebsbedingter Kündigung und Weisung lässt sich ableiten, dass Organisationsentscheidung und Weisung zwei rechtlich getrennte Entscheidungen sind, für die unterschiedliche rechtliche Maßstäbe gelten und deren Kontrolldichte von unterschiedlichen Überlegungen bestimmt ist.

Die Organisationsentscheidung unterliegt – anders als die Weisung – nicht dem Maßstab des billigen Ermessens. Darüber hinaus ist eine Organisationsentscheidung bei Weisungen wegen der Unternehmerfreiheit nach Art. 12 GG grundsätzlich nicht justiziabel. Ebenso wie bei betriebsbedingten Kündigungen sind Erwägungen einer Organisationsentscheidung für deren gerichtliche Kontrolle unbeachtlich, sofern sie keinen Missbrauch oder Willkür nahelegen.

Der Maßstab des billigen Ermessens auf Umsetzungsebene hingegen ist nicht auf eine Missbrauchs- und Willkürkontrolle beschränkt. Eine Weisung muss verhältnismäßig sein und Arbeitnehmerinteressen angemessen berücksichtigen. Daher können Aussagen des BAG zur Unbeachtlichkeit

140 Siehe zu den unterschiedlichen Kontrollmaßstäben von „isolierten" Weisungen und Weisungen, die eine Organisationsentscheidung umsetzen, oben Kapitel 2, A., II., 1., b), aa), (2), S. 51 ff.

von Erwägungen auf Organisationsebene nicht auf das billige Ermessen auf Umsetzungsebene übertragen werden.

Für die gerichtliche Kontrolle von Weisungen bedeutet dies, dass genau unterschieden werden muss, ob Arbeitnehmer solche Erwägungen angreifen, die zur Organisationsentscheidung geführt haben, oder solche Erwägungen, denen für den Entscheidungsvorgang einer Weisung eigenständige Bedeutung zukommt. Eine eigenständige Bedeutung ist jedenfalls dann anzunehmen, wenn dem Arbeitgeber bei der Umsetzung einer Organisationsentscheidung ein Spielraum verbleibt. Beispielsweise wenn er bei einer Versetzung zwischen mehreren Arbeitnehmern wählen kann. Ist gar eine „isolierte“ Weisung gegeben, die keine Organisationsentscheidung umsetzt, ist es entsprechend nicht ausgeschlossen, sämtliche Erwägungen des Arbeitgebers – also die Entscheidungsgrundlage insgesamt – zu kontrollieren.

2. Übertragung Erkenntnisse auf bereits erörterte Entscheidungen

Überträgt man die gewonnenen Erkenntnisse auf die bereits erörterten Urteile, lässt sich veranschaulichen, welche Auswirkungen die Unterscheidung von Organisationsebene und Umsetzungsebene hat.

Für die Urteile zum BEM und zur Unverbindlichkeit unbilliger Weisungen wäre nicht ausgeschlossen, dass eine Kontrolle des Entscheidungsvorgangs zur Unbilligkeit der Weisungen führt. Beide Urteile haben eine isolierte Weisung zum Gegenstand, die jeweils keine Organisationsentscheidung umsetzt.[141] Sämtliche Erwägungen, die zur Weisung führten, spielen sich damit auf der Umsetzungsebene ab. Berücksichtigen die Arbeitgeber in beiden Fällen wesentliche Interessen der Arbeitnehmer nicht bei ihrer Entscheidung (bspw. die wöchentlichen Therapiesitzungen), ist dies rechtlich relevant. Anders als bei einer Organisationsentscheidung können sich die Arbeitgeber nicht darauf berufen, subjektive Fehler seien unbeachtlich, da sie die individuellen Interessen der Arbeitnehmer ohnehin nicht mit den eigenen unternehmerischen Interessen abwägen mussten und es folglich nicht auf eine vollständige Entscheidungsgrundlage ankomme.

141 In diesem Sinne der jeweils verwendete Kontrollmaßstab reinen Kontrolle der Weisungsentscheidung ohne inzidente Kontrolle einer Organisationsentscheidung, vgl. BAG, Urteil vom 18. Oktober 2017 – 10 AZR 47/17 („BEM“), BAGE 160, 325, NZA 2018, 162 (163 f.) Rn. 19; BAG, Urteil vom 18. Oktober 2017 – 10 AZR 330/16 („Unverbindlichkeit unbilliger Weisungen“), BAGE 160, 296, NZA 2017, 1452 (1456), Rn. 45.

Anders im Urteil zum Pfandgut. Wendet man hier die Unterscheidung zwischen Organisations- und Umsetzungsebene konsequent an, dürfte die Weisung, das Verbot des Sammelns von Pfandgut, weiterhin billiges Ermessen wahren. Dies gilt selbst, wenn man unterstellt, die Arbeitgeberin habe zu Unrecht eine Strafbarkeit des Pfandsammelns angenommen und damit ihr Verbot (teilweise) unrichtig begründet. Denn anders als das BAG ausgehend vom verwendeten Kontrollmaßstab anzunehmen scheint, handelt es sich bei dem Verbot um keine „isolierte Weisung".[142] Das Verbot richtet sich nicht gezielt an die klagende Arbeitnehmerin, sondern spiegelt eine generelle Regelung zu Ordnung und Verhalten im Betrieb wider. Das Verbot ist eine Organisationsentscheidung. Die Weisung an die Arbeitnehmerin ist lediglich die Umsetzung. Die Frage der Strafbarkeit als taugliche Begründung betrifft damit Erwägungen auf Organisationsebene. Auf Umsetzungsebene verbleibt allein der Umsetzungswille als Erwägung, da sich das Verbot an alle Mitarbeiter richtet. Ob die Erwägung der Strafbarkeit korrekt ist, entzieht sich aufgrund der Freiheit der Arbeitgeberin, ihren Betrieb bis zur Grenze von Willkür und Missbrauch frei zu gestalten, ebenso der gerichtlichen Kontrolle, wie die Frage nach der Verhältnismäßigkeit des Verbotes. Anhaltspunkte, dass das Verbot bei fehlender Strafbarkeit willkürlich ist, ergeben sich keine. Insbesondere trägt die Arbeitgeberin vor, die Flughafenbetreiberin habe sie, als Auftragsnehmerin, zur Entsorgung sämtlicher Pfandgegenstände angewiesen. Im Ergebnis hat das BAG in diesem Urteil die Strafbarkeit des Pfandsammelns zu Recht für unbeachtlich gehalten. Nach der hier vertretenen Unterscheidung zwischen Organisations- und Umsetzungsebene, die sich aus dem Urteil zur Versetzung einer Flugbegleiterin ergibt, wäre allerdings eine andere Begründung konsequent gewesen.[143]

III. Zwischenergebnis

Insgesamt lässt sich für die aktuelle Rechtsprechung als Zwischenergebnis Folgendes festhalten:

Der aktuellen Rechtsprechung lassen sich Hinweise zum Umfang entnehmen, in dem der Entscheidungsvorgang einer Weisung gerichtlicher

142 BAG, Urteil vom 23. August 2018 – 2 AZR 234/18, AP BGB § 626 Nr. 272, Rn. 20, der verwendete Kontrollmaßstab enthält gerade den Zusatz, wonach bei Vorliegen einer Organisationsentscheidung das Interesse eines Arbeitgebers an der Umsetzung einer solchen regelmäßig überwiegt.

143 Siehe hierzu unten Kapitel 4, C., III., 4., S. 213 ff.

Kontrolle entzogen sein sollen. Eine unvollständige Entscheidungsgrundlage soll ebenso unbeachtlich sein wie eine unrichtige. Dass auch sachfremde und missbräuchliche Erwägungen sowie willkürlich getroffene Entscheidungen unbeachtlich sein sollen, ist mit Blick auf die weite Formulierung des BAG, wonach es allein auf das Ergebnis einer Entscheidung ankommen soll, jedenfalls nicht auszuschließen.

Eine tragfähige Begründung für die reine Ergebniskontrolle gibt die aktuelle Rechtsprechung jedoch nicht. Soweit auf das Urteil aus dem Jahr 2016 zur Versetzung einer Flugbegleiterin verwiesen wird, lässt sich diesem ebenfalls keine tragfähige Begründung entnehmen. Dieses Urteil unterscheidet beim Umfang gerichtlicher Kontrolle zwischen Organisations- und Umsetzungsebene (Weisung). Der Entscheidungsvorgang auf Organisationsebene ist der gerichtlichen Kontrolle mit Ausnahme von Missbrauch und Willkür entzogen, da auch das Entscheidungsergebnis wegen Art. 12 GG gerichtlich nicht kontrolliert wird. Die Kontrollfreiheit beim Entscheidungsvorgang folgt der Kontrollfreiheit beim Entscheidungsergebnis. Aussagen zur Kontrolldichte auf Organisationsebene lassen sich daher nicht auf eine Weisung übertragen, da das Ergebnis einer Weisung – anders als das einer Organisationsentscheidung – gemäß § 106 GewO, § 315 BGB kontrolliert wird.

B. Frühere Entwicklung der Rechtsprechung des BAG

Der aktuellen Rechtsprechung seit dem Jahr 2016 lässt sich keine überzeugende Begründung für die Beschränkung auf eine Ergebniskontrolle entnehmen. Daher wird in diesem nächsten Schritt die frühere Rechtsprechung des BAG beleuchtet. Im Fokus stehen dabei zwei Fragen: Erstens inwieweit das BAG bereits früher den Entscheidungsvorgang einer Weisung ausgeblendet hat. Zweitens, soweit dies geschieht, ob sich der früheren Rechtsprechung eine Begründung hierfür entnehmen lässt, die im Verlauf dieser Arbeit eingehend untersucht werden kann.

I. Unterscheidung von Organisations- und Umsetzungsebene

Zunächst unterscheidet das BAG auch in früheren Urteilen beim Umfang gerichtlicher Kontrolle zwischen Organisationsentscheidung und der eigentlichen Weisung, welche die Organisationsentscheidung umsetzt. Dies zeigen zwei Urteile aus den Jahren 1996 und 1991.

1. BAG, Urteil vom 12. September 1996 – 5 AZR 30/95

In diesem Urteil aus dem Jahr 1996 ging es um die Frage, ob die Arbeitgeberin einem Arbeitnehmer dessen Aufgaben als Zivildienstbeauftragter entziehen durfte. Nachdem der Arbeitnehmer als Zivildienstbeauftragter abberufen worden war, nahm dessen Aufgaben zunächst der Geschäftsführer der Arbeitgeberin wahr. Nach etwa sechs Monaten wurde schließlich eine andere Arbeitnehmerin zur Zivildienstbeauftragten bestellt.

Das LAG wies die Klage des Arbeitnehmers ab. Nach Ansicht des LAG stelle die Abberufung als Zivildienstbeauftragten eine der gerichtlichen Überprüfung entzogene Organisationsentscheidung dar.[144] Das BAG hob das Urteil auf und verwies die Sache zurück an das LAG. In seiner Begründung setzt sich das BAG ausführlich mit dem Verhältnis von Organisationsentscheidung und umsetzender Weisung auseinander. Dabei wird nochmals die unterschiedliche Kontrolldichte auf beiden Ebenen deutlich:[145]

> „Dem LAG kann nicht in der Annahme gefolgt werden, der Entzug der Aufgaben des Zivildienstbeauftragten stelle *eine der gerichtlichen Überprüfung entzogene unternehmerische Entscheidung* dar. An eine *unüberprüfbare Unternehmerentscheidung* wäre allenfalls zu denken, wenn die Bekl. sich entschlossen hätte, künftig auf die Bestellung von Zivildienstbeauftragten völlig zu verzichten oder damit nur die Geschäftsführung der Bekl. zu betrauen. Dann wäre es *eine Frage des Vollzuges einer solchen Unternehmerentscheidung* gewesen, dem Kl. die Aufgabe des Zivildienstbeauftragten insoweit zu entziehen. Indessen hat das LAG eine solche, von der Person des Kl. gelöste Unternehmerentscheidung nicht festgestellt.
>
> [...] Sollte eine solche *abstrakte* Unternehmerentscheidung festgestellt werden, wäre zu prüfen, inwieweit *der Entzug* der Stellung des Zivildienstbeauftragten *als Vollzug der Unternehmerentscheidung billigem Ermessen entspricht. Insoweit* – darin ist dem LAG wiederum zu folgen – *kommt eine gerichtliche Überprüfung der Unternehmerentscheidung selbst nicht in Betracht.* Wenn deren einzige Umsetzungsmöglichkeit darin bestünde, dem Kl. die Aufgabe des Zivildienstbeauftragten zu entziehen, so bedürfte es schwerwiegender Gründe, um billiges Ermessen zu verneinen. Sollte die tatrichterliche Feststellung allerdings zu dem Ergebnis führen,

---

144 BAG, Urteil vom 12. September 1996 – 5 AZR 30/95, BAGE 84, 116, AP BGB § 611 Direktionsrecht Nr. 55, NZA 1997, 381 (382), zu 3., a). Zusammenfassend der erste Orientierungssatz zum Urteil des LAG Hamms: „Wird als Folge einer Umorganisationsentscheidung im Wege des Direktionsrechts eine Aufgabenverteilung (hier Bestellung zum Zivildienstbeauftragten) rückgängig gemacht, so kann diese Entscheidung nur auf Ermessensfehler hin überprüft werden. Die Unternehmerentscheidung der Umorganisation selber ist nicht überprüfbar“, LAG Hamm, Urteil vom 30. März 1994 – 3 Sa 1418/93.

145 BAG, Urteil vom 12. September 1996 – 5 AZR 30/95, BAGE 84, 116, AP BGB § 611 Direktionsrecht Nr. 55, NZA 1997, 381 (382), zu 3., a) und b) [Hervorhebungen nicht im Original].

daß eine solche unternehmerische Entscheidung nur getroffen wurde, um dem Kl. das Amt des Zivildienstbeauftragten zu entziehen oder ihn gar bei seinem weiteren beruflichen Aufstieg zu behindern, so könnte sich die Bekl. *auf die Unternehmerentscheidung allein nicht stützen*. In diesem Fall wäre der Vollzug einer solchen Entscheidung auch mit § 315 BGB nicht zu vereinbaren."

Dieses Urteil des BAG stützt insgesamt die Beobachtungen, die bei der Untersuchung des Urteils aus dem Jahr 2016 zur Versetzung einer Flugbegleiterin gemacht werden konnten.

Das BAG trennt genau zwischen Organisationsentscheidung, hier bezeichnet als Unternehmerentscheidung, und einer die Organisationsentscheidung umsetzenden Weisung. Bei der Organisationsentscheidung „kommt eine gerichtliche Überprüfung [...] selbst nicht in Betracht". Die Organisationsentscheidung muss damit auch nach diesem Urteil nicht billiges Ermessen nach § 106 GewO, § 315 BGB wahren, sondern wird als Quasi-Tatbestandsmerkmal behandelt. Ist die Organisationsentscheidung gegeben, kann die Umsetzung dieser Organisationsentscheidung ein berechtigtes Interesse des Arbeitgebers im Rahmen der Interessensabwägung begründen, welches nur ausnahmsweise gegenüber Arbeitnehmerinteressen zurückzutreten hat.

Die Einordnung der Organisationsentscheidung als Quasi-Tatbestand im Rahmen der Interessensabwägung verdeutlicht auch die vom BAG angenommene Rechtsfolge bei Missbrauch. Nach Ansicht des BAG führt eine missbräuchliche Organisationsentscheidung nicht (automatisch) zur Unbilligkeit der Weisung. Folge sei lediglich, dass sich Arbeitgeber bei der Interessensabwägung „auf die Unternehmerentscheidung allein nicht stützen" können. Hiernach können Arbeitgeber noch von der Organisationsentscheidung losgelöste (legitime) Interessen vorbringen.

Dass allein die Weisung billiges Ermessen wahren muss, zeigt sich schließlich auch, wenn das BAG bestimmt, bei Vorliegen einer „abstrakte[n] Unternehmerentscheidung" sei zu prüfen, inwieweit „der Entzug der Stellung des Zivildienstbeauftragten *als Vollzug* der Unternehmerentscheidung *billigem Ermessen entspricht*".[146]

146 BAG, Urteil vom 12. September 1996 – 5 AZR 30/95, BAGE 84, 116, AP BGB § 611 Direktionsrecht Nr. 55, NZA 1997, 381 (382), zu 3., b) [Hervorhebungen nicht im Original].

2. BAG, Urteil vom 29. August 1991 – 6 AZR 593/88

Die Unterscheidung zwischen Organisations- und Umsetzungsebene findet sich auch in einem Urteil aus dem Jahr 1996. Ein Arbeitnehmer wehrte sich gegen die Weisung der Arbeitgeberin, für Dienstreisen den zur Verfügung gestellten Dienstwagen zu nutzen. Trotz dieser Weisung erledigte der Arbeitnehmer Dienstreisen weiterhin mit dem Zug.

Nach Ansicht des BAG entsprach die Weisung billigem Ermessen. Im Rahmen der Interessensabwägung berücksichtigt das BAG das Interesse der Arbeitgeberin, die angeschafften Dienstwägen wirtschaftlich einzusetzen, um etwa Reisekosten einzusparen. Dabei, so das BAG, komme es nicht auf ein objektives Kosten-Nutzen-Verhältnis an. Vielmehr obliege es der Arbeitgeberin zu entscheiden, ob sie zur Durchführung von Dienstreisen Dienstwägen anschafft. Habe sie diese Entscheidung getroffen, so begründe dies das berechtigte Interesse der Arbeitgeberin, die angeschafften Dienstwägen auch zum Einsatz zu bringen.[147]

Dem BAG-Urteil lässt sich erneut die aufgezeigte Unterscheidung zwischen Organisations- und Umsetzungsebene entnehmen. Trägt ein Arbeitgeber vor, die konkrete Weisung beruhe auf einer abstrakten Organisationsentscheidung, prüfen die Gerichte diese Organisationsentscheidung inzident im Rahmen der Interessensabwägung. Genauer, ob die Umsetzung der Organisationsentscheidung ein berechtigtes Interesse des Arbeitgebers an der Weisung begründet. Die Organisationsentscheidung selbst ist, wie der Verweis auf die Unbeachtlichkeit eines objektiven Kosten-Nutzen-Verhältnisses zeigt, einer inhaltlichen Kontrolle durch die Gerichte entzogen. An dieser Stelle klingt die grundgesetzlich geschützte Freiheit eines Arbeitgebers an, seinen Betrieb frei nach eigenen Vorstellungen zu gestalten. Insgesamt wird abermals deutlich: Die Organisationsentscheidung selbst ist – anders als die Weisung – nicht am Maßstab des billigen Ermessens zu messen.

3. Verhältnis zur aktuellen Rechtsprechung

Beide Urteile unterstützen damit die Annahme, dass bei der gerichtlichen Kontrolle von Erwägungen des Arbeitgebers danach unterschieden werden muss, ob Erwägungen angegriffen werden, die zur Organisationsentscheidung oder zur Weisung geführt haben.

---

147 BAG, Urteil vom 29. August 1991 – 6 AZR 593/88, AP BGB § 611 Direktionsrecht Nr. 38, zu III., 2., a).

II. Sachfremde und missbräuchliche Erwägungen sowie willkürlich getroffene Entscheidung

Des Weiteren finden sich in der früheren Rechtsprechung des BAG wiederholt Urteile zum Weisungsrecht, bei denen das BAG nicht lediglich das Ergebnis prüft, also eine Interessensabwägung vornimmt, sondern darüber hinaus auch den Entscheidungsvorgang des Arbeitgebers bezüglich sachfremder, willkürlicher oder missbräuchlicher Erwägungen in den Blick nimmt. Dies lässt sich über die Jahre hinweg exemplarisch an mehreren Urteilen aufzeigen.

1. BAG, Urteil vom 12. Oktober 1961 – 5 AZR 423/60

In diesem Urteil aus dem Jahr 1961 hatte das BAG darüber zu entscheiden, ob ein Arbeitgeber den Urlaubszeitraum eines Arbeitnehmers nach billigem Ermessen gemäß § 315 BGB festgelegt hat.[148] Das BAG stellt hier ausdrücklich fest, dass die Ausübung des billigen Ermessens gerichtlich dahingehend nachprüfbar sei, „ob die Grenzen des Ermessens eingehalten sind *und* ob nicht sachfremde oder willkürliche Motive für die Bestimmung maßgebend gewesen sind“.[149]

2. BAG, Urteil vom 27. März 1980 – 2 AZR 506/78

In diesem Urteil aus dem Jahr 1980 hielt das BAG die Versetzung eines Arbeitnehmers für billig. Der Arbeitnehmer habe durch seine wiederholt kritikwürdige Arbeitsleistung dazu beigetragen, dass sich der Arbeitgeber zumindest „nicht ohne Grund“ für dessen Versetzung entschied. „Weitere Umstände, die auf *einen Fehlgebrauch* des Weisungsrechts [...] schließen lassen könnten“, seien keine ersichtlich.[150]

---

148 § 106 GewO wurde erst mit Wirkung vom 1. Januar 2003 eingeführt durch das dritte Gesetz zur Änderung der Gewerbeordnung und sonstiger gewerberechtlicher Vorschriften vom 24. August 2002, BGBl. I 2002 Nr. 62, S. 3412 (3414).

149 BAG, Urteil vom 12. Oktober 1961 – 5 AZR 423/60, BAGE 11, 318, NJW 1962, 268 (270) zu 5., a) [Hervorhebung nicht im Original].

150 BAG, Urteil vom 27. März 1980 – 2 AZR 506/78, AP BGB § 611 Direktionsrecht Nr. 26, zu III., 2.

Das BAG kontrolliert hier primär den Entscheidungsvorgang und nicht das Ergebnis der getroffenen Entscheidung.[151] Das BAG nimmt keine objektive Interessensabwägung vor, sondern orientiert sich an den Erwägungen des Arbeitgebers, wenn es feststellt, dass der Arbeitgeber jedenfalls nicht grundlos gehandelt habe und auch andere Anhaltspunkte für einen Fehlgebrauch nicht vorlägen.

3. BAG, Urteil vom 12. September 1996 – 5 AZR 30/95

Dass es bei der Billigkeit einer Weisung nicht lediglich auf die Interessenslage von Arbeitgeber und Arbeitnehmer ankommt, lässt sich auch dem bereits erörterten Urteil zur Abberufung eines Arbeitnehmers als Zivildienstbeauftragten entnehmen.[152]

Nach Ansicht des BAG erfordere die Prüfung billigen Ermessens, alle Umstände des Einzelfalls zu berücksichtigen und die Interessen der beiden Parteien gegeneinander abzuwägen. Zu den zu berücksichtigenden Umständen zählten auch Hilfstatsachen, die der Arbeitnehmer vorgetragen hat und aus denen der Arbeitnehmer schließt, die „Maßnahme habe nur dazu dienen sollen, seinen beruflichen Aufstieg zu verhindern oder ihn gar zu diskriminieren".[153]

Hier stellt das BAG ausdrücklich auf möglicherweise missbräuchliche Erwägungen des Arbeitgebers ab. Das BAG begnügt sich nicht damit, zu prüfen, ob der Arbeitgeber überwiegende betriebliche Interessen vorbringen kann, welche die Abberufung des Arbeitnehmers als Zivildienstbeauftragter objektiv begründen können. Wenn das BAG darüber hinaus die Motivation des Arbeitgebers mit in den Blick nimmt, liegt hierin eine Kontrolle auch des Entscheidungsvorgangs.

---

151 So auch *Rieble*, Die Kontrolle des Ermessens der betriebsverfassungsrechtlichen Einigungsstelle (1990), S. 122.

152 BAG, Urteil vom 12. September 1996 – 5 AZR 30/95, BAGE 84, 116, AP BGB § 611 Direktionsrecht Nr. 55, NZA 1997, 381; vgl. auch Erörterung oben in Kapitel 2, B., I., 1., S. 67 ff.

153 BAG, Urteil vom 12. September 1996 – 5 AZR 30/95, BAGE 84, 116, AP BGB § 611 Direktionsrecht Nr. 55, NZA 1997, 381 (382), zu 3., c).

4. BAG, Urteil vom 19. April 2007 – 2 AZR 78/06

Gegenstand dieses Urteils aus dem Jahr 2007 war die Weisung an einen Arbeitnehmer, seine Arbeitsleistung in Form detaillierter Tätigkeitslisten aufzuzeichnen.[154] Zwischen Arbeitgeber und Arbeitnehmer war es bereits vor dieser Weisung zu Spannungen gekommen.

Nach Ansicht des BAG wahre die Weisung billiges Ermessen. Ungeachtet der Schwierigkeiten im Arbeitsverhältnis überschreite die Weisung nicht die Grenze billigen Ermessens „*und* vom Vorliegen einer schikanösen Maßnahme“ sei, entgegen der Auffassung des Arbeitnehmers, nicht auszugehen.[155]

Auch in diesem noch vergleichsweise jungen Urteil lässt das BAG nicht ausreichen, dass sich das Ergebnis der Weisung innerhalb der Grenzen des billigen Ermessens bewegt. Wenn das BAG gleichrangig („und“) auch die Beweggründe des Arbeitgebers in den Blick nimmt, liegt hierin die Kontrolle auch des Entscheidungsvorgangs als eigenständige Prüfung.

5. Verhältnis zur aktuellen Rechtsprechung

Insgesamt lassen sich damit wiederholt Beispiele aufzeigen, in denen das BAG auch den Entscheidungsvorgang kontrolliert. Dabei werden sachfremde und missbräuchliche Erwägungen ebenso berücksichtigt, wie Umstände, die eine willkürlich getroffene Entscheidung nahelegen. Dies steht im Kontrast zur aktuellen Rechtsprechung. Wie für die Urteile zum BEM, zur Unverbindlichkeit unbilliger Weisungen und zum Pfandgut festgestellt, lässt der aktuelle Kontrollmaßstab des BAG eine weite Auslegung zu, wonach der Entscheidungsvorgang insgesamt der Kontrolle entzogen ist. Folgt man dieser Interpretation, liegt darin eine Änderung im Vergleich zur früheren Rechtsprechung.

III. Unvollständige / unrichtige Erwägungen

Schließlich findet sich im Jahr 2013 ein aufschlussreiches Urteil bezüglich unvollständiger und unrichtiger Erwägungen. Hier prüft das BAG, ob eine

---

154 BAG, Urteil vom 19. April 2007 – 2 AZR 78/06, AP BGB § 611 Direktionsrecht Nr. 77.

155 BAG, Urteil vom 19. April 2007 – 2 AZR 78/06, AP BGB § 611 Direktionsrecht Nr. 77, Rn. 26 [Hervorhebung nicht im Original].

Weisung trotz subjektiver Fehler im Ergebnis noch objektiv billigem Ermessen entsprechen kann.

1. BAG, Urteil vom 10. Juli 2013 – 10 AZR 915/12

Gegenstand dieses Urteils ist erneut eine Versetzung. Die Haushaltsplanung der Arbeitgeberin, der Bundesagentur für Arbeit, sah für die betreffende Abteilung eine bestimmte Anzahl an Dauerstellen für unbefristet Beschäftigte vor. Bis auf eine einzige waren sämtliche Dauerstellen besetzt. Zusätzlich beschäftigte die Arbeitgeberin in derselben Abteilung auch Arbeitnehmer in befristeten Arbeitsverhältnissen. Später war die Arbeitgeberin gezwungen, zahlreiche Arbeitsverhältnisse zu entfristen. In der Folge waren in der betreffenden Abteilung nach Maßgabe der Haushaltsplanung zu viele unbefristet Beschäftigte tätig. Die Arbeitgeberin wählte sodann zwischen den entfristeten Arbeitnehmern die klagende Arbeitnehmerin aus und versetzte sie an einen anderen Standort.

Nach Ansicht des BAG sei die Versetzung unbillig gewesen, weil die Arbeitgeberin nur zwischen „entfristeten Arbeitnehmern" auswählte und nicht auch solche Beschäftige in ihre Auswahl miteinbezog, die zuvor schon unbefristet angestellt waren. Die Arbeitgeberin habe damit „den Rahmen der in die Auswahlentscheidung einzubeziehenden Beschäftigten unzulässig verengt".[156]

Die hiernach unzulässige Versetzung sei schließlich auch nicht aus anderen Gründen wirksam. Zwar könne das Ergebnis („der Inhalt") einer Entscheidung bei objektiver Betrachtung billigem Ermessen entsprechen,

> „auch wenn im Rahmen der Ermessensausübung subjektiv Fehler gemacht wurden, weil beispielsweise nicht alle Faktoren in die Überlegungen einbezogen wurden."[157]

Freilich, so das BAG weiter, sei eine Versetzung regelmäßig auch im Ergebnis unbillig, wenn die Gruppe der Auszuwählenden zu stark verengt wurde. Zwingend sei dies jedoch nicht. Für Arbeitgeber sei es im Prozess nicht ausgeschlossen, die Billigkeit einer Weisung darzulegen. Im

156 BAG, Urteil vom 10. Juli 2013 – 10 AZR 915/12, BAGE 145, 341, AP GewO § 106 Nr. 24, Rn. 32.

157 BAG, Urteil vom 10. Juli 2013 – 10 AZR 915/12, BAGE 145, 341, AP GewO § 106 Nr. 24, Rn. 49.

konkreten Fall habe die Arbeitgeberin jedoch keine entsprechenden Tatsachen vorgetragen.[158]

Dieser Urteilsbegründung lassen sich drei interessante Aspekte entnehmen:

a) Korrekte Entscheidungsgrundlage

Zunächst kontrolliert das BAG eindeutig den Entscheidungsvorgang, wenn die Weisung bereits als unbillig erachtet wird, weil die Arbeitgeberin zu wenige Arbeitnehmer in ihre Auswahlentscheidung miteinbezogen habe. Das BAG kritisiert damit die vom Arbeitgeber angestellten Erwägungen und nicht nur das Ergebnis der getroffenen Entscheidung. Diese Prüfung des Entscheidungsvorgangs leitet das BAG aus der gängigen Definition des billigen Ermessens ab, die das BAG in dieser Entscheidung wiedergibt und die sich auch in der aktuellen Rechtsprechung findet:[159]

> „Die Leistungsbestimmung nach billigem Ermessen *verlangt eine Abwägung* der wechselseitigen Interessen nach verfassungsrechtlichen und gesetzlichen Wertentscheidungen, den allgemeinen Wertungsgrundsätzen der Verhältnismäßigkeit und Angemessenheit sowie der Verkehrssitte und Zumutbarkeit. In die Abwägung *sind* alle Umstände des Einzelfalls einzubeziehen. [...] Welche Umstände dies im Einzelnen sind, hängt auch von der Art der Leistungsbestimmung ab, die der Berechtigte zu treffen hat. [...] *Von maßgeblicher Bedeutung kann auch sein, was Ursache und Auslöser für die Notwendigkeit der Leistungsbestimmung ist.* Die hieraus resultierenden Umstände *sind* in die Abwägung *einzubeziehen*."

Das BAG liest diesen Maßstab – als Auslegung des billigen Ermessens – als eine Anforderung an den bestimmungsberechtigten Arbeitgeber. Dieser hat die wesentlichen Umstände abzuwägen. Welche Umstände wesentlich sind, bestimmt sich maßgeblich anhand des mit der Weisung verbundenen Zwecks. Durch die Verknüpfung von Abwägungserfordernis einerseits und dessen Konkretisierung durch den Anlass einer Weisung formuliert das BAG die Anforderung eines dem Zweck entsprechenden Gebrauchs des Weisungsrechts. Diese Anforderung beschreibt die aus dem Verwaltungsrecht bekannte Fallgruppe eines Ermessensfehlgebrauchs. Ein solcher Ermessensfehlgebrauch liegt – kurz gesagt – vor, wenn sich das Ergebnis einer Entscheidung innerhalb der rechtlich zulässigen Grenzen bewegt, aber

---

158 BAG, Urteil vom 10. Juli 2013 – 10 AZR 915/12, BAGE 145, 341, AP GewO § 106 Nr. 24, Rn. 49.

159 BAG, Urteil vom 10. Juli 2013 – 10 AZR 915/12, BAGE 145, 341, AP GewO § 106 Nr. 24, Rn. 28 [Hervorhebungen nicht im Original].

die maßgeblichen Erwägungen nicht im Einklang mit dem Zweck der Maßnahme stehen.[160]

b) Zusammenspiel von Entscheidungsvorgang und -ergebnis

Interessant ist auch folgender Teil der vom BAG getroffenen Aussage: „Von *maßgeblicher Bedeutung* kann auch sein, *was Ursache und Auslöser* für die Notwendigkeit der Leistungsbestimmung ist. *Die hieraus resultierenden Umstände* sind in die Abwägung einzubeziehen.“[161] Bei der Frage, welche Umstände abwägungsrelevant sind, knüpft das BAG nicht allein daran an, welche Interessen zum Zeitpunkt der Erteilung der Weisung objektiv gegeben waren, sondern „maßgeblich“ an den subjektiven Zweck, den der Arbeitgeber mit der Weisung verfolgte („Ursache und Auslöser“). Dies könnte dafür sprechen, das BAG ginge grundsätzlich davon aus, dass die Ergebniskontrolle durch die vom Arbeitgeber verfolgten Zwecke subjektiv determiniert wird. Allerdings kann diese Lesart nicht zweifelsfrei bestätigt werden, da das BAG seine Aussage dahingehend einschränkt, dass sich die maßgeblichen Umstände „auch“ aus dem mit der Weisung verfolgten Zweck ergeben.

c) Kausalität eines fehlerhaften Entscheidungsvorgangs?

Schließlich ist die vom BAG gewählte Prüfungsreihenfolge widersprüchlich. Einerseits prüft und begründet das BAG mit hohem Aufwand einen dem Arbeitgeber beim Entscheidungsvorgang unterlaufenen subjektiven Fehler, der nach Ansicht des BAG auch die Unbilligkeit der Weisung begründet. Auf den ersten Blick legt die Prüfungsreihenfolge damit nahe, die im letzten Schritt vorgenommene objektive Betrachtung einer Weisung sei im Kern eine Kausalitätserwägung. Mit anderen Worten: Haben Fehler im Entscheidungsvorgang auch zu einem fehlerhaften Ergebnis geführt?

Bei genauem Hinsehen erweist sich dies jedoch als Trugschluss. Denn das BAG beschreibt nicht den Fall, dass sich die Arbeitgeberin so oder so nur für die tatsächlich getroffene Auswahl entschieden hätte, und sich der

---

160 BVerwG, Urteil vom 13. März 1997 – 3 C 2/97 (Münster), BVerwGE 104, 154, NVwZ 1998, 1300 (1301), zu Ziffer 2.4, Zum Ermessensfehlgebrauch siehe im Detail unten Kapitel 3., C., I., 3., b), S. 114 ff.

161 BAG, Urteil vom 10. Juli 2013 – 10 AZR 915/12, BAGE 145, 341, AP GewO § 106 Nr. 24, Rn. 28.

Fehler im Entscheidungsvorgang nicht auf das Ergebnis habe auswirken können bzw. hat. So etwa bei einer Ermessensreduzierung auf Null; wenn die Arbeitgeberin auch unter Berücksichtigung aller in die Auswahl einzubeziehenden Arbeitnehmer nach Maßgabe billigen Ermessens im Ergebnis ohnehin allein die klagende Arbeitnehmerin hätte auswählen können.[162] Nein. Stattdessen beschreibt das BAG die Konstellation, wonach es ausreichend sei, dass das Ergebnis der konkret getroffenen Entscheidung mehr oder minder zufällig objektiv noch angemessen war.

Versteht das BAG die hilfsweise Ergebniskontrolle jedoch nicht als Kausalitätsprüfung, kommt es bei konsequenter Anwendung von vorneherein nicht auf den Entscheidungsvorgang an. Denn billiges Ermessen verlangt stets (also jedenfalls zusätzlich zum fehlerfreien Entscheidungsvorgang), dass eine Weisung die Arbeitnehmerinteressen im Ergebnis angemessen berücksichtigt. Daher hätte das BAG – mangels vom Arbeitgeber dargelegter Tatsachen – ebenso gut direkt auf das unbillige Ergebnis abstellen können und den Entscheidungsvorgang dahinstehen lassen, statt diesen ausführlich zu prüfen.[163] Das gilt gerade deshalb, weil Arbeitgeber nach ständiger Rechtsprechung die Darlegungs- und Beweislast für die Wirksamkeit einer Ermessensausübung tragen.[164]

Diese Verteilung der Darlegungs- und Beweislast unterscheidet eine Weisung gerade von einer betriebsbedingten Kündigung. Bei einer betriebsbedingten Kündigung muss gemäß § 1 Abs. 3 S. 3 KSchG der Arbeitnehmer darlegen und beweisen, dass das Ergebnis der Sozialauswahl fehlerhaft ist. Um dem Arbeitnehmer diesen Nachweis zu erleichtern, hat die Rechtsprechung eine abgestufte Darlegungslast entwickelt. Nach dieser wird ein fehlerhaftes Ergebnis (widerlegbar) vermutet, sofern der Arbeitnehmer einen Fehler im Entscheidungsvorgang darlegen kann.[165] Etwa, wenn der Arbeitgeber die Sozialdaten (z.B. das Alter) falsch erfasst hat. Der Vorgangsfehler indiziert damit einen Ergebnisfehler. Der Arbeitgeber muss dann – vereinfacht gesagt – darlegen, dass der klagende Arbeitnehmer auch ohne Vorgangsfehler ausgewählt werden durfte.

---

162 Zur Kausalität zwischen Entscheidungsvorgang und konkret getroffener Entscheidung bei Ermessensentscheidungen und dem dadurch unterbrochenen Schutzzweckzusammenhang siehe unten Kapitel 3, C., I., 5., S. 116 ff.

163 Ein solches Vorgehen stünde zumindest in Einklang mit § 313 Abs. 3 ZPO, der über § 72 Abs. 5 ArbGG auch für das Revisionsverfahren vor dem BAG gilt.

164 So das BAG auch in diesem Urteil, siehe BAG, Urteil vom 10. Juli 2013 – 10 AZR 915/12, BAGE 145, 34, AP GewO § 106 Nr. 24, Rn. 30.

165 Siehe zur gerichtlichen Kontrolle bei einer Sozialauswahl ausführlich unten Kapitel 4, B., V., S. 181 ff.

Bei einer Sozialauswahl hat die Kontrolle des Entscheidungsvorgangs damit jedenfalls unter prozessualen Aspekten eine Relevanz. Anders beim Weisungsrecht. Einer derartigen Indizwirkung braucht es bei einer Weisung nicht. Da der Arbeitgeber ohnehin die volle Darlegungs- und Beweislast für die Billigkeit einer Weisung trägt, benötigt der Arbeitnehmer die Vermutung eines fehlerhaften Entscheidungsvorganges für ein fehlerhaftes Entscheidungsergebnis nicht als prozessuale Schützenhilfe.

Insgesamt lässt sich diesem Urteil damit keine konsequente Aussage über die eigenständige Relevanz des Entscheidungsvorgangs für das billige Ermessen entnehmen. Einerseits erklärt das BAG eine Weisung wegen subjektiver Fehler im Entscheidungsvorgang ausdrücklich für unwirksam. Andererseits kommt es bei einer konsequenten Anwendung des vom BAG gewählten Kontrollmaßstabes von vornherein allein auf die Billigkeit des Ergebnisses einer Weisung an. Für Erwägungen zur Kausalität zwischen Entscheidungsvorgang und -ergebnis bleibt kein Raum.

2. Begründung für hilfsweise Ergebniskontrolle

Eine Begründung, weshalb eine Weisung trotz subjektiver Fehler allein wegen des Ergebnisses noch billigem Ermessen entsprechen kann, enthält das Urteil nicht. Das BAG verweist nur auf drei vorangegangene Urteile. Gemeinsam ist diesen Urteilen, dass sie keine Weisung zum Gegenstand haben, sondern andere Arten einseitiger Entscheidungsmacht des Arbeitgebers, nämlich vertragliche Leistungsbestimmungen außerhalb des Weisungsrechts (Festlegung einer Tantieme[166], Ablehnung von Altersteilzeit[167]) und eine fehlerhafte Sozialauswahl bei Kündigung.[168]

Leistungsbestimmung und betriebsbedingte Kündigung unterscheiden sich in den rechtlichen Anforderungen, die an sie gestellt werden. Leistungsbestimmungen wie Tantieme und Anordnung von Altersteilzeit sind an § 315 BGB zu messen – sie müssen billiges Ermessen wahren. Die Nähe zum Weisungsrecht ist offenkundig. Anders bei betriebsbedingten Kündigungen. Nach § 1 Abs. 3 KSchG haben Arbeitgeber nicht „billiges

166 BAG, Urteil vom 14. November 2012 – 10 AZR 783/11, BAGE 143, 292, NZA 2013, 1150 (1155), Rn. 42.

167 BAG, Urteil vom 3. 12. 2002 – 9 AZR 457/01, BAGE 104, 55, NZA-RR 2003, 613 (615 f.), zu A., II., 2. a), dd), (1).

168 BAG, Urteil vom 9. November 2006 – 2 AZR 812/05, BAGE 120, 137, NZA 2007, 549 (551) Rn. 24.

Ermessen“ zu wahren, sondern bei ihrer Auswahl bestimmte soziale Gesichtspunkte „ausreichend zu berücksichtigen“.

Wenn das BAG trotz des unterschiedlichen rechtlichen Rahmens zum Nachweis seiner Position zusammenfassend auf alle drei Urteile verweist, scheint das BAG der Gemeinsamkeit – der Ausübung einseitiger Bestimmungsmacht durch den Arbeitgeber – den Vorrang einzuräumen. Dieser Wertung folgend, werden als nächstes alle drei Urteile auf mögliche Argumente für eine reine Ergebniskontrolle untersucht. Sodann werden etwaige Argumente in einem ersten Schritt dahingehend beleuchtet, ob deren Übertragung auf das Weisungsrecht zumindest im Ausgangspunkt denkbar ist, ohne dass dies zu Widersprüchen mit anderen Grundsätzen führt, die nach der Rechtsprechung des BAG derzeit für das Weisungsrecht gelten.

a) BAG, Urteil vom 3. Dezember 2002 – 9 AZR 457/01

In diesem Urteil bestätigte das BAG die Ablehnung eines Altersteilzeitverlangens. Die Arbeitnehmerin stützte ihre Klage auf einen Tarifvertrag, wonach der Arbeitgeber über ein Begehren auf Altersteilzeit beim Vorliegen bestimmter Voraussetzungen entscheiden „kann“. Der Arbeitgeber begründete seine Ablehnung gegenüber der Arbeitnehmerin damit, dass die Arbeitnehmerin bereits die tarifvertraglichen Voraussetzungen für einen solchen Anspruch nicht erfülle. Hierauf berief sich die Arbeitgeberin auch im gerichtlichen Verfahren. Mangels erfüllter Anspruchsvoraussetzungen sei sie bereits nicht verpflichtet gewesen, eine Ermessensentscheidung über das Begehren der Arbeitnehmerin zu treffen.

Das BAG unterstellte zu Gunsten der Arbeitnehmerin, dass die tarifvertraglichen Voraussetzungen erfüllt gewesen seien. Allerdings, so das BAG, entspreche die Ablehnung im Ergebnis billigem Ermessen gemäß § 315 BGB. Die bei der Prüfung maßgeblichen Erwägungen könnten auch im gerichtlichen Verfahren berücksichtigt werden, obwohl sie im damaligen Ablehnungsschreiben an die Arbeitnehmerin und „möglicherweise“ auch bei der „subjektiven Entscheidungsfindung keine Rolle gespielt“ haben.[169] Bei der gerichtlichen Kontrolle sei ein objektiver Maßstab anzulegen. Dies gelte auch, wenn der Bestimmungsberechtigte bei seiner Entscheidung annahm, er brauche keine Ermessensentscheidung zu treffen.

169 BAG, Urteil vom 3. Dezember 2002 – 9 AZR 457/01, BAGE 104, 55, NZA-RR 2003, 613 (615), zu II. 2. a) dd).

Diesen objektiven Maßstab begründet das BAG mit § 315 Abs. 3 S. 2 BGB. Danach steht dem Gericht das Recht zur eigenen Sachentscheidung zu für den Fall, dass vom Bestimmungsberechtigten vorgenommene Leistungsbestimmung unbillig ist. Dieses Recht zur Ersatzleistungsbestimmung, so das BAG, unterscheide

> „die Billigkeitskontrolle im Rahmen des Zivilrechts von der verwaltungsgerichtlichen Ermessenskontrolle [...]. Dort steht der Verwaltung und nicht dem Gericht das Recht zu, Ermessenserwägungen zu treffen. Hat die Verwaltung ihr Ermessen fehlerhaft oder fehlerhafterweise nicht ausgeübt, führt dies nur dazu, dass sie die Angelegenheit neu zu bescheiden hat [...]. Die Einschränkung der Kontrolle des Verwaltungsermessens hat ihre Ursache in Gründen der Gewaltenteilung: Die Sachentscheidung obliegt der Exekutive, die Rechtskontrolle den Gerichten. Diese Gesichtspunkte sind nicht auf die Kontrolle zivilrechtlichen Handelns nach § 315 BGB übertragbar."[170]

Mit dieser Urteilsbegründung setzt sich BAG lediglich implizit mit der Frage auseinander, ob neben dem Ergebnis auch der Entscheidungsvorgang des Arbeitgebers kontrolliert wird.

aa) Ausdrücklich: Ergebniskontrolle

Ausdrücklich definiert das BAG nur den Umfang der Kontrolle des Ergebnisses. Bei der Interessensabwägung durch das Gericht werden bei Anwendung von § 315 Abs. 3 S. 2 BGB auch Umstände herangezogen, die der Arbeitgeber unberücksichtigt ließ. Dieser objektive Maßstab wird nicht auf Arbeitnehmerinteressen, also für diesen günstige Erwägungen, beschränkt. Vielmehr soll insgesamt ein objektiver Maßstab gelten. Dies wird dadurch deutlich, dass der Arbeitgeber im konkreten Fall von seinem Ermessen keinen Gebrauch machte und das BAG gleichwohl zur Billigkeit der Ablehnung gelangt. Dies ist nur möglich, indem das Gericht auch Arbeitgeberinteressen in die Waagschale wirft, die eine ablehnende Entscheidung legitimieren.

Diese ausdrückliche Aussage des BAG beschränkt sich jedoch darauf, dass die gerichtliche Interessensabwägung nicht allein anhand der tatsächlich angestellten Erwägungen vorgenommen, sondern das Ergebnis

170 BAG, Urteil vom 3. Dezember 2002 – 9 AZR 457/01, BAGE 104, 55, NZA-RR 2003, 613 (615), zu II. 2. a) dd) (1); eine nahezu gleichlautende Begründung findet sich auch in einem jüngeren Urteil zur Verrentung eines Versorgungsguthabens, BAG, Urteil vom 14. Mai 2019 – 3 AZR 150/17, NZA 2019, 1367 (1371), Rn. 38.

objektiv anhand aller wesentlichen Umstände kontrolliert wird.[171] Das BAG lehnt damit eine dem Kündigungsrecht ähnliche sog. „subjektive Determinierung" ab. Hiernach können sich Arbeitgeber im Kündigungsschutzverfahren – kurz gesagt – nur auf solche Gründe berufen, die sie bei erforderlicher Anhörung auch bereits gegenüber dem Betriebsrat angeführt haben.[172] Für in der Anhörung nicht vorgebrachte Gründe besteht im Kündigungsprozess ein Verwertungsverbot.[173] Übertragen auf das Weisungsrecht würde subjektive Determinierung bedeuten, dass sich Arbeitgeber bei der gerichtlichen Kontrolle nur auf solche Umstände berufen können, die tatsächlich zur Erteilung der konkreten Weisung geführt haben.

Die Begründung für eine objektive Interessensabwägung lässt sich als Erst-recht-Schluss verstehen.[174] Wenn Zivilgerichte gemäß § 315 Abs. 3 S. 2 BGB unbillige Entscheidungen durch eigene ersetzen können und dabei eigene Erwägungen anstellen, ist es erst recht zulässig, bereits bei der Kontrolle der ursprünglichen Entscheidungen eigene Erwägungen anzustellen, um gar nicht erst zur Unbilligkeit zu gelangen.

Dies erscheint konsequent. Ist eine Entscheidung objektiv angemessen, ist wenig Raum für ein Gericht, eine Leistungsbestimmung zu kassieren, um so dann eine abweichende, vermeintlich „billigere" Leistungsbestimmung zu treffen und damit in die Privatautonomie der Parteien einzugreifen.[175] Die Legitimation einer vermeintlich „besseren" Leistungsbestimmung dürfte mit Blick auf den dem Bestimmungsberechtigten grundsätzlich zustehenden Spielraum zumindest zweifelhaft sein.[176]

---

171 In diesem Sinne ist auch der 3. Orientierungssatz des Urteils formuliert. Für eine objektive Ergebniskontrolle zumindest bei § 315 BGB auch Staudinger/*Rieble*, BGB, § 315 Rn. 424.

172 BAG, Urteil vom 3. Mai 2004 – 2 AZR 329/03, BAGE 110, 331 (334), NZA 2004, 1037 (1039), zu II. 4.

173 Richardi/*Thüsing*, BetrVG, § 102 Rn. 134.

174 So auch wohl auch BAG, Urteil vom 14. Mai 2019 – 3 AZR 150/17, NZA 2019, 1367 (1371), Rn. 28 das auf das hier besprochene Urteil Bezug nimmt.

175 Dies passt zur allgemeinen Ansicht, wonach Gerichten bei § 315 BGB kein Billigkeitsnachbesserungsrecht zustehe, siehe etwa Staudinger/*Rieble*, BGB, § 315 Rn. 417 m.w.N.

176 Vgl. BGH, Urteil vom 19. Mai 2005 – I ZR 299/02, BGHZ 163, 119 (130) zu B. 2. b) cc) (1) wonach eine Leistungsbestimmung nicht schon dann durch das Gericht zu ersetzen sei, wenn das Gericht eine andere Festsetzung für richtig hält.

bb) Implizit: Unbeachtlichkeit des Entscheidungsvorgangs

Von der Frage, ob die Ergebniskontrolle objektiv erfolgt, ist die Frage zu unterscheiden, ob subjektive Fehler losgelöst vom Ergebnis zur Unbilligkeit einer Entscheidung führen. Diese Wertung lässt sich dem Urteil nur implizit entnehmen. Nämlich indem der Entscheidungsvorgang trotz des festgestellten Ermessensnichtgebrauch des Arbeitgebers nicht thematisiert wird. Ermessensnichtgebrauch meint – in Anlehnung an das Verwaltungsrecht – die Konstellation, dass der Bestimmungsberechtige irrtümlich keine Erwägungen anstellt, weil er von einer gebundenen Entscheidung ausgeht.[177]

Allerdings lässt sich die Begründung für die objektive Ergebniskontrolle auch auf die Kontrolle des Entscheidungsvorgangs übertragen. Denn ist es Gerichten Kraft eigener Sachentscheidungsbefugnis erlaubt, bei der Ergebniskontrolle eigene Erwägungen anzustellen, ohne sich auf vom Arbeitgeber tatsächlich angestellte Erwägungen beschränken zu müssen, ist es nur konsequent, den Entscheidungsvorgang insgesamt außer Acht zu lassen. Denn geht man davon aus, es bestehe kein Raum für ein „Billigkeitsnachbesserungsrecht“, müssten Gerichte letztlich eine im Ergebnis identische Leistungsbestimmung erlassen, wenn sie diese nur wegen Vorgangsfehler aufgehoben haben, sie im Ergebnis aber noch billig war. Dann aber kann von vorneherein auf die Aufhebung der ursprünglichen Leistungsbestimmung verzichtet werden.

Die in diesem Urteil gegebene Begründung für eine reine Ergebniskontrolle stützt sich damit nicht auf eine Auslegung des Begriffs des billigen Ermessens. Sie ist nicht Ausfluss einer Wertung, die dem Wesen des billigen Ermessens innewohnt (*innere Grenze*). Das BAG verwendet auch hier die bereits bekannte Definition des billigen Ermessens, wonach „der Arbeitgeber billiges Ermessen dann wahrt, wenn er die wesentlichen Umstände des Einzelfalles und die beiderseitigen Interessen angemessen berücksichtigt“.[178]

Stattdessen stützt sich die Begründung auf eine davon losgelöste Wertung. Nämlich die durch § 315 Abs. 3 S. 2 BGB ausdrücklich angeordnete, eigene Sachentscheidungsbefugnis der Gerichte.

---

177 Siehe zum Verwaltungsrecht etwa BVerwG, Urteil vom 15. Juli 1964 – V C 23.63, BVerwGE 19, 149 (153); Schoch/Schneider/*Geis*, VwVfG, § 40 Rn. 95 m.w.N.

178 BAG, Urteil vom 3. Dezember 2002 – 9 AZR 457/01, BAGE 104, 55, NZA-RR 2003, 613 (615), zu II., 2., a), cc), (2).

b) BAG, Urteil vom 14. November 2012 – 10 AZR 783/11

Auch diesem Urteil lässt sich die Aussage entnehmen, dass subjektive Fehler beim Entscheidungsvorgang alleine nicht zur Unbilligkeit führen.

Der Arbeitnehmer wehrte sich gegen die Festsetzung seiner variablen Vergütung. Die Arbeitgeberin berücksichtigte hierbei verschiedene Kriterien eines vertraglich vereinbarten Vergütungssystems. Das BAG erklärte eines dieser Kriterien für unwirksam. Es sah vor, die Vergütung bei fehlender künftiger Betriebstreue zu kürzen. Gleichwohl, so das BAG, sei es möglich, dieses unwirksame Kriterium bei der Ausübung billigen Ermessens außer Betracht zu lassen.

Überdies habe der Arbeitnehmer die geforderte Betriebstreue jedenfalls erfüllt, so dass sich das unwirksame Kriterium nicht auf die Höhe der Vergütung ausgewirkt habe.[179]

Schließlich, so dass BAG, habe das Gericht nach § 315 Abs. 3 S. 2 BGB eine Ersatzleistungsbestimmung zu treffen, sofern die ursprüngliche Leistungsbestimmung des Arbeitgebers unbillig war.

Das Urteil enthält keine Begründung für eine bloße Ergebniskontrolle. Soweit das BAG kurz darauf abstellt, die Berücksichtigung der Betriebstreue habe sich jedenfalls nicht auf das Ergebnis ausgewirkt, klingt eine Kausalitätserwägung durch. Allerdings ist diese für das BAG nicht wesentlich, da dieser Aspekt nur „überdies" angeführt wird. Insgesamt bleibt das Urteil zur Begründung einer bloßen Ergebniskontrolle unergiebig.

c) BAG, Urteil vom 9. November 2006 – 2 AZR 812/05

Schließlich verweist das BAG in dem Urteil aus dem Jahr 2013 auf ein Urteil aus dem Jahr 2006 zur gerichtlichen Kontrolle einer Sozialauswahl bei betriebsbedingten Kündigungen.[180] Für die Sozialauswahl entspreche es der ständigen Rechtsprechung, dass es nicht auf einen fehlerfreien Auswahlvorgang ankomme, sondern ein ausreichendes Auswahlergebnis maßgeblich sei.[181] Eine betriebsbedingte Kündigung sei auch dann nicht unwirksam,

---

179 BAG, Urteil vom 14. November 2012 – 10 AZR 783/11, BAGE 143, 292, NZA 2013, 1150 (1155), Rn. 42.

180 BAG, Urteil vom 10. Juli 2013 – 10 AZR 915/12, BAGE 145, 341, AP GewO § 106 Nr. 24, Rn. 49.

181 BAG, Urteil vom 9. November 2006 – 2 AZR 812/05, BAGE 120, 134, NZA 2007, 549 (551), Rn. 24 m.w.N.

wenn der Arbeitgeber eine nach § 1 Abs. 3 KSchG gebotene Sozialauswahl unterlassen hat, die Kündigung aber „zufällig“ eine vertretbare Auswahlentscheidung widerspiegelt. Das Gleiche gelte, wenn eine Sozialauswahl zwar vorgenommen wurde, aber fehlerhaft gewesen ist.[182]

Die Beschränkung auf das Auswahlergebnis wird mit dem Tatbestand des § 1 Abs. 3 KSchG und einem sich hieraus ergebenden Beurteilungsspielraum des Arbeitgebers bei der Abwägung der sozialen Kriterien begründet. Nach dieser Vorschrift müssen Arbeitgeber bei der Auswahl der zu kündigenden Arbeitnehmer bestimmte soziale Faktoren „*nur* ‚ausreichend‘“ berücksichtigen.[183] Diese Begründung, die sich auf eine Auslegung von § 1 Abs. 3 KSchG stützt, findet sich zusammenfassend wie folgt in der Rechtsprechung des BAG:[184]

> „§ 1 Abs. 3 Satz 1 KSchG verlangt vom Arbeitgeber die „ausreichende” Berücksichtigung der dort angeführten sozialen Grunddaten. Ihm steht damit bei deren Gewichtung ein Wertungsspielraum zu [...]. Der dem Arbeitgeber verbleibende Wertungsspielraum ist auch dann zu beachten, wenn er – wie im Streitfall – eine Sozialauswahl zunächst für entbehrlich gehalten hat. Auch wenn eine Sozialauswahl gar nicht oder methodisch fehlerhaft durchgeführt wurde, ist die Kündigung jedenfalls nicht aus diesem Grund unwirksam, wenn mit der Person des Gekündigten gleichwohl – zufällig – eine objektiv vertretbare Auswahl getroffen wurde [...]. Der Arbeitgeber braucht grundsätzlich nicht die „bestmögliche” Sozialauswahl vorgenommen zu haben. Ebenso wenig ist entscheidend, ob das ArbG diese Auswahl getroffen hätte, wenn es eigenverantwortlich die sozialen Erwägungen hätte anstellen und die entsprechenden sozialen Grunddaten hätte gewichten müssen. Der dem Arbeitgeber einzuräumende Wertungsspielraum führt dazu, dass nur deutlich schutzwürdigere Arbeitnehmer sich mit Erfolg auf einen Auswahlfehler berufen können.“

Im Kern, so die Ratio, sei es also mit dem (ohnehin gegebenen) Wertungsspielraum des Arbeitgebers nicht zu vereinbaren, eine Kündigung auch dann als unwirksam anzusehen, wenn sich das Ergebnis innerhalb der zulässigen Grenzen hält.[185] Dies wird nochmals dadurch verdeutlicht, dass nach Ansicht des BAG ein Fehler beim Auswahlvorgang lediglich zu einer

182 BAG, Urteil vom 27. Juli 2017 – 2 AZR 476/16, NZA 2018, 234 (238), Rn. 41, so auch BAG Urteil vom 7. Juli 2011 – 2 AZR 476/10AP KSchG 1969 § 1 Wartezeit Nr. 26, Rn. 48.

183 BAG, Urteil vom 21. Mai 2015 – 8 AZR 409/13, AP BGB § 613a Nr. 462, Rn. 61 [Hervorhebung nicht im Original].

184 So bspw. in einem nachfolgenden Urteil ausdrücklich BAG Urteil vom 7. Juli 2011 – 2 AZR 476/10, AP KSchG 1969 § 1 Wartezeit Nr. 26, Rn. 48.

185 So *Oetker*, wonach § 1 Abs. 3 KSchG allein darauf abstelle, dass die im Gesetz genannten sozialen Kriterien überhaupt und ausreichend berücksichtigt worden sind. Das Gesetz verlange darüber hinaus kein Prüfungsverfahren des Arbeitgebers als Wirksamkeitsvoraussetzung, siehe ErfK/*Oetker*, KSchG § 1, Rn. 305.

Vermutung eines ebenfalls unrichtigen Ergebnisses führt. Der Arbeitgeber hat stets die Möglichkeit, im Kündigungsschutzprozess darzulegen, dass und weshalb die sozialen Kriterien bezüglich des klagenden Arbeitnehmers deshalb ausreichend berücksichtigt wurden, weil diesem selbst dann, wenn der Fehler im Auswahlvorgang unterblieben wäre, gekündigt worden wäre.[186]

d) Zwischenergebnis

Zusammenfassend lassen sich drei Begründungen dafür erkennen, subjektive Fehler des Arbeitgebers bei einem Entscheidungsvorgang unbeachtet zu lassen.

Zwei Begründungen beziehen sich auf die generelle Unbeachtlichkeit des Entscheidungsvorgangs: Erstens die eigene Sachentscheidungsbefugnis, die Gerichten nach § 315 Abs. 2 S. 2 BGB zugewiesen ist. Zweitens ein dem Arbeitgeber zustehender Wertungsspielraum bei einer Entscheidung sowie die fehlende Normierung eines Prüfverfahrens.

Eine weitere Begründung ist die fehlende Kausalität zwischen Fehler im Entscheidungsvorgang und dem konkreten Ergebnis einer Entscheidung. Diese Begründung wird vom BAG allerdings nur angedeutet.

3. Widerspruchsfreie Übertragbarkeit der Begründung auf das Weisungsrecht

Wie einleitend hervorgehoben, behandelt keines der vom BAG im Urteil aus dem Jahr 2013 als Begründung angeführten Urteile eine Weisung, sondern andere Arten einseitiger Bestimmungsmacht des Arbeitgebers. Fraglich ist damit, ob eine Übertragung der jeweiligen Begründung auf das Weisungsrecht zumindest denkbar ist, ohne zu Widersprüchen mit der übrigen Rechtsprechung des BAG zur Kontrolle von Weisungen zu führen. Ob eine ggf. widerspruchsfreie Begründung auch inhaltlich überzeugend ist, wird dann als Frage im Hauptteil dieser Arbeit aufgegriffen werden.[187]

---

186 BAG, Urteil vom 27. Juli 2017 – 2 AZR 476/16, NZA 2018, 234 (238), Rn. 41.

187 Siehe hierzu unten Kapitel 4, S. 145 ff.

a) Eigene Sachentscheidungsbefugnis des Gerichts

Das erste Argument ist die eigene Sachentscheidungsbefugnis der Gerichte gemäß § 315 Abs. 3 S. 2 BGB. Wenn Gerichte unbillige Leistungsbestimmungen ersetzen können und dabei eigene Erwägungen anstellen, ist es gerechtfertigt, bereits die ursprüngliche Leistungsbestimmung allein auf ihre Angemessenheit hin zu kontrollieren, ohne dass es darüber hinaus auf die tatsächlichen Erwägungen des Bestimmungsberechtigten ankomme.

Dieses Argument kann auf das Weisungsrecht nicht ohne Weiteres übertragen werden, ohne zu Widersprüchen mit der bestehenden Rechtsprechung des BAG zu führen. Zwar findet nach der Rechtsprechung des BAG § 315 BGB auf das Weisungsrecht des Arbeitgebers auch nach der Einführung von § 106 GewO entsprechende Anwendung.[188] Allerdings, so ausdrücklich das BAG in seiner Grundsatzentscheidung zur Unverbindlichkeit unbilliger Weisungen, gelte dies nicht für § 315 Abs. 3 S. 2 BGB. Im Anwendungsbereich des § 106 GewO scheide eine gerichtliche Ersatzleistungsbestimmung aus. Denn eine solche würde nach Ansicht des BAG unzulässig in die Organisationshoheit des Arbeitgebers eingreifen, was § 106 GewO weder vorsehe noch zulasse.[189] Auch hätten Gerichte, so das BAG, bislang noch keine Weisung im Wege einer Ersatzleistungsbestimmung getroffen.[190]

Ist § 315 Abs. 3 S. 2 BGB beim Weisungsrecht nach Ansicht des BAG grundsätzlich nicht anwendbar, kann das BAG eine reine Ergebniskontrolle nicht pauschal auf die Überlegung stützen, die Arbeitsgerichte seien – anders als Verwaltungsgerichte – ohnehin zur eigenen Sachentscheidung befugt und dürften unabhängig von den Erwägungen des Arbeitgebers eigene

188 BAG, Urteil vom 18. Oktober 2017 – 10 AZR 330/16, BAGE 160, 296, NZA 2017, 1452 (1460), Rn. 71; in der Literatur ist der genaue Umfang, in dem § 315 BGB auf das Weisungsrecht (entsprechende) Anwendung findet, teilweise umstritten, siehe unten Kapitel 4, B., II. 1., S. 166 ff.

189 BAG, Urteil vom 18. Oktober 2017 – 10 AZR 330/16, BAGE 160, 296, NZA 2017, 1452 (1461), Rn. 75. Ebenso MHdB ArbR/*Reichold*, § 40 Rn. 34; a.A. *Bitzenhofer*, Grundlagen des Weisungsrechts (2020), S. 268 der jedoch einen sinnvollen Anwendungsbereich für § 315 Abs. 3 S. 2 BGB für Fälle erkennt, in denen das Ermessen des Arbeitgebers auf Null reduziert ist; die Anwendbarkeit insgesamt nicht ablehnend *Pfrang*, Das Ausbleiben arbeitsrechtlicher Weisungen im Arbeitsverhältnis (2020), S. 131.

190 BAG, Urteil vom 18. Oktober 2017 – 10 AZR 330/16, BAGE 160, 296, NZA 2017, 1452 (1461), Rn. 75; eine Ausnahme bestehe lediglich für den Fall, dass das Ermessen des Arbeitgebers auf null reduziert ist, so bspw. durch Verwaltungsvorschriften, vgl. BAG, Urteil vom 11. Oktober 1995 – 5 AZR 1009/94, NZA-RR 1996, 313 (314), zu II.

Erwägungen anstellen. Denn ohne die Möglichkeit einer Ersatzleistungsbestimmung nähert sich die gerichtliche Kontrolle einer Weisung jener eines Verwaltungsaktes an.[191] Die vom Bestimmungsberechtigten getroffene Entscheidung wird lediglich kassiert. Ist eine Weisung unbillig, obliegt es allein dem Arbeitgeber, eine neue Weisung zu erteilen unter Berücksichtigung der Rechtsauffassung des Gerichts.[192] Wie im Verwaltungsrecht der Behörde, obliegt also allein dem Arbeitgeber die Sachentscheidung. Die Beschränkung auf eine Ergebniskontrolle kann damit nicht mit der eigenen Sachentscheidungsbefugnis der Gerichte nach § 315 Abs. 3 S. 2 BGB begründet werden.[193] Dies würde zu Wertungswidersprüchen führen.

b) Spielraum des Arbeitgebers

Die zweite Begründung ist der einem Arbeitgeber zustehende Wertungsspielraum bei einer Auswahlentscheidung. Die Begründung ist – ohne sie bereits an dieser Stelle inhaltlich zu prüfen – auf das Weisungsrecht zumindest übertragbar, ohne zu Wertungswidersprüchen mit anderen zum Weisungsrecht entwickelten Grundsätzen des BAG zu führen.

Zunächst wird Arbeitgebern sowohl bei einer Sozialauswahl als auch einer Weisung ein Spielraum zugestanden. Auch das „billige Ermessen" ordnet die Rechtsprechung dogmatisch als unbestimmten Rechtsbegriff ein und gesteht dem Arbeitgeber einen Entscheidungsspielraum zu, wonach mehrere Entscheidungen „richtig" sein können.[194] Weiter geht das BAG auch für das Weisungsrecht davon aus, die Gerichte müssten sich auf die

191 *Rieble* merkt in diesem Zusammenhang richtig an, dass eine beschränkte Kontrolle des Leistungsbestimmungsermessens im Rahmen von § 315 BGB Ausdruck der Privatautonomie und daher – wie im Verwaltungsrecht – eine Begrenzung der Judikative ist, siehe Staudinger/*Rieble*, BGB, § 315 Rn. 422.

192 BAG, Urteil vom 18. Oktober 2017 – 10 AZR 330/16, BAGE 160, 296, NZA 2017, 1452 (1460), Rn. 69 ff.

193 Auch nach Ansicht des BAG können für Ersatzleistungsbestimmungen nach § 315 Abs. 3 S. 2 BGB entwickelte Wertungen mangels dessen Anwendbarkeit nicht herangezogen werden, um allgemeine Aussagen zum Weisungsrecht zu treffen, siehe im Zusammenhang mit der Frage der Unverbindlichkeit unbilliger Weisungen BAG, Urteil vom 18. Oktober 2017 – 10 AZR 330/16, BAGE 160, 296, NZA 2017, 1452 (1462), Rn. 79.

194 BAG, Urteil vom 18. Oktober 2017 – 10 AZR 330/16, BAGE 160, 296, NZA 2017, 1452 (1457), Rn. 48. Differenzierend BAG, Urteil vom 12. Oktober 1961 – 5 AZR 423/60, BAGE 11, 318, NJW, 1962, 268 (270), zu 5., a), das insoweit für die „Billigkeit" bei § 315 Abs. 3 S. 1 BGB nicht von einem unbestimmten Rechtsbegriff ausgeht, da ein solcher keine Wahlmöglichkeit erlaube, die § 315 BGB gerade gewähren wolle.

Kontrolle beschränken, ob Arbeitgeber die Grenzen ihres Bestimmungsrecht beachtet haben. Insoweit besteht eine Parallele zwischen betrieblicher Kündigung und Weisungsrecht, die eine Übertragung des Wertungsspielraums als Begründung für eine reine Ergebniskontrolle bei Weisungen zumindest denkbar macht. Ob der (Wertungs-)Spielraum des Arbeitgebers auch inhaltlich ein überzeugendes Argument für den Verzicht auf eine Vorgangskontrolle ist, wird daher noch zu untersuchen sein.[195] Dies gilt nicht zuletzt mit Blick auf den unterschiedlichen Wortlaut von § 1 Abs. 3 KSchG und § 106 GewO.

c) Kausalität zwischen Entscheidungsvorgang und -ergebnis

Eine Begründung, weshalb es unbeachtlich sei, wenn Arbeitgeber bei ihrer Entscheidung unzulässige Kriterien berücksichtigten, führt das BAG nicht an. Eine Bewertung dieser recht apodiktisch anmutenden Aussage ist daher nicht möglich.

Interessant ist indessen das zusätzlich angeführte Argument einer fehlenden Kausalität zwischen Entscheidungsvorgang und Entscheidungsergebnis, auch wenn diese Überlegung durch das BAG nicht weiter ausgeführt wird. Allerdings lässt sich der Formulierung des BAG entnehmen („im Übrigen"), dass die Kausalitätsüberlegung ein eigenständiges, von der allgemeinen Unbeachtlichkeit des Entscheidungsvorgangs losgelöstes Hilfsargument ist. Auch logisch betrachtet kommt man zur Frage der Kausalität überhaupt erst, wenn Fehler im Entscheidungsvorgang zumindest grundsätzlich relevant sind.[196] Eine solche Kausalitätsüberlegung ist, wie der Vergleich zum Verwaltungsrecht noch zeigen wird, schlüssig. Welchen Stellenwert das BAG dieser Überlegung einräumt, lässt sich jedoch kaum sagen. Dafür ist die Aussage des BAG auch hier zu knapp. Klar ist allerdings: Solange das BAG davon ausgeht, dass der Arbeitgeber im Prozess begründen kann, warum das Ergebnis seiner Entscheidung objektiv gerechtfertigt war und allein dies für die Billigkeit einer Weisung ausreicht, bleibt für zusätzliche Kausalitätserwägungen kein Raum – auf das Zusammenspiel von Entscheidungsvorgang und -ergebnis kommt es dann schlicht nicht an.

---

195 Siehe unten Kapitel 4, B., IV., S. 174 ff. und Kapitel 4, B., V., S. 181 ff.

196 Siehe oben Kapitel 2, B., III., 1., c), S. 76 ff.

d) Zwischenergebnis

In der früheren Rechtsprechung findet sich keine ausdrückliche Begründung einer reinen Ergebniskontrolle bei Weisungen. Das BAG beschränkt sich vielmehr auf Verweise zu § 315 BGB und § 1 Abs. 3 KSchG.

Soweit zur Begründung auf die eigene Sachentscheidungsbefugnis der Gerichte im Rahmen von § 315 BGB verwiesen wird, lässt sich diese Begründung nicht ohne Widersprüche mit der übrigen Rechtsprechung des BAG auf das Weisungsrecht übertragen. Denkbar hingegen ist eine widerspruchsfreie Begründung, der dem Arbeitgeber zustehende Entscheidungsspielraum rechtfertige die Kontrolle allein des Ergebnisses. Das vom BAG angedeutete Kausalitätsargument ist zwar logisch, bleibt jedoch ohne Relevanz, solange die Billigkeit einer Weisung losgelöst von den tatsächlichen Erwägungen des Arbeitgebers und allein anhand der objektiven Interessenslage im Zeitpunkt der Weisungserteilung begründet werden kann.

IV. Objektive Ergebniskontrolle vs. subjektive Determination

Die vom BAG postulierte Beschränkung auf eine objektive Ergebniskontrolle kann als Abkehr von weiteren Grundsätzen verstanden werden, die das BAG in früheren Urteilen zum Weisungsrecht vertrat.[197]

Früher ging das BAG davon aus, ein Arbeitgeber müsse nur solche Umstände aus der Sphäre eines Arbeitnehmers in seiner Abwägung berücksichtigen, von denen er im Zeitpunkt der Weisungserteilung Kenntnis hatte. So etwa in Fällen, in denen Arbeitnehmer erst im Rechtsstreit geltend machten, die Versetzung hindere sie daran, weiterhin ihre pflegebedürftigen Eltern zu betreuen;[198] das eigene Kind zu betreuen;[199] ihr Wochenendgrundstück unverändert zu nutzen.[200] In sämtlichen Fällen stellte das BAG darauf ab,

---

197 Zur objektiven Ergebniskontrolle außerhalb des Weisungsrechts, siehe etwa das erörterte BAG, Urteil vom 3. Dezember 2002 – 9 AZR 457/01, BAGE 104, 55, NZA-RR 2003, 613 zur Ablehnung eines Altersteilzeitgesuches, oben Kapitel 2, A., II., 3., b), S. 78.

198 BAG, Urteil vom 11. April 2006 – 9 AZR 557/05, NZA 2006, 1149 (1153) Rn. 52.

199 BAG, Urteil vom 23. September 2004 – 6 AZR 567/03, NZA 2005, 359 (361) zu IV., 2., c).

200 BAG, Urteil vom 21. Januar 2004 – 6 AZR 583/02, NZA 2005, 61 (63) zu II., 2., d), bb).

der Arbeitgeber habe diese Umstände mangels Kenntnis nicht berücksichtigen müssen.[201]

Nach der Logik des BAG waren Arbeitnehmer jedoch nicht schutzlos. Denn offenbarte ein Arbeitnehmer entgegenstehende Umstände und Interessen erst aus Anlass einer bereits erteilten Weisung, sah das BAG eine Lösung in der Rücksichtnahmepflicht des Arbeitgebers gemäß § 241 Abs. 2 BGB: Erlange der Arbeitgeber erst im Nachhinein Kenntnis von legitimen Interessen des Arbeitnehmers, könne der Arbeitgeber verpflichtet sein – so das BAG –, erneut von seinem Direktionsrecht Gebrauch zu machen und dem Arbeitnehmer beispielsweise eine andere Arbeit zuzuweisen.[202] Bis dahin aber bleibe die bereits erteilte Weisung wirksam und verbindlich.[203]

Der vom BAG in seiner aktuellen Rechtsprechung eingeschlagene Weg kann als Abkehr von diesen Grundsätzen verstanden werden. Dies wird am deutlichsten etwa im Urteil zum BEM. Hier hält das BAG fest, dass die unterlassene Anhörung durch den Arbeitgeber auch zu Rechtsnachteilen für diesen führen könne, nämlich bei der gerichtlichen Interessensabwägung, auch wenn er abwägungsrelevante Umstände mangels Anhörung „gar nicht kannte".[204] Das BAG fragt in diesem Zusammenhang gerade nicht (mehr), ob der Arbeitgeber die relevanten Arbeitnehmerinteressen kannte oder zumindest hätte kennen können.

Abschließend sei noch eine Anmerkung dazu erlaubt, wie das BAG die (tarif-)vertraglich vorgesehene Anhörungspflicht vor Versetzungen auslegt.[205] Nach der vom BAG vertretenen objektiven Ergebniskontrolle hat die unterlassene Anhörung keinerlei eigenständige materiell-rechtliche

201 *Rieble* ordnet diese Fallgruppe nur als „scheinbare" Ausnahme von der objektiven Ergebniskontrolle ein. Seiner Meinung nach gehe es – anders als das BAG dies vertritt – nicht um die Kenntnis des Arbeitgebers der privaten Umstände des Arbeitnehmers. Vielmehr würden diese Umstände überhaupt erst abwägungsrelevant, wenn sich der Arbeitnehmer gegenüber dem Arbeitgeber auf deren Berücksichtigung berufen; vgl., Staudinger/*Rieble*, BGB, § 315 Rn. 426.

202 So etwa in einem Fall eines Glaubenskonflikts das BAG, Urteil vom 24. Februar 2011 – 2 AZR 636/09, NZA 2011, 1087 (1089), Rn. 25; zur Problematik von Glaubens- und Gewissenskonflikten siehe auch MHdB ArbR/*Reichold*, § 40 Arbeitspflicht und Arbeitszeit Rn. 29 m.w.N.; *Reichold*, ZfA 2019, 82 ff.

203 BAG, Urteil vom 24. Februar 2011 – 2 AZR 636/09, NZA 2011, 1087 (1089) Rn. 25.

204 BAG, Urteil BAG, Urteil vom 18. Oktober 2017 – 10 AZR 47/17, BAGE 160, 325, NZA 2018, 162 (165), Rn. 33; siehe zur Zusammenfassung des Urteils oben Kapitel 2, A., I., 1., a), S. 24 ff.

205 Siehe hierzu im Detail oben Kapitel 2, A., I., 1., b), S. 31 ff.

Auswirkungen auf die Billigkeit einer Weisung.[206] Die Billigkeit der Weisung bestimmt sich allein *ex post*; wobei auch der Arbeitgeber zusätzliche Gründe für die Billigkeit seiner Weisung vortragen kann. Eine tatsächliche Interessensabwägung muss der Arbeitgeber vor Weisungserteilung nicht vorgenommen haben. Zugleich meint das BAG, die (tarif-)vertragliche Anhörungspflicht solle sicherstellen,

> „dass der Arbeitgeber die belastenden Folgen einer beabsichtigten Versetzung richtig einschätzen und seine Versetzungsentscheidung aufgrund einer alle wesentlichen Umstände berücksichtigenden Interessensabwägung treffen kann".[207]

Nach dieser Zweckbestimmung wollen die Parteien, die ausdrücklich eine gesonderte Anhörungspflicht vereinbaren, gerade erreichen bzw. begünstigen, dass der Arbeitgeber relevante Arbeitnehmerinteressen bereits vor Weisungserteilung berücksichtigt.[208] Denn die spätere gerichtliche Kontrolle kann nur zur Kassation der Weisung führen. Nicht gewährleisten kann sie, dass der Arbeitgeber von Anfang an eine weniger belastende Weisung erteilt oder „freiwillig" von ihr absieht, obwohl sie nicht unverhältnismäßig gewesen wäre.

Doch kann diese von den Parteien gewollte Präventivwirkung zuverlässig sichergestellt werden, wenn der Arbeitgeber bei Verstößen keine Sanktion zu befürchten hat? Wohl nicht.[209] Folglich: Ergibt sich bei einer bloßen objektiven Ergebniskontrolle keine Sanktion aus materiellem Recht, wäre es dann nicht die näherliegendere Auslegung der Anhörungspflicht, dass die Parteien mit Blick auf die Präventivwirkung zumindest die formelle Unwirksamkeit einer Versetzung bei Verstößen regeln wollten?

Anders hingegen – dies lässt bereits die allgemeine Stoßrichtung dieser Arbeit erahnen –, wenn Gerichte auch den Entscheidungsvorgang des Arbeitgebers kontrollieren. Dann stellt sich die Frage, welche Umstände Arbeitgeber kennen und abwägen müssen. Hier käme etwaigen Anhörungspflichten eine wichtige Abgrenzungsfunktion zu. Dann ließe sich vertreten, dass sich Arbeitgeber die Unkenntnis jener Umstände zurechnen lassen müssen, deren Zweck sie zu erfahren und zu erörtern gerade die

---

206 Zur fragwürdigen Ratio einer regelmäßigen Unwirksamkeit siehe unten Kapitel 2, C., II., 2., S. 96 ff.

207 BAG, Urteil vom 18. Oktober 2017 – 10 AZR 330/16, BAGE 160, 296, NZA 2017, 1452 (1455), Rn. 35, mit Verweis auf BAG, Urteil vom 30.10.1985 – 7 AZR 216/83, AP BAT § 12 Nr.1, zu Ziff. 2.

208 Es darf davon ausgegangen werden, dass ein Arbeitgeber, der relevante Umstände in einem formellen Verfahren erlangt, also nicht nur beiläufig, diese Umstände üblicherweise nicht einfach ignorieren wird.

209 Zur Prävention ohne Sanktion siehe auch Kapitel 4, B., V., 2., c), S. 184 f.

Anhörungspflicht diente. Im Kern geht es dabei um eine ähnliche Überlegung, wie bei der sog. „Vermutung aufklärungsrichtigen Verhaltens“. Nach ständiger Rechtsprechung ist bei der „Vermutung aufklärungsrichtigen Verhaltens“ derjenige, der vertragliche oder vorvertragliche Aufklärungspflichten verletzt, beweispflichtig dafür, dass ein Schaden auch eingetreten wäre, wenn er pflichtgemäß aufgeklärt hätte – der Geschädigte den Rat oder Hinweis also unbeachtet gelassen hätte.[210]

Diesen Gedanken auf Anhörungspflichten vor Weisungserteilung übertragen, ergibt sich folgendes Bild: Hier würde vermutet, dass ein Arbeitnehmer relevante Umstände bei einer durchgeführten Anhörung tatsächlich geäußert hätte. Für welche Informationen eine Vermutung angenommen werden kann, und für welche nicht, wäre im Einzelfall anhand des mit der konkreten Anhörung verfolgten Zwecks zu entscheiden. Zur Veranschaulichung: Bezweckt ein Krankenrückkehrgespräch den Austausch allein über betriebliche Krankheitsursachen, erstreckt sich die Vermutung nur auf Umstände zu betrieblichen Ursachen.[211] Weitergehender beim BEM, das sich auch auf private Krankheitsursachen und Umstände erstreckt.[212] Bei einer Anhörung vor einer örtlichen Versetzung wären typischerweise familiäre Verpflichtungen relevant, auf die sich die Versetzung auswirken kann.[213] Findet eine Vorgangskontrolle statt, kann eine unterlassene Anhörung also potenziell zur materiellen Unwirksamkeit der Versetzung führen. Nämlich dann, wenn der Arbeitgeber relevante Umstände mangels Anhörung nicht abgewogen hat.

Eine Sanktion unterbliebe nur bei fehlender Kausalität. Wenn also auszuschließen ist, dass die unterlassene Anhörung einen Unterschied gemacht hätte. Etwa, weil das Ermessen des Arbeitgebers ohnehin auf null reduziert war.[214]

Im Ergebnis ist die Auslegung des BAG, die Parteien wollten keine (formellen) Rechtsfolgen vereinbaren, die über die ohnehin bestehenden Anforderungen hinausgehen, deutlich einfacher mit der Annahme zu

---

210 vgl. etwa BGH, Urteil vom Mai 2012 – XI ZR 262/10, NJW 2012, 2427 (2429) Rn. 28; zur „Vermutung aufklärungsrichtigen Verhaltens“ in der Rechtsprechung des BAG am Beispiel der Unterrichtungspflicht nach Betriebsübergang siehe *Klocke*, RdA 2017, 311 (314 ff.) m.w.N.

211 Siehe zum Zweck eines Krankenrückkehrgesprächs bereits oben Kapitel 2, A., I., 1., a), S. 24 ff.

212 Siehe zum Zweck eines BEM bereits oben Kapitel 2, A., I., 1., a), S. 24 ff.

213 So wohl der Zweck der Anhörungspflicht in dem erörterten BAG-Urteil, siehe oben Kapitel 2, A., I., 1., b), S. 31 ff.

214 Zur Ermessensreduzierung auf Null bei einer Weisung, BAG, Urteil vom 11. Oktober 1995 – 5 AZR 1009/9, NZA-RR 1996, 313.

vereinbaren, Gerichte seien auch befugt, den Entscheidungsvorgang des Arbeitgebers zu kontrollieren. Denn die Vorgangskontrolle bezweckt das gleiche wie die Anhörungspflicht: Eine vom Arbeitgeber tatsächlich vorgenommene Interessensabwägung.

V. Einordnung der aktuellen BAG-Rechtsprechung in den Entwicklungsverlauf

Zusammenfassend lässt sich für das Verhältnis von aktueller zu früherer Rechtsprechung folgendes festhalten:

Bereits in der früheren Rechtsprechung unterscheidet sich der Umfang gerichtlicher Kontrolle von Organisationsebene zu Umsetzungsebene. Anders als nach der aktuellen Rechtsprechung finden sich in der früheren Rechtsprechung jedoch Hinweise auf eine Vorgangskontrolle bei einer Weisung. Dies gilt zum einen sowohl für sachfremde und missbräuchliche Erwägungen als auch für willkürlich getroffene Entscheidungen. Zum anderen konnte nach früherer Rechtsprechung eine Weisung, die auf Grundlage unrichtiger oder unvollständiger Erwägungen getroffen wurde, auch wegen dieses subjektiven Fehlers im Entscheidungsvorgang billigem Ermessen widersprechen. Allerdings sollen Fehler im Entscheidungsvorgang bereits nach der früheren Rechtsprechung unbeachtlich sein, wenn Arbeitgeber darlegen und beweisen können, dass eine Weisung Arbeitnehmerinteressen im Ergebnis objektiv angemessen berücksichtigt.

Wenn das BAG nunmehr allein auf das Ergebnis einer Weisung abstellt und auf eine Vorgangskontrolle umfassend verzichtet, ist hierin zwar eine Rechtsprechungsänderung zu sehen. Allerdings kann diese Änderung auch als konsequente Fortentwicklung der bereits vor 2016 bestehenden Entwicklung verstanden werden. Denn führten bereits nach der früheren Rechtsprechung subjektive Fehler im Entscheidungsvorgang (ausnahmsweise) nicht zur Unbilligkeit einer Weisung, wenn zumindest das Ergebnis einer Weisung objektiv billig ist, kommt es bei konsequenter Anwendung dieser Grundsätze von vornherein nicht auf den Entscheidungsvorgang an. Denn Arbeitgeber sind für die Billigkeit des Ergebnisses ohnehin darlegungs- und beweispflichtig.

C. *Fazit zur Bestandsaufnahme und erste Kritik*

I. Zwischenfazit

Insgesamt lässt sich als Analyse der Rechtsprechung festhalten, dass die Beschränkung auf die Kontrolle allein des Ergebnisses einer Weisung umfassend verstanden werden kann. Fehler im Entscheidungsvorgang – gleich welcher Art – begründen nach dem Wortlaut der aktuellen Rechtsprechung des BAG nicht die Unbilligkeit einer Weisung.

Eine ausdrückliche Begründung für die eine reine Ergebniskontrolle lässt sich nicht identifizieren. Kausalitätserwägungen klingen lediglich an, ohne dass sie in den Fokus rücken. Soweit für die reine Ergebniskontrolle auf Grundsätze zur Kontrolle anderer einseitiger Entscheidungen von Arbeitgebern verwiesen wird, ist die Übertragung von darin zum Ausdruck gebrachten Wertungen nur teilweise denkbar. Soweit die eigene Sachentscheidungsbefugnis der Zivilgerichte als mögliche Begründung bemüht wird, scheidet dieses Argument mangels Anwendbarkeit von § 315 Abs. 3 S. 2 BGB beim Weisungsrecht zunächst aus. Denkbar bleibt lediglich der Begründungsansatz, der dem Arbeitgeber bei Erteilung einer Weisung zustehende Spielraum müsse auch insoweit beachtet werden, als dass die Unwirksamkeit einer Weisung allein aufgrund Fehler im Entscheidungsvorgang nicht gerechtfertigt wäre. Ob diese Begründung trägt, ist damit eine wesentliche Frage, die im Hauptteil dieser Arbeit beantwortet werden wird.[215]

II. Kritik

Weshalb die aktuelle Rechtsprechung hinterfragt werden kann, veranschaulicht eine erste Kritik auf Basis des bislang Herausgearbeiteten.

1. Inkonsistenter Kontrollmaßstab

Eine reine Ergebniskontrolle höhlt die rechtlichen Anforderungen aus, die nach ständiger Rechtsprechung an das billige Ermessen gestellt werden. Sie ist nur schwer zu vereinbaren mit der weiterhin gültigen Definition des

215 Siehe hierzu unten Kapitel 4, B., IV., S. 174 ff. und Kapitel 4., B., V., S. 181 ff.

billigen Ermessens, die das BAG auch in seiner aktuellen Rechtsprechung anführt:[216]

> „Die Leistungsbestimmung nach billigem Ermessen (§ 106 S. 1 GewO, § 315 BGB) verlangt eine *Abwägung* der wechselseitigen Interessen nach verfassungsrechtlichen und gesetzlichen Werteentscheidungen, den allgemeinen Wertungsgrundsätzen der Verhältnismäßigkeit und Angemessenheit sowie der Verkehrssitte und Zumutbarkeit. In die Abwägung sind alle Umstände des Einzelfalls einzubeziehen [...]."

Die Definition richtet sich als Auslegung von § 106 GewO, § 315 Abs. 1 BGB an den Arbeitgeber als Bestimmungsberechtigten. Nach dem Wortlaut dieser Definition muss er, der Arbeitgeber, die wechselseitigen Interessen abwägen.[217]

Auf ein solches Verständnis von dieser Definition stützt sich auch das erörterte Urteil zur Versetzung einer Angestellten der Bundesagentur für Arbeit.[218] Das BAG hielt die Weisung für unbillig, weil die Arbeitgeberin nicht alle – nach Ansicht des BAG in Betracht kommenden – Beschäftigten in ihre Auswahl mit einbezog, also nicht alle wesentlichen Umstände des Einzelfalls berücksichtigte.[219]

Auch andere Urteile des BAG legen eine solche Interpretation nahe. Etwa wenn das BAG annimmt,

> „eine Leistungsbestimmung entspricht billigem Ermessen, wenn die wesentlichen Umstände des Falles *abgewogen* und die beiderseitigen Interessen berücksichtigt *worden sind*."[220]

Doch was bleibt vom Abwägungserfordernis als materiell-rechtlicher Bindung des Arbeitgebers übrig, wenn der Entscheidungsvorgang des Arbeitgebers und damit die Einhaltung dieser materiell-rechtlichen Bindung gerichtlich generell nicht kontrolliert wird? Denn kommt es für die Verbindlichkeit einer Weisung allein darauf an, ob im Zeitpunkt der Erteilung einer

---

216 BAG, Urteil vom 24. Oktober 2019 – 10 AZR 19/18, NZA 2019, 619 (621), Rn. 26 [Hervorhebung nicht im Original].

217 Auch *Höpfner* und *Daum* anerkennen, dass das billige Ermessen als Abwägungsvorgang beschrieben ist, *Höpfner/Daum*, ZfA 2021, 467 (477).

218 Im Detail siehe oben Kapitel 2, B. III., 1., S. 73 ff.

219 BAG, Urteil vom 10. Juli 2013 – 10 AZR 915/12, BAGE 145, 341, AP GewO § 106 Nr. 24, Rn. 32.

220 BAG, Urteil vom 11. Oktober 1995 – 5 AZR 1009/94, NZA-RR 1996, 313 (314), zu I. 1 [Hervorhebungen nicht im Original]; ähnlich auch BAG, Urteil vom 15. Mai 2019 – 7 AZR 396/17, NZA 2019, 1497 (1500), Rn. 25: „Die Grenzen billigen Ermessens sind gewahrt, wenn der Arbeitgeber bei seiner Entscheidung die wesentlichen Umstände des Einzelfalls abgewogen und die beiderseitigen Interessen angemessen berücksichtigt hat."

Weisung objektiv Interessen des Arbeitgebers gegeben waren, die eine Weisung im Ergebnis rechtfertigen können, muss ein Arbeitgeber von vornherein nicht abwägen. Ist der Arbeitgeber nicht gehalten, sich vor Erteilung einer Weisung Gedanken über mögliche, gegenläufige Arbeitnehmerinteressen zu machen, ist dann die Angemessenheit einer Weisung nicht letztlich vom Zufall abhängig?

Dieses Problem einer reinen Ergebniskontrolle benennt auch *Lembke*. Vom Arbeitnehmer könne nicht verlangt werden, einer Weisung zu folgen, deren Billigkeit vom Zufall abhänge.[221] Allerdings spricht *Lembke* das Problem nur im Zusammenhang mit Weisungen an, die durch Computersysteme mit Hilfe sog. künstlicher Intelligenz („KI") erteilt werden.[222] *Lembke* fordert für KI-Systeme, dass sie so programmiert sind, dass eine Abwägung anhand der wesentlichen Umstände des Einzelfalls sichergestellt ist.[223]

Das Problem ist jedoch ein grundsätzliches und stellt sich – konsequent zu Ende gedacht – ebenso bei menschlichem Handeln. Dies ändert sich auch nicht, wenn man bei letzterem davon ausgeht, ein menschlicher Entscheider ginge letztlich vom „gesunden Menschenverstand" aus.[224]

2. Fragwürdige Ratio regelmäßiger Unwirksamkeit

Bei der Beschränkung auf eine reine Ergebniskontrolle betont das BAG wiederholt, eine Weisung erweise sich im Ergebnis „regelmäßig" als

221 Henssler/Willemsen/Kalb/*Lembke*, GewO, § 106 Rn. 6; a.A. *Höpfner/Daum*, ZfA 2021, 467 (478), wonach es für die Wirksamkeit einer Weisung ohne Bedeutung sei, ob der Arbeitgeber eine umfassende Interessensabwägung vorgenommen habe oder die Weisung zufällig angemessen ist.

222 Künstliche Intelligenz beschreibt nach Vorstellung des Normgebers maschinengestützte Systeme, die für einen in unterschiedlichem Grade autonomen Betrieb ausgelegt sind und die nach ihrer Betriebsaufnahme anpassungsfähig sein können und die aus den erhaltenen Eingaben für explizite oder implizite Ziele ableiten, wie Ausgaben wie etwa Vorhersagen, Inhalte, Empfehlungen oder Entscheidungen erstellt werden, die physische oder virtuelle Umgebungen beeinflussen können, vgl. Art. 3 Nr. 1 KI-VO.

223 Henssler/Willemsen/Kalb/*Lembke*, GewO, § 106 GewO Rn. 6.

224 So Landmann/Rohmer GewO/*Neumann*, GewO § 106 Rn. 12: „Im Ergebnis bleibt es dabei, dass die Frage, ob eine Regelung dem billigen Ermessen entspricht oder nicht, letztlich vom Richter oder der Mehrheit eines Spruchkörpers entschieden wird, wozu nur gesunder Menschenverstand gehört".

unwirksam, sofern Arbeitgeber „erhebliche Belange des Arbeitnehmers" bei ihrer Entscheidung unberücksichtigt gelassen haben.[225]

Diese Ratio ist zu bezweifeln. Denn es gibt keinen logischen Zusammenhang zwischen einer unvollständigen Entscheidungsgrundlage und der Wahrscheinlichkeit einer im Ergebnis unbilligen Weisung, wenn es allein darauf ankommt, dass objektiv gegebene Interessen des Arbeitgebers ebensolche des Arbeitnehmers überwiegen. Für Überlegungen zur Kausalität zwischen Entscheidungsvorgang und -ergebnis bleibt kein Raum.[226]

Ein Zusammenhang zwischen Vollständigkeit der Entscheidungsgrundlage und Angemessenheit des Ergebnisses lässt sich – wenn überhaupt – lediglich für Fälle annehmen, in denen Arbeitgeber zwischen verschiedenen Arbeitnehmern auswählen müssen. Je kleiner der Kreis der Auszuwählenden gezogen ist, desto höher ist die Wahrscheinlichkeit, dass ein Arbeitnehmer unberücksichtigt blieb, in dessen Interessen eine konkrete Weisung deutlich weniger belastend eingreift. Allerdings beschränkt sich dieser Zusammenhang, den man allenfalls vage als Erfahrungssatz begreifen kann, auf Auswahlsituationen und ist selbst dort, wie das BAG im Urteil zur Versetzung einer Arbeitnehmerin der Bundesagentur für Arbeit eingesteht, „nicht zwingend".[227]

Stattdessen drängt sich eine gegenteilige Frage auf, die das BAG nicht adressiert: Nämlich, ob nicht Arbeitgeber, die sich bei ihrer Entscheidungsfindung mit wesentlichen Arbeitnehmerinteressen tatsächlich auseinandersetzen (müssen), ihren rechtlichen Spielraum ggf. nicht ausschöpfen, sondern eine weniger belastende Weisung erteilen oder gar von ihr absehen. Also eine „richtigere" Entscheidung treffen.[228] Dies lässt sich am Urteil zum BEM veranschaulichen. Berücksichtigt die Arbeitgeberin nach erfolgter Anhörung, dass eine Versetzung den Arbeitnehmer an der Teilnahme an den wöchentlichen Therapiesitzungen hindert, hätte sie ihn gegebenenfalls nicht versetzt.[229] Auf die Frage, ob eine Versetzung gleichwohl

225 BAG, Urteil vom 18. Oktober 2017 – 10 AZR 47/17, BAGE 160, 325, NZA 2018, 162 (165), Rn. 33; BAG, Urteil vom 18. Oktober 2017 – 10 AZR 330/16, BAGE 160, 296, NZA 2017, 1452 (1455), Rn. 35.

226 Dazu, dass die objektive Ergebniskontrolle des BAG gerade keine Kausalitätsprüfung ist, siehe oben Kapitel 2, A., II., 3., a), cc), S. 76.

227 BAG, Urteil vom 10. Juli 2013 – 10 AZR 915/12, BAGE 145, 341, AP GewO § 106 Nr. 24, Rn. 49; im Detail siehe oben Kapitel 2, A., II., 3., a), S. 78.

228 Staudinger/*Rieble*, BGB, § 315 Rn. 417 m.w.N.

229 Zur Wechselwirkung von Anhörungspflicht und Kontrolle des Entscheidungsvorgangs siehe Kapitel 2, B., IV., S. 89 ff.

gerechtfertigt wäre, etwa wegen der leichteren Ersetzbarkeit in der Wechselschicht, käme es erst gar nicht an.

Dabei dürften Arbeitsverhältnisse, in denen Arbeitgeber verpflichtet sind, sich bei ihrer Entscheidungsfindung mit ihnen bekannten Arbeitnehmerinteressen tatsächlich auseinanderzusetzen, eher dem „partnerschaftlichen Miteinander von Arbeitgeber und Beschäftigten" entsprechen, welches dem Gesetzgeber bei Einführung von § 106 GewO vor Augen schwebte,[230] und auf welches das BAG in seinem Urteil ausdrücklich verweist.[231]

3. Geringer Schutz vor sachfremden und missbräuchlichen Erwägungen

Wendet man die reine Ergebniskontrolle konsequent an und ist allein das Ergebnis einer Weisung entscheidend, sind Arbeitnehmer lediglich vor *im Ergebnis willkürlichen* Weisungen geschützt. Also Weisungen, an denen der Arbeitgeber im Zeitpunkt ihrer Erteilung objektiv kein Interesse hatte. Einzig dieser Fall wird auch über eine objektive Ergebniskontrolle erfasst, da dann in die Abwägung kein berechtigtes Interesse zu Gunsten des Arbeitgebers eingestellt werden kann.[232]

Schutzlos bleiben Arbeitnehmer jedoch gegenüber Weisungen, bei denen sachfremde und missbräuchliche Erwägungen mitursächlich gewesen sind oder bei denen Arbeitgeber im Zeitpunkt ihrer Entscheidung allein von sachfremden oder missbräuchlichen Erwägungen geleitet gewesen sind, die Weisung ausgehend von der objektiven Interessenslage im Zeitpunkt der Entscheidung aber objektiv begründbar ist.[233] Denn solche auf den subjektiven Motiven und Absichten des Arbeitgebers beruhende subjektive Ermessensfehler lassen sich nur überprüfen, wenn man ebenjene Motive und Absichten zur gerichtlichen Überprüfung heranzieht.[234]

---

230 BT-Drucks. 14/8796, S. 24.

231 BAG, Urteil vom 18. Oktober 2017 – 10 AZR 330/16, BAGE 160, 296, NZA 2017, 1452 (1462), Rn. 78.

232 So im Ergebnis wohl auch BeckOK ArbR/*Tillmanns*, GewO, § 106 Rn. 51

233 So auch *Kolbe*, Anmerkung zu BAG, Beschluss vom 14. Juni 2017 – 10 AZR 330/16 (A), AP GewO § 106 Nr. 36, unter II.

234 Für das Verwaltungsrecht *Stickelbrock*, Inhalt und Grenzen richterlichen Ermessens im Zivilprozeß (2002), S. 201; *Stern*, Ermessen und unzulässige Ermessensausübung (1964), S. 28.

Doch kann es sein, dass Arbeitnehmer auf Ebene der Weisung geringer geschützt sind als auf Ebene der Organisationsentscheidung? Zur Erinnerung: Das BAG entzieht Organisationsentscheidungen weitestgehend gerichtlicher Kontrolle und verweist dafür auf die Unternehmerfreiheit des Arbeitgebers.[235] Insbesondere müssen Organisationsentscheidungen, anders als Weisungen, nicht verhältnismäßig sein. Andernfalls, so das BAG, würden Gerichte unzulässig in dessen betriebliche Organisationshoheit eingreifen.[236] Doch auf eine Missbrauch- und Willkürkontrolle verzichtet das BAG selbst bei Organisationsentscheidungen nicht.

Vor diesem Hintergrund erscheint es wenig überzeugend, weshalb auf Weisungsebene nicht zumindest das gleiche Schutzniveau gelten soll. Ungeachtet der Frage, ob Arbeitgebern überhaupt ein legitimes Interesse an missbräuchlich oder willkürlich getroffenen Weisungen einzuräumen ist, stellt sich das Problem eines Eingriffs in die Unternehmerfreiheit des Arbeitgebers bei einer Weisung nicht in gleichem Maße. „Isolierte" Weisungen spiegeln keine grundlegende betriebliche Organisation wider, die angegriffen würde. Bei Weisungen wiederum, die Organisationsentscheidungen umsetzen, kann der Kontrollmaßstab angepasst werden, damit Gerichte durch eine Kontrolle des Entscheidungsvorgangs nicht in die Organisationshoheit des Arbeitgebers eingreifen. So etwa, wenn Erwägungen, die Teil der Organisationsentscheidung sind, auch auf Weisungsebene gerichtlicher Kontrolle entzogen sind.[237]

4. Rechtsunsicherheit als Folge unterbleibender Vorgangskontrolle

Ein Verzicht der Kontrolle auch des Entscheidungsvorgangs lässt Arbeitnehmer mit erheblichen Prozessrisiken zurück, die nur bedingt zur Wertung passt, die das BAG mit der Unverbindlichkeit unbilliger Weisungen verfolgt.

a) Ratio hinter Unverbindlichkeit unbilliger Weisungen

In seiner Grundsatzentscheidung vom Oktober 2017 entschied das BAG, unbillige Weisungen seien für Arbeitnehmer unverbindlich; Arbeitnehmer

235 Siehe hierzu oben Kapitel 2, A., II., 1., b), aa), (a), S. 44 ff.
236 Siehe hierzu oben Kapitel 2, A., II., 1., b), aa), (a), S. 44 ff.
237 Siehe hierzu oben Kapitel 2, A., II., 1., b), aa), (2), (b), S. 53 ff.

müssten diesen nicht – auch nicht vorläufig – Folge leisten.[238] Dies begründet das BAG nicht zuletzt mit einer praktischen Erwägung: Wäre eine unbillige Weisung bis zur gerichtlichen Feststellung verbindlich, könnten Arbeitgeber solche Weisungen risikolos erteilen. Weigern sich Arbeitnehmer, einer unbilligen aber verbindlichen Weisungen nachzukommen, können sie gekündigt werden. Folgen sie der Weisung, bliebe auch eine spätere gerichtliche Feststellung von deren Unbilligkeit für den Arbeitgeber „faktisch folgenlos". Nicht zu Unrecht spricht das BAG in diesem Fall, unter Verweis auf *Schauß*, von einer „Spielwiese für trennungswillige Arbeitgeber".[239]

b) Wechselwirkungen mit objektiver Ergebniskontrolle

Etwas überraschend ist vor diesem Hintergrund, wie das BAG im selben Urteil die Risikoverteilung bei einer objektiven Ergebniskontrolle skizziert.

Hier sieht das BAG das Risiko einer unbilligen Weisung beim Arbeitgeber. Da er nach dem Non-Liquet-Grundsatz die volle Darlegungs- und Beweislast für die Billigkeit einer Weisung trägt, trage er auch das Risiko der Unwirksamkeit einer Maßnahme.[240]

Aus Sicht des Arbeitnehmers ist diese Einordnung jedoch nur die halbe Wahrheit.

Richtig ist, dass eine objektive Ergebniskontrolle für den Arbeitgeber die Gefahr birgt, dass Gerichte zu seinen Ungunsten Umstände berücksichtigen, die im Zeitpunkt der Weisungserteilung zwar objektiv vorlagen und die der Arbeitnehmer im Prozess vorbringt, von denen der Arbeitgeber unter Umständen aber gar nichts wusste.[241]

Allerdings bedeutet die objektive Ergebniskontrolle für den Arbeitnehmer häufig „Steine statt Brot". Denn zum einen schließt ein solcher

238 BAG, Urteil vom 18. Oktober 2017 – 10 AZR 330/16, BAGE 160, 296, NZA 2017, 1452 (1458), Rn. 58 ff.

239 BAG, Urteil vom 18. Oktober 2017 – 10 AZR 330/16, BAGE 160, 296, NZA 2017, 1452 (1462), Rn. 79; mit Verweis auf *Schauß*, ArbRAktuell 2016, 518 (519).

240 BAG, Urteil vom 18. Oktober 2017 – 10 AZR 330/16, BAGE 160, 296, NZA 2017, 1452 (1456), Rn. 36.

241 BAG, Urteil vom 18. Oktober 2017 – 10 AZR 330/16, BAGE 160, 296, NZA 2017, 1452 (1455), Rn. 35: „Wenn der Arbeitgeber wegen der fehlenden Anhörung erhebliche Belange des Arbeitnehmers nicht hinreichend berücksichtigt, wird sich die Maßnahme *im Rahmen der gerichtlichen Überprüfung*, *in der der Arbeitnehmer seine Interessen noch vorbringen kann*, regelmäßig als unwirksam erweisen" [Hervorhebungen nicht im Original].

objektiver Maßstab nicht aus, dass wiederum Arbeitgeber ihre Weisung im gerichtlichen Verfahren mit Umständen begründen, die beim Entscheidungsvorgang nicht bedacht wurden und daher vom Arbeitnehmer regelmäßig auch nicht erkennbar waren.[242] So blieb etwa im BEM-Urteil bis zuletzt streitig, ob im vornhinein der Versetzung thematisiert wurde, dass die Versetzung auch der Gesundheitsförderung dienen solle.[243] Zum anderen dürfte es für Arbeitnehmer – aus ihrer Laiensphäre – deutlich leichter zu bewerten sein, ob die Entscheidungsgrundlage des Arbeitgebers fehlerhaft war. Also, ob der Arbeitgeber relevante Umstände nicht oder nur fehlerhaft berücksichtigt hat oder, ob berücksichtigte Umstände sachfremd sind. Die sehr wertende Frage hingegen, ob die Interessen des Arbeitgebers im Einzelfall tatsächlich überwiegen, ist gerade in Grenzfällen nur schwer vorherzusagen; insbesondere, wenn der Arbeitgeber „neue" Umstände vorbringen kann.[244] Praktisch bedeutet dies, ein Arbeitnehmer müsse vor einer Weigerung (als nach Ansicht des BAG effektivem Schutz seiner Interessen) nicht nur überlegen, aus welchen (anderen) Gründen das Gericht zur Billigkeit gelangen könnte; darüber hinaus könne er sich auch nicht auf eine etwaige (womöglich offenkundig) rechtswidrige bzw. unrichtige oder unvollständige Arbeitgeberbegründung berufen, die er bei Weisungserteilung erhalten hat.

Diese Einschätzung müssten Arbeitnehmer aber leisten können, wenn sie die vom BAG aufwendig begründete Möglichkeit gebrauchen möchten, einer unbilligen Weisung nicht zu folgen. Denn verweigert sich der Arbeitnehmer einer Weisung, wird er üblicherweise (nach Abmahnung) gekündigt.[245] Erweist sich die Weisung im nachfolgenden Kündigungsschutzprozess als billig, beging der Arbeitnehmer durch die Weigerung eine

---

242 Zur fragwürdigen Ratio des BAG einer regelmäßigen Unwirksamkeit solcher Weisungen siehe oben Kapitel 2, C., II., 2., S. 96 ff.

243 BAG, Urteil vom 18. Oktober 2017 – 10 AZR 47/17, BAGE 160, 325, NZA 2018, 162; LAG Baden-Württemberg, Urteil vom 22. November 2016 – 15 Sa 76/15, BeckRS 2016, 124196, Rn. 26; siehe zur Zusammenfassung oben Kapitel 2, A., I., 1., a), aa), (1), S. 24.

244 Man könnte auch sagen, hier geht es nicht um die Vorhersage eines objektiven Ergebnisses, sondern (deutlich schwieriger) um das Vorhersagen der Überzeugung des Arbeitsgerichts. Denn dieses hat, wie die Grundsätze zur beschränken Revision unbestimmter Rechtsbegriffe zeigt, bei der Kontrolle billigen Ermessens selbst einen Beurteilungsspielraum, BAG, Urteil vom 18. Oktober 2017 – 10 AZR 330/16, BAGE 160, 296, NZA 2017, 1452 (1457), Rn. 47 ff.

245 Das BAG sieht in dieser Sanktion den legitimen Weg des Arbeitgebers, die vertraglich geschuldete Arbeitsleistung durchzusetzen, da eine Zwangsvollstreckung wegen § 888 Abs. 3 ZPO ausscheide, BAG, Urteil vom 18. Oktober 2017 – 10 AZR 330/16, BAGE 160, 296, NZA 2017, 1452 (1462), Rn. 79.

Vertragspflichtverletzung. Die Kündigung war dann – sofern die übrigen Voraussetzungen vorliegen – rechtmäßig und das Arbeitsverhältnis wurde beendet. Der Arbeitnehmer hat keine prozessualen oder materiellen Mittel dies abzuwenden, um dadurch auf ein neues Vorbringen des Arbeitgebers zu reagieren. So hilft es ihm etwa nicht, die Hauptsache für erledigt zu klären.[246] Denn keine prozessuale Erklärung des Arbeitnehmers vermag zu ändern, dass er durch seine Weigerung seine Vertragspflichten verletzt hatte, wenn die Weisung billig und damit verbindlich gewesen ist. Nimmt der Arbeitnehmer also – bestärkt durch die Rechtsprechung des BAG – sein Recht auf Verweigerung wahr, trägt er das eigentliche Prozessrisiko.[247]

Dieses Risiko einer wirksamen Kündigung ist auch zentrale Erwägung in einem nachfolgenden Urteil des BAG.[248] Hier folgte ein Arbeitnehmer einer unbilligen Versetzungsanordnung bis zur gerichtlichen Feststellung deren Unbilligkeit. Er fürchtete andernfalls die Kündigung. Da er sich vorübergehend an die unbillige Weisung hielt, entstanden ihm erhöhte Fahrkosten, deren Ersatz er als Schadensersatz begehrte. Das BAG entschied, dass ein solcher Schadensersatz nicht wegen eines Mitverschuldens des Arbeitnehmers gemäß § 254 Abs. 1 BGB ausgeschlossen oder gemindert sei, weil er einer unwirksamen Weisung folgte. Dem Arbeitnehmer sei es im bestehenden Arbeitsverhältnis regelmäßig nicht zumutbar, einer Versetzung nicht nachzukommen, und sich der Gefahr einer arbeitsrechtlichen Sanktion in Form einer Abmahnung oder gar Kündigung auszusetzen.[249]

c) Wertungswidersprüche als Folge objektiver Ergebniskontrolle

Insgesamt führt eine objektive Ergebniskontrolle unter Verzicht auf eine Vorgangskontrolle damit zu Wertungswidersprüchen mit der Ratio, die das BAG mit der Unverbindlichkeit unbilliger Weisungen verfolgt; nämlich in zweifacher Weise:

---

246 Das Kostenrisiko eines arbeitsgerichtlichen Verfahrens ist wegen § 12a ArbGG ohnehin überschaubar.

247 So auch das BAG an anderer Stelle des Urteils: "Akzeptiert der Arbeitnehmer hingegen eine Weisung, die er als unbillig ansieht, nicht und erbringt er keine Arbeitsleistung, trägt er das Risiko, ob ein Gericht im Rahmen der Prüfung nach § 315 III 1 BGB seine Einschätzung teilt", BAG, Urteil vom 18. Oktober 2017 – 10 AZR 330/16, BAGE 160, 296, NZA 2017, 1452 (1462), Rn. 79.

248 BAG, Urteil vom 28. November 2019 – 8 AZR 125/18, NZA 2020, 589.

249 BAG, Urteil vom 28. November 2019 – 8 AZR 125/18, NZA 2020, 589 (592), Rn. 26.

Erstens leuchtet es nicht ohne Weiteres ein, wenn das BAG einerseits hervorhebt, wie wichtig die Möglichkeit für Arbeitnehmer ist, einer unbilligen Weisung nicht folgen zu müssen, und zugleich anerkennt, dass damit naturgemäß die Gefahr einer Kündigung verknüpft ist. Andererseits aber diese Gefahr erheblich erhöht wird, wenn das BAG auf die Kontrolle des Entscheidungsvorgangs verzichtet und der Arbeitgeber noch vor Gericht weitere Umstände zu seinen Gunsten vorbringen kann. Ausgehend von diesem Kontrollmaßstab dürfte die vom BAG aufwendig begründete Unverbindlichkeit unbilliger Weisungen ein „zahnloser Tiger" bleiben. Denn aus Sicht des Arbeitnehmers macht es praktisch keinen Unterschied, ob er einer womöglich unbilligen Weisung folgt, weil sie rechtlich vorläufig verbindlich ist, oder das Risiko der eigenen Kündbarkeit mangels Vorhersehbarkeit der gerichtlichen Entscheidung „zu" hoch ist. In beiden Fällen bleibt die unbillige Weisung für den Arbeitgeber „faktisch folgenlos".

Und zweitens: Unterstellte man „zu Gunsten" der Lösung des BAG, die jeder Weigerung immanente Gefahr einer Kündigung ließe sich auch durch einen anderen Kontrollmaßstab nicht nennenswert verringern, läge eine Vorgangskontrolle aus präventiven Gesichtspunkten umso näher: denn können sich Arbeitnehmer gegen unbillige Weisungen praktisch nur selten wehren, kommt dem Entscheidungsvorgang entscheidende Bedeutung zu. Sind Arbeitgeber rechtlich durchsetzbar gehalten, sich vor Weisungserteilung mit den ihnen bekannten Arbeitnehmerinteressen tatsächlich auseinanderzusetzen, verringert dies die Gefahr, dass es überhaupt zu auch im Ergebnis unbilligen Weisungen kommt. Ein fehlerfreier Entscheidungsvorgang ist Gewähr für eine auch Ergebnis angemessene Entscheidung.[250] Der gerichtlichen Vorgangskontrolle wohnt damit auch ein präventiver Wert inne. Nichts anderes dürfte auch *Lembke* meinen, wenn er ausführt, Arbeitnehmern könne nicht zugemutet werden, Weisungen zu befolgen, deren Billigkeit letztlich vom Zufall abhängt.[251]

---

250 Zur Richtigkeitsgewähr des Entscheidungsvorgangs siehe im Detail noch Kapitel 3, C., III., 2., S. 127 ff.

251 Henssler/Willemsen/Kalb/*Lembke*, GewO, § 106 Rn. 6; siehe hierzu bereits oben Kapitel 2, B., I., S. 96.

Kapitel 3: Gerichtliche Kontrolle im Verwaltungsstreitverfahren

Vor dem Hintergrund der bereits eingangs beschriebenen Parallelen zwischen Arbeitgeber- und Behördenentscheidungen sollen nun in der gebotenen Kürze die Grundlagen und der Umfang verwaltungsgerichtlicher Kontrolle skizziert werden. Soweit sachdienlich werden hierbei erste Bezüge und Vergleiche zum Arbeits- bzw. Weisungsrecht hergestellt.

A. Verfassungsrechtlicher Rahmen verwaltungsgerichtlicher Kontrolle

Verfassungsrechtlich ist der Umfang gerichtlicher Kontrolle insbesondere durch das Rechtsstaatsprinzip bestimmt. Eine wesentliche Rolle spielen hierbei die Rechtschutzgarantie des Art. 19 Abs. 4 S. 1 GG und die Gesetzmäßigkeit der Verwaltung gemäß Art. 20 Abs. 3 GG.

Nach der Rechtschutzgarantie des Art. 19 Abs. 4 S. 1 GG steht jedem der Rechtsweg offen, der durch die öffentliche Gewalt "in *seinen* Rechten" verletzt wird. Das Verwaltungsstreitverfahren dient damit der Durchsetzung subjektiver, also dem Bürger kraft Rechtsordnung zugewiesener Rechte.[252] Der Rechtsschutz gegen Akte öffentlicher Gewalt soll dabei möglichst lückenlos und effektiv sein.[253] Zu diesem Zweck ist die gerichtliche Kontrolle geeignet und angemessen auszugestalten.[254] Im Ergebnis sind Gerichte daher verpflichtet, angegriffene Handlungen der Verwaltung in rechtlicher und tatsächlicher Hinsicht grundsätzlich vollständig nachzuprüfen.[255]

Art. 20 Abs. 3 GG normiert die Gesetzmäßigkeit der Verwaltung. Ausfluss davon ist der Grundsatz des *Vorrangs* des Gesetzes. Dieser beinhaltet

252 BVerwG, Urteil vom 18. Dezember 1987 – 4 C 9/86, BVerwGE 78, 347 (348); Schoch/Schneider/*Schmidt-Aßmann/Schenk*, VwGO, Einleitung Rn. 167; zum Begriff des „subjektiven Rechts" vgl. *Scharl*, Die Schutznormtheorie (2018), S. 23.

253 BVerfG, Beschluss vom 12. November 1958 – 2 BvL 4, 26, 40/56, 1, 7/57, BVerfGE 8, 274 (326).

254 BVerfGE, Beschluss vom 20.April 1982 – 2 BvL 26/81, BVerfGE 60, 253 (269).

255 BVerfG, Beschluss vom 17. April 1991 – 1 BvR 419/81, 1 BvR 213/83, BVerfGE 84, 34 (49); BVerfG, Urteil vom 20. Februar 2001 – 2 BvR 1444/00, BVerfGE 103, 142 (156), NJW 2001, 1121 (1123); Schoch/Schneider/*Schmidt-Aßmann/Schenk*, VwGO, Einleitung Rn. 183.

B. Seiwerth, *Die gerichtliche Kontrolle von Arbeitgeberweisungen*, Juridicum – Schriften zum Arbeitsrecht, https://doi.org/10.1007/978-3-658-52310-7_3

die *Bindung* der Verwaltung an die Gesetze und verlangt von der Verwaltung, Handlungen allein im Einklang mit dem Gesetz vorzunehmen.[256] Dieser Grundsatz wird ebenfalls weit verstanden und neben formellen Gesetzen auch auf materielles Recht angewandt.[257] Insgesamt prägt der Vorrang des Gesetzes das Bild vom Verwaltungshandeln als Anwendung der Gesetze.[258] Sprich: Soweit rechtliche Vorgaben bestehen, muss die Verwaltung deren Grenzen einhalten.[259]

Aus dem Zusammenspiel von Rechtschutzgarantie und Vorrang des Gesetzes ergibt sich das Verhältnis von Verwaltung und Gerichtsbarkeit. Gerichtliche Kontrolle erfolgt zwar umfassend, aber allein am Maßstab des Rechts. Gerichte vollziehen behördliche Entscheidungen am Maßstab des Rechts nach.[260] Fehlt ein rechtlicher Maßstab, kann die Verwaltung keinen Rechtsverstoß begehen; die Gerichte keinen solchen kontrollieren.[261] Kontrollfrei bleibt daher insbesondere die (unrechtliche) Zweckmäßigkeit einer Maßnahme.[262] Die Kongruenz von Gesetzesbindung der Verwaltung und Kontrollbefugnis der Gerichte fast das BVerfG wie folgt zusammen:[263]

---

256 Jarass/Pieroth/*Jarass*, GG, Art. 20 Rn. 52; *Maurer/Waldhoff*, Allgemeines Verwaltungsrecht, § 6 Rn. 2.

257 BVErfG, Beschluss vom 31. Mai 1988 – 1 BvR 520/83, BVerfGE 78, 214 (227).

258 Voßkuhle/Eifert/Möllers/*Reimer*, Grundlagen Verwaltungsrecht I; § 11 Rn. 74.

259 Voßkuhle/Eifert/Möllers/*Hoffmann-Riem/Pilnio*, Grundlagen Verwaltungsrecht I; § 12 Rn. 82.

260 Zum Begriff des „Nachvollziehens" siehe Voßkuhle/Eifert/Möllers/*Hoffmann-Riem/Pilnio*, Grundlagen Verwaltungsrecht I; § 12 Rn. 82, Fn. 377.

261 BVerfG, Urteil vom 20. Februar 2001 – 2 BvR 1444/00, BVerfGE 103, 142 (156 f.), NJW 2001, 1121 (1123); *Ibler*, Rechtspflegender Rechtsschutz im Verwaltungsrecht (1999), S. 147; Schoch/Schneider/*Schmidt-Aßmann/Schenk*, VwGO, Einleitung Rn. 182.

262 So auch die Gesetzesbegründung zur § 114 VwGO, siehe BT-Drs. III/55, S. 32 zu § 41. Dies verdeutlicht bspw. § 113 Abs. 1 S. 1 VwGO, der, anders als § 68 VwGO für das behördliche Widerspruchsverfahren, allein die Rechtmäßigkeit und nicht auch die Zweckmäßigkeit einer behördlichen Maßnahme in den Blick nimmt; kritisch gegenüber einer solchen Zweiteilung von Recht- und Zweckmäßigkeit ist *Stickelbrock*, Inhalt und Grenzen richterlichen Ermessens im Zivilprozeß (2002), S. 115 f.

263 BVerfG, Beschluss vom 31. Mai 2011 – 1 BvR 857/07, BVerfGE Band 129, 1 (22), NVwZ 2011, 1062 (1065) Rn. 71; ähnlich auch bereits BVerfG, Urteil vom 20. Februar 2001 – 2 BvR 1444/0, BVerfGE 103, 142 (156), NJW 2001, 1121 (1123): „Die gerichtliche Kontrolle endet also dort, wo das materielle Recht der Exekutive in verfassungsrechtlich unbedenklicher Weise Entscheidungen abverlangt, ohne dafür hinreichend bestimmte Entscheidungsprogramme vorzugeben".

> “Gerichtliche Kontrolle kann nicht weiter reichen als die materiell-rechtliche Bindung der Instanz, deren Entscheidung überprüft werden soll. Sie endet deshalb dort, wo das materielle Recht in verfassungsrechtlich unbedenklicher Weise das Entscheidungsverhalten nicht vollständig determiniert und der Verwaltung einen Einschätzungs- und Auswahlspielraum belässt.”

Nach heute herrschendem Verständnis beruhen Spielräume der Verwaltung also auf einer bewussten Zuweisung durch den Normgeber.[264] Spielräume sind damit zugleich eine Kompetenzabgrenzung zwischen Verwaltung und Gerichtsbarkeit.[265] Durch Spielräume wird der Verwaltung eine Letztentscheidungsbefugnis zugewiesen.[266] Eine Kontrolle über die rechtlichen Grenzen hinaus, hinein in einen durch die Legislative zugewiesenen Spielraum verstieße daher gegen den Grundsatz der Gewaltenteilung.[267] Das angemessene Maß gerichtlicher Kontrolle zu bestimmen, bedeutet somit stets, den von der Rechtsordnung zugewiesenen Spielraum des Bestimmungsberechtigten zu respektieren.

B. „Dienende“ Funktion des formellen Verwaltungsverfahrens

Üben Arbeitgeber ihr Weisungsrecht aus, gibt es vorab üblicherweise kein formelles Verfahren. Wie das bereits erörterte Urteil des BAG zur „Unverbindlichkeit unbilliger Weisungen“ veranschaulicht, gibt es insbesondere keine vorangehende generelle Anhörungspflicht des Arbeitgebers, es sei denn, eine solche ist vertraglich vereinbart oder kollektiv-rechtlich vorgegeben.[268]

Anders im Verwaltungsverfahren. So bestimmt das Verwaltungsverfahrensgesetz neben dem Amtsermittlungsgrundsatz (§ 24 VwVfG) auch, dass die Behörde den Betroffenen vor Erlass des Verwaltungsaktes grundsätzlich anhören muss (§ 28 VwVfG).

Dieser formelle Unterschied zwischen Verwaltungsverfahren und Weisungserteilung steht einem Vergleich der jeweiligen gerichtlichen Kontrolldichte jedoch nicht entgegen. Denn im Fokus des gerichtlichen Verfahrens steht auch im allgemeinen Verwaltungsverfahren die Kontrolle, ob die Behördenentscheidung materiell-rechtlich richtig ist. Nach traditionellem

---

264 Diese insbesondere für unbestimmte Rechtsbegriffe wichtige Einordnung findet ihren Ausdruck in der sog. *normativen Ermächtigungslehre*. Zur Erläuterung siehe unten Kapitel 3, B., II., 1., S. 119.

265 *Maurer/Waldhoff*, Allgemeines Verwaltungsrecht, § 7 Rn. 57.

266 Ehlers/Pünder/*Jestaedt*, Allgemeines Verwaltungsrecht, § 11 Rn. 37.

267 *Aschke*, in: FS v. Zezschwitz (2005), 109 (119).

268 Zur Erörterung des Urteils siehe oben Kapitel 2, A., I., 1., b), S. 36 ff.

Verständnis kommt dem formellen Verfahren im allgemeinen Verwaltungsverfahren eine nur eine untergeordnete Rolle zu:[269]

Das Verständnis des Rechts als gleichermaßen Maßstab für das Verwaltungshandeln und die gerichtliche Kontrolle begünstigt das Bild, die „richtige“ – oder besser „rechte“ – Entscheidung könne nachvollzogen werden.[270] Kann die materiell “rechte“ Entscheidung durch Gerichte nachvollzogen werden, bietet das gerichtliche Verfahren hinreichend Gewähr für die Richtigkeit von Verwaltungshandeln und damit einen effektiven Schutz subjektiver Rechte. Im Verhältnis zur gerichtlichen Kontrolle kommt dem vorgelagerten, formellen Verwaltungsverfahren damit eine geringere, dem materiellen Recht “dienende” Rolle zu.[271]

Das formelle Verfahren, etwa eine Anhörung oder schriftliche Begründung, ist dabei streng zu unterscheiden vom tatsächlichen Entscheidungsvorgang einer Behörde; also deren inhaltliche Abwägung. Ob der Abwägungsvorgang fehlerfrei erfolgte, ist allein eine Frage des materiellen Rechts. Mit anderen Worten: Auch wenn die Behörde durch eine Anhörung (Verfahren) von relevanten Umständen erfuhr, bedeutet dies nicht automatisch, dass die Behörde diese Umstände bei ihrer Entscheidung berücksichtigt. Tut sie es nicht, ist die Entscheidung trotz erfolgter Anhörung materiell-rechtlich fehlerhaft.

„Dienend“ ist das Verwaltungsverfahren insofern, als dass es dazu beitragen soll, dass die Verwaltung das materiell „rechte“ Ergebnis findet; formelle Verfahrensverstöße jedoch häufig nicht zur Unwirksamkeit einer Maßnahme führen. Einen starken Ausdruck findet dieser Gedanke in

269 Hierzu zusammenfassend *Saurer*, NVwZ 2020, 1137 (1138 f.) m.w.N.

270 In diese Richtung bereits *Otto Mayers* Verständnis vom Verwaltungsakt als: „[...] ein der Verwaltung zugehöriger obrigkeitlicher Ausspruch, der dem Untertanen im Einzelfall bestimmt, was für *ihn Rechtens* sein soll.“, siehe *Mayer*, Deutsches Verwaltungsrecht, 3. Auflage 1924, Band I, S. 96; *ders.* zur Rolle der Gerichte: „Das Gesetz enthält für jeden Einzelfall im voraus [sic] die Bestimmung dessen, was für ihn Rechtens sein soll. Was das Gericht noch zu tun hat, ist, nur daß es diesen Willen des Gesetzes finde und förmlich ausspreche“., *ibid*, S. 77 [Hervorhebungen nicht im Original]. Zur Verortung des materiellen Rechts im allgemeinen Gedanken von Gerechtigkeit, *Quabeck*, Dienende Funktion des Verwaltungsverfahrens und Prozeduralisierung (2010), S. 27: „Das materielle Gesetzesrecht ist [...] die Konkretisierung eines *bereits* [vor dem Verwaltungsverfahren] *vorhandenen* materialen Gerechtigkeitsmaßstabes“.

271 *Hufen*, Verwaltungsprozessrecht, § 1 Rn. 38; *Wahl*, Das Verhältnis von Verwaltungsverfahren und Verwaltungsprozessrecht in europäischer Sicht, DVBl 2003, 1285 (1289); a.A. *Fehling*, VVDStRL 70 (2011), 278 (286 f.), wonach dienende Funktion und Eigenwert des Verfahrens kein Gegensatz seien.

§ 46 VwVfG.[272] Nach dieser Vorschrift kann die Aufhebung eines Verwaltungsaktes nicht beansprucht werden, wenn dieser allein wegen eines Verfahrensverstoßes rechtswidrig ist, und dieser Verfahrensverstoß die Behördenentscheidung in der Sache offensichtlich nicht beeinflusst hat.[273] So etwa, wenn die Behörde auch ohne Anhörung von den relevanten Interessen des Berechtigten Kenntnis hatte und sie in ihrer Entscheidung berücksichtigte – also alle relevanten Umstände in ihre Abwägung miteinbezog. Im Vordergrund steht also stets das materielle Recht. Das formelle Verfahrensrecht existiert nicht um seiner selbst willen.[274]

Die "dienende Funktion" des Verwaltungsverfahrens lässt sich auch dem Umstand entnehmen, dass das gerichtliche Verfahren das behördliche Verwaltungsverfahren prägt – und nicht umgekehrt.[275] Etwa sind Behörden gehalten, Bürger nicht über bestehende Rechtsschutzmöglichkeiten zu beirren (korrekte Rechtsbehelfsbelehrung[276]) und dürfen nicht die Möglichkeit des Gerichts beeinträchtigen, eine behördliche Entscheidung nachprüfen zu können.[277] Weiter lässt sich den weitreichenden Heilungsmöglichkeiten entnehmen, dass formelle Begründungspflichten der Behörde darauf abzielen, Gerichten die Kontrolle zu erleichtern bzw. zu ermöglichen.[278] Der hervorgehobene Stellenwert des materiellen Rechts gegenüber formellem Verfahrensrecht findet schließlich auch darin seinen Ausdruck, dass das

---

272 So auch *Hufen*, Verwaltungsprozessrecht, § 1 Rn. 39 mit Verweis auf Gesetzesnovellen zur Beschleunigung des Verwaltungsverfahrens.

273 Wegen der damit verbundenen, spürbaren Entwertung des Verfahrensrechts ist die Regelung des § 46 VwVfG nicht unumstritten, siehe etwa Stelkens/Bonk/Sachs/*Sachs*, VwVfG, § 46 Rn. 4 m.w.N.

274 Am Beispiel der Anhörung, die dem Zweck dient, dass der Betroffene vor der Entscheidung seine Sicht der Dinge vortragen kann, wird deutlich, dass ein effektives Verwaltungsverfahren dazu beitragen kann, dass die Behörde vornherein keine übermäßige Entscheidung fällt und dadurch unrechtmäßig in die Grundrechte des Betroffenen eingreift. Insofern kann man auch von einem „Grundrechtsschutz durch Verfahren“ sprechen. So im Zusammenhang mit § 8 Abs. 1 IFG etwa BVerwG, Urteil vom 17. März 2016 – 7 C 2/15, BVerwGE 154, 231, NVwZ 2016, 1014 (1016) Rn. 22 mit Verweis auf BVerwG, Urteil vom 27. November 2014 – 7 C 12/13, BVerwGE 150, 383, NVwZ 2015, 675.

275 Zum Begriff des „dienenden Verfahrens“, siehe BVerfG, Beschluss vom 20. Februar 2002 – 1 BvL 19/97, 1 BvL 20/97, 1 BvL 21/97, 1 BvL 11/98, BVerfGE 105, 48 (60 f.); *Burgi*, DVBl. 2011, 1317 (1317).

276 Eine Übersicht über relevante Verfahrens- und Formfehler gibt § 45 VwVfG.

277 BVErfG, Beschluss vom 8. Juli 1982 – 2 BvR 1187/80, BVerfGE 61, 82 (110).

278 *Lücke*, Begründungszwang und Verfassung (1987), S. 88.

Verwaltungsverfahrensgesetz des Bundes erst lange nach der Verwaltungsgerichtsordnung erlassen wurde.[279]

Insgesamt erleichtert damit der Umstand, dass das gerichtliche Verfahren das Verwaltungsverfahren prägt (und nicht umgekehrt), ebenso wie die Fokussierung gerichtlicher Kontrolle auf ein materiell-rechtlich „richtiges" Ergebnis statt auf ein ordnungsgemäß durchgeführtes formelles Verwaltungsverfahren, die Analyse und Bewertung verwaltungsgerichtlicher Kontrolle. Ein Vergleich zwischen Verwaltungshandeln und Arbeitgeberweisungen ist daher möglich, ohne das vorgelagerte Verwaltungsverfahren miteinbeziehen zu müssen.

C. Umfang verwaltungsgerichtlicher Kontrolle

Auch wenn Gerichte Verwaltungshandeln im Grundsatz umfassend kontrollieren, stehen der Verwaltung verschiedene Arten von Spielräumen zu. Wichtige Spielräume bestehen bei *Ermessensentscheidungen* (dazu I.) und *Beurteilungsspielräumen* bei *unbestimmten Rechtsbegriffen* (dazu II.). Die gerichtliche Kontrolle beider Spielräume ähnelt sich in beträchtlichem Umfang (dazu III.).

Eine weitere wichtige Kategorie von Verwaltungshandeln, bei welcher der Entscheidungsvorgang der Verwaltung im Fokus steht, sind *Planungsentscheidungen* (dazu IV.).[280] Diese unterscheiden sich von Ermessensentscheidungen und Beurteilungsspielräumen unter anderem darin, welche rechtliche Relevanz Fehlern im Entscheidungsvorgang für die Wirksamkeit einer behördlichen Entscheidung zukommt (Fehlerfolge) und in der Aufwertung des vorgelagerten Verwaltungsverfahrens.

---

279 Die ursprüngliche Fassung des Verwaltungsverfahrensgesetz des Bundes trat am 1. Januar 1977 in Kraft (BGBl. I 1976 Nr. 59, S. 1253 ff.). Die ursprüngliche Fassung der Verwaltungsgerichtsordnung trat bereits am 1. April 1960 in Kraft (BGBl. I 1960 Nr. 4, S. 17 ff.).

280 Über die genannten Fallgruppen hinaus kann man noch weitere Entscheidungsformen identifizieren, die von begrenzter gerichtlicher Kontrolle und Spielräumen der Verwaltung geprägt sind. Vom „Grundmodell eines administrativen Entscheidungsfreiraumes" ausgehend zählt *Jestaedt* bspw. das Verordnungs- und Satzungsermessen als weitere Form „administrativer Selbstprogrammierung", Ehlers/Pünder/*Jestaedt*, Allgemeines Verwaltungsrecht, § 11 Rn. 31. Ein Überblick über weitere Entscheidungsformen gibt auch Dürig/Herzog/Scholz/*Schmidt-Aßmann*, GG, Art. 19 Abs. 4 Rn. 188 ff. Für die Zwecke der vorliegenden Arbeit ist es jedoch ausreichend, sich auf die aufgezählten Fallgruppen zu beschränken.

Relevant für den Vergleich von Verwaltungs- und Arbeitsrecht ist schließlich, dass allein eine besondere Nähe zwischen Behörde und Betroffenem die gerichtliche Kontrolle einer Entscheidung nicht verringert (dazu V.).

I. Ermessensentscheidungen

1. Verortung

Der Begriff des Ermessens wird gesetzlich nicht definiert, sondern vorausgesetzt.[281] Dies gilt sowohl für § 40 VwVfG, der sich an die Verwaltung richtet und die rechtlichen Bindungen bei einer Ermessensausübung bestimmt; als auch für § 114 VwGO, der sich an die Gerichte richtet und – kongruent zu § 40 VwVfG – die gerichtliche Kontrollkompetenz bestimmt.

Der Begriff Ermessen knüpft an die konditionale Struktur von Normen an und beschreibt Spielräume der Verwaltung, die sich auf Rechtsfolgenseite einer Norm ergeben.[282] Bei Vorliegen bestimmter Voraussetzungen auf Tatbestandsseite gibt eine Rechtsnorm der Verwaltung nicht eine einzige (gebundene) Handlung als Rechtfolge vor, sondern erlaubt der Behörde zwischen verschiedenen Handlungsalternativen zu wählen. Entsprechend spricht *Bachof* im Zusammenhang mit Ermessen von einer „*Willens*entscheidung" der Verwaltung.[283]

2. Bedeutung und Funktion

Während Ermessen historisch als originärer Vorbehaltsbereich der Verwaltung verstanden wurde, ist Ermessen heute vor dem Hintergrund der Gewaltenteilung zu verstehen.[284] Wie bereits beim Verhältnis von Art. 19 Abs. 4 S. 1 GG und Art. 20 Abs. 3 GG erörtert, beruht Ermessen auf einer bewussten Zuweisung eines Spielraums durch den Normgeber. Der Normgeber gewährt der Verwaltung im Verhältnis zur Gerichtsbarkeit

281 *Maurer/Waldhoff*, Allgemeines Verwaltungsrecht, § 7 Rn. 8.
282 *Elsner*, Das Ermessen im Lichte der reinen Rechtslehre (2011), S. 49.
283 *Bachof*, JZ 1955, 97 (98) [Hervorhebung im Original].
284 *Hufen*, Verwaltungsprozessrecht, § 25 Rn. 22.

eine Letztentscheidungsbefugnis für den Bereich, der über den rechtlichen Maßstab hinaus geht.[285]

Der konkrete Zweck eines Entscheidungsspielraumes bestimmt sich nach der jeweils anzuwendenden Rechtsnorm. Er unterscheidet sich damit von Fall zu Fall. Beispielsweise bezwecken polizeiliche Befugnisse oft eine effektive Gefahrenabwehr, während im Sozialrecht die gesundheitliche Vorsorge im Vordergrund stehen kann.[286]

Gemeinsam ist verschiedenen Entscheidungsspielräumen jedoch, dass sie dort zum Tragen kommen, wo abstrakt-generelle Regelungen einer Rechtsnorm an ihre Grenzen stoßen, da nicht sämtliche von der Rechtsnorm erfassten Sachverhalte antizipiert und einer vorgegebenen Lösung zugeführt werden können. Mittels der gewährten Flexibilität kann die Verwaltung unter Berücksichtigung des gesetzlichen Zwecks einer Ermächtigungsgrundlage den besonderen Umständen des konkreten Falles ausreichend Rechnung tragen.[287] Als normübergreifende Funktion des Ermessens kann daher die *Einzelfallgerechtigkeit* genannt werden.[288]

In dieser Hinsicht löst Ermessen im Verwaltungsrecht ein Problem, das jenem der Unvollständigkeit von Arbeitsverträgen ähnlich ist. Unvollständigkeit meint in den Wirtschaftswissenschaften Vertragsbeziehungen, bei denen die Parteien *ex ante* nicht alle Eventualitäten vorhersehen und daher vertraglich nicht festlegen können.[289] Im Arbeitsrecht kann dies zum einen die Vertragspflichten des Arbeitgebers betreffen, etwa die Höhe variabler Vergütungsbestandteile. In besonderem Maße betrifft die Unvollständigkeit jedoch die vertraglich geschuldete Arbeitsleistung des Arbeitnehmers.[290]

---

285 Voßkuhle/Eifert/Möllers/*Kahl*, Grundlagen Verwaltungsrecht II, § 45 Rn. 157.

286 Zur effektiven Gefahrenabwehr siehe § 1 Abs. 1 S. 1 BWPolG; zur gesundheitlichen Vorsorge als gesetzgeberischen Zweck siehe § 1 S. 3 SGB V.

287 BVerwG, Urteil vom 23. Oktober 2007 – 1 C 10/07, BVerwGE 129, 367 (374) Rn. 27.

288 *Maurer/Waldhoff*, Allgemeines Verwaltungsrecht, § 7 Rn. 13; BeckOK VwGO/*Decker*, § 114 Rn. 11; *Engisch*, Einführung in das juristische Denken (2018), S. 187.

289 *Williamson*, The Economic Institutions of Capitalism (1985), S. 78 ff.; zu impliziten Verträgen wie auch zur ökonomischen Analyse von Arbeitsverträgen insgesamt, siehe *Reichold*, RdA 2002, 321 (326 ff.) m.w.N.

290 Das BAG spricht im Zusammenhang mit Versetzungsklauseln vom „im Arbeitsrecht bestehenden spezifischen Anpassungs- und Flexibilisierungsbedürfnis [...] Der Arbeitsvertrag bedarf als Dauerschuldverhältnis einer ständigen, bei Vertragsschluss gedanklich nicht vorwegnehmbaren Anpassung. Die Einflussfaktoren sind im Arbeitsrecht so zahlreich und vielgestaltig, dass gesicherte

Mit Hilfe des Weisungsrechts füllt der Arbeitgeber das Arbeitsverhältnis mit Leben und tut das, was den Parteien bei Abschluss des Arbeitsvertrages (noch) nicht möglich war: Er bestimmt die alltäglichen Arbeitsaufgaben des Arbeitnehmers anhand Inhalt, Ort und Zeit. Damit konkretisiert er den durch den Arbeitsvertrag sowie kollektivrechtliche Vereinbarungen und Gesetze vorgegebenen Rahmen. Entsprechend wird das vertragliche Weisungsrecht des Arbeitgebers auch als das „Wesensmerkmal" eines jeden Arbeitsvertrages bezeichnet.[291]

Die Parallele zwischen Verwaltungs- und Arbeitsrecht wird damit offenbar: Was den Vertragsparteien bzw. dem Normgeber bei Vertragsschluss bzw. Normerlass nicht möglich ist, nämlich eine angemessene Entscheidung für einen konkret einzutretenden Fall regelnd vorwegzunehmen, wird durch eine zunächst nur rahmenmäßige Festschreibung in Vertrag bzw. Rechtsnorm (insb. der Grenzen) ersetzt; verbunden mit der Ermächtigung, den festgeschriebenen Rahmen zum relevanten Zeitpunkt durch eine konkrete Entscheidung einseitig auszufüllen.[292]

3. Umfang gerichtlicher Kontrolle

Auch wenn der Verwaltung durch Ermessen ein von den Gerichten zu respektierender Entscheidungsspielraum eingeräumt ist, unterliegt die Ausübung von Ermessen rechtlichen Bindungen (§ 40 VwVfG). Die Einhaltung dieser rechtlichen Bindungen wird gerichtlich kontrolliert. Kongruent zu § 40 VwVfG bestimmt § 114 S. 1 VwGO den Umfang gerichtlicher Kontrolle:[293]

> „Soweit die Verwaltungsbehörde ermächtigt ist, nach ihrem Ermessen zu handeln, *prüft das Gericht* auch, *ob* der Verwaltungsakt oder die Ablehnung oder Unterlassung des Verwaltungsakts *rechtswidrig ist, weil* die gesetzlichen Grenzen des Ermessens überschritten sind *oder* von dem Ermessen in einer dem Zweck der Ermächtigung nicht entsprechenden Weise Gebrauch gemacht ist."

Prognosen kaum möglich sind [...]", BAG, Urteil vom 11. April 2006 – 9 AZR 557/05, NZA 2006, 1149 (1152), Rn. 36.

291 BAG, Urteil vom 23. September 2004 – 6 AZR 567/03, BAGE 112, 80, NZA 2005, 359 (360); Die Bedeutung des Weisungsrechts zeigt sich schließlich an § 611a BGB, der die Weisungsgebundenheit als eines der Kernmerkmale eines Arbeitsverhältnisses normiert; vgl. auch ErfK/*Preis*, § 611a BGB Rn. 1.

292 Ebenfalls auf das Problem mangelnder Vorhersehbarkeit im Sinne der beschriebenen notwendigen Unvollständigkeit von Ermächtigungsgrundlagen abstellend *Bachof*, VVDStRL 12 (1953), 37 (69).

293 [Hervorhebungen nicht im Original].

Gerichtlich kontrolliert wird zunächst das Ergebnis einer behördlichen Entscheidung. Dieses darf die gesetzlichen Grenzen des Ermessens nicht überschreiten. Solche Grenzen lassen sich zum einen aus der Rechtsnorm selbst ableiten (z.B. Bußgeldrahmen). Zum anderen ergeben sich Grenzen aus höherrangigem Recht. Hierzu gehört insbesondere der Grundsatz der Verhältnismäßigkeit.[294]

Zusätzlich zum Ergebnis wird der Entscheidungsvorgang einer Behörde gerichtlich kontrolliert. Beim Entscheidungsvorgang prüfen Gerichte zum einen, ob die Behörde den ihr zugestandenen Spielraum ausgeschöpft hat (*Ermessensunterschreitung*) und zum anderen, ob die Behörde den zugestandenen Spielraum in einer dem Zweck entsprechenden Weise genutzt hat (*Ermessensfehlgebrauch*).

a) Ermessensunterschreitung

Eine Ermessensunterschreitung (oder auch Ermessensnichtgebrauch) liegt vor, wenn die Behörde ihren Ermessensspielraum verkennt, weil sie von dessen Fehlen oder zumindest von dessen Beschränkung ausgeht, und in der Folge ihre Handlungsalternativen nicht ausschöpft.[295]

Als Beispiel hierfür könnte man das bereits besprochene BAG-Urteil nennen, in dem der Arbeitgeber das Begehren einer Arbeitnehmerin auf Altersteilzeit ablehnte, weil er fälschlicherweise davon ausging, die Anspruchsvoraussetzungen dafür, dass der Arbeitgeber ein solchen Begehren überhaupt erwägen muss, seien bereits nicht erfüllt.[296] Nach verwaltungsrechtlichen Grundsätzen wäre dies ein Fall einer Ermessensunterschreitung.

b) Ermessensfehlgebrauch

Ein Ermessensfehlgebrauch liegt vor, wenn sich die Behörde bei Ihrer Entscheidungsfindung nicht allein vom Zweck einer Ermächtigungsgrundlage leiten lässt. Unerheblich ist dabei, ob die gewählte Rechtsfolge innerhalb

294 *Voßkuhle*, JuS 2007, 429 (430) mit Verweis auf BVerfG, Beschluss vom 15. Dezember 1965 – 1 BvR 513/65, BVerfGE 19, 342 (348 f.).

295 *Kment/Vorwalter*, JuS 2015, 193 (199); zum vollständigen Ermessensnichtgebrauch siehe bspw. BVerwG, Urteil vom 15. Juli 1964 – V C 23.63, BVerwGE 19, 149 (153).

296 Siehe hierzu Kapitel 2, A., II., 3., b), aa), S. 78.

der gesetzlichen Grenzen liegt; also zugleich eine Ermessensüberschreitung gegeben ist.[297] Ein Ermessensfehlgebrauch liegt daher *erstens* vor, wenn die Behörde bei ihrer Entscheidungsfindung sachfremde, also mit der Ermächtigung nicht zu vereinbarende Erwägungen anstellt. Beispiel hierfür ist die Auflösung einer Versammlung, um eine bestimmte Meinungsäußerung zu verhindern.[298] Ein Ermessensfehlgebrauch liegt *zweitens* vor, wenn die Behörde von unrichtigen tatsächlichen oder rechtlichen Erwägungen ausgeht, also wenn sie wesentliche Umstände unberücksichtigt lässt oder falsche Umstände zugrunde legt.[299]

Die genannten Fallgruppen eines Ermessensfehlgebrauchs betreffen allesamt den Entscheidungsvorgang, verstanden als das Zustandekommen eines Entscheidungsergebnisses. Diese Fallgruppen beschreiben materiellrechtliche Mindestanforderungen an den Entscheidungsvorgang, damit eine Entscheidung rechtmäßig zustande gekommen ist. Ermessensfehler im Entscheidungsvorgang sind daher zu unterscheiden von „bloß" formellen Verfahrensfehlern (z.B. unterlassene Anhörung). Bei Ermessensfehlern im Entscheidungsvorgang geht es um die tatsächliche und angemessene Berücksichtigung relevanter Umstände und nicht um das Verfahren, wie die Behörde von relevanten Umständen Kenntnis erlangt hat. *Alexy* beschreibt solche Ermessensfehler deshalb abgrenzend von Verfahrensfehlern auch passend als „Vorgangsfehler".[300]

4. Bedeutung des Entscheidungsvorgangs

Dem Anwendungsbereich und dem Umfang von Bindung und Kontrolle lassen sich drei Wertungen für die Bedeutung des Entscheidungsvorgangs entnehmen.

Zunächst schränkt die Kontrolle des Entscheidungsvorgangs den Ermessensspielraum nicht ein. Dies gilt zum einen aus rechtlicher Sicht: Die Kontrolle nach § 114 S. 1 VwGO erfolgt kongruent zur rechtlichen Bindung nach § 40 VwVfG. Der Ermessensspielraum besteht lediglich fernab dieser

297 BeckOK VwGO/*Decker*, § 114 Rn. 24; Wortlaut des § 114 S. 1 VwGO („oder").

298 BVerwG, Urteil vom 31. Januar 1967, I C 98.64, BVerwGE 26, 135 (140) Rn. 33.

299 BVerwG, Urteil vom 17. August 2016 – 6 C 24/15, BVerwGE 156, 59, Rn. 33, wonach es ausdrücklich keinen Unterschied mache, ob sich Fehler auf rechtliche oder tatsächliche Erwägungen beziehen.

300 *Alexy*, JZ 1986, 701 (706); *Alexy*, Ermessensfehler, in: Alexy et al., Elemente einer juristischen Begründungslehre (2003), 251 (263).

rechtlichen Bindung.[301] So dürfen Gerichte eine Behördenentscheidung nicht etwa aufheben, weil sie eine andere Entscheidung zweckmäßiger finden. Wie *Rieble* richtig festhält, liegt der eigentliche Spielraum der Behörde damit in der Zweckmäßigkeit einer Maßnahme.[302]

Dies gilt zweitens auch aus praktischer Sicht: Die materiell-rechtlichen Anforderungen an den Entscheidungsvorgang gelten für jede Ermessensausübung, ohne dass es auf den konkreten Zweck und Spielraum der Ermächtigungsgrundlage ankommt. Legt der Gesetzgeber normübergreifende Anforderungen an den Entscheidungsvorgang fest, können diese als Mindestanforderungen verstanden werden, die einer effektiven Ermessensausübung gleich in welchem Kontext nicht im Wege stehen.

Und schließlich: Gelten die materiell-rechtlichen Anforderungen an den Entscheidungsvorgang unabhängig von der konkreten Ermächtigungsgrundlage, bezwecken sie ein fehlerfreies Ergebnis.[303] Damit dienen sie als normübergreifende Anforderungen zur Erfüllung der normübergreifenden Funktion von Ermessen – nämlich der *Einzelfallgerechtigkeit.*[304] Aus dieser Perspektive ist ein fehlerfreier Entscheidungsvorgang Voraussetzung für die berechtigte Wahrnehmung von Ermessen und nicht dessen Beschränkung. Bindung und Kontrolle des Entscheidungsvorgangs schränken Ermessen nicht ein, sondern gewährleisten dessen Funktionserfüllung.

301 BVerfG, Urteil vom 20. Februar 2001 – 2 BvR 1444/0, BVerfGE 103, 142 (156), NJW 2001, 1121 (1123).

302 *Rieble*, Die Kontrolle des Ermessens der betriebsverfassungsrechtlichen Einigungsstelle (1990), S. 42.

303 BVerwG, Urteil vom 20. September 1984 - 7 C 57/83, BVerwGE 70, 143, NVwZ 1985, 187 (188), zu 2., a): „Die Fehlerfreiheit der Entscheidungsfindung soll die Fehlerfreiheit des Entscheidungsergebnisses gewährleisten".

304 So für den Ermessensfehlgebrauch im Ergebnis auch *Maurer/Waldhoff*, Allgemeines Verwaltungsrecht, § 7 Rn. 22.

5. Fehlerfolgen: Kausalität und Aufhebung

a) Kausalität zwischen Entscheidungsvorgang und -ergebnis

Ist ein Vorgangsfehler gegeben, wird grundsätzlich von dessen Kausalität für die konkret getroffene Entscheidung ausgegangen.[305] Das BVerwG führt hierzu aus:[306]

> „Die Fehlerfreiheit der Entscheidungsfindung soll die Fehlerfreiheit des Entscheidungsergebnisses gewährleisten. *Materielle Fehler beim Entscheidungsvorgang haben deshalb regelmäßig die Rechtswidrigkeit des Entscheidungsergebnisses zur Folge.* Zwar läßt sich – wie bereits ausgeführt – aus Gründen des Rechtsstaatsprinzips nichts dagegen einwenden, wenn die Rechtsordnung ausnahmsweise auch materielle Fehler ohne Sanktion läßt, sofern sie sich auf das Entscheidungsergebnis nicht ausgewirkt haben. *Das Regel-Ausnahme-Verhältnis würde aber in sein Gegenteil verkehrt, wenn der [Betroffene] die Beweislast dafür tragen müßte, daß Fehler, die im Behördenbereich passiert sind und deren Auswirkungen er i. d. R. gar nicht abschätzen kann, das Entscheidungsergebnis beeinflußt haben.* Die gerichtliche Überprüfbarkeit [...] ist wegen [des behördlichen Spielraums] bereits eingeschränkt. Den Erfolg einer Klage, die auf einen nachgewiesenen materiellen Fehler beim Entscheidungsvorgang gestützt ist, davon abhängig zu machen, daß [sic] der [Betroffene] die Ursächlichkeit des Fehlers für das [Ergebnis] nachweist, hieße den Rechtsschutz [...] in einer Weise einschränken, die mit dem Rechtsstaatsprinzip und der Gewährleistung effektiven Rechtsschutzes nicht vereinbar ist.“

Die Kausalität ist daher nur ausnahmsweise und nur dann zu verneinen, wenn im Einzelfall ausgeschlossen werden kann, dass sich ein Fehler auf die konkret getroffene Entscheidung nicht ausgewirkt hat oder er sich hierauf nicht auswirken konnte.[307]

Eine solche Ausnahme wird insbesondere in zwei Konstellationen angenommen. Zum einen, wenn das Ermessen der Behörde ohnehin auf Null reduziert war und die rechtlich einzig vertretbare Entscheidung die konkret getroffene ist.[308] Zum anderen wird die Kausalität verneint, wenn die

305 Kopp/Schenke/*W.-R. Schenke/Ruthig*, VwGO, § 114 Rn. 6a.

306 BVerwG, Urteil vom 20. September 1984 - 7 C 57/83, BVerwGE 70, 143, NVwZ 1985, 187 (188 f.), zu 2., a) [Hervorhebungen nicht im Original], das Urteil behandelt einen Beurteilungsspielraum, stellt eingangs zu diesem Prüfungspunkt jedoch die Parallele zum Ermessen klar, weshalb das Urteil für beide Spielräume gleichermaßen herangezogen werden kann.

307 BVerwG, Urteil vom 20. September 1984 - 7 C 57/83, BVerwGE 70, 143, NVwZ 1985, 187 (188 f.), zu 2., a).

308 Für das Weisungsrecht hat das BAG eine Ermessensreduzierung etwa im Zusammenspiel mit Verwaltungsvorschriften angenommen, BAG, Urteil vom 11.

Behörde ihre Entscheidung auf mehrere Erwägungen gestützt hat, von denen einzelne fehlerhaft sind, die Behörde jedoch erkennbar zum Ausdruck gebracht hatte, dass jede Erwägungen einzeln bereits Anlass genug für die konkret getroffene Entscheidung gewesen ist.[309]

Für das Weisungsrecht lässt sich Letzteres am Urteil zum BEM veranschaulichen:[310] Die Arbeitgeberin trug vor, die Versetzung von der Nacht- in die Wechselschicht habe zum einen der besseren Ersetzbarkeit im Krankheitsfall gedient, zum anderen habe man herausfinden wollen, ob sich die Nachtschicht negativ auf die Gesundheit des Arbeitnehmers auswirke. Macht der Arbeitnehmer nun geltend, die Arbeitgeberin habe übersehen, seine Erkrankung stünde als Suchterkrankung nicht im Zusammenhang mit der Nachtschicht, wäre dieser Umstand allein für den zweiten von der Arbeitgeberin verfolgten, gesundheitsbezogenen Zweck relevant. Angenommen, dieser Einwand des Arbeitnehmers würde einen Vorgangsfehler begründen, wäre es für die Kausalität dieses Vorgangsfehlers für das konkrete Ergebnis entscheidend, ob die Arbeitgeberin die Versetzung ohnehin bereits wegen der besseren Ersetzbarkeit angeordnet hätte, oder aus Sicht der Arbeitgeberin erst beide Zwecke gemeinsam gewichtig genug für eine Versetzung gewesen sind. Kann die Arbeitgeberin darlegen und beweisen, dass sie den Arbeitnehmer so oder so allein wegen der besseren Ersetzbarkeit versetzt hätte, wäre auszuschließen, dass es ohne Vorgangsfehler ggf. nicht zur Versetzung gekommen wäre. Eine Kausalität zwischen Vorgangsfehler und konkret getroffener Entscheidung bestünde nicht.

b) Aufhebung behördlicher Maßnahmen bei kausalem Vorgangsfehler

Die behördliche Maßnahme wird bei kausalen Vorgangsfehlern gerichtlich aufgehoben. Möglich ist dann eine Neubescheidung durch die Behörde unter Beachtung der Rechtsauffassung des Gerichts.[311]

Oktober 1995 – 5 AZR 1009/94, NZA-RR 1996, 313 (314). Zu Fallgruppe einer Ermessensreduzierung auf Null beim Weisungsrecht siehe auch *Bitzenhofer*, Grundlagen des Weisungsrechts (2020), S. 266 m.w.N.

309 BVerwG Urteil vom 19. Mai 1981 – 1 C 169.79, BVerwGE 62, 215, zu 4.: „Nach der Rechtsprechung des Senats ist eine auf mehrere Gründe gestützte Ermessensentscheidung grundsätzlich auch dann rechtmäßig, wenn nur einer der angezogenen Gründe sie trägt, es sei denn, daß nach dem Ermessen der Behörde nur alle Gründe zusammen die Entscheidung rechtfertigen sollen".

310 Siehe oben Kapitel 2, A., I., 1., S. 24 ff.

311 Siehe § 113 Abs. 5 S. 2 VwGO

Nicht möglich ist hingegen, dass Gerichte eine Maßnahme aufgrund eigener Erwägungen aufrechterhalten. Hierzu fehlt Gerichten die eigene Sachentscheidungsbefugnis.

Fehlt es an der Kausalität zwischen Vorgangsfehler und konkreter Entscheidung, fehlt es am Rechtswidrigkeitszusammenhang.[312] Ein Vorgangsfehler führt dann nicht zur Unwirksamkeit bzw. Aufhebung einer behördlichen Entscheidung.[313]

II. Beurteilungsspielraum bei unbestimmten Rechtsbegriffen

1. Verortung

Vom Ermessen auf Rechtsfolgenseite zu unterscheiden sind *unbestimmte Rechtsbegriffe*, die insbesondere auf Tatbestandsseite eine Rolle spielen.[314] Diese betreffen nicht den Handlungsspielraum, sondern die Frage, wer letztverbindlich darüber entscheiden kann, ob der Tatbestand einer Rechtsnorm erfüllt ist. *Bachof* spricht, in Abgrenzung zur „*Willens*entscheidung" beim Ermessen, daher vom „*Erkenntnis*akt" der Verwaltung.[315]

2. Bedeutung und Funktion

Wie *Bachof* korrekt hervorhebt, liegen Problem und Bedeutung unbestimmter Rechtsbegriffe im Bereich der Erkenntnis.[316] Im Ausgangspunkt ist die Auslegung von Rechtsbegriffen, die Ermittlung des Sachverhaltes und die anschließende Subsumtion unter die Norm die schlichte Anwendung des Gesetzes. Als solche ist sie – vom Grundsatz umfassender gerichtliche

---

312 Kopp/Schenke/*W.-R. Schenke/Ruthig*, VwGO, § 114 Rn. 6a.

313 BVerwG, Urteil vom 20. September 1984 – 7 C 57/83, BVerwGE 70, 143, NVwZ 1985, 187 (188 f.), zu 2., a).

314 Dürig/Herzog/Scholz/*Schmidt-Aßmann*, GG, Art. 19 Abs. 4 Rn. 191; kritisch zur Einordnung von unbestimmten Rechtsbegriffen vorwiegend auf Tatbestandsseite Ehlers/Pünder/*Jestaedt*, Allgemeines Verwaltungsrecht, § 11 Rn. 28. Der Gesetzgeber scheint zumindest bei Einführung von § 4a UmwRG a.F. davon ausgegangen zu sein, dass Beurteilungsspielräume ausschließlich auf Tatbestandsseite bestehen, BT-Drucks. 469/12, S. 42; BT-Drucks. 17/10957, S. 18.

315 *Bachof*, JZ 1955, 97 (98) [Hervorhebung im Original].

316 So auch *Maurer/Waldhoff*, Allgemeines Verwaltungsrecht, § 7 Rn. 28.

Kontrolle am Maßstab des Rechts ausgehend – eine Domäne der Gerichte.[317] Probleme bereitet diese Einteilung jedoch bei Rechtsbegriffen, die in ihrer Bedeutung sehr vage, also unbestimmt sind.[318] Ein gängiges Beispiel ist die Zuverlässigkeit im Gaststätten- und Gewerberecht.[319] Die Frage, ob jemand zuverlässig ist – obgleich im Ausgangspunkt binär – eine sehr wertende Frage, bei der unterschiedliche Gesichtspunkte zu berücksichtigen und gegeneinander abzuwägen sind.[320] Wie bei jeder Abwägung kann dabei mehr als ein Ergebnis vertretbar sein.[321] Die sich hieran anschließende Frage lautet, ob der Verwaltung bei der Subsumtion unter unbestimmte Rechtsbegriffe ein sog. *Beurteilungsspielraum* zusteht.[322] Sie also letztverbindlich darüber entscheiden kann, ob der Tatbestand erfüllt ist oder nicht.

Diese Frage wird heute mittels der sog. *normativen Ermächtigungslehre* beantwortet.[323] Diese geht im Kern davon aus, dass Gerichte mit Blick auf die Rechtsschutzgarantie des Art. 19 Abs. 4 S. 1 GG Rechtsbegriffe grundsätzlich ohne Bindung an die Rechtsauffassung der Verwaltung auszulegen und anzuwenden haben.[324] *Beurteilungsspielräume* seien daher, weil sie auf

---

317 BVerfG, Beschluss vom 10. Oktober 1961 – 2 BvL 1/59, BVerfGE 13, 153 (164); ausdrücklich für Auslegung und Tatsachenermittlung *Bachof*, JZ 1955, 97 (98); *Wolff*, Verwaltungsrecht I, § 31 I, S. 164; nach dem BVerwG, Urteil vom 30. Oktober 2019 – 6 C 18/18, BVerwGE 167, 33, Rn. 13.

318 *Engisch*, Einführung in das juristische Denken (2018), S. 159.

319 Dieses Beispiel ist entnommen *Maurer/Waldhoff*, Allgemeines Verwaltungsrecht, § 7 Rn. 29.

320 *Schoch*, Der unbestimmte Rechtsbegriff im Verwaltungsrecht, JURA 2004, 612 (614); *Jesch*, AöR 82 (1957), 163 (212).

321 Das Problem von Unbestimmtheit im Sinne einer Vertretbarkeit lösend *Ule*, in: GS Jellinek (1955), 309 (326). Nach *Ule* sollten Verwaltungsgerichte im Zweifel der Bewertung der Verwaltung folgen, wenn deren Bewertung in „Grenzfällen" vertretbar ist.

322 Der Begriff *Beurteilungsspielraum* lässt sich auf die gleichnamige Lehre zurückführen, die *Bachof* zur Lösung des Problems von Unbestimmtheit entwickelt, vgl. *Bachof*, JZ 1955 97 (98). Nach *Bachof* räume der Gesetzgeber bei der Verwendung eines „sehr auf *subjektive* Wertvorstellungen gegründeten Begriffs" einen Beurteilungsspielraum ein. Denn wäre ein subjektiver Rechtsbegriff voll überprüfbar, könnten Gerichte die Bewertung der Verwaltung letztlich durch ihre eigene Bewertung ersetzen, ohne dass notwendigerweise eine „bessere Rechtsfindung gegeben wäre", *ibid.* (99); ebenfalls auf die Subjektivität wertender Begriffe abstellend *Kellner*, DÖV 1962, 572 (578).

323 BVerfG, Beschluss vom 08. Juli 1982 – 2 BvR 1187/80, BVerfGE Band 61, 82 (111); BVerfG, Beschluss vom 8. Dezember 2011 – 1 BvR 1932/08, NVwZ 2012, 694 (695) m.w.N.

324 BVerwG, Urteil vom 30. Oktober 2019 – 6 C 18/18, BVerwGE 167, 33, Rn. 12.

eine verringerte gerichtliche Kontrolle abzielen, nur anzunehmen, wenn sich durch Auslegung der Ermächtigungsgrundlage ermitteln lasse, dass

> „die dadurch bewirkte gesetzliche Einschränkung des gerichtlichen Rechtsschutzes durch einen gewichtigen sachlichen Grund gerechtfertigt ist *und* den Gerichten die Möglichkeit einer substanziellen Kontrolle des Verwaltungshandelns verbleibt".[325]

Entscheidend für das Bestehen eines Beurteilungsspielraums ist also die Auslegung der einschlägigen Ermächtigungsgrundlage.[326] Gewichtige sachliche Gründe für einen *Beurteilungsspielraum* liegen nach Ansicht der Rechtsprechung insbesondere dann vor,

> „wenn das gesetzlich vorgegebene Entscheidungsprogramm vage ist und sich seine fallbezogene Anwendung als besonders schwierig erweist, weil eine Vielzahl von Bewertungsfaktoren ermittelt, gewichtet und in ein Verhältnis zueinander gesetzt werden müssen, wofür zudem schwer kalkulierbare Prognosen angestellt werden müssen".[327]

Ausgehend von dieser Überlegung haben sich in der Rechtsprechung verschiedene Fallgruppen herausgebildet, bei denen ein Beurteilungsspielraum angenommen wird. Typische Beispiele hierfür sind Prüfungsentscheidungen[328], Entscheidungen weisungsfreier Gremien[329] oder Prognoseentscheidungen und Risikobewertungen.[330]

Welcher Sachgrund hinter der jeweiligen Fallgruppe steht, kann an dieser Stelle dahinstehen. Denn diese Fragen handeln davon, ob der Behörde

---

325 BVerwG, Urteil vom 30. Oktober 2019 – 6 C 18/18, BVerwGE 167, 33, Rn. 14 m.w.N. [Hervorhebung nicht im Original].

326 Schoch/Schneider/*Riese*, VWGO, § 114 Rn. 96. Neben dem beschriebenen *normativen* Ansatz, werden immer wieder auch *funktionale* Erwägungen für die Ermittlung von Beurteilungsspielräumen bemüht. Im Kern, so die Überlegung, können unbestimmte Rechtsbegriffe derart vage und ihre Konkretisierung im Nachvollzug der Verwaltungsentscheidung so schwierig sein, dass die gerichtliche Kontrolle an ihre Funktionsgrenzen stoße; so etwa *Maurer/Waldhoff*, Allgemeines Verwaltungsrecht, § 7 Rn. 34; wohl auch BVerfG, Beschluss vom 17. April 1991 – 1 BvR 419/81, 1 BvR 213/83, BVerfGE 84, 34 (50); ebenso *Schoch*. JURA 2004, 612 (614); kritisch zur funktionalen Ermittlung von Beurteilungsspielräumen: Dürig/Herzog/Scholz/*Schmidt-Aßmann*, GG, Art. 19 Abs. 4 Rn. 185; Ehlers/Pünder/*Jestaedt*, Allgemeines Verwaltungsrecht, § 11 Rn. 30.

327 BVerwG, Urteil vom 30. Oktober 2019 – 6 C 18/18, BVerwGE 167, 33, Rn. 15 m.w.N.

328 Exemplarisch BVerfG, Beschluss vom 17. April 1991 – 1 BvR 419/81, 1 BvR 213/83, BVerfGE 84,34.

329 Exemplarisch BVerwG, Urteil vom 26. November 1992 – 7 C 20/92, BVerwGE 91, 211, NJW 1993, 1491.

330 Exemplarisch BVerwG, Urteil vom 22. März 2012 – 7 C 1/11, BVerwGE 142, 159, NVwZ 2012, 750.

überhaupt ein Beurteilungsspielraum einzuräumen ist. Für das Weisungsrecht wiederum ist anerkannt, dass Arbeitgebern für betriebliche Zwecke ein Spielraum zusteht. Die Frage des „Ob" stellt sich insofern nicht und ist auch nicht Gegenstand dieser Arbeit; sondern es geht um die Frage nach einer angemessenen Kontrolldichte bei vorhandenen Spielräumen.

3. Umfang gerichtlicher Kontrolle

Besteht ein *Beurteilungsspielraum*, verringert sich die gerichtliche Kontrolldichte. Gerichte können nicht einfach eigene Erwägungen anstellen, um zu bewerten, ob ein Tatbestandsmerkmal erfüllt ist oder nicht.[331] Gerichte dürfen nur prüfen, ob die Behörde die gesetzlichen Grenzen ihres Beurteilungsspielraums eingehalten und von diesem seinem Zweck entsprechenden Gebrauch gemacht hat (sog. *Beurteilungsfehler*).[332] Dies soll sicherstellen, dass Gerichte nicht lediglich ihre Beurteilung an die Stelle derjenigen der Verwaltung setzen – also der Spielraum der Behörde verletzt wird.[333] Hierzu kontrollieren Gerichte auf rechtlicher und tatsächlicher Ebene folgende Beurteilungsfehler:[334]

Rechtlich wird kontrolliert, ob die Verwaltung bei der Auslegung von einem richtigen Verständnis des anzuwendenden Begriffs ausgegangen und nicht von gesetzlichen oder allgemein gültigen Wertungsmaßstäben wie

---

331 Schoch/Schneider/*Geis*, VwVfG, § 40 Rn. 137.

332 Schoch/Schneider/*Riese*, VwGO, § 114 Rn. 98; Kopp/Schenke/*W.-R. Schenke/Ruthig*, VwGO, § 114 Rn. 23 die auf eine entsprechende Anwendung von § 114 VwGO auf Beurteilungsspielräume verweisen.

333 BVerwG, Urteil vom 30. Oktober 2019 – 6 C 18/18, BVerwGE 167, 33, NJW 2020, 785 (786), Rn. 13 m.w.N.

334 Der zum 2. Juni 2017 außer Kraft gesetzte § 4a Abs. 2 UmwRG a.F. regelte relevante Beurteilungsfehler bei der Anwendung umweltrechtlicher Vorschriften wie folgt: „Soweit der Verwaltungsbehörde [...] eine Beurteilungsermächtigung eingeräumt ist, ist eine behördliche Entscheidung im gerichtlichen Verfahren nur daraufhin zu überprüfen, ob 1. der Sachverhalt vollständig und zutreffend erfasst wurde, 2. die Verfahrensregeln und die rechtlichen Bewertungsgrundsätze eingehalten wurden, 3. das anzuwendende Recht verkannt wurde, 4. sachfremde Erwägungen vorliegen". Bei der Festschreibung dieser Beurteilungsfehler ging der Gesetzgeber davon aus, auf die „anerkannten Grundsätze über die gerichtliche Prüftiefe bei Bestehen eines Beurteilungsspielraumes" zurückzugreifen; BT-Drucks. 469/12, S. 42; BT-Drucks. 17/10957, S. 18; *Schlacke*, NVwZ 2017, 905 (911) geht ebenfalls von einer lediglich klarstellenden Funktion von § 4a Abs. 2 UmwRG a.F aus.

dem Willkürverbot abgewichen ist.[335] Das Willkürverbot beinhaltet insbesondere die Anforderung an die Behörde, sich bei ihrer Beurteilung nicht von sachfremden Erwägungen leiten zu lassen.[336]

In *tatsächlicher* Hinsicht prüfen Gerichte, ob die Verwaltung den ihrer Rechtsanwendung zugrunde liegenden relevanten Sachverhalt vollständig und zutreffend ermittelt und etwaige verwaltungsverfahrensrechtliche Vorgaben eingehalten hat.[337]

4. Bedeutung des Entscheidungsvorgangs

Wie dargestellt, wird auch bei Beurteilungsspielräumen der Entscheidungsvorgang einer Behörde kontrolliert. Diese Prüfung umfasst insbesondere die Richtigkeit und Vollständigkeit des von der Behörde zugrunde gelegten Sachverhaltes sowie die Abwesenheit sachfremder Erwägungen. Ebenfalls konnte aufgezeigt werden, dass nach der höchstrichterlichen Rechtsprechung Beurteilungsspielräume dann in Betracht kommen, wenn sie durch einen Sachgrund gerechtfertigt sind *und* Gerichten die Möglichkeit einer substanziellen Kontrolle verbleibt. Wenn die Rechtsprechung einerseits die Notwendigkeit verringerter Kontrolle anerkennt, andererseits jedoch eine substantielle Kontrolle von Beurteilungsspielräumen fordert und hierfür stets, also unabhängig der konkreten Beurteilungsermächtigung, den Entscheidungsvorgang im beschriebenen Umfang kontrolliert, kann hieraus die Wertung abgeleitet werden, dass die Kontrolle des Entscheidungsvorgangs essentiell ist, um dem von Art. 19 Abs. 4 GG geforderten effektiven Rechtsschutz auch bei Spielräumen der Verwaltung zu genügen. Mit anderen Worten: Die Kontrolle des Entscheidungsvorgangs auf die genannten Beurteilungsfehler hin ist als Mindestmaß effektiven Rechtsschutzes bei Beurteilungsspielräumen zu verstehen.

---

335 Schoch/Schneider/*Riese*, VWGO, § 114 Rn. 107.

336 Schoch/Schneider/*Riese*, VwGO, § 114 Rn. 107; *Rieble*, Die Kontrolle des Ermessens der betriebsverfassungsrechtlichen Einigungsstelle (1990), S. 53 mit Verweis auf BVerwG, Urteil vom 20. Juli 1984 - 7 C 28/83; BVerwGE 70, 4; sachfremde Erwägungen ohne Hinweis auf das Willkürverbot nennend etwa BVewG, Beschluss vom 25. April 2007 – 1 WB 31.06, BVerwGE 128, 329 (332) Rn. 44.

337 BVerwG, Urteil vom 30. Oktober 2019 – 6 C 18/18, BVerwGE 167, 33, Rn. 13 m.w.N.

5. Fehlerfolgen: Kausalität und Aufhebung

Beurteilungsfehler führen regelmäßig zur Aufhebung der angegriffenen Entscheidung der Behörde.[338] Wie bei Ermessensentscheidungen und Vorgangsfehlern sind Beurteilungsfehler nur dann unbeachtlich, wenn sie sich auf das Ergebnis einer Beurteilung nicht ausgewirkt haben oder nicht auswirken konnten – also zwischen Beurteilungsfehler und konkret getroffener Entscheidung keine Kausalität besteht.[339] Auch bei Beurteilungsspielräumen ist es Gerichten verwehrt, die Entscheidung der Behörde aufgrund eigener Erwägungen aufrechtzuerhalten oder zu ersetzen. Stattdessen erfolgt wie bei Ermessensentscheidungen eine Zurückverweisung an die Behörde zur Neuentscheidung unter Beachtung der Rechtsauffassung des Gerichts. Insoweit kann zu den Ausführungen zum Vorgangsfehlern beim Ermessen verwiesen werden.[340]

6. Unbestimmter Rechtsbegriff und Einzelfallgerechtigkeit

Ungeachtet ihrer Verortung als Phänomen im Bereich der Erkenntnis können auch unbestimmte Rechtsbegriffe die Verwirklichung von Einzelfallgerechtigkeit bezwecken. Nämlich insofern, als dass von der Verwaltung auch auf Tatbestandsseite – ähnlich dem Ermessen auf Rechtsfolgenseite – eine umfassende Interessensabwägung im Einzelfall verlangt sein kann.

Ein Beispiel hierfür sind § 53 Abs. 1 und 2 AufenthG, welche die Ausweisung eines „gefährlichen" Ausländers bestimmen. Nach diesen Vorschriften

> „wird [ein Ausländer] ausgewiesen, wenn die unter Berücksichtigung aller Umstände des Einzelfalles vorzunehmende Abwägung der Interessen an der Ausreise mit den Interessen an einem weiteren Verbleib des Ausländers im Bundesgebiet ergibt, dass das öffentliche Interesse an der Ausreise überwiegt. [...] Bei der Abwägung [...] sind nach den Umständen des Einzelfalles insbesondere die Dauer seines Aufenthalts, seine persönlichen, wirtschaftlichen und sonstigen Bindungen im

338 Schoch/Schneider/*Riese*, VwGO, § 114 Rn. 111.

339 BVerwG, Urteil vom 20. September 1984 – 7 C 57/83, BVerwGE 70, 143, NVwZ 1985, 187 (188).

340 Im Sinne eines Gleichlaufs der Kausalität von Vorgangsfehlern und Beurteilungsfehlern auch Kopp/Schenke/*W.-R. Schenke/Ruthig*, VwGO, § 114 Rn. 28c; das BVerwG geht davon aus, dass es auch bei Beurteilungsspielräumen zu Entscheidungen kommen kann, die mit einer Ermessensreduzierung auf Null vergleichbar seien, BVerwG, Urteil vom 17. September 2015 – 2 C 27/14, BVerwGE 153, 48, Rn. 37.

> Bundesgebiet und im Herkunftsstaat oder in einem anderen zur Aufnahme bereiten Staat, die Folgen der Ausweisung für Familienangehörige und Lebenspartner sowie die Tatsache, ob sich der Ausländer rechtstreu verhalten hat, zu berücksichtigen.“

Mögliche Ausweisungs- und Bleibeinteressen werden schließlich in § 54 bzw. § 55 AufenthG konkretisiert.

Die vom Gesetz skizzierte Abwägung der widerstreitenden Interessen ist im Ergebnis nichts anderes als eine Beschreibung des Verhältnismäßigkeitsgrundsatzes, wie er auch auf Rechtsfolgenseite Anwendung findet.[341] Ähnlich einer Ermessensentscheidung, soll die Verwaltung im Einzelfall entscheiden, ob eine Ausweisung eine verhältnismäßige Reaktion auf mögliche vom Ausländer ausgehende Gefahren ist.[342]

Dies lässt sich bei § 53 AufenthG sehr schön anhand dessen Entstehungsgeschichte belegen. Bis zur Novelle im Jahr 2015 sah das AufenthG ein dreistufiges System von Ermächtigungen vor, nämlich in Form von Ist-, Regel- und Kann-Ausweisung.[343] Jedoch entwickelte die Rechtsprechung mit Blick auf höherrangiges Recht (etwa Art. 8 EMRK) die Anforderung, dass eine einzelfallbezogene Interessensabwägung auch bei der Ist- und Regel-Ausweisung nötig sei.[344] Mit der Novelle im Jahr 2015 wurde das Gesetz dieser Rechtsprechung angepasst.[345] Hierfür wurde das dreistufige System zu Gunsten einer einheitlichen Ausweisungsermächtigung ohne Ermessen der Behörde aufgegeben, wobei nach dem Gesetzeswortlaut fortan stets eine einzelfallbezogene Interessensabwägung vorzunehmen ist (siehe oben den Gesetzeswortlaut von § 53 Abs. 1 und Abs. 2 AufenthG n.F.).

Interessant ist diese Gesetzesänderung zum einen deshalb, weil die einzelfallbezogene Interessensabwägung von der Rechtsfolgenseite in die Tatbestandsseite verschoben wurde; wo sie nun als unbestimmter Rechtsbegriff ihren Platz hat. Dies zeigt, dass auch unbestimmte Rechtsbegriffe die Verwirklichung von Einzelfallgerechtigkeit am Maßstab der Verhältnismäßigkeit zum Zweck haben können.

---

341 Ein weiteres Beispiel wäre § 35 Abs. 1 S. 1 GewO. Auch hier ist die Behörde bei der Feststellung der Unzuverlässigkeit an den Verhältnismäßigkeitsgrundsatz gebunden.

342 BVerwG, Urteil vom 22. Februar 2017 – 1 C 3/16, BVerwGE 157, 325, NVwZ 2017, 1883 (1884) Rn. 22.

343 Geregelt jeweils in § 53 (Ist), § 54 (Regel) und § 55 (Kann) AufenthG in der Fassung bis zum 31. Dezember 2015; geändert durch Gesetz vom 27. Juli 2015 (BGBl. I S. 1386) mit Wirkung vom 1. Januar 2016.

344 BVerwG, Urteil vom 14. Februar 2012 – 1 C 7.11, BVerwGE 142, 29, NVwZ 2012, 1558, (1560) Rn. 21; *Brühl*, JuS 2016, 23 (24).

345 BR-Drucks. 642/4, S. 55.

7. Unbeachtlichkeit des Entscheidungsvorgangs als Kompetenzfrage

Interessant ist das Beispiel des Aufenthaltsrechts zum anderen auch, weil der Gesetzgeber hier die Gesetzestechnik auf anschauliche Weise bewusst einsetzt, um eine Kompetenzentscheidung zu treffen. Nämlich, dass die Letztentscheidungsbefugnis über die eine „richtige" Interessensabwägung bei einer Ausweisung hier nicht der Behörde, sondern den Gerichten zusteht. Denn bei der Verortung der Interessensabwägung als unbestimmtem Rechtsbegriff verzichtete der Gesetzgeber ausdrücklich darauf, die Behörde zu einem Beurteilungsspielraum zu ermächtigen. Nach der Gesetzesbegründung ist die von der Behörde durchzuführende Abwägung aller Umstände des Einzelfalls gerichtlich voll überprüfbar.[346]

Dies soll, so die Gesetzesbegründung, unter anderem eine Verfahrensbeschleunigung bezwecken. Gerichte sollen ihre Abwägung an die Stelle der Abwägung der Behörde setzen können. Eine Zurückverweisung an die Behörde ist nicht erforderlich. Hierzu die Gesetzesbegründung im Detail:[347]

> „Die von der Ausländerbehörde durchzuführende Abwägung aller Umstände des Einzelfalls unter Berücksichtigung des Verhältnismäßigkeitsgrundsatzes ist gerichtlich voll überprüfbar. Anders als bei einer Ermessensentscheidung kann es keine gerichtliche Verpflichtung der ausweisenden Behörde zur Neubescheidung unter Beachtung der Rechtsauffassung des Gerichts geben, *sondern die gerichtliche Entscheidung ersetzt oder bestätigt das behördliche Ergebnis*. Auch dadurch soll eine Beschleunigung des Verfahrens und schnellere Rechtssicherheit erreicht werden."

Die Einordnung auf Tatbestandseite ohne die Behörde zu einem Beurteilungsspielraum zu ermächtigen, hat für den gerichtlichen Kontrollmaßstab die Konsequenz, dass Fehler im Entscheidungsvorgang für die Rechtmäßigkeit einer Ausweisung ohne Bedeutung sind, solange die Ausweisung nach Auffassung des Gerichts zumindest im Ergebnis den Anforderungen aus § 53 AufenthG entspricht. Denn dann kann das Gericht die behördliche Entscheidung aufgrund eigener Erwägungen aufrechterhalten, ohne dabei an die von der Behörde tatsächlich angestellten Erwägungen gebunden zu sein.[348] Sind die von der Behörde tatsächlich angestellten Erwägungen jedoch unbeachtlich, weil das Gericht zur eigenen Sachentscheidung befugt ist, bedeutet dies im Umkehrschluss, dass behördliche Erwägungen

346 BT-Drucks. 18/4097, S. 49 f.; BR-Drucks. 642/4, S. 56.

347 BT-Drucks. 18/4097, S. 49 f. [Hervorhebungen nicht im Original].

348 BVerwG, Urteil vom 12. Juli 2018 – BVerwG 1 C 16.17, BVerwGE 162, 349, NVwZ 2019, 486 (489), Rn. 26.

beachtlich sind, wo es an einer eigenen Sachentscheidungsbefugnis des Gerichts fehlt. So etwa, wenn der Behörde ein Beurteilungsspielraum zusteht.

Dieser Zusammenhang zwischen eigener Sachentscheidungsbefugnis des Gerichts und Beachtlichkeit der Erwägungen des Bestimmungsberechtigten entspricht damit dem Mechanismus, der bereits für § 315 Abs. 3 S. 2 BGB herausgearbeitet wurde. Auch dort ging das BAG für die Ablehnung eines Altersteilzeitersuchens davon aus, das Gericht sei kraft eigener Sachentscheidungsbefugnis nicht gehindert, die Entscheidung des Arbeitgebers aufrecht zu erhalten, ohne dass es auf die Erwägungen des Arbeitgebers ankomme.[349] Weiter führt die Kompetenzzuweisung des § 315 Abs. 3 S. 2 BGB ähnlich wie bei § 53 AufenthG zur Verfahrensbeschleunigung, indem direkt auf die gerichtliche Festsetzung und gar Leistung geklagt werden kann und keine Zurückweisung an den Bestimmungsberechtigten nötig ist.

III. Gemeinsamkeiten von Ermessen und Beurteilungsspielraum

1. Schnittmenge: Vorgaben und Kontrolle bei Entscheidungsvorgang

Wie erörtert, unterscheiden sich Ermessen und Beurteilungsspielraum dogmatisch. Ermessen bedeutet Gestalten, Beurteilung bedeutet vorwiegend Erkennen.

Gemeinsam ist Ermessen und Beurteilungsspielraum jedoch, dass beide Spielräume materiell-rechtlichen Bindungen an den Entscheidungsvorgang unterliegen, die stets gerichtlich kontrolliert werden. Wie aufgezeigt, kontrollieren Gerichte in beiden Fällen den Entscheidungsvorgang wenigstens darauf, ob die Behörde:

- überhaupt abgewogen hat, d.h. ihren Spielraum erkannt und genutzt hat (*Ausfall*),
- bei der Abwägung die relevanten Belange vollständig und zutreffend berücksichtigt hat (*Fehlgebrauch*),
- keine sachfremden oder missbräuchlichen Erwägungen in die Abwägung eingestellt hat (*Fehlgebrauch*).

349 Siehe oben Kapitel 2, B., III., 2., a), S. 78 ff.

2. Richtigkeitsgewähr des Entscheidungsvorgangs

Nach der Rechtsprechung des BVerwG gewährleistet erst ein fehlerfreier Entscheidungsvorgang die Fehlerfreiheit des Entscheidungsergebnisses. Dies gelte sowohl für Ermessensentscheidungen als auch für Beurteilungsspielräume:

> „Das Ministerium hatte, wie dargelegt, eine *Ermessensentscheidung* zu treffen. Bei solchen Entscheidungen kommt es darauf an, daß die Entscheidungsfindung sich unbeeinflußt von Fehlern vollzieht, da sich - anders als bei der gebundenen Verwaltung - am Entscheidungsergebnis allein die Rechtmäßigkeit oder Rechtswidrigkeit regelmäßig nicht feststellen läßt. *Die Fehlerfreiheit der Entscheidungsfindung soll die Fehlerfreiheit des Entscheidungsergebnisses gewährleisten.* Aus diesem Grund haben Fehler bei der Entscheidungsfindung mit Auswirkungen auf das Entscheidungsergebnis dessen Rechtswidrigkeit zur Folge, ohne daß es noch darauf ankäme, ob das Entscheidungsergebnis für sich allein genommen der Rechtsordnung entspricht oder nicht.“[350]

> „Bei *Prüfungsentscheidungen* [d.h. Beurteilungsspielräumen] kommt es ebenso wie bei Ermessensentscheidungen darauf an, daß die Entscheidungsfindung sich unbeeinflußt von Fehlern vollzieht, da sich - anders als bei der gebundenen Verwaltung - am Entscheidungsergebnis allein die Rechtmäßigkeit oder Rechtswidrigkeit regelmäßig nicht feststellen läßt. *Die Fehlerfreiheit der Entscheidungsfindung soll die Fehlerfreiheit des Entscheidungsergebnisses gewährleisten.* Materielle Fehler beim Entscheidungsvorgang haben deshalb regelmäßig die Rechtswidrigkeit des Entscheidungsergebnisses zur Folge.“[351]

Die materiell-rechtlichen Bindungen an Entscheidungsvorgang und -ergebnis bilden nach der Rechtsprechung des BVerwG also eine Einheit. Mit *Alexy* lässt sich dies auch damit begründen, dass die rechtliche Freiheit zur Wahl eines konkreten Ergebnisses nur dann gerechtfertigt ist, wenn damit die Pflicht einhergeht, das Ergebnis in einem fehlerfreien Vorgang zu gewinnen.[352] Dieses Verständnis fügt sich auch ins bereits erörterte Bild einer effektiven Ausgestaltung der Rechtsschutzgarantie des Art. 19 Abs. 4 GG.[353] Hiernach kann die Kontrolle des Entscheidungsvorgangs als Mindestmaß effektiven Rechtsschutzes verstanden werden, welches aufgrund der ohnehin bereits eingeschränkten Ergebniskontrolle geboten ist.[354]

---

350 BVerwG, Urteil 15. Dezember 1989 – 7 C 23.88, BeckRS 1989, 31243759 [Hervorhebungen nicht im Original].

351 BVerwG, Urteil vom 20. September 1984 – 7 C 57/83, NVwZ 1985, 187 (188) [Hervorhebungen nicht im Original].

352 *Alexy*, JZ 1986, 701 (714).

353 Siehe oben Kapitel 3., A., S. 104 ff.

354 Siehe für Beurteilungsspielräume bereits oben Kapitel 3, C., II., 4., S. 99 f.

3. Austauschbarkeit von Beurteilungsspielraum und Ermessen

Die gerichtliche Kontrolle des Entscheidungsvorgangs ist bei Beurteilungsspielräumen und Ermessen mithin vergleichbar.

Insofern überrascht es nicht, dass in der verwaltungsrechtlichen Literatur immer wieder diskutiert wird, die skizzierte Zweiteilung von Beurteilungsspielraum (Tatbestand) und Ermessen (Rechtsfolge) zu Gunsten einer einheitlichen Betrachtung aufzugeben.[355]

Diese Frage kann für die Zwecke dieser Untersuchung jedoch dahinstehen. Denn ein wesentlicher Unterschied zwischen Ermessen und Beurteilungsspielraum ist, dass sich beim Ermessen anhand des Wortlauts einer Norm der Spielraum der Behörde klar ergibt, während bei unbestimmten Rechtsbegriffen zunächst durch sorgfältige Auslegung ermittelt werden muss, ob der Behörde überhaupt ein Beurteilungsspielraum, d.h. eine Letztentscheidungsbefugnis, zusteht. Beim Weisungsrecht ist jedoch anerkannt, dass der Arbeitgeber aufgrund seiner Unternehmerfreiheit einen Spielraum hat. Die Frage des „Ob“ stellt sich beim Weisungsrecht also nicht.[356]

IV. Planungsentscheidungen

1. Verortung

Eine weitere Art von Spielraum steht der Verwaltung bei sog. *Planungsentscheidungen* zu. Planungsentscheidungen werden erforderlich, wo die Verwaltung nicht durch *konditional* gefasste Normen ermächtigt ist, sondern durch *final geprägte* Normen.[357] Zum Vergleich:

Konditional gefasste Normen zeichnen durch die vorgegebene Rechtsfolge ein Ergebnis vor. Sind die Voraussetzungen einer Norm erfüllt (ggf. unter Beachtung eines Beurteilungsspielraums), hat die Verwaltung eine bestimmte Maßnahme zu treffen oder kann innerhalb rechtlicher Grenzen

355 Zum Streitstand etwa Ehlers/Pünder/*Jestaedt*, Allgemeines Verwaltungsrecht, § 11 Rn. 16 ff. m.w.N.

356 Hierzu bereits im Einzelnen unten Kapitel 4, B., III., S. 172 ff.

357 *Maurer/Waldhoff*, Allgemeines Verwaltungsrecht, § 7 Rn. 64.

zwischen Handlungsalternativen wählen (Ermessen).[358] Besteht etwa eine Gefahr, muss die Polizei bestimmte Abwehrmaßnahmen ergreifen.[359] Verwaltungshandeln ist hiernach im Kern die Anwendung der relevanten Ermächtigungsgrundlage.[360] Entsprechend ist die verwaltungsgerichtliche Kontrolle von der Vorstellung geprägt, Gerichte könnten die Anwendung (konditionaler) Normen durch die Verwaltung nachvollziehen und im Lichte eines „richtigen" Ergebnisses kontrollieren.[361]

Anders als konditional gefasste Normen geben final geprägte Normen keine Rechtsfolge, d.h. kein Ergebnis, vor. Planungsentscheidungen lassen sich gut am Beispiel des Bauplanungsrechts veranschaulichen. Ein klassisches Beispiel einer final geprägten Norm ist § 1 Abs. 7 BauGB über die Aufstellung von Bauleitplänen durch die Gemeinde:[362]

> „Bei der Aufstellung der Bauleitpläne sind die öffentlichen und privaten Belange gegeneinander und untereinander gerecht abzuwägen."

Die Norm gibt lediglich als Ziel eine „gerechte" Abwägung vor und welche Interessen dabei zu berücksichtigen sind. Wie der Katalog von abwägungsrelevanten Interessen nach § 1 Abs. 6 BauGB zeigt, sind eine Vielzahl unterschiedlicher, mitunter widerstreitender Interessen gegeneinander abzuwägen und zu einem Ausgleich zu bringen.[363] Die Abwägung selbst ist damit wesentliches Merkmal der behördlichen Entscheidung.[364] Daher werden solche Normen auch *Abwägungsklauseln* genannt.[365]

---

358 An dieser Stelle nicht gesondert erwähnt sind Fälle sog. *intendierten* Ermessens, bei denen grundsätzlich eine bestimmte Maßnahme vorgeben ist, von der in Ausnahmen abgewichen werden kann („soll").

359 So etwa §§ 1, 3 BW PolG.

360 Zur Verortung des materiellen Rechts im allgemeinen Gedanken von Gerechtigkeit, *Quabeck*, Dienende Funktion des Verwaltungsverfahrens und Prozeduralisierung (2010), S. 27: „Das materielle Gesetzesrecht ist [...] die Konkretisierung eines *bereits* [vor dem Verwaltungsverfahren] *vorhandenen* materialen Gerechtigkeitsmaßstabes".

361 Siehe hierzu im Einzelnen bereits die Einordnung des formellen Verwaltungsverfahren als „dienend", Kapitel 3, B., S. 106 ff.

362 Dieses Beispiel ist entnommen *Hufen*, Verwaltungsprozessrecht, § 25 Rn. 29.

363 Dürig/Herzog/Scholz/*Schmidt-Aßmann*, GG, Art. 19 Abs. 4 Rn. 208 m.w.N.

364 BeckOK BauGB/*Dirnberger*, BauGB, § 1 Rn. 132.

365 Dürig/Herzog/Scholz/*Schmidt-Aßmann*, GG, Art. 19 Abs. 4 Rn. 208.

2. Bedeutung und Funktion

Werden der Verwaltung bei Planungsentscheidungen wenig Vorgaben für das Ergebnis einer Entscheidung gemacht und steht stattdessen die Abwägung selbst im Vordergrund, führt dies zu einem weiten Entscheidungsspielraum der Verwaltung. Das Ziel von Planungsentscheidungen ist die Optimierung und der Ausgleich zwischen privaten und öffentlichen Interessen.[366] Dabei ist die Abwägung zahlreicher Interessen ein sehr wertender Vorgang, an dessen Ende viele Entscheidungen vertretbar sind. Der Verwaltung steht insoweit eine planerische Gestaltungsfreiheit zu, die sich „in umfassender Weise auf schlechthin alle planerischen Gesichtspunkte" der erforderlichen Fachplanung erstreckt.[367]

3. Umfang gerichtlicher Kontrolle

Trotz des weiten Spielraums bei Planungsentscheidungen ist die behördliche Abwägung nicht ohne rechtliche Bindungen, die auch gerichtlich kontrolliert werden. Als hoheitliche Maßnahme unterliegen auch Planungsentscheidungen rechtstaatlichen Schranken.[368] Insbesondere hat die der Behörde zukommende Abwägung nicht nur eine objektiv-rechtliche Dimension, sondern gewährt den Betroffenen auch ein subjektives Recht auf eine „gerechte Abwägung".[369]

a) Abwägungsfehlerlehre

Für Planungsentscheidungen hat die höchstrichterliche Rechtsprechung eine Abwägungsfehlerlehre entwickelt, die planerische Gestaltungsfreiheit einerseits und effektiven Rechtsschutz andererseits zum Ausgleich bringt.[370]

---

366 Zum Optimierungsgebot BVerwG, Urteil vom 22. März 1985 – 4 C 73/82, BVerwGE 71, 163.

367 BVerwG, Urteil vom 29. Januar 1991 – 4 C 51/89, BVerwGE 87, 332 wonach zentrales Element der Ermächtigung zur Fachplanung die planerische Gestaltungsfreiheit der Behörde ist, die sich „in umfassender Weise auf schlechthin alle planerischen Gesichtspunkte" der Fachplanung erstreckt.

368 BVerwG, Urteil vom 7. Juli 1978 – 4 C 79/76, BVerwGE 56, 100 (116).

369 *Berkemann*, ZUR 2016, 323 (329) mit Verweis auf BVerwG, Urteil vom 24. September 1998 – 4 CN 2.98, BVerwGE 107, 215.

370 *Saurer*, EurUP 2018, 181 (184).

Dabei ist zu unterscheiden zwischen der Feststellung, welche Belange erheblich sind, und der sich hieran anschließenden Abwägung dieser Belange. Die Bestimmung welche Belange im konkreten Fall relevant sind, ist gerichtlich voll überprüfbar.[371] Lediglich beschränkt gerichtlich überprüfbar ist jedoch die sich anschließende eigentliche Abwägung.

Der Abwägungsvorgang wird anhand folgender Schritte überprüft, wonach der Entscheidungsvorgang fehlerhaft ist, wenn

- eine Abwägung überhaupt nicht stattfindet (*Abwägungsausfall*),
- in die Abwägung nicht alle relevanten Belange zutreffend ermittelt und eingestellt wurden (*Abwägungsdefizit*).[372]

Spiegelbildlich zum Abwägungsdefizit, also dem Nichtberücksichtigen relevanter Belange, ist eine Abwägungsentscheidung auch fehlerhaft, wenn sachfremde Erwägungen in die Abwägung mit eingeflossen sind.[373]

Im Bereich der Ergebniskontrolle – für diese Untersuchung daher von untergeordneter Bedeutung – prüfen Gerichte, ob

- der Ausgleich zwischen den berührten Belangen in einer Weise vorgenommen wurde, die im Verhältnis der Belange zueinander objektiv unverhältnismäßig ist (*Abwägungsdisproportionalität*),
- die Bedeutung einzelner Belange offensichtlich verkannt wurde (*Abwägungsfehleinschätzung*).[374]

Die sich aus der Abwägungsfehlerlehre ergebenden Vorgaben an den Entscheidungsvorgang sind – soweit für einen Vergleich mit dem Weisungsrecht relevant – vergleichbar mit den Vorgaben an die Ausübung von Ermessen und Beurteilungsspielräumen. Hier wie da ist insbesondere erforderlich, dass die abwägungsrelevanten Umstände vollständig und richtig

371 Grundlegend BVerwG, Urteil vom 12. Dezember 1969 – IV C 105/66, BVerwGE 34, 301 (306 ff.), VerwRspr 1970, 571 (575 f.); BVerwG, Urteil vom 5. Juli 1974 – IV C 50/7, BVerwGE 45, 309 (312 ff.), NJW 1975, 70 (74).

372 BVerwG, Urteil vom 12. Dezember 1969 – IV C 105/66, BVerwGE 34, 301 (306 ff.), VerwRspr 1970, 571 (576); BVerwG, Urteil vom 5. Juli 1974 – IV C 50/7, BVerwGE 45, 309 (312 ff.), NJW 1975, 70 (74).

373 BVerwG, Urteil vom 5. Dezember 1986 – 4 C 13/85, BVerwGE 75, 214, (245), NVwZ 1987, 578 (582), welches sich mit politischer Einflussnahme auf die Fachplanungsbehörde befasst; Stelkens/Bonk/Sachs/*Neumann/Külpmann*, VwVfG, § 74 Rn. 59.

374 BVerwG, Urteil vom 12. Dezember 1969 – IV C 105/66, BVerwGE 34, 301 (306 ff.), VerwRspr 1970, 571 (576); BVerwG, Urteil vom 5. Juli 1974 – IV C 50/7, BVerwGE 45, 309 (312 ff.), NJW 1975, 70 (74).

erfasst wurden sowie keine sachfremden, d.h willkürlichen oder missbräuchlichen, Erwägungen in die Abwägung einfließen.

Diese Schnittmenge zeigt sich, wie *Rieble* zutreffend festhält,[375] exemplarisch an einem Urteil des BVerwG zum Ermessen, wenn darin festgestellt wird, die Versagung einer Aufenthaltsgenehmigung sei trotz vertretbarem Ergebnis (Verhältnismäßigkeit) rechtswidrig, weil die Behörde keine Abwägung vorgenommen hatte (Abwägungsausfall).[376]

b) Keine relevanten Änderungen durch das EAG Bau

Nur der Vollständigkeit halber sei darauf hingewiesen, dass seit der Novelle des BauGB durch EAG Bau im Jahr 2004 eine Diskussion darüber entstanden ist, ob Teile der oben genannten Vorgangsfehler noch länger zu den materiell-rechtlichen Abwägungsfehlern zählen oder künftig formelle Verfahrensfehler sind.

Hintergrund dieser Diskussion ist folgender: § 2 Abs. 3 BauGB bestimmt, dass bei der Aufstellung der Bauleitpläne die Belange, die für die Abwägung von Bedeutung sind, zu ermitteln und zu bewerten sind. § 214 Abs. Nr. 1 BauGB wiederum fasst § 2 Abs. 3 BauGB unter die Verfahrensvorschriften.[377]

Für die Zwecke dieser Untersuchung kann die Beantwortung dieser jedoch Frage dahinstehen. Denn inhaltlich, also an der rechtlichen Bindung der Verwaltung, ändert sich auch bei Einordnung als Verfahrensfehler nichts. So stellt zum einen die Gesetzesbegründung zu § 2 Abs. 3 BauGB klar, dass die sich aus § 2 Abs. 3 BauGB ergebenden Anforderungen an den Entscheidungsvorgang der bisherigen Rechtslage entsprechen, die sich aus dem bekannten Abwägungsgebot ergeben.[378] Zum anderen zeigt die sog. „Angstklausel“ des § 214 Abs. 3 S. 2 BauGB, dass man die Anforderungen, die nun in § 2 Abs. 3 BauGB benannt sind, weiterhin als Abwägungsfehler

375 *Rieble*, Die Kontrolle des Ermessens der betriebsverfassungsrechtlichen Einigungsstelle (1990), S. 48.

376 BVerwG, Urteil vom 21. Oktober 1980 – 1 C 19/78, BVerwGE 61, 105, NJW 1981, 1917 (1918).

377 Zum Stand der Diskussion siehe etwa Battis/Krautzberger/Löhr/*Battis*, BauGB, § 214 Rn. 20 m.w.N.

378 BT-Drucks. 15/2250, S. 42; unter Verweis auf die Gesetzesbegründung auch BVerwG, Urteil vom 9. April 2008 – 4 CN 1/07, BVerwGE 131, 100, NVwZ 2008, 899 (901) Rn. 20.

und damit als Fehler im Entscheidungsvorgang begreifen kann.[379] So bestimmt § 214 Abs. 3 S. 2 BauGB, dass Fehler im Sinne von § 2 Abs. 3 BauGB nicht als Mängel der Abwägung geltend gemacht werden können.[380] Dieser Vorschrift bedürfte es nicht, wenn die genannten Fehler nicht weiterhin Vorgangsfehler wären.[381]

4. Bedeutung des Entscheidungsvorgangs

Anhand der skizzierten Vorgangsfehler ist erkennbar, dass der Entscheidungsvorgang der Behörde für die gerichtliche Kontrolle wichtig ist. Grund hierfür ist, wie bereits einleitend zur Eigenart final geprägter Normen beschrieben, dass die Verwaltung nur äußerst geringen materiell-rechtlichen Vorgaben an das Ergebnis einer Abwägung unterliegt. Denn der konkret gewählte Interessensausgleich ist, so das BVerwG für das Bauplanungsrecht,

> „eine geradezu elementare planerische Entschließung, die zum Ausdruck bringt, wie und in welcher Richtung sich eine Gemeinde städtebaulich geordnet fortentwickeln will."[382]

Mangels strenger rechtlicher Vorgaben an das Ergebnis einer Planungsentscheidung kommt dem Abwägungsvorgang aus dem Gesichtspunkt eines effektiven Rechtsschutzes damit eine besondere Bedeutung zu.[383]

> „In dieser alle in Betracht kommenden Belange umfassenden Weite *ist das Abwägungsgebot* [...] *überhaupt ein dem Wesen rechtsstaatl. Planung innewohnender Grundsatz*, dem deshalb die Bauleitplanung auch dann Rechnung tragen müßte, wenn § 1 BBauG das nicht ausdrücklich bestimmte. Die insofern überragende

379 *Erbguth*, DVBl. 2004, 802 (806).

380 Mittelbar durch Verweis auf § 214 Abs. 1 S. 1 Nr. 1 BauGB, der wiederum auf § 2 Abs. 3 BauGB verweist.

381 BT-Drucks. 15/2250, S. 65, wobei erneut die inhaltliche Weitergeltung der durch das BVerwG entwickelten Anforderungen an eine fehlerfreie Abwägung betont wird.

382 BVerwG, Urteil vom 12. Dezember 1969 – IV C 105/66, BVerwGE 34, 301 (306 ff.), VerwRspr 1970, 571 (576 f.).

383 BVerwG, Urteil vom 12. Dezember 1969 – IV C 105/66, BVerwGE 34, 301 (306 ff.), VerwRspr 1970, 571 (576 f.) noch zum früheren § 1 Abs. 4 BBauG („Die Bauleitpläne haben sich nach den sozialen und kulturellen Bedürfnissen der Bevölkerung, ihrer Sicherheit und Gesundheit zu richten. *Dabei sind die öffentlichen und privaten Belange gegeneinander und untereinander gerecht abzuwägen.* Die Bauleitpläne sollen den Wohnbedürfnissen der Bevölkerung dienen und die Eigentumsbildung im Wohnungswesen fördern." [Hervorhebungen nicht im Original]).

Bedeutung des Abwägungsgebotes wäre deutlicher hervorgetreten, wenn das BBauG dieses Erfordernis nicht innerhalb des vierten Absatzes, sondern als einen gesonderten sechsten Absatz geregelt hätte.

Dies anerkennt schließlich auch der Gesetzgeber im Zusammenhang mit der Novelle des BauGB durch das EAG Bau im Jahr 2004. Die Gesetzesbegründung stellt klar, dass ein fehlerfreies Planaufstellungsverfahren die materielle Rechtmäßigkeit der Planungsentscheidung gewährleisten soll. Hierbei verweist die Gesetzesbegründung unter anderem auf § 2 Abs. 3 BauGB, der die bereits bekannten Anforderungen an den Entscheidungsvorgang normiert.[384]

5. Fehlerfolgen: Grundsatz der Planerhaltung

a) Ausgangslage

Von besonderer Relevanz ist, dass sich die Behörde bei ihrer Abwägung von korrekten Erwägungen leiten lässt; d.h. richtigen, vollständigen und keinen sachfremden Erwägungen.

Allerdings: Führt die enge Verzahnung der Vielzahl an relevanten Interessen beim Abwägungsergebnis zu einem äußerst weiten Spielraum, macht sie den Entscheidungsvorgang zugleich äußerst fehleranfällig. Denn je mehr Interessen berücksichtigt werden müssen, desto höher ist die Gefahr, dass die Behörde nicht sämtliche relevanten Belange berücksichtigt oder Umstände falsch erfasst.

Die potenziell hohe Fehleranfälligkeit macht eine verlässliche Bauleitplanung zur Herausforderung. So unterliegen Bauleitpläne grundsätzlich dem sog. „Nichtigkeitsdogma".[385] Sprich: Verstößt ein Bauleitplan gegen rechtliche Vorgaben, ist er grundsätzlich nichtig. Sofern nicht ausnahmsweise die Voraussetzungen einer Teilnichtigkeit gegeben sind, ist der Bauleitplan insgesamt nichtig.[386] Das regelmäßig aufwändige Planungsverfahren muss dann (in Teilen) wiederholt werden. Das Problem dieser Fehleranfälligkeit wurde bereits früh deutlich. So wurden Verwaltungsgerichte zeitweilig dafür kritisiert, unter Berufung auf den Untersuchungsgrundsatz

---

384 BT-Drucks. 15/2250, S. 65.

385 Voßkuhle/Eifert/Möllers/*Köck*, Grundlagen Verwaltungsrecht II, § 36 Rn. 135 m.w.N.

386 Zu Teilnichtigkeit etwa BVerwG, Beschluss vom 25. Februar 1997 – 4 NB 30/96, NVwZ 1997, 896.

eine zu weitgehende Fehlersuche zu betreiben, die sich vom Vorbringen der jeweiligen Parteien löste.[387]

Hinzu kommt, dass Bauleitpläne typischerweise die Interessen Vieler berühren. Denn sie ist die Grundlage für sämtliche Bauvorhaben im betreffenden Gebiet. Daher können häufig zahlreiche Betroffene eine Normenkontrolle anstrengen (§ 47 VwGO), wobei sie auch ein möglicher Verstoß gegen eine korrekte Abwägung von ihnen zuordenbarer Belange zum Antrag befugt.[388] Eigentümer eines im Planungsgebiet gelegenen Grundstücks sind regelmäßig bereits deshalb antragsbefugt, weil die Bauleitplanung Inhalt und Schranken ihres Eigentumsrechts aus Art. 14 GG beeinflusst.[389] Zugleich ist die Rechtskontrolle im Normenkontrollverfahren objektiv. Das wiederum heißt, Gerichte sind grundsätzlich nicht daran gebunden, nur Verletzungen subjektiver öffentlicher Rechte des Antragsstellers zu prüfen.[390]

Wird eine Bauleitplanung durch das Gericht für ganz oder teilweise unwirksam erklärt (§ 47 Abs. 5 S. 2 VwGO), betrifft dies alle, deren Interessen von der unwirksamen Bauleitplanung berührt werden, und nicht bloß die am Normenkontrollverfahren Beteiligten. Hierzu zählen insbesondere andere Grundstückseigentümer im Plangebiet.

b) Planerhaltung

Vor dem Hintergrund dieser Fehleranfälligkeit wurde der *Grundsatz der Planerhaltung* entwickelt. Hierbei wird die Fehlerfolge eingeschränkt. Kurz gesagt, wird statt der Nichtigkeit eine Fehlerbeseitigung forciert, soweit das Interesse an der Erhaltung der Bauleitplanung überwiegt.

So bestimmt etwa § 75 Abs. 1a VwVfG für Planfeststellungsbeschlüsse im Allgemeinen:

> „Mängel bei der Abwägung der von dem Vorhaben berührten öffentlichen und privaten Belange sind nur erheblich, *wenn sie offensichtlich* und *auf das*

---

387 Ernst/Zinkahn/Bielenberg/Krautzberger/*Stock*, BauGB, § 214 Rn. 3.

388 Vgl. etwa BVerwG, Urteil vom 24. September 1998 – 4 CN 2.98, BVerwGE 107, 215, NJW 1999, 592; zur „gerechten Abwägung“ als subjektivem öffentlichen Recht siehe bereits oben Kapitel 3, C., IV., 3., S. 130 ff.

389 BVerwG, Beschluss vom 28. September 2022 – 4 BN 6.22, ZfBR 2023, 166 (167).

390 BVerwG, Urteil vom 7. September 1979 – 4 C 7/77, VerwRspr 1980, 580 (587 f.) die Problematik der Fehleranfälligkeit erkennend mahnte das BVerwG bezogen auf Verfahrensvorschriften an, mit Zurückhaltung auf ungefragte Fehlersuche zu gehen.

> *Abwägungsergebnis von Einfluss gewesen sind.* Erhebliche Mängel bei der Abwägung oder eine Verletzung von Verfahrens- oder Formvorschriften führen nur dann zur Aufhebung des Planfeststellungsbeschlusses oder der Plangenehmigung, wenn sie nicht durch Planergänzung oder durch ein ergänzendes Verfahren behoben werden können [...].“ [391]

Im Bereich des Bauplanungsrechts findet der Grundsatz der Planerhaltung insbesondere in den §§ 214 f. BauGB seinen Ausdruck. So bestimmt § 214 Abs. 1 S. 1 Nr. 1 BauGB für den Entscheidungsvorgang ebenfalls:

> „Eine Verletzung von Verfahrens- und Formvorschriften dieses Gesetzbuchs ist für die Rechtswirksamkeit [der Bauleitplanung] *nur beachtlich, wenn* [...] *die von der Planung berührten Belange,* die der Gemeinde bekannt waren oder hätten bekannt sein müssen, in wesentlichen Punkten nicht zutreffend *ermittelt oder bewertet* worden sind und wenn *der Mangel offensichtlich* und *auf das Ergebnis des Verfahrens von Einfluss gewesen ist*“.[392]

In seiner Grundsatzentscheidung zur Vorgängerregelung, dem § 155b Abs. 2 S. 2 BbauG, legt das BVerwG das Tatbestandsmerkmale „offensichtlich“ und „auf das Ergebnis von Einfluss“ im Lichte von Art. 19 Abs. 4 GG verfassungskonform aus und stellt klar, dass die Planerhaltung allein die Fehlerfolge im gerichtlichen Verfahren betrifft, nicht jedoch die rechtlichen Anforderungen an den Abwägungsvorgang reduziert.

aa) Offensichtlichkeit

Zunächst muss ein Abwägungsfehler offensichtlich sein. Offensichtlich meint Fehler, die auf objektiv feststellbaren Umständen beruhen, wenn sich etwa aus Akten, Protokollen oder Entwürfen und Begründungen usw. ergeben. Das BVerwG spricht insoweit von der „äußeren“ Seite des Abwägungsvorgangs.[393] Ein offensichtlicher Mangel darf regelmäßig nur dann angenommen werden, wenn konkrete Umstände klar auf einen solchen Mangel hinweisen.[394]

Übertragen auf das Weisungsrecht wäre also an Fälle zu denken, in denen ein Arbeitgeber einen Umstand ausdrücklich in seine Erwägungen einfließen ließ. Etwa beim Urteil zum Verbot des Pfand zu sammeln, als der Arbeitgeber dies gegenüber seinen Arbeitnehmern ausdrücklich mit einer

---

391 [Hervorhebungen nicht im Original].

392 [Hervorhebungen nicht im Original].

393 BVerwG, Urteil vom 21. August 1981 – 4 C 57/80, BVerwG 61, 33, NJW 1982, 591 (592);

394 BVerwG, Beschluss vom 29. Januar 1992 – 4 NB 22/90, NVwZ 1992, 662 (663).

Strafbarkeit begründete.[395] Ebenso im Urteil zum BEM-Verfahren, soweit der Arbeitgeber gegenüber dem Arbeitnehmer die Versetzung in die Wechselschicht begründete.[396] Eine Offensichtlichkeit im vom BVerwG verstandenen Sinne wäre unter Berücksichtigung der Darlegungs- und Beweislast des Arbeitgebers konsequenterweise auch bezüglich solcher Umstände und Erwägungen anzunehmen, von denen der Arbeitgeber im Prozess selbst vorträgt, dass sie Anlass für die streitgegenständliche Weisung gewesen sind.

bb) Einflussmöglichkeit

Von besonderer Bedeutung ist weiter die erforderliche Kausalität eines Abwägungsfehlers. Die Vorschrift sei, so das BVerwG, im Lichte von Art. 19 Abs. 4 GG verfassungskonform dahingehend auszulegen, dass auch offensichtliche Mängel im Entscheidungsvorgang nur dann zur Aufhebung der Bauleitplanung führen, wenn die konkrete Möglichkeit besteht, dass die planerische Entscheidung bei fehlerfreiem Entscheidungsvorgang anders ausgefallen wäre.[397]

Eine solche konkrete Möglichkeit besteht, wenn anhand der Planunterlagen oder sonst nachweisbarer Umstände konkrete Anhaltspunkte dafür bestehen, dass der Mangel im Abwägungsvorgang von Einfluss auf das Abwägungsergebnis gewesen sein kann.[398] Die bloße abstrakte Möglichkeit eines Einflusses genügt gerade nicht.[399] Eine konkrete Möglichkeit wird angenommen, wenn sich die Gemeinde von falschen Erwägungen hat leiten lassen und andere Erwägungen, die das Abwägungsergebnis rechtfertigen könnten, weder dokumentiert oder sonst ersichtlich sind.[400] Pointiert lässt es sich mit *Köck* wie folgt formulieren: Die bloße Begründbarkeit – d.h. die Rechtmäßigkeit – des Abwägungsergebnisses genügt für den Planerhalt, es sei denn, es werden nicht nur rechtliche Möglichkeiten, sondern auch

395 Siehe oben Kapitel 2, A., I., 2., S. 38 ff.

396 Siehe oben Kapitel 2, A., I., 1., a), S. 24 ff.

397 BVerwG, Urteil vom 21. August 1981 – 4 C 57/80, BVerwG 61, 33, NJW 1982, 591 (592); inzwischen vom BVerfG aus Anlass einer vergleichbaren Norm als verfassungskonform bestätigt, BVerfG, Beschluss vom 16. Dezember 2015 – 1 BvR 685/12, NVwZ 2016, 524 (526).

398 BVerwG, Beschluss vom 23. Oktober 2014 – 9 B 29/14, NVwZ 2015, 79 (80) Rn. 7.

399 BVerwG, Beschluss vom 23. Oktober 2014 – 9 B 29/14, NVwZ 2015, 79 (80) Rn. 7.

400 Battis/Krautzberger/Löhr/*Battis*, BauGB, § 214 Rn. 22.

tatsächliche Anhaltspunkte dafür festgestellt, dass die Abwägung bei korrektem Vorgang anders ausgefallen wäre.[401]

An diesem Maßstab zeigt sich der Unterschied zwischen Planungsentscheidungen und Ermessen bzw. Beurteilungsspielraum: Beim Ermessen und Beurteilungsspielraum sind Vorgangsfehler nur ausnahmsweise unbeachtlich, wenn deren Einfluss auf das Entscheidungsergebnis ausgeschlossen ist. Praktisch ist dies nur selten der Fall. Etwa bei einer Ermessensreduzierung auf Null oder bei getrennt nebeneinanderstehenden Begründungen. Der Betroffene muss, um gerichtlich Erfolg zu haben, regelmäßig nur einen Vorgangsfehler darlegen. Bei Planungsentscheidungen hingegen muss das Gericht eine konkrete Möglichkeit eines Einflusses feststellen.

Allerdings hat das BVerfG klargestellt, dass die Anforderungen an eine konkrete Möglichkeit zum Zwecke eines effektiven Rechtsschutzes nicht überspannt werden dürfen. Insbesondere, so das BVerfG, sei eine Grenze dort erreicht, wo das Gericht eigene hypothetische Erwägungen anstellt, um eine Planungsentscheidung zu rechtfertigen.[402] Denn dann, so das BVerfG, würde das Gericht seine Rolle als kontrollierende unabhängige Instanz aufgeben und sich an die Stelle der Planfeststellungsbehörde setzen.[403] Damit betont das BVerfG in diesem Zusammenhang zugleich die Kompetenzabgrenzung zwischen Gericht und Behörde. Gerichte dürfen sich nicht an die Stelle der Behörde setzen.[404]

Die Schlussfolgerung des BVerfG ist konsequent. Denn bestehen konkrete Anhaltspunkte dafür, dass ein fehlerhaft berücksichtigter Belang für eine konkrete Entscheidung maßgeblich war, trifft das Gericht eine neue, von der ursprünglichen Entscheidung unabhängige Entscheidung, nämlich, am bereits gefundenen Ergebnis trotz geänderter Ausgangslage festzuhalten. Im Ergebnis würde die Planungsentscheidung im Zeitpunkt der gerichtlichen Entscheidung „nachgeholt". Ausgehend von der Schlussfolgerung

401 Voßkuhle/Eifert/Möllers/*Köck*, Grundlagen Verwaltungsrecht II, § 36 Rn. 137; so auch BVerwG, Urteil vom 21. August 1981 – 4 C 57/80, BVerwG 61, 33, NJW 1982, 591 (592); inzwischen vom BVerfG aus Anlass einer vergleichbaren Norm als verfassungskonform bestätigt, BVerfG, Beschluss vom 16. Dezember 2015 – 1 BvR 685/12, NVwZ 2016, 524 (526).

402 BVerfG, Beschluss vom 16.Dezember 2015 – 1 BvR 685/12, NVwZ 2016, 524 (526) Rn. 23

403 BVerfG, Beschluss vom 16.Dezember 2015 – 1 BvR 685/12, NVwZ 2016, 524 (526) Rn. 23

404 BVerfG, Beschluss vom 16.Dezember 2015 – 1 BvR 685/12, NVwZ 2016, 524 (526) Rn. 23

des BVerfG wäre die Lösung des BAG beim Weisungsrecht, vollständig auf eine Vorgangskontrolle zu verzichten, undenkbar.

cc) Keine Erleichterung der Abwägung

In seiner Grundsatzentscheidung zur Vorgängerregelung, dem § 155b Abs. 2 S. 2 BBauG, stellt das BVerwG zunächst klar, dass durch diese Vorschrift nicht die rechtlichen Bindungen an den Entscheidungsvorgang eingeschränkt, sondern lediglich die Folgen eines Fehlers modifiziert werden.[405] Dies gilt auch heute noch, wie § 216 BauGB zeigt. Diese Vorschrift stellt klar, dass die rechtlichen Anforderungen im dem Verwaltungsstreit vorgelagerten Verwaltungsverfahren von den Grundsätzen der Planerhaltung unberührt blieben. Das bedeutet, die Richtigkeitsgewähr eines fehlerfreien Abwägungsvorgangs soll durch die modifizierte Fehlerfolge nicht beeinträchtigt werden. Rechtfertigung für die modifizierte Fehlerfolge ist schlicht die abweichende Interessenlage, sobald ein Planungsbeschluss bereits angewendet wird.[406]

6. Aufwertung des Verwaltungsverfahrens

Ein weiterer Unterschied zum Ermessen und zu Beurteilungsspielräumen ist eine Aufwertung des Verwaltungsverfahrens bei Planungsentscheidungen. Auch dies lässt sich am Beispiel des Bauplanungsrechts veranschaulichen.

Nach § 3 BauGB ist die Öffentlichkeit möglichst frühzeitig über die allgemeinen Ziele und Zwecke der Planung, sich wesentlich unterscheidende Lösungen, die für die Neugestaltung oder Entwicklung eines Gebiets in Betracht kommen, und die voraussichtlichen Auswirkungen der Planung öffentlich zu unterrichten. Daneben ist derÖffentlichkeit vor allem auch die Gelegenheit zur Äußerung und Erörterung zu geben.

Nach § 4a BauGB dient die Öffentlichkeitsbeteiligung insbesondere der vollständigen Ermittlung und der zutreffenden Bewertung der von der Planung berührten Belange und der Information der Öffentlichkeit. Der

---

405 BVerwG, Urteil vom 21. August 1981 – 4 C 57/80, BVerwG 61, 33, NJW 1982, 591 (591).

406 So zur Vorgängerregelung des § 216 BauGB, den § 155c BbauG, BVerwG, Urteil vom 21. August 1981 – 4 C 57/80, BVerwG 61, 33, NJW 1982, 591 (593).

Gesetzgeber macht durch die Formulierung „insbesondere" jedoch klar, dass sich der Sinn und Zweck der Öffentlichkeitsbeteiligung nicht darin erschöpft. Vielmehr lässt der Gesetzgeber Raum für verfassungsrechtliche Vorgaben:

- Die Öffentlichkeitsbeteiligung ist Ausdruck des Demokratieprinzips (Art. 20 Abs. 1 GG). So betont das BVerfG, dass die Öffentlichkeitsbeteiligung Bauleitplänen eine „spezifische Legitimation" verschaffe.[407]
- Weiter kommt in der Beteiligung der von der Bauleitplanung Betroffenen der Gedanke eines Grundrechtsschutzes durch Verfahren zum Ausdruck.[408] Durch ihre Beteiligung können Betroffene ihre berechtigten Belange frühzeitig einbringen und damit zum Bestandteil der Abwägung machen. Dies ist nach allgemeiner Meinung vor allem deshalb wichtig, da das Ergebnis einer Planungsentscheidung im Nachgang gerichtlich nur sehr eingeschränkt kontrolliert werden kann.[409] Das BVerfG spricht insoweit von einer Richtigkeitsgewähr durch Verfahren.[410]

Insgesamt folgt der Gesetzgeber mit der Öffentlichkeitsbeteiligung, wie die Gesetzesbegründung zu § 4a BauGB zeigt, der unionrechtlichen geprägten Überzeugung, wonach eine umfangreiche Öffentlichkeitsbeteiligung eine inhaltliche hohe Qualität der Planungsentscheidung gewährleistet.[411] Im Bereich des Bauplanungsrechts ist das Verwaltungsverfahren also nicht bloß „dienend", sondern ihm kommt ein eigenständiger Wert zu.

V. Kein Kontrollverzicht aufgrund besonderer Nähe

Nur der Vollständigkeit halber sei darauf hingewiesen, dass einem Vergleich verwaltungsgerichtlicher und arbeitsgerichtlicher Kontrolle auch nicht die besondere Nähe zwischen Arbeitgeber und Arbeitnehmer entgegensteht.

---

407 BVerfG, Beschluss vom 9. Dezember 1987 - 2 BvL 16/84, NVwZ 1988, 619 (619), BVerfGE 77, 288 (300).

408 Zum Grundrechtsschutz durch Verfahren grundlegend BVerfG, Beschluss vom 20. Dezember 1979 - 1 BvR 385/77, NJW 1980, 759 (763), BVerfGE 53, 30 (63).

409 Exemplarisch BeckOK BauGB/*Schink/Bachmann*, BauGB, § 3 Rn. 4b.

410 BVerfG, Beschluss vom 20. Dezember 1979 - 1 BvR 385/77, NJW 1980, 759 (765), BVerfGE 53, 30 (66).

411 BT-Drs. 15/2250, 45, wobei die Gesetzesbegründung – wie das Gesetz selbst – auch die Behördenbeteiligung mit einbezieht.

Denn für das Verwaltungsrecht ist anerkannt, dass allein eine besondere Nähe zwischen Verwaltung und Betroffenem zu keiner verringerten gerichtlichen Kontrolle führt. So ist seit der Strafgefangenen-Entscheidung des BVerfG anerkannt, dass auch in einem besonderen Näheverhältnis die Grundrechte, der Gesetzesvorbehalt und die Rechtsschutzgarantie (Art. 19 Abs. 4 GG) uneingeschränkt gelten.[412] Entscheidend ist allein, ob eine Maßnahme die subjektiven Rechte des Betroffenen berührt. Tut sie das, unterliegt die Verwaltung den allgemeinen materiell-rechtlichen Bindungen.

Für einen Vergleich zum Weisungsrecht ist damit allein relevant, ob Arbeitnehmer einen materiell-rechtlichen Anspruch darauf haben, dass Arbeitgeber bei ihrer Entscheidung tatsächlich abwägen.[413]

D. *Zwischenergebnis zum Verwaltungsstreitverfahren*

Als Zwischenergebnis lassen sich nach Betrachtung der verwaltungsgerichtlichen Kontrolle folgende Aspekte festhalten:

- Verfassungsrechtlich bewegt sich die gerichtliche Kontrolle von Verwaltungsentscheidungen im Spielfeld von Rechtsschutzgarantie (Art. 19 Abs. 4 S. 1 GG) und Gesetzmäßigkeit der Verwaltung (Art. 20 Abs. 3 GG). Die Rechtsschutzgarantie und das daraus abgeleitete Gebot effektiven Rechtsschutzes gebieten im Ausgangspunkt eine möglichst umfassende gerichtliche Kontrolle.
- Grundsätzlich kontrollieren Gerichte eine Entscheidung der Verwaltung daher entlang der rechtlichen Bindung der Verwaltung (Kongruenz von Bindung und Kontrolle).
- Steht der Verwaltung ein Spielraum zu, unterliegt der Entscheidungsvorgang gleichwohl einer gerichtlichen Kontrolle. Diese verbleibende Vorgangskontrolle ist ein Gebot effektiven Rechtsschutzes (Art. 19 Abs. 4 GG).
- Eine Vorgangskontrolle erfolgt unabhängig von der Art des eingeräumten Spielraums. Das heißt unabhängig davon, ob es um eine Ermessensentscheidung, einen Beurteilungsspielraum oder eine Planungsentscheidung geht.

---

412 BVerfG, Beschluss vom 14. März 1972 – 2 BvR 41/71, BVerfGE 33, 1, NJW 1972, 811 (812 ff.).

413 Siehe unten Kapitel 4, A., S. 145 ff.

- Stets relevante Vorgangsfehler sind eine fehlerhafte oder unvollständige Entscheidungsgrundlage sowie die Berücksichtigung sachfremder oder gar missbräuchlicher Erwägungen und ohne sachlichen Grund, d.h. willkürlich getroffene Entscheidungen.
- Die Idee einer Vorgangskontrolle kann damit als übergeordnetes Prinzip verstanden werden. Ein fehlerfreier Entscheidungsvorgang als Methode zur Entscheidungsfindung bietet Gewähr für ein auch im Ergebnis richtiges Ergebnis.
- Kommt es zu Vorgangsfehlern, ist regelmäßig von der Unwirksamkeit einer Entscheidung auszugehen. Insbesondere vor dem Hintergrund der grundgesetzlichen Rechtsschutzgarantie ist von einer Kausalität eines Vorgangsfehlers für das konkrete Ergebnis einer Entscheidung auszugehen.
- Müsste der Betroffene hingegen die Kausalität zwischen Vorgangsfehler und konkretem Entscheidungsergebnis positiv darlegen, würden die Anforderungen an den Entscheidungsvorgang regelmäßig unterlaufen. Denn der Entscheidungsvorgang spielt sich regelmäßig allein in der Sphäre des Bestimmungsberechtigten ab, weshalb der Betroffene nicht nachweisen kann, inwieweit sich der Vorgangsfehler konkret auf das Ergebnis ausausgewirkt hat. Nach allgemeiner Ansicht würde dies einen effektiven Rechtsschutz unzulässig verkürzen.
- Zugleich ist im Verwaltungsrecht anerkannt, dass der Bestimmungsberechtigte (und Dritte) ein legitimes Interesse daran haben kann (bzw. können), dass Vorgangsfehler ausnahmsweise zu keiner Unwirksamkeit führen.
- Im Verwaltungsrecht wird die Fehlerfolge in diesen Fällen dahingehend abgeändert, dass eine Vorgangsfehler nur noch dann zur Unwirksamkeit einer Behördenentscheidung führt, wenn nachweislich die konkrete Möglichkeit besteht, dass das Ergebnis der Entscheidung ohne Vorgangsfehler anders ausgefallen wäre. D.h., die Anforderungen an die Kausalität zwischen Entscheidungsvorgang und -ergebnis werden zu Gunsten des Bestimmungsberechtigten modifiziert.
- Von einem vollständigen Verzicht auf eine Vorgangskontrolle wird abgesehen. Ein vollständiger Verzicht stünde im Widerspruch zum Gebot eines effektiven Rechtsschutzes und würde die Anforderungen an den Entscheidungsvorgang mangels Sanktion letztlich aushöhlen.
- Ein legitimes Interesse für einc abweichende Fehlerfolge besteht anerkanntermaßen dort, wo Entscheidungen aufgrund einer Vielzahl der zu

berücksichtigenden Interessen sehr fehleranfällig sind und es entsprechend häufig zur Aufhebung von Entscheidungen käme.

- Bei einer Fehlerfolgenbetrachtung werden auch die Beeinträchtigungen berücksichtigt, die die Unwirksamkeit einer Entscheidung für den Bestimmungsberechtigten (und Dritte) hätte.
- Weiter ist anerkannt, dass die Aufwertung des Verwaltungsverfahrens im Sinne einer verstärkten, vorherigen Beteiligung die Richtigkeitsgewähr einer Entscheidung erhöht. Eine entsprechende Beteiligung des Betroffenen beim Entscheidungsvorgang kann damit einen gewissen Ausgleich für eine verringerte, nachträgliche gerichtliche Kontrolle schaffen.
- Schließlich rechtfertigt allein die besondere Nähe zwischen Bestimmungsberechtigtem und Betroffenem keine verringerte gerichtliche Kontrolle. Auch bei besonderen Näheverhältnissen bleibt es bei der Kongruenz zwischen Bindung und Kontrolle. Stehen dem Betroffenen subjektive Rechte zu, ist deren Einhaltung zu kontrollieren.

Kapitel 4: Kontrolle des Entscheidungsvorgangs bei Weisungen

Die in den vorangegangenen Kapiteln gewonnenen Erkenntnisse werden nun für das Weisungsrecht fruchtbar gemacht. Zunächst wird begründet, dass Arbeitgeber beim Erteilen einer Weisung rechtlichen Bindungen an den Entscheidungsvorgang unterliegen und diese Bindungen grundsätzlich gerichtlich kontrolliert werden; d.h. auf eine Vorgangskontrolle nicht generell verzichtet werden kann. Schließlich wird aufgezeigt, dass sich die Unbeachtlichkeit des Entscheidungsvorgang allenfalls über eine Fehlerfolgenbetrachtung begründen lässt; wobei zur Bewertung und Typisierung auf bekannte Wertungen zurückgegriffen werden kann.

A. Materiell-rechtliche Bindungen gemäß § 106 GewO

I. Definition „billigen Ermessens" als Entscheidungsvorgang

Wie bereits zu Beginn der Untersuchung geschildert, definiert das BAG das billige Ermessen im Sinne von § 106 GewO in ständiger Rechtsprechung erkennbar als Entscheidungsvorgang:[414]

> „Die Leistungsbestimmung nach billigem Ermessen *verlangt eine Abwägung* der wechselseitigen Interessen nach verfassungsrechtlichen und gesetzlichen Wertentscheidungen, den allgemeinen Wertungsgrundsätzen der Verhältnismäßigkeit und Angemessenheit sowie der Verkehrssitte und Zumutbarkeit. In die Abwägung sind alle Umstände des Einzelfalls einzubeziehen."

Nach Ansicht des BAG gehören hierzu: [415]

> „die Vorteile aus einer Regelung, die Risikoverteilung zwischen den Vertragsparteien, die beiderseitigen Bedürfnisse, außervertragliche Vor- und Nachteile, Vermögens- und Einkommensverhältnisse sowie soziale Lebensverhältnisse, wie familiäre Pflichten und Unterhaltsverpflichtungen."

414 Siehe etwa BAG, Vorlagebeschluss vom 30. Januar 2019 – 10 AZR 299/18 (A), NZA 2019, 693, (695), Rn. 46; BAG, Urteil vom 24. Mai 2018 – 6 AZR 116/17, NZA-RR 2018, 568 (572), Rn. 39.

415 Etwa BAG, Urteil vom 28. November 1989 – 3 AZR 118/88, BAGE 63, 267, NZA 1990, 559 (560), zu II., 1., a); BAG, Urteil vom 17. August 2011 – 10 AZR 202/10, NZA 2012, 265, (266) Rn. 22.

B. Seiwerth, *Die gerichtliche Kontrolle von Arbeitgeberweisungen*, Juridicum – Schriften zum Arbeitsrecht, https://doi.org/10.1007/978-3-658-52310-7_4

Soweit ersichtlich, findet diese Definition in der Literatur Zustimmung. Lediglich der konkrete Umfang der zu berücksichtigenden Umstände wird stellenweise kritisiert. Soweit das BAG etwa „pauschal" außervertragliche Vor- und Nachteile in die Abwägung miteinbezieht, gehe dies nach Ansicht mancher Autoren zu weit.[416] Hierauf muss in dieser Untersuchung jedoch nicht eingegangen werden. Denn die Frage nach dem konkreten Umfang potenziell relevanter Umstände ist zu trennen von der Frage, ob Arbeitgeber bei ihrer Entscheidung überhaupt abwägen müssen, und wenn ja, welche Anforderungen an den Entscheidungsvorgang zu stellen sind.

Die Parallelen zwischen der Definition durch das BAG im Vergleich zum Verwaltungsrecht – bei dem eine Vorgangskontrolle stattfindet[417] – springen ins Auge:

> „Die Ermessenserwägungen der Widerspruchsbehörde, auf die entscheidend abzustellen ist (§ 79 I Nr. 1 VwGO), sind nicht rechtswidrig. *Die Behörde hat eine Abwägung unter Berücksichtigung aller wesentlichen Umstände des Falles vorgenommen. Sie hat sich bei ihrer aufgrund der Abwägung getroffenen Entscheidung von dem Zweck der Ermächtigung leiten lassen.* Die Ausweisung verletzt auch nicht die Rechtsschranken, die dem Ermessen außerdem gezogen sind. Sie ist eine zur Erreichung des Gesetzeszwecks geeignete Maßnahme."[418]

Das in der Definition des BAG liegende Postulat an den Arbeitgeber, tatsächlich abzuwägen, wird nochmals deutlicher, wenn man weitere Teile des üblichen Kontrollmaßstabs in den Blick nimmt:

> „Ob die beiderseitigen Interessen angemessen *berücksichtigt worden sind*, [...]"[419]

> „eine Leistungsbestimmung entspricht billigem Ermessen, wenn die wesentlichen Umstände des Falles *abgewogen* und die beiderseitigen Interessen berücksichtigt *worden sind*" [420]

> „Die Grenzen billigen Ermessens sind gewahrt, wenn *der Arbeitgeber* bei seiner Entscheidung die wesentlichen Umstände des Einzelfalls *abgewogen* und die beiderseitigen Interessen angemessen berücksichtigt *hat*." [421]

---

416 Siehe etwa ErfK/Preis, § 106 GewO Rn. 10; aber auch Staudinger/*Rieble*, BGB, § 315 Rn. 247.

417 Siehe oben Kapitel 3, C., I., 5., a), S. 116 ff.

418 BVerwG, Urteil vom 26. Februar 1980 – 1 C 90/76, NJW 1980, 2656 (2656) [Hervorhebung nicht im Original]; dieses Urteil ebenfalls bemühend *Höpfner/Daum*, ZfA 2021, 467 (478).

419 BAG, Urteil vom 30.November 2022 – 5 AZR 336/21, NZA 2023, 429, Rn. 39 [Hervorhebungen nicht im Original]; siehe auch zur „ersten Kritik" oben Kapitel 2, C., II., 1., S. 94 ff.

420 BAG, Urteil vom 11. Oktober 1995 – 5 AZR 1009/94, NZA-RR 1996, 313 (314), zu I. 1 [Hervorhebungen nicht im Original].

421 BAG, Urteil vom 15. Mai 2019 – 7 AZR 396/17, NZA 2019, 1497 (1500), Rn. 25 [Hervorhebungen nicht im Original].

Sprachlich bezieht sich die Definition stets auf die in der Vergangenheit liegende Abwägung des Arbeitgebers und gerade nicht auf das bloße Ergebnis dieser Entscheidung.

Diese – aus Sicht des Autors zutreffende – Definition billigen Ermessens stellt an den Arbeitgeber offenkundig die materiell-rechtliche Anforderung, wesentliche Erwägungen bzw. Umstände vollständig sowie richtig zu erfassen und keine sachfremden oder gar missbräuchlichen Erwägungen anzustellen – weshalb erst recht willkürlich getroffene Entscheidungen ausscheiden.

II. Herleitung materiell-rechtlicher Bindungen an Entscheidungsvorgang

Eine Auslegung von § 106 GewO bestätigt, dass die vom BAG verwendete Definition des billigen Ermessens richtigerweise auch materiell-rechtliche Bindungen an den Entscheidungsvorgang des Arbeitgebers enthält.

1. Abwägung anhand vollständiger und richtiger Erwägungen

a) Wortlaut

Für ein tatsächliches Abwägungserfordernis spricht zunächst der Wortlaut von § 106 GewO:

> „Der Arbeitgeber kann Inhalt, Ort und Zeit der Arbeitsleistung nach billigem Ermessen näher bestimmen."

Die Formulierung „nach billigem Ermessen näher bestimmen" beschreibt einen Vorgang und stellt nicht auf das Ergebnis der Entscheidung ab.

Dies verdeutlicht ein Vergleich mit § 307 Abs. 1 BGB, bei dem es ebenfalls um die Wirksamkeit einseitiger Vorgaben geht. Danach sind Bestimmungen in allgemeinen Geschäftsbedingungen unwirksam,

> „wenn *sie* [d.h. die Bedingung] den Vertragspartner des Verwenders entgegen den Geboten von Treu und Glauben unangemessen benachteiligen".[422]

Bei § 307 Abs. 1 BGB kommt es nach seinem Wortlaut nicht auf die vom Verwender angestellten Erwägungen, sondern ausschließlich auf den Inhalt

422 [Hervorhebung nicht im Original]

allgemeiner Geschäftsbestimmungen und deren Auswirkungen auf den Vertragspartner („benachteiligen“) an. Bezugspunkt bei § 307 Abs. 1 BGB ist das Entscheidungsergebnis des Verwenders; bei § 106 GewO ist es der Entscheidungsvorgang des Arbeitgebers.

b) Regelungszweck

Für materiell-rechtliche Anforderungen an den Entscheidungsvorgang spricht auch der Regelungszweck des billigen Ermessens.

Anerkannter Regelungszweck des billigen Ermessens ist die Schaffung von Einzelfallgerechtigkeit.[423] *Hoyningen-Huene* stellt in diesem Zusammenhang zutreffend darauf ab, dass das billige Ermessen – genauer die Billigkeit – der Erreichung von Austauschgerechtigkeit im Einzelfall dient. Die Billigkeit diene als Korrektiv bei solchen Vertragsinhalten, welche die Parteien nicht aushandeln können, um ein möglichst gerechtes Ergebnis zu erreichen.[424] Wie im Zusammenhang mit dem Verwaltungsrecht erörtert, kann eine solche Einzelfallgerechtigkeit jedoch nur erreicht werden, wenn die relevanten Umstände zutreffend ermittelt und ihrer Bedeutung entsprechend gegeneinander abgewogen werden.[425] Wäre nun der Arbeitgeber bei seiner ursprünglichen Weisung nicht daran gebunden, tatsächlich im vorgenannten Sinne abwägen zu müssen, käme es dem Zufall gleich, ob das Ergebnis noch billigem Ermessen entspricht oder nicht. Wie *Lembke* zutreffend schreibt, wäre es einem Arbeitnehmer grundsätzlich nicht zumutbar, sich solchen Weisungen zu unterwerfen.[426]

Die sich aus dem billigen Ermessen ergebenden Anforderungen ersetzen also die „Richtigkeitsgewähr“, die sich bei einem Vertrag sonst durch die erforderliche Zustimmung der jeweils anderen Vertragspartei ergibt.[427] Die

---

423 Bezogen auf die Billigkeit ausführlich BGH, Beschluss vom 16. September 2016 – VGS 1/16, BGHZ 212, 48, Rn. 32: „Billigkeit bezeichnet danach die Lösung für das Problem, dass allgemeine Gesetze, gerade weil sie eine allgemeine Regelung treffen, dem Einzelfall nicht ohne weiteres gerecht werden können. Funktion der Billigkeit ist die Auflösung des Spannungsverhältnisses zwischen den abstrakt-generellen Regelungen des Gesetzes und den Besonderheiten des Einzelfalls, mithin die Herstellung von Einzelfallgerechtigkeit.“.

424 *Hoyningen-Huene*, Die Billigkeit im Arbeitsrecht (1978), S 54.

425 Siehe oben Kapitel 3, C., I., 4., S. 115 f. und Kapitel 3, C., III., 2., S. 127 f.; so für § 315 BGB auch Staudinger/*Rieble*, BGB, § 315 Rn. 396 m.w.N.

426 Henssler/Willemsen/Kalb/*Lembke*, GewO, § 106 Rn. 6; siehe hierzu bereits oben Kapitel 2, B., I., S. 96.

427 *Larenz*, Schuldrecht I, AT, § 6 II, S. 80 f.

Untersuchung zum Verwaltungsrecht hat dabei gezeigt, dass die Gewähr für ein richtiges Ergebnis gerade durch einen fehlerfreien Abwägungsvorgang geschaffen wird.[428] Mit den Worten des BVerwG:

> „Die Fehlerfreiheit der Entscheidungsfindung soll die Fehlerfreiheit des Entscheidungsergebnisses gewährleisten“[429]

Anhaltspunkte dafür, dass eine solche Richtigkeitsgewähr einer tatsächlich vorgenommenen und fehlerfreien Abwägung nicht auch im Zivilrecht zuträfe, sind nicht ersichtlich. Im Gegenteil trifft es zu, wenn *Rieble* im Zusammenhang mit dem billigen Ermessen von einem „Abwägungsprinzip“ und einer „Entscheidungsmethode“ spricht, anhand derer der Bestimmungsberechtigte zum „besten“ Ergebnis gelangt.[430]

c) Systematik

Für die Beachtlichkeit des Entscheidungsvorgangs spricht weiter die Gesetzessystematik.

aa) Äußere Systematik: Verhältnis zu § 315 BGB

Nach ständiger Rechtsprechung des BAG ist § 315 BGB neben § 106 GewO entsprechend anwendbar.[431] Zwar, so das BAG, enthalte § 106 GewO keinen ausdrücklichen Verweis auf § 315 BGB. Allerdings sei die Rechtsprechung bereits vor Inkrafttreten von § 106 GewO davon ausgegangen, dass sich die Prüfung des billigen Ermessens an den zu § 315 BGB entwickelten Grund-sätzen zu orientieren habe. Hieran habe der Gesetzgeber angeknüpft.[432] Dieses Verständnis, wonach § 106 GewO etablierte Rechtsgrundsätze lediglich kodifizieren sollte, wird von der

---

428 Siehe oben Kapitel 3, C., I., 5., a), S. 116 ff.

429 BVerwG, Urteil 15. Dezember 1989 – 7 C 23.88, BeckRS 1989, 31243759; BVerwG, Urteil vom 20. September 1984 – 7 C 57/83, NVwZ 1985, 187 (188).

430 Staudinger/*Rieble*, BGB, § 315 Rn. 396 m.w.N.; *Engisch* spricht insofern sehr anschaulich davon, „der Rechtsanwender [sei] durch das Billigkeitsrecht [...] dazu berufen, nicht bloß durch Auslegung und Subsumtion, sondern auch durch Wertungen und Willensentscheidungen das Recht im Einzelfall zu finden.“ vgl. *Engisch*, Einführung in das juristische Denken (2018), S. 187.

431 Grundlegend BAG, Urteil vom 18. Oktober 2017 – 10 AZR 330/16, BAGE 160, 296, NZA 2017, 1452 (1460), Rn. 70 ff.

432 BAG, Urteil vom 18. Oktober 2017 – 10 AZR 330/16, BAGE 160, 296, NZA 2017, 1452 (1460), Rn. 70 ff. mit Verweis auf *Schönleiter/Viethen*, GewArch 2003, 129 (135).

Gesetzesbegründung gestützt. So spricht sie davon, dass zum Weisungsrecht – obwohl in Rechtsprechung und Literatur als wesentlicher Bestandteil des Arbeitsvertrages allgemein anerkannt – eine ausdrückliche Regelung von Inhalt und Grenzen des Weisungsrechts im Interesse von Rechtsklarheit und Rechtssicherheit im Arbeitsverhältnis geboten gewesen sei.[433]

Für § 315 BGB wiederum hat der BGH wiederholt entschieden, dass eine Leistungsbestimmung allein wegen eines Vorgangfehlers unwirksam sein kann:[434]

- Etwa im Fall einer Genossenschaft für Molkereiprodukte:[435] Die Genossenschaft hatte Lieferanten, die eine ungekündigte Mitgliedschaft hatten, mittels einer Treueprämie ein höheres Entgelt gezahlt. Gegenüber Lieferanten, die bereits eine Kündigung ausgesprochen hatten, behielt sie ich vor, den auf die Treueprämie entfallenden Entgeltanteil zurückzufordern, sollten diese ihre Mitgliedschaft nicht doch noch verlängern. Nach Ansicht des BGHverstieß diese Entgeltfestsetzung gegen billiges Ermessen. Auf Basis der maßgeblichen Regelungen habe das Entgelt allein nach Gesichtspunkten bestimmt werden dürfen, die sich am Wert und der Absetzbarkeit der gelieferten Milch orientiert. Unzulässig, weil sachfremd, seien Gesichtspunkte wie Treue zur Genossenschaft. Die Bestimmung des Entgelts, so der BGH, sei allein schon deshalb unverbindlich, weil sie unter sachfremden Gesichtspunkten erfolgt sei.
- Ebenso im Fall einer Versorgungskasse:[436] Diese hatte aus Anlass einer Umstrukturierung ihres Versorgungssystems betroffene Arbeitgeber auf ein Sanierungsgeld in Anspruch genommen, dessen Höhe die Versorgungskasse zuvor einseitig festgesetzt hatte. Der BGH stellt in diesem Zusammenhang ausdrücklich klar:

  „Die Billigkeit i. S. des § 315 BGB bezeichnet die Grenzen des Ermessens, die eingehalten werden müssen, damit die getroffene Entscheidung für den Empfänger der Bestimmungserklärung verbindlich ist. Es sind die beiderseitigen Interessen objektiv gegeneinander abzuwägen. Die Ausübung des billigen Ermessens ist gerichtlich dahingehend nachprüfbar, *ob die Grenzen des Ermessens eingehalten sind und ob nicht sachfremde oder willkürliche Motive für die Bestimmung maßgebend gewesen*

433 BT-Drucks. 14/8796, S. 24.

434 Die nachfolgenden Urteile teilweise ebenfalls anführend Staudinger/*Rieble* (2020), § 315 Rn. 421.

435 BGH, Urteil vom 20. Juni 1983 – II ZR 224/82, Ziffer 3.; bestätigt durch BGH, Urteil vom 26. November 1990 – II ZR 69/90, BB 1991, 644 (644 f.).

436 BGH, Urteil vom 5. Dezember 2012 – IV ZR 110/10, NZA-RR 2013, 327 (329), Rn. 27 [Hervorhebungen nicht im Original]; Parallelentscheidung zu BGH, Urteil vom 5. Dezember 2012 – IV ZR 111/10.

> *sind* [...]. Mithin ist das Berufungsgericht zutreffend davon ausgegangen, dass die Entscheidungskontrolle nicht auf eine Ergebniskontrolle verengt werden darf, *sondern auch der subjektive Ermessensfehlgebrauch in Anlehnung an die verwaltungsrechtliche Ermessensfehlerlehre von Bedeutung ist* [...]. Das Berufungsgericht hat daher zu Recht geprüft, ob der Verwaltungsrat *deshalb nicht ermessensfehlerfrei entscheiden konnte, weil er von einem unzutreffenden Sachverhalt* in Form eines weit überhöhten umstellungsbedingten Finanzierungsbedarfs ausgegangen war. Entgegen der Ansicht der Revision ist *es unerheblich, dass der Verwaltungsrat nach dem Vorbringen der Klägerin den gleichen Vomhundertsatz mit einer anderen Begründung hätte festsetzen können.*

- Und nochmals im Fall einer Versorgungskasse:[437] In Anlehnung an die zuvor beschriebene Entscheidung stellt der BGH in einer jüngeren Entscheidung nochmals ausdrücklich klar:

> „Billigkeit im Sinne des § 315 BGB bezeichnet die Grenzen des Ermessens, die eingehalten werden müssen, damit die getroffene Entscheidung für den Empfänger der Bestimmungserklärung verbindlich ist. Es sind die beiderseitigen Interessen objektiv gegeneinander abzuwägen. Die Ausübung des billigen Ermessens ist gerichtlich dahingehend nachprüfbar, *ob die Grenzen des Ermessens eingehalten sind und ob nicht sachfremde oder willkürliche Motive für die Bestimmung maßgebend gewesen sind.* Die Entscheidungskontrolle ist nicht auf eine Ergebniskontrolle verengt; *auch der subjektive Ermessensfehlgebrauch ist von Bedeutung.* Demgemäß hatte das Berufungsgericht auch zu prüfen, ob der Entscheidung über die Festsetzung des Sanierungsgeldes *ein unzutreffender Sachverhalt* in Form eines weit überhöhten umstellungsbedingten Finanzierungsbedarfs zugrunde lag [...].

Wenn der BGH zu § 315 BGB in ständiger Rechtsprechung davon ausgeht, dass das billige Ermessen auch materiell-rechtliche Anforderungen an den Entscheidungsvorgang stellt und das BAG davon, dass § 315 BGB beim Weisungsrecht entsprechend anzuwenden ist, kann für das billige Ermessen beim Weisungsrecht nichts anderes gelten. Der Arbeitgeber hat auch hier tatsächlich und fehlerfrei abzuwägen. Er unterliegt nicht allein materiellrechtlichen Bindungen an das Ergebnis seiner Entscheidung. Unterschiede zwischen einer allgemeinen Leistungsbestimmung nach § 315 BGB und einer Weisung, die einen verringerte materiell-rechtliche Bindung des Arbeitgebers begründen können, sind weder ersichtlich noch in Rechtsprechung oder Literatur angeführt.

437 BGH, Urteil vom 11. Januar 2023 – IV ZR 85/20, WM 2023, 459 (464), Rn. 39 [Hervorhebungen nicht im Original]; ebenso auch eine Vorgangskontrolle vornehmend BGH, Urteil vom 2. Oktober 2024 – IV ZR 37/23, BeckRS 2024, 28576, Rn. 20.

bb) Innere Systematik von § 315 BGB

Dafür, dass das billige Ermessen nach § 106 GewO bzw. § 315 Abs. 1 BGB vom Arbeitgeber ein tatsächliches und fehlerfreies Abwägen erfordert, spricht auch die innere Systematik von § 315 BGB; genauer das Verhältnis von § 315 Abs. 1 zu Abs. 3 BGB.

Dies zeigt das bereits erörterte BAG-Urteil zum abgelehnten Altersteilzeitverlangen.[438] Zur Erinnerung: Das BAG stellte darin klar, dass sich die verwaltungsgerichtliche Ermessenskontrolle von der zivilgerichtlichen Billigkeitskontrolle darin unterscheide, dass Zivilgerichte anders als Verwaltungsgerichte eine eigene Sachentscheidung treffen können. Dies folge aus der nach § 315 Abs. 3 S. 2 BGB gesetzlich angeordneten Sachentscheidungsbefugnis der Zivilgerichte: [439]

> „[Die Letztentscheidungsbefugnis des Zivilgerichts] unterscheidet [...] die Billigkeitskontrolle im Rahmen des Zivilrechts von der verwaltungsgerichtlichen Ermessenskontrolle. Dort steht der Verwaltung und nicht dem Gericht das Recht zu, Ermessenserwägungen zu treffen."

Die in diesem Urteil gegebene Begründung für eine reine Ergebniskontrolle stützt sich damit gerade nicht auf eine Auslegung des Begriffs des billigen Ermessens, wonach der Arbeitgeber bereits keinen materiell-rechtlichen Anforderungen an den Entscheidungsvorgang unterliege. Wenn das BAG zur Abgrenzung der verwaltungsgerichtlichen von der zivilgerichtlichen Kontrolle auf die gesetzlich angeordnete Sachentscheidungsbefugnis der Gerichte abstellt, anerkennt das BAG zugleich, dass das Ermessen einer Behörde und eines Arbeitgebers strukturell gleich sind. Die Beschränkung auf eine reine Ergebniskontrolle ist also kein Ausfluss einer Wertung, die dem Wesen des billigen Ermessens innewohnt (*innere Grenze*), sondern ergibt sich allenfalls aus der gesetzlich angeordneten Kontrollkompetenz nach § 315 Abs. 3 S. 2 BGB.

cc) Äußere Systematik: Vergleich mit § 76 BetrVG

Dass billiges Ermessen auch den Entscheidungsvorgang des Bestimmungsberechtigten umfasst, zeigt auch ein Vergleich mit § 76 Abs. 5 S. 4 BetrVG.

---

438 BAG, Urteil vom 3. Dezember 2002 – 9 AZR 457/01, BAGE 104, 55, NZA-RR 2003, 613 im Einzelnen siehe hierzu oben Kapitel 2, B., III., 2., a)., S. 78 ff.

439 BAG, Urteil vom 3. Dezember 2002 – 9 AZR 457/01, BAGE 104, 55, NZA-RR 2003, 613 (615), zu II. 2. a) dd) (1); in die gleiche Richtung BAG, Urteil vom 14. Mai 2019 – 3 AZR 150/17, NZA 2019, 1367 (1371), Rn. 38.

§ 76 BetrVG regelt die Befugnisse einer Einigungsstelle von Arbeitgeber und Betriebsrat. Finden Arbeitgeber und Betriebsrat im Rahmen der zwingenden Mitbestimmung keine Einigung, entscheidet die Einigungsstelle: ein paritätisch besetztes Mediationsorgan unter einem neutralen Vorsitz. Ihren Beschluss, den sog. Spruch, fasst die Einigungsstelle gemäß § 76 Abs. 5 S. 3 BetrVG

> „unter angemessener Berücksichtigung der Belange des Betriebs und der betroffenen Arbeitnehmer *nach billigem Ermessen*.“[440]

Zur Kontrolle des Spruchs ordnet § 76 Abs. 5 S. 4 BetrVG ausdrücklich an:

> „Die *Überschreitung der Grenzen* des Ermessens kann [...] beim Arbeitsgericht geltend gemacht werden.“[441]

Insbesondere aufgrund dieses Wortlauts gilt in ständiger Rechtsprechung des BAG, dass der Entscheidungsvorgang des Arbeitgebers nicht überprüft werde.[442]

Der Rückgriff auf § 76 Abs. 5 S. 4 BetrVG zur Begründung einer reinen Ergebniskontrolle zeigt also erneut – wie schon bei § 315 Abs. 3 S. 2 BetrVG –, dass eine reine Ergebniskontrolle kein Ausfluss einer Wertung ist, die dem Wesen des billigen Ermessens innewohnt (*innere Grenze*). Denn die Rechtsprechung und der Gesetzgeber müssten nicht auf die ausdrückliche Beschränkung des Kontrollmaßstabs zurückgreifen, wenn das billige Ermessen ohnehin keine materiell-rechtliche Bindungen an den Entscheidungsvorgang enthielte.

dd) Mittelbare Drittwirkung der Grundrechte

Soweit angeführt wird, eine Übernahme verwaltungsgerichtlicher Grundsätze sei nicht angezeigt, da der Arbeitgeber im Gegensatz zur Verwaltung nicht hoheitlich handle, überzeugt dieser Einwand nicht.[443]

---

440 [Hervorhebung nicht im Original].

441 [Hervorhebung nicht im Original].

442 Grundlegend BAG, Beschluss vom 31. August 1982 – 1 ABR 27/80, NJW 1983, 953 (956); inhaltlich bestätigt durch BVerfG, Beschluss vom 18. Oktober 1986 – 1 BvR 1426/83, NZA 1988, 25, (26); zur aktuellen Rechtsprechung vgl. etwa BAG, Beschluss vom 14. Februar 2023 – 1 ABR 28/21, NZA 2023, 702 (703), Rn. 18.

443 So etwa *Höpfner* und *Daum*, die sich in diesem Zusammenhang auf Art. 20 Abs. 3 GG beziehen, wobei die Zielrichtung dieses Verweises unklar bleibt; vgl. *Höpfner/Daum*, ZfA 2021, 467 (478).

Zunächst ist in Rechtsprechung und Literatur anerkannt, dass das billige Ermessen als Generalklausel einer verfassungskonformen Auslegung bedarf und die Grundrechte daher eine mittelbare Drittwirkung entfalten.[444] Das BVerfG zählte § 315 BGB in einem Urteil vor Inkrafttreten von § 106 GewO zu den Generalklauseln des Zivilrechts.[445] Gleiches gilt damit für § 106 GewO, der auf § 315 BGB zurückgeht und mit dem billigen Ermessen denselben unbestimmten Rechtsbegriff enthält.[446] Das bedeutet, auch Arbeitgeber müssen die Grundrechte von Arbeitnehmern bei Weisungserteilung beachten.[447] Besonders anschaulich wurde dies schon in Fällen von Glaubenskonflikten, wie etwa ein vom Arbeitgeber angeordnetes Kopftuchverbot am Arbeitsplatz, welches das BAG als unzulässigen Eingriff in die Glaubensfreiheit der Arbeitnehmern nach Art. 5 GG wertete.[448] Arbeitgeber müssen also wie die Verwaltung einen übermäßigen Eingriff in die Grundrechte von Arbeitnehmern vermeiden. Der einzige Unterschied in diesem Zusammenhang: Anders als die Verwaltung sind Arbeitgeber selbst auch grundrechtsberechtigt. Das heißt, Arbeitgeber müssen ihre Grundrechte mit jenen ihrer Arbeitnehmer in einen angemessenen Ausgleich bringen. Die Behörde wiederum muss einen Ausgleich schaffen zwischen den Grundrechten des Betroffen und den Interessen der Allgemeinheit. Für die hierfür passende Methode eines fehlerfreien Abwägungsvorgangs ergibt sich hieraus jedoch kein relevanter Unterschied. Hier wie da geht es am Ende um *praktische Konkordanz*.[449]

Soweit Parallelen zum Verwaltungsrecht in Frage gestellt werden, ist schließlich zu beachten, dass auch Arbeitgeber in gewisser Weise Macht über Arbeitnehmer ausüben können. Auf diese Macht stellt etwa *Würdinger* ab, wenn er meint, die in der verwaltungsgerichtlichen Rechtsprechung

444 *Hoyningen-Huene*, Die Billigkeit im Arbeitsrecht (1978), S. 30; exemplarisch BAG, Urteil vom 24. Februar 2011 – 2 AZR 636/09, NZA 2011, 1087 (1089), Rn. 23; zur mittelbaren Drittwirkung grundlegend BVerfG, Urteil vom 15. Januar 1958 – 1 BvR 400/51, BVerfGE 7, 198 – Lüth.

445 BVerfG, Beschluss vom 07. Februar 1990 - 1 BvR 26/84, BVerfGE 81, 242 (256), NJW 1990, 1469 (1470), unter C.I.3.

446 Zur Intention des Gesetzgebers siehe unten ausführlich in Kapitel 4., A., II., 1., d), bb), S. 157 ff.

447 MHdB ArbR/ *Reichold*, § 40 Arbeitspflicht und Arbeitszeit Rn. 29 m.w.N.

448 BAG, Urteil vom 10. Oktober 2002 - 2 AZR 472/01, BAGE 103, 111, NZA 2003, 483.

449 Für das Arbeitsrecht etwa BAG, Urteil vom 24. September 2014 – 5 AZR 611/12, BAGE 149, 144, NZA 2014, 1407, (1410), Rn. 26.; MHdB ArbR/*Reichold*, § 40 Arbeitspflicht und Arbeitszeit, Rn. 29 m.w.N.; für das Verwaltungsrecht etwa BVerwG, Beschluss vom 23. Mai 2023 – 6 B 33.22, NVwZ 2023, 1427 (1428 f.), Rn. 16.

entwickelte Ermessensfehlerlehre sei jedenfalls dann beim billigen Ermessen anzuwenden, wenn der Arbeitgeber *„soziale Macht“* ausübe.[450] Das Konzept der *„sozialen Macht“* wiederum fußt auf der Idee der Überlegenheit von Arbeitgebern gegenüber Arbeitnehmern.[451] Dort, wo die Richtigkeitsgewähr von Verhandlungen mangels Kräftegleichgewicht versage, komme den Grundrechten in mittelbarer Drittwirkung eine schützende Bedeutung zu. Aufgrund der fehlenden Vertragsparität führe eine Begrenzung durch die Grundrechte auch nicht zum Eingriff in die – beide Parteien in den Blick genommen – ohnehin nicht bestehende Vertragsfreiheit.[452] Mit eigenen Worten: Arbeitnehmer und Bürger befinden sich in einer hinreichend vergleichbaren Abhängigkeit, die eine Übertragung verwaltungsrechtlicher Grundsätze rechtfertigt. Dazu gehört auch die präventive Dimension eines tatsächlichen Abwägens.

d) Entstehungsgeschichte

Der bisherigen Auslegung steht schließlich auch nicht die Entstehungsgeschichte von § 106 GewO entgegen.

aa) Ursprung des billigen Ermessens

Historisches Vorbild für das billige Ermessen im Sinne von § 315 BGB (als Ursprungsregelung zu § 106 GewO) war das gemeinrechtliche sog. *arbitrium boni viri.*[453] Das *arbitrium boni viri* kann anschaulich über seinen Gegensatz, das *arbitrium merum,* begriffen werden. Letzteres meint eine völlig willkürliche, von rein subjektiven Beweggründen getragene Entscheidung.[454] Das *arbitrium boni viri* (d.h. das „Ermessen eines guten Mannes“) meint wiederum den Ausgleich gegenseitiger Ansprüche bzw. Interessen

450 MüKoBGB/*Würdinger*, BGB, § 315 Rn. 74 unter Verweis auf *Söllner*, Einseitige Leistungsbestimmungen im Arbeitsverhältnis (1966), S. 130; *Gamillscheg*, AcP 164 (1964), 385 (407 ff.).

451 *Gamillscheg*, AcP 164 (1964), 385 (408), der das Konzept der *„sozialen Macht“* bzw. *„sozialen Gewalt“* im Zusammenhang mit der Frage diskutiert, ob und in wieweit die Grundrechte im Arbeitsverhältnis zu beachten sind.

452 *Gamillscheg*, AcP 164 (1964), 385 (412 f.).

453 II, Motive, S. 192 zur Vorgängerregelung § 354 BGB a.F.

454 *Schirmer*, AcP 91 (1901), 136 (136).

anhand objektiver Gesichtspunkte.[455] Nach dem historischen Verständnis könne

> „die Leistung [...] nicht der Willkür des Schuldners überlasen werde. Es fehlte solchenfalls an der Verpflichtung des Schuldners, einer Essentiale des Vertrages. [...] Eine der Billigkeit nicht entsprechende Bestimmung ist nicht die vertragsgemäße. Der andere Kontrahent braucht sie deshalb nicht anzuerkennen."[456]

Vorbild für das *arbitrium boni viri* war damit nicht das Verwaltungsermessen.[457] Dies steht einer Auslegung, wonach der Arbeitgeber – ähnlich einer Behörde – tatsächlich abwägen muss, jedoch nicht entgegen. Denn wie *Söllner* zutreffend feststellt, gibt es zwischen Verwaltungsermessen und *arbitrium boni viri* eine Parallele:[458] Im Verwaltungsrecht bewirkt das Ermessen eine Bindung der Verwaltung an das Gesetz.[459] Das *arbitrium boni viri* wiederum bewirkt – wie dessen obige Konkretisierung zeigt – eine Bindung einer Leistungsbestimmung an den Vertrag.

Die bisherige Untersuchung wiederum hat gezeigt, dass einem fehlerfreien Abwägungsvorgang eine Richtigkeitsgewähr innewohnt, die auf eine angemessene Entscheidung abzielt.[460] Umgekehrt wäre ohne eine tatsächliche Abwägung des Arbeitgebers die Billigkeit einer Weisung vom Zufall abhängig. Materiell-rechtliche Anforderungen an den Abwägungsvorgang des Arbeitgebers vermeiden damit eine Willkür, die das *arbitrium boni viri* gerade ausschließen möchte.

bb) Gesetzesbegründung zu § 106 GewO

Schließlich steht die Entstehungsgeschichte von § 106 GewO einer Vorgangskontrolle aus einem weiteren Gesichtspunkt nicht entgegen.

---

455 *Schirmer*, AcP 91 (1901), 136 (136); zum Begriff *arbitrium boni viri* näher *Proculus*, D. 17, 2, 76; D. 17, 2, 78.

456 II, Motive, S. 192 f. zur Vorgängerregelung § 354 BGB a.F.

457 So etwa auch *Rieble*, Die Kontrolle des Ermessens der betriebsverfassungsrechtlichen Einigungsstelle (1990), S. 114, der zutreffend darauf hinweist, dass ich die Ermessensbindung des Bestimmungsberechtigten in beiden Fällen entsprechen; ähnlich *Horst*, Gleichbehandlung bei der Ausübung des Weisungsrechts des Arbeitgebers (2013), S. 119.

458 Vgl. *Söllner*, Einseitige Leistungsbestimmungen im Arbeitsverhältnis (1966), S. 130.

459 Zum Vorbehalt des Gesetzes nach Art. 20 Abs. 3 GG bereits oben Kapitel 3, A., S. 104 ff.

460 Siehe oben Kapitel 3, C., III., 2., S. 127 ff.

Wie bereits angesprochen, wollte der Gesetzgeber mit der Einführung von § 106 GewO im Jahr 2002 die zu diesem Zeitpunkt anerkannten Rechtsgrundsätze kodifizieren:[461]

> „Obwohl das Weisungsrecht des Arbeitgebers heute in Rechtsprechung und Literatur als wesentlicher Bestandteil des Arbeitsvertrages allgemein anerkannt ist, ist eine ausdrückliche Regelung von Inhalt und Grenzen des Weisungsrechts im Interesse von Rechtsklarheit und Rechtssicherheit im Arbeitsverhältnis geboten."

Wie ebenfalls bereits erörtert, war bis dahin sowohl seitens des BGH als auch seitens des BAG anerkannt, dass der Bestimmungsberechtigte auch rechtlichen Bindungen an den Entscheidungsvorgang unterliegt.[462] Folglich tritt die Bedeutung und genaue Einordnung des historischen *arbitrium boni viri* in den Hintergrund. Im Zeitpunkt der Einführung von § 106 GewO waren Ergebnis- und Vorgangskontrolle beim billigen Ermessen anerkannt. Hierauf stellte der Gesetzgeber ab, sodass allein dieses – je nach Lesart des *arbitrium boni viri* gegebenenfalls moderne – Verständnis für eine Auslegung des billigen Ermessens maßgeblich ist.

e) Fazit zur Auslegung

Eine Auslegung von § 106 GewO anhand von Wortlaut, Regelungszweck, Systematik spricht für ein Verständnis des billigen Ermessens, wonach Arbeitgeber materiell-rechtlichen Bindungen an den Entscheidungsvorgang unterliegen und insbesondere eine eigene Abwägung vornehmen müssen. Ausgehend vom Regelungszweck des billigen Ermessens, dem Erreichen von Einzelfallgerechtigkeit, wohnt dem tatsächlichen und fehlerfreien Abwägen dieselbe Richtigkeitsgewähr inne wie beim behördlichen Ermessen. Dieser Richtigkeitsgewähr kommt ausgehend von Regelungszweck und der mittelbaren Drittwirkung der Grundrechte eine zentrale Bedeutung zu. Gerade sie schafft einen Ausgleich zu dem Umstand, dass tägliche Arbeitsbedingungen im Bereich des Weisungsrechts nicht zwischen den Parteien verhandelt, sondern vom Arbeitgeber einseitig vorgegeben werden. Diesem Verständnis steht die Entstehungsgeschichte von § 106 GewO nicht entgegen, da ein Abwägungserfordernis und dessen gerichtliche Kontrolle für das billige Ermessen bereits anerkannt waren, als § 106 GewO insbesondere zur Klarstellung geltender Grundsätze eingeführt wurde.

---

461 BT-Drucks. 14/8796, S. 24.

462 Siehe oben Kapitel 4, A., II., c), aa), S. 150 ff.

2. Sachfremde und missbräuchliche Erwägungen sowie willkürlich getroffene Entscheidungen

Richtigerweise sind Arbeitgebern sachfremde und missbräuchliche Erwägungen ebenso untersagt wie willkürlich getroffene Entscheidungen.

a) Sachfremde Erwägungen

Für *sachfremde Erwägungen* ergibt sich dies bereits aus Sinn und Zweck des Weisungsrechts. Vom BAG als „Wesensmerkmal" des Arbeitsvertrages beschrieben, dient es dazu, die bei Vertragsschluss vorhandene, notwendige Unvollständigkeit zu überbrücken.[463] Das Weisungsrecht dient der späteren Konkretisierung der Arbeitspflicht.[464] Dies findet in § 106 S. 1 GewO seinen Eindruck, der von der Festlegung – d.h. Konkretisierung – von Inhalt, Ort und Zeit der Arbeitsleistung spricht. Auch § 106 S. 2 GewO spricht ausdrücklich von der Ordnung und des Verhaltens der Arbeitnehmer im Betrieb. Nur um diese Möglichkeit zur Konkretisierung willen räumen die Vertragsparteien dem Arbeitgeber sein Weisungsrecht ein. Sinn und Zweck des Weisungsrechts sind damit klar umrissen und begrenzt. Stellt ein Arbeitgeber nun sachfremde Erwägungen an, nutzt er das Weisungsrecht nicht mehr zu dem Zweck, für den es vertraglich vereinbart wurde. Einer von sachfremden Erwägungen geleitete Weisung fehlt die notwendige Rückkopplung an den vertraglichen Rahmen. Der Weisung fehlt dann die vertragliche Legitimation.

b) Missbräuchliche Erwägungen

Das Verbot *missbräuchlicher Erwägungen* ergibt sich als konsequente Fortschreibung des Verbotes sachfremder Erwägungen. So sind missbräuchliche Erwägungen schlicht besonders gravierende sachfremde Erwägungen.

Im Bereich von Treu und Glauben nach § 242 BGB ist das Verbot eines individuellen Rechtsmissbrauchs anerkannt. Ein solcher individueller

463 BAG, Urteil vom 23. September 2004 – 6 AZR 567/03, BAGE 112, 80, NZA 2005, 359 (360).

464 Vgl. BAG, Urteil vom 23. August 2012 – 8 AZR 804/11, NZA 2013, 268 (270), Rn. 23, in dem das BAG zutreffend auf die Möglichkeit hinweist, die Hauptleistung sichernde Verhaltenspflichten vorzugeben und die betriebliche Ordnung zu regeln.

Rechtsmissbrauch liegt unter anderem vor, wenn der Ausübende (hier der Arbeitgeber) mit der Ausübung seines Rechts (hier die Weisungserteilung) kein schutzwürdiges Eigeninteresse verfolgt.[465] Sprich, wenn die Rechtsausübung nur Vorwand zur Erreichung vertragsfremder oder unlauterer Zwecke ist.[466]

Die Frage, ob ein Missbrauch gegeben ist oder nicht, bestimmt sich damit im Ausgangspunkt anhand des Zwecks des ausgeübten Rechts.[467] Das Weisungsrecht dient der Konkretisierung der Arbeitspflicht zu betrieblichen Zwecken. Verfolgt der Arbeitgeber mit einer Weisung hierüber hinausgehende Zwecke, ist ein Rechtsmissbrauch denkbar; etwa die Versetzung eines Arbeitnehmers an einen anderen, vom Wohnort des Arbeitnehmers weit entfernten Standort mit dem Ziel, diesen zur Eigenkündigung zu bewegen und damit eine ansonsten unwirksame Arbeitgeberkündigung zu vermeiden. Eine solche Weisung zielte erkennbar darauf ab, den an sich bestehenden Kündigungsschutz des Arbeitnehmers zu unterlaufen. Liegt darin der eigentliche Zweck der Versetzung, kann es mit Blick auf die berechtigten Interessen des Arbeitnehmers nicht darauf ankommen, ob die Versetzung zugleich aus betrieblichen Gründen (nachträglich) objektiv begründbar ist.

Rechtlich begründen lässt sich die Fallgruppe des individuellen Rechtsmissbrauchs mit der mittelbaren Drittwirkung der Grundrechte. Dies veranschaulicht ein vom BAG entschiedener Fall, in dem ein Arbeitgeber eine an sich zulässige „Probezeitkündigung“ aussprach, weil ihm die Homosexualität des Arbeitnehmers missfiel und dessen Lebensführung nicht finanziell unterstützen wollte.[468] Das BAG stellt bei seiner Prüfung auf den Grundsatz von Treu und Glauben (§ 242 BGB) ab und betont, dass sich hieraus eine allen Rechten immanente Begrenzung ergibt.[469] Welche Anforderungen sich aus Treu und Glauben ergeben, lasse sich dabei nur unter Berücksichtigung der Umstände des Einzelfalles entscheiden.[470] Bei der Konkretisierung von Treu und Glauben als Generalklausel sei nach der ständigen Rechtsprechung des BVerfG die grundrechtliche Gewährleistung der Privatautonomie, das Recht auf Achtung der Menschenwürde und das

---

465 Exemplarisch BGH, Urteil vom 10. Februar 2021 – IV ZR 32/20, NJW-RR 2021, 485 (486), Rn. 17.

466 Jauernig/*Mansel*, BGB § 242 Rn. 38.

467 Staudinger/*Looschelders/Olzen,* BGB, § 242 Rn. 259.

468 BAG, Urteil vom 23. Juni 1994 – 2 AZR 617/93, BAGE 77, 128, NJW 1995, 275.

469 BAG, Urteil vom 23. Juni 1994 – 2 AZR 617/93, BAGE 77, 128, NJW 1995, 275 (277).

470 BAG, Urteil vom 23. Juni 1994 – 2 AZR 617/93, BAGE 77, 128, NJW 1995, 275 (277).

allgemeine Persönlichkeitsrecht zu berücksichtigen. Indem § 242 BGB ganz allgemein auf die Verkehrssitte sowie Treu und Glauben verweise, wird von den Gerichten eine Konkretisierung am Maßstab von Wertvorstellungen verlangt, die in erster Linie von den Grundsatzentscheidungen der Verfassung bestimmt werden; bei der Auslegung und Anwendung dieser Vorschrift sind die Grundrechte als "Richtlinien" zu beachten.[471] Im konkreten Fall erachtete das BAG die Kündigung als rechtsmissbräuchlich, da es dem Arbeitgeber mangels Bezug der Homosexualität zum Arbeitsverhältnis nicht obliege, in die private Lebensführung des Arbeitnehmers einzugreifen.[472]

Der Rückgriff auf den Grundsatz von Treu und Glauben und dessen mittelbare Grundrechtswirkung machen die Parallele zum billigen Ermessen offenkundig. Wie bereits erörtert, zählt auch das billige Ermessen zu den Generalklauseln, die einer verfassungskonformen Auslegung bedürfen.[473] Entsprechend überrascht auch nicht die Schnittmenge zwischen Treu und Glauben und der etablierten Definition des billigem Ermessens, nach der eine Abwägung der wechselseitigen Interessen nach verfassungsrechtlichen und gesetzlichen Wertentscheidungen, den allgemeinen Wertungsgrundsätzen der Verhältnismäßigkeit und Angemessenheit sowie der Verkehrssitte und Zumutbarkeit erforderlich ist.[474] Es zeigt sich, soweit es um Weisungen des Arbeitgebers geht, dass sich die Fallgruppe des individuellen Rechtsmissbrauchs mit den selben Erwägungen unter das billige Ermessen subsumieren lässt. Dies bedeutet zweierlei: Erstens widerspricht eine rechtsmissbräuchliche Weisung billigem Ermessen und ist unwirksam. Zweitens bedarf es im Anwendungsbereich der §§ 106 GewO, 315 BGB keines Rückgriffs auf § 242 BGB.[475]

Im Ergebnis kommt in der Fallgruppe des individuellen Rechtsmissbrauchs dieselbe Wertung zum Ausdruck, die das BAG bei der Kontrolle von Weisungen, die eine Organisationsentscheidung umsetzen, auf Organisationsebene ausdrücklich anerkennt.[476] Ist eine Organisationsentscheidung

---

471 BAG, Urteil vom 23. Juni 1994 – 2 AZR 617/93, BAGE 77, 128, NJW 1995, 275 (277) mit Verweis auf BVerfG, Urteil vom 15. Januar 1958 – 1 BvR 400/51, BVerfGE 7, 198 – Lüth.

472 BAG, Urteil vom 23. Juni 1994 – 2 AZR 617/93, BAGE 77, 128, NJW 1995, 275 (277) wobei das BAG für seine rechtliche Bewertung, den von den Instanzgerichten bislang ermittelten Sachverhalt als zutreffend unterstellt.

473 Siehe oben Kapitel 4, A., II, c), dd), S. 154 ff.

474 Siehe oben Kapitel 4, A., I., S. 145 ff.

475 Zum Verhältnis von § 242 BGB und § 315 BGB ausführlich *Hoyningen-Huene*, Die Billigkeit im Arbeitsrecht (1978), S. 86 ff.

476 Siehe oben Kapitel 2, A., II., 1. b), aa), S. 44 ff.

missbräuchlich, kann sich der Arbeitgeber auf diese nicht berufen und hieraus keine Rechtswirkungen ableiten. Etwa, wenn eine Organisationsentscheidung nur kurzzeitig umgesetzt wird, um punktuell die Voraussetzungen einer Versetzung (oder Kündigung) zu schaffen. Auf die Frage, ob die vorübergehende Organisation auch betrieblich sinnhaft und damit begründbar ist, kommt es im Falle eines Missbrauchs nicht mehr an. Wie im Teil der ersten Kritik in dieser Arbeit bereits angesprochen, kann insoweit auf Umsetzungsebene kein weicherer rechtlicher Maßstab gelten als auf Organisationsebene.[477] Denn ein rechtlich relevanter Unterschied zwischen beiden Ebenen, der eine unterschiedliche Behandlung rechtfertigen würde, ist nicht erkennbar. Im Gegenteil: Erst die eigentliche Weisung (etwa Versetzung) entfaltet Rechtsfolgen für den Arbeitnehmer. Das bedeutet, gerade auf dieser Ebene muss er vor Rechtsmissbrauch durch den Arbeitgeber geschützt werden.

c) Willkürlich getroffene Entscheidungen

Und schließlich: Gleiches wie für den Fall sachfremder Erwägungen gilt im Ergebnis für *willkürlich getroffene Entscheidungen*. Auch hier entbehrt eine Weisung ihrer vertraglichen Legitimation, wenn sie ohne jeglichen sachlichen Grund erlassen wird. Dies verdeutlicht überdies die Entstehungsgeschichte des billigen Ermessens und das bereits erörterte *arbitrium boni viri*, das gerade ein *arbitrium merum* ausschließen soll – d.h. eine willkürliche Entscheidung des Leistungsbestimmungsberechtigten.[478] Insofern heißt es in den Motiven zur ursprünglichen Regelung des § 353 BGB a.F.:

> „Die Bestimmung der Leistung kann nicht der Willkür des Schuldners überlassen werden. Es fehlte solchenfalls an der Verpflichtung des Schuldners, einem Essentiale des Vertrages."[479]

III. Zwischenergebnis

Arbeitnehmer haben nach der gängigen Definition des BAG des billigen Ermessens einen Anspruch gegenüber ihrem Arbeitgeber, dass er eine Weisung nach billigem Ermessen erlässt. Das billige Ermessen enthält dabei nach zutreffender Auslegung von § 106 GewO (i.V.m. § 315 BGB) auch

---

477 Siehe oben Kapitel 2, C. II., 3., S. 98 f.

478 Siehe oben Kapitel 4, A., II., 1., d), aa), S. 156 ff.

479 II., Motive, S. 192.

materiell-rechtliche Bindungen an dessen Entscheidungsvorgang. Der Anspruch des Arbeitnehmers ist damit nach § 106 GewO (i.V.m. § 315 BGB) nicht auf ein fehlerfreies Ergebnis beschränkt, sondern umfasst auch ein tatsächliches und fehlerfreies Abwägen. Letzteres verlangt eine Abwägung ohne sachfremde oder gar missbräuchliche Erwägungen. Vergleichbar zum Verwaltungsrecht gewährleistet ein fehlerfreier Entscheidungsvorgang auch beim Weisungsrecht eine im Ergebnis fehlerfreie Entscheidung. Hier wie dort kommt dieser Richtigkeitsgewähr aus Sicht des Adressaten der Entscheidung zentrale Bedeutung zu.

B. Kongruenz von Bindung und Kontrolle beim Weisungsrecht

I. Justizgewähranspruch vs. Rechtsschutzgarantie

Für das Verwaltungsrecht wurde herausgearbeitet, dass das Verwaltungsstreitverfahren der Durchsetzung subjektiver Rechte dient.[480] Die *Rechtsschutzgarantie* von Art. 19 Abs. 4 S. 1 GG verlangt hierzu einen möglichst lückenlosen und effektiven Rechtsschutz, weshalb Gerichte angegriffene behördliche Akte in rechtlicher und tatsächlicher Hinsicht grundsätzlich vollständig nachzuprüfen haben. Sind einer Behörde Spielräume zugewiesen, muss Gerichten dennoch die Möglichkeit einer substanziellen Kontrolle verbleiben, wozu die Kontrolle des Entscheidungsvorgangs gehört.[481] Weiter ist bei Vorgangsfehlern regelmäßig von deren Kausalität für das Ergebnis einer Entscheidung auszugehen.[482] Denn der Betroffene – so das BVerwG – könne die Auswirkungen von Fehlern, die außerhalb seiner Sphäre passierten, regelmäßig nicht abschätzen. Dem Betroffenen die Beweislast für die Auswirkungen eines Fehlers aufzuerlegen, würde daher den Rechtschutz in einer Weise einschränken, die mit der Gewährleistung effektiven Rechtschutzes nicht vereinbar ist. Zusammenfassend lässt sich damit sagen, dass die Rechtsschutzgarantie des Art. 19 Abs. 4 S. 1 GG grundsätzlich eine gerichtliche Kontrolle entlang der materiell-rechtlichen Bindungen des Bestimmungsberechtigen bedingt. Einschränkungen der gerichtlichen Kontrolle oder der Fehlerfolge bedürfen einer gesetzlichen Regelung und müssen selbst verhältnismäßig sein.[483]

---

480 Siehe oben Kapitel 3, A., S. 104 ff.
481 Siehe oben Kapitel 3, C. 4., S. 122.
482 Siehe oben Kapitel 3, C. 4., S. 116 f.
483 Siehe oben Kapitel 3, C., II., 4., S. 99 ff.

Vergleicht man den ursprünglich für das Zivilrecht entwickelten *allgemeinen Justizgewährungsanspruch* mit der Rechtsschutzgarantie aus Art. 19 Abs. 4 S. 1 GG, ergibt sich für Weisungen und deren Kontrolle durch Arbeitsgerichte kein anderes Ergebnis.

Zunächst wurde bereits herausgearbeitet, dass Arbeitnehmer bei Weisungen keinen bloßen Anspruch – d.h. subjektives Recht – auf ein billiges Ergebnis haben, sondern auch auf ein tatsächliches und fehlerfreies Abwägen durch den Arbeitgeber.[484]

Zugleich beinhaltet der allgemeine Justizgewährungsanspruch nicht lediglich einen Anspruch auf Zugang zu Gerichten, sondern auch die Garantie eines wirkungsvollen Rechtsschutzes.[485] Er schafft dadurch einen Ausgleich zum staatlichen Gewaltmonopol.[486] Zu den Anforderungen des allgemeinen Justizgewährungsanspruchs zählen – gleichlaufend zur Rechtsschutzgarantie des Art. 19 Abs. 4 S. 1 GG – eine umfassende tatsächliche und rechtliche Prüfung des Streitgegenstandes durch das Gericht.[487] Nach Ansicht des BVerfG sind allgemeiner Justizgewährungsanspruch und Rechtsschutzgarantie des Art. 19 Abs. 4 S. 1 GG beide Ausfluss des Rechtsstaatsprinzips.[488] Unterschiede bestünden im Wesentlichen beim Anwendungsbereich, weil die Rechtsschutzgarantie gemäß Art. 19 Abs. 4. S. 1 GG die für den öffentlich-rechtlichen Bereich speziellere Regelung ist. Im rechtsstaatlichen Kerngehalt, so das BVerfG, unterscheiden sich beide Institute jedoch nicht.[489]

Soweit für diese Untersuchung relevant, besteht also eine inhaltliche Schnittmenge zwischen der Rechtsschutzgarantie des Art. 19 Abs. 4 S. 1 GG und dem allgemeinen Justizgewährungsanspruch.[490] Für das

---

484 Siehe oben Kapitel 4, A., S. 145 ff.; zur Herleitung Kapitel 4, A., II., S. 147 ff.

485 BVerfG, Urteil vom 11. Juni 1980 – 1 PBvU 1/79, BVerfGE 54, 22 (291), NJW 1981, 39 (41); BVerfG, Beschluss vom 12. Februar 1992 – 1 BvL 1/89, BVerfGE 85, 337 (345), NJW 1992, 1673 (1673).

486 Isensee/Kirchhof/*Papier*, Handbuch des Staatsrechts, Band VIII, § 176 Rn. 1.

487 BVerfG, Urteil vom 11. Juni 1980 – 1 PBvU 1/79, BVerfGE 54, 22 (291), NJW 1981, 39 (41); BVerfG, Beschluss vom 12. Februar 1992 – 1 BvL 1/89, BVerfGE 85, 337 (345), NJW 1992, 1673 (1673).

488 BVerfG, Beschluss vom 30. April 2003 - 1 PBvU 1/02, BVerfGE 107, 395, NJW 2003, 1924 (1924).

489 BVerfG, Beschluss vom 30. April 2003 - 1 PBvU 1/02, BVerfGE 107, 395, NJW 2003, 1924 (1925); kritisch zur systematischen Einordnung etwa *Voßkuhle*, NJW 2003, 2193 (2195).

490 Zum Verhältnis von Rechtsschutzgarantie im öffentlichen Recht und Justizgewährungsanspruch im Privatrecht vgl. *Schmidt-Bleibtreu/Klein/Bethge/Bethge*, BVerfGG, § 90 Rn. 275: „Die Rechtsschutzgarantien des Grundgesetzes sind

Weisungsrecht bedeutet dies aus verfassungsrechtlicher Sicht, dass für die gerichtliche Kontrolle des Entscheidungsvorgangs die gleichen Erwägungen für einen effektiven Rechtsschutz greifen wie im Verwaltungsstreitverfahren. Das wiederum heißt: Der Entscheidungsvorgang ist aufgrund seiner Richtigkeitsgewähr und als Mindestmaß verbleibender substanzieller Kontrolle ebenso gerichtlich zu kontrollieren wie das Ergebnis einer Entscheidung.

Für das Regel-Ausnahme-Verhältnis zwischen Vorgangsfehler und Unbilligkeit einer Weisung kommt ebenfalls die gleiche Wertung zum Tragen wie im Verwaltungsrecht: Denn auch der Entscheidungsvorgang des Arbeitgebers entzieht sich regelmäßig der Kenntnis und Sphäre des Arbeitnehmers. Auch Arbeitnehmer können üblicherweise nicht nachvollziehen, wie der Entscheidungsvorgang des Arbeitgebers ablief. Im Gegenteil: Diese Beurteilung fällt Arbeitnehmern im Vergleich zu Bürgern regemäßig deutlich schwerer, da Arbeitgeber anders als Behörden ihre Entscheidung nicht begründen müssen. Hinzu kommt die bereits im Rahmen der „ersten Kritik“ erörterte Wertung des BAG aus seinem Urteil zur Unverbindlichkeit unbilliger Weisungen und die hiervon ausgehende faktische Verteilung der Prozessrisiken.[491] Denn das BAG geht davon aus, dass sich Arbeitnehmer gegen unbillige Weisungen regelmäßig nur wehren können, wenn diese unverbindlich sind und sich Arbeitnehmer diesen verweigern können. Tun Arbeitnehmer dies, kann es im Ernstfall jedoch zur Kündigung kommen. Im anschließenden Kündigungsschutzprozess haben Arbeitnehmer dann keine prozessuale Möglichkeit, die potenzielle Wirksamkeit der Kündigung abzuwenden, sollte es darauf hinauslaufen, dass das Gericht die Weisung als billig und die Verweigerung entsprechend als pflichtwidrig erachtet. Insbesondere hilft ihnen die sonst – und auch im Verwaltungsstreitverfahren – übliche Prozesshandlung, die Hauptsache für erledigt zu erklären, nicht. Die Kündigung wäre im Ergebnis wirksam. Ganzheitlich betrachtet, ist es für Arbeitnehmer daher im Vergleich zu Bürgern nochmals wichtiger, dass Vorgangsfehler grundsätzlich relevant sind sowie regelmäßig zur Unbilligkeit einer Weisung führen und Arbeitnehmer nicht die Auswirkungen des

---

nicht auf Rechtsschutz gegen Akte der vollziehenden Gewalt im Sinne von Art. 19 Abs. 4 GG beschränkt, sondern umfassend angelegt. Das Grundgesetz gewährt Rechtsschutz über die besondere Garantie des Art. 19 Abs. 4 GG hinaus auch im Rahmen des allgemeinen Justizgewährungsanspruchs. Dieser ist Bestandteil des Rechtsstaatsprinzips in Verbindung mit den Grundrechten, insbesondere bzw. mindestens Art. 2 Abs. 1 GG in dessen Auffangfunktion. Er figuriert nach Walter Leisner als 'privatrechtswirksames Pendant zur öffentlichrechtlichen Rechtsschutzgarantie'.“

491 Siehe oben Kapitel 2, C., II., 4., S. 99 ff.

Vorgangsfehlers auf das Ergebnis der Entscheidung darlegen und beweisen müssen. Denn andernfalls würde das tatsächliche Prozessrisiko derart steigen, dass Arbeitnehmer vernünftigerweise auch unbilligen Weisungen Folge leisten. Im Ergebnis würde damit das eintreten, was das BAG durch die Unverbindlichkeit unbilliger Weisungen gerade verhindern möchte: Dass Arbeitgeber praktisch gefahrlos unbillige Weisungen erteilen können.[492]

Damit lässt sich festhalten: Der für das Zivilrecht maßgebliche allgemeine Justizgewährungsanspruch erfordert gleichlaufend zur Rechtsschutzgarantie im öffentlichen Recht, dass die materiell-rechtlichen Bindungen des billigen Ermessens (einschließlich jener an den Entscheidungsvorgang) grundsätzlich gerichtlich umfassend kontrolliert werden. Möchte man wie das BAG auf eine Vorgangskontrolle verzichten bzw. diese einschränken, bedarf es hierfür also einer gesetzlichen Regelung, die im Lichte des allgemeinen Justizgewährungsanspruchs selbst nicht unverhältnismäßig sein darf.

II. § 315 Abs. 3 BGB als gesetzliche Einschränkung?

§ 106 GewO enthält gleichlaufend zu § 315 Abs. 1 BGB lediglich die Anforderung an den Arbeitgeber, Weisungen nach billigem Ermessen zu erteilen. Zur gerichtlichen Kontrolle schweigen beide Normen hingegen. Damit stellt sich die Frage, ob sich der vom BAG angenommene generelle Verzicht auf eine Vorgangskontrolle bei Weisungen mittels § 315 Abs. 3 BGB begründen lässt.

1. Entsprechende Anwendung von § 315 BGB beim Weisungsrecht

Ob § 315 BGB beim Weisungsrecht entsprechende Anwendung findet, wurde immer wieder diskutiert. So führt *Hromadka* beispielsweise an, § 106 GewO und § 275 Abs. 3 BGB seien gegenüber § 315 Abs. 1 bzw. 3 BGB *lex specialis* und § 315 Abs. 2 BGB enthalte eine

492 BAG, Urteil vom 18. Oktober 2017 – 10 AZR 330/16, BAGE 160, 296, NZA 2017, 1452 (1462), Rn. 79; mit Verweis auf *Schauß*, ArbRAktuell 2016, 518 (519).

Selbstverständlichkeit, sodass es keiner entsprechenden (oder gar direkten) Anwendung von § 315 BGB auf das Weisungsrecht bedürfe.[493]

Das BAG hat mit seiner Grundsatzentscheidung zur Unverbindlichkeit unbilliger Weisungen jedoch entschieden, dass § 315 BGB auf das Weisungsrecht entsprechend anzuwenden ist.[494] Bereits vor Inkrafttreten habe die Rechtsprechung Weisungen am Maßstab von § 315 Abs. 3 BGB kontrolliert. Hieran habe der Gesetzgeber festhalten wollen.[495]

Da diese Untersuchung soweit wie möglich auf den in der Rechtsprechung des BAG etablierten Grundsätzen aufbaut, kann die Antwort auf diese Frage zum Zwecke dieser Untersuchung offenbleiben.

Doch ungeachtet dessen: Wenn es keine gesonderte Norm gibt, die die gerichtliche Kontrollbefugnis regelt, orientiert sich die Kontrolldichte – nach dem bereits erörterten Grundsatz der Kongruenz von Bindung und Kontrolle – unmittelbar am materiellem Recht. Ohne entsprechende Anwendung einer gesonderten Norm wie etwa § 315 Abs. 3 BGB fehlte es bereits an einem gesetzlichen Anknüpfungspunkt für eine Einschränkung der gerichtlichen Kontrolle oder Fehlerfolge. Die Untersuchung, ob der Ansatz des BAG begründbar ist, wäre damit bereits an dieser Stelle zu Ende, lehnte man mit Teilen der Literatur eine entsprechende Anwendung von § 315 BGB ab. Auch aus diesem Grund soll für diese Untersuchung der mittlerweile ständigen Rechtsprechung des BAG, § 315 BGB beim Weisungsrecht entsprechend anzuwenden, gefolgt werden.

2. Einschränkung durch § 315 Abs. 3 S. 1 BGB?

Teilweise wird vertreten, eine Kontrolle nur des Ergebnisses einer Entscheidung ergebe sich aus § 315 Abs. 3 S. 1 BGB.[496] Denn nach dem Wortlaut dieser Vorschrift ist die „getroffene Bestimmung für den anderen Teil nur verbindlich, wenn sie [d.h. die Bestimmung] der Billigkeit entspricht". Auf

493 *Hromadka*, in: FS v. Hoyningen-Huene (2014), S. 145 (154 f.); zum Meinungsstand etwa *Pfrang*, Das Ausbleiben arbeitsrechtlicher Weisungen im Arbeitsverhältnis (2020), S. 127 sowie *Bitzenhofer*, Grundlagen des Weisungsrechts (2020), S. 240 ff.

494 BAG, Urteil vom 18. Oktober 2017 – 10 AZR 330/16, BAGE 160, 296, NZA 2017, 1452 (1460), Rn. 69 ff.; für eine direkte Anwendung von § 315 BGB beim Weisungsrecht etwa Staudinger/*Rieble*, BGB, § 315 Rn. 220.

495 Wie bereits im Einzelnen erörtert, interpretiert das BAG den Willen des Gesetzgebers in diesem Punkt zutreffend, siehe oben Kapitel 4, A. II., 1., d), S. 157 ff.

496 *Höpfner/Daum*, ZfA 2021, 467 (478 f.).

die Korrektheit des Abwägungsvorgangs stelle der Wortlaut von § 315 Abs. 3 S. 1 BGB hingegen nicht ab.[497]

Das BAG geht hingegen erkennbar davon aus, dass sich aus dem voneinander abweichenden Wortlaut von § 315 Abs. 1 BGB („billigem Ermessen“) und § 315 Abs. 3 S. 1 BGB („Billigkeit“) keine relevanten Unterschiede ergeben. Denn andernfalls wäre der Rückgriff des BAG auf die richterliche Ersatzleistungsbefugnis zur Begründung einer reinen Ergebniskontrolle nicht erforderlich.[498] Dieses Verständnis des BAG ist an dieser Stelle überzeugend.

Zunächst ergibt sich aus den Begriffen „Billigkeit“ im Unterschied zu „billigem Ermessen“ kein sachlicher Unterschied.[499] Die materiell-rechtlichen Bindungen an das billige Ermessen, d.h. insbesondere das tatsächliche Abwägungserfordernis, ergeben sich gerade aus der Billigkeit.[500] Die Kontrolle anhand der Billigkeit meint damit notweniger Weise auch die Kontrolle des Entscheidungsvorgangs. Dies zeigt insbesondere der Vergleich zum freien Ermessen. Außerhalb des Anwendungsbereichs von § 106 GewO sind die Vertragsparteien grundsätzlich nicht gehindert, eine Leistungsbestimmung nach freiem Ermessen zuzulassen. Tun sie dies, bedarf es grundsätzlich keiner Abwägung der wechselseitigen Interessen.[501] Die Leistungsbestimmung unterliegt dann nur den allgemeinen Schranken einer zulässigen Rechtsausübung.[502]

Dass der Gesetzgeber mit dem unterschiedlichen Wortlaut keine Aussage dahingehend treffen wollte, die gerichtliche Kontrolle auf eine Ergebniskontrolle zu verengen, zeigt weiter der Vergleich mit § 76 Abs. 5 S. 4 BetrVG. Dort beschränkt der Gesetzgeber die gerichtliche Kontrolle – anders als bei § 315 Abs. 3 S. 1 BGB – ausdrücklich auf das Ergebnis der ebenfalls nach billigem Ermessen zu treffenden Entscheidung.[503]

Dieses Ergebnis bestätigt auch ein Umkehrschluss zur Rechtsprechung des BGH zu § 319 Abs. 1 S. 1 BGB sowie ein Erst-Recht-Schluss zur Rechtsprechung des BAG zur selben Vorschrift. § 319 Abs. 1 S. 1 BGB

---

497 *Höpfner/Daum*, ZfA 2021, 467 (479).

498 Siehe hierzu oben Kapitel 4, A., II., 1., c), S. 149 ff. und unten Kapitel 4, B. II., 3., S. 169 ff.

499 So im Ergebnis auch etwa *Hoyningen-Huene*, Die Billigkeit im Arbeitsrecht (1978), S. 42 f.; NK-BGB/*Ring/Wagner*, BGB, § 315 Rn. 20.

500 Zur Herleitung der Definition ausführlich oben Kapitel 4, A., II., S. 147 ff.

501 Erman BGB/*Hager*, BGB, § 315 Rn. 21.

502 BAG, Urteil vom 14. Mai 2019 – 3 AZR 150/17, NZA 2019, 1367 (1370) Rn. 27.

503 Siehe oben Kapitel 4, A., II., c), bb), S. 153 ff.

bestimmt, dass die Leistungsbestimmung eines Dritten nur unverbindlich ist, wenn sie „offenbar unbillig“ ist. Diese Formulierung wird übereinstimmend als Einschränkung der gerichtlichen Kontrolle im Vergleich zu § 315 Abs. 3 S. 1 BGB verstanden.[504]

Der BGH leitet aus dieser Einschränkung ab, dass bei der offenbaren Unbilligkeit der Entscheidungsvorgang des Dritten nicht zu kontrollieren sei.[505] Im Umkehrschluss bedeutet dies, dass der Entscheidungsvorgang im Rahmen von § 315 Abs. 3 S. 1 BGB – wie vom BGH in ständiger Rechtsprechung angenommen[506] – gerichtlich zu kontrollieren ist.

Das BAG wiederum hat für die Entscheidung einer tarifvertraglich vorgesehenen Kommission für die entsprechende Anwendung von § 319 BGB in Anlehnung an die Fallgruppe von Schiedsgutachten ausdrücklich entschieden, dass die Kontrolle des billigen Ermessens nicht nur das Ergebnis, sondern auch den Entscheidungsvorgang umfasst.[507] Dies muss daher erst recht für § 315 Abs. 3 S. 1 BGB gelten, der nach seinem Wortlaut schon keine eingeschränkte Kontrolle vorsieht.

3. Einschränkung durch § 315 Abs. 3 S. 2 BGB?

Es wurde bereits eingehend erörtert, dass nach der ständigen Rechtsprechung des BAG beim Weisungsrecht die Möglichkeit gerichtlicher Ersatzleistungsbestimmung nach § 315 Abs. 3 S. 2 BGB grundsätzlich ausscheidet.[508] Vom Gericht erlassene Weisungen, so das BAG, würden unzulässig in die durch Art. 12 GG geschützte Unternehmerfreiheit des Arbeitgebers eingreifen.[509]

---

504 Zum Meinungsstand etwa Staudinger/*Rieble*, BGB, § 319 Rn. 6 ff.

505 Exemplarisch BGH, Urteil vom 3. November 1995 – V ZR 182/94, NJW 1996, 453 (454).

506 Siehe oben Kapitel 4, A., II., 1., c), aa), S. 150 ff.

507 BAG, Urteil vom 18. Mai 2016 – 10 AZR 183/15, NZA 2016, 1089 (1093), Rn. 38.

508 Siehe oben Kapitel 2, B., III., 2., a)., S. 78 ff. und Kapitel 4, A., II., 1., c), bb), S. 152 ff.; a.A. etwa *Pfrang*, Das Ausbleiben arbeitsrechtlicher Weisungen im Arbeitsverhältnis (2020), S. 131.

509 BAG, Urteil vom 18. Oktober 2017 – 10 AZR 330/16, BAGE 160, 296, NZA 2017, 1452 (1461), Rn. 75; eine ausführliche dogmatische Herleitung für die Unanwendbarkeit von § 315 Abs. 3 S. 2 BGB findet sich bei *Eberz*, Konkurrenz direktionsrechtlicher Normen und ihre Systemfolge für die Weisungserteilung Dritter (2018), S. 70 ff.

Diesen Aspekt übersehen etwa *Höpfner* und *Daum*. Diese begründen den Verzicht auf eine Vorgangskontrolle beim Weisungsrecht unter anderem mit der Möglichkeit einer gerichtlichen Ersatzleistungsbestimmung nach § 315 Abs. 3 S. 2 BGB. Arbeitsgerichten komme anders als Verwaltungsgerichten eine eigene Sachentscheidungsbefugnis zu.[510] Dies ist jedoch – wie bereits dargelegt – beim Weisungsrecht gerade nicht der Fall. Eine generelle, reine Ergebniskontrolle lässt sich demnach nicht mit einem pauschalen Verweis auf die gerichtliche Sachentscheidungsbefugnis nach § 315 Abs. 3 S. 2 BGB begründen.[511]

Dies wird besonders klar, wenn man die weitere Schlussfolgerung des BAG zur Ergebniskontrolle betrachtet. Die Einschränkung der Kontrolle des Verwaltungsermessen habe ihre Ursache in der Gewaltenteilung.[512] Gerade deshalb, da Arbeitsgerichte im Rahmen des billigen Ermessens nach der Konzeption des § 315 Abs. 3 S. 2 BGB über eine eigene Sachentscheidungsbefugnis verfügen, d.h. eigene Erwägungen anstellen können, so das BAG, sei des § 315 Abs. 3 S. 2 BGB zu modifizieren.[513]

Bei der Konkurrentenklage und Anwendung des Art. 33 Abs. 2 GG stehe dem öffentlichen Arbeitgeber ebenso wie dem öffentlich-rechtlichen Dienstherrn ein von der Verfassung gewährter Beurteilungsspielraum zu, der nur einer beschränkten gerichtlichen Kontrolle unterliege. Denn Personalentscheidungen gehörten zum Kernbereich der Exekutive, weshalb sich die Begrenzung des Prüfungsmaßstabs – anders als im Falle des § 315 Abs. 3 BGB – auch bei der arbeitsgerichtlichen Kontrolle derartiger Entscheidungen durchsetze.[514] Für Personalentscheidungen sagt das BAG unter Verweis auf das BVerfG:[515]

> „*Es ist grundsätzlich nicht Aufgabe des Gerichts, den besser geeigneten Bewerber zu bestimmen* [...] Nur der öffentliche Arbeitgeber soll durch die für ihn handelnden Organe über die Auslese nach Eignung, Befähigung und fachlicher Leistung ein persönlichkeitsbezogenes Werturteil darüber abgeben, ob und inwieweit der Bewerber den fachlichen und persönlichen Anforderungen des konkreten Amtes entspricht. *Deshalb hat sich die gerichtliche Kontrolle darauf zu beschränken, ob* der

510 *Höpfner/Daum*, ZfA 2021, 467 (479).

511 Siehe oben Kapitel 2, B., III., 3., a), S. 85 ff.

512 BAG, Urteil vom 3. Dezember 2002 – 9 AZR 457/01, BAGE 104, 55, NZA-RR 2003, 613 (616).

513 BAG, Urteil vom 3. Dezember 2002 – 9 AZR 457/01, BAGE 104, 55, NZA-RR 2003, 613 (616).

514 BAG, Urteil vom 3. Dezember 2002 – 9 AZR 457/01, BAGE 104, 55, NZA-RR 2003, 613 (616).

515 BAG, Urteil vom 7. September 2004 - 9 AZR 537/03, NZA 2005, 879 (881) [Hervorhebung nicht im Original].

öffentliche Arbeitgeber den anzuwendenden Begriff oder den gesetzlichen Rahmen, in dem er sich frei bewegen kann, verkannt hat, ob er *von einem unrichtigen Sachverhalt ausgegangen ist, allgemein gültige Wertmaßstäbe nicht beachtet, sachwidrige Erwägungen angestellt* oder gegen Verfahrensvorschriften verstoßen hat."

Wenn nun aber nach ständiger Rechtsprechung des BAG anerkannt ist, dass dem Arbeitgeber beim Weisungsrecht aus betrieblichen Gründen ein Spielraum verbleibt und ihm daher mehrere Entscheidungsmöglichkeiten zur Verfügung stehen,[516] und Gerichte keine eigene Weisung erlassen können, da sie andernfalls in die grundgesetzlich geschützte Unternehmerfreiheit des Arbeitgeber eingreifen würden,[517] kann dies im System des BAG nur bedeuten, dass Weisungen ebenfalls nur beschränkt gerichtlich kontrolliert werden können. Dann aber sind genau die bekannten und vom BAG für Personalentscheidungen öffentlich-rechtlicher Arbeitgeber aufgeführten Vorgangsfehler auch beim Weisungsrecht relevant. Denn was das BAG im öffentlich-rechtlichen Kontext als Gewaltenteilung beschreibt, taucht im Zivilrecht – wie auch *Rieble* zutreffend feststellt[518] – als Kompetenzabgrenzung wieder auf.

So mag der Gesetzgeber bei § 315 Abs. 3 S. 2 BGB eine ähnliche Idee vor Augen gehabt haben, wie bei der Neufassung von § 53 AufenthG. Nämlich, dass Gerichte erforderlichenfalls selbst entscheiden können, um eine Verfahrensbeschleunigung zu erreichen.[519] Wenn das BAG die Norm des § 315 Abs. 3 S. 2 BGB jedoch – in der Sache überzeugend – verfassungskonform dahingehend auslegt, dass Gerichte keine eigene Sachentscheidung grundsätzlich treffen dürfen, entfällt damit zugleich dieser verfahrensbeschleunigende Aspekt. Das mag man misslich finden, ist aber nur konsequent.

516 BAG, Urteil vom 30. November 2016 – 10 AZR 11/16, NZA 2017, 1394 (1397), Rn. 28.

517 BAG, Urteil vom 18. Oktober 2017 – 10 AZR 330/16, BAGE 160, 296, NZA 2017, 1452 (1461), Rn. 75 mit Verweis auf BAG, Urteil vom 20. November 2014 – 2 AZR 512/13, NZA 2015, 679 (682) Rn. 27: „Die Gestaltung des Betriebs, die Antwort auf die Frage, ob und in welcher Weise sich der Arbeitgeber wirtschaftlich betätigen will, sind Bestandteil der durch Art. 12, 14 und Art. 2 I GG geschützten unternehmerischen Freiheit.".

518 *Rieble*, Die Kontrolle des Ermessens der betriebsverfassungsrechtlichen Einigungsstelle (1990), S. 152.

519 Siehe oben Kapitel 3, C., II. 7., S. 125 ff.

4. Folgerung für die Kontrolle von Weisungen

Damit ergibt sich aus § 315 Abs. 3 BGB kein Argument für einen generellen Verzicht auf eine Vorgangskontrolle. Insbesondere kann ein solcher mangels Anwendbarkeit nicht auf das im Kontext von § 315 BGB etablierte Argument der ohnehin bestehenden eigenen Sachentscheidungsbefugnis der Gerichte gestützt werden. Auch aus dem unterschiedlichen Wortlaut von § 315 Abs. 1 BGB („nach billigem Ermessen") und § 315 Abs. 3 S. 1 BGB („Billigkeit") ergibt sich kein inhaltlicher Unterschied, der sich fruchtbar machen lässt.

III. Billiges Ermessen als unbestimmter Rechtsbegriff oder Ermessen

Auch die Einordnung des billigen Ermessens als unbestimmter Rechtsbegriff oder Ermessen beeinflusst die gerichtliche Kontrolldichte bei Weisungen nicht. Daher lassen sich Unterschiede zwischen diesen beiden Arten von Spielräumen für einen generellen Verzicht auf eine Vorgangskontrolle nicht fruchtbar machen.

In der Vergangenheit wurde wiederholt diskutiert, ob das billige Ermessen ein unbestimmter Rechtsbegriff oder ein wirkliches Ermessen ist.[520] Das BAG geht zuletzt in ständiger Rechtsprechung davon aus, das billige Ermessen sei ein unbestimmter Rechtsbegriff.[521]

Wie bereits erläutert, erkennt das BAG beim Weisungsrecht zugleich an, dass dem Arbeitgeber kraft seiner grundgesetzlich geschützten Unternehmerfreiheit ein Spielraum zukommt.[522] Ordnet man das billige Ermessen nun – wie das BAG – den unbestimmten Rechtsbegriffen zu, so hat der Arbeitgeber beim Weisungsrecht gleichwohl einen notwendigen Beurteilungsspielraum.

---

520 BAG, Urteil vom 12. Oktober 1961 – 5 AZR 423/60, BAGE 11, 318, NJW 1962, 268 (270) zu 5., a), das den notwendigen Spielraum des Arbeitgebers betont; *Enneccerus/Nipperday*, AT, Band I, Halbband I, S. 309 f.; instruktiv *Hoyningen-Huene*, Die Billigkeit im Arbeitsrecht (1978), S. 41 ff.

521 Vgl. etwa BAG, Urteil vom BAG, Urteil vom 18. Oktober 2017 – 10 AZR 330/16, BAGE 160, 296, NZA 2017, 1452 (1456 f.), Rn. 46 ff.

522 Siehe etwa BAG, Urteil vom 30. November 2016 – 10 AZR 11/16, NZA 2017, 1394 (1397 f.), Rn. 28 ff.

Die Analysen der verwaltungsrechtlichen Kontrolle[523] und die Rechtsprechung des BAG zu Personalentscheidungen[524] haben gezeigt, für beide Arten von Spielräumen, d.h. Ermessen und Beurteilungsspielraum, ist anerkannt, dass sie materiell-rechtlichen Bindungen an den Entscheidungsvorgang unterliegen. Die Kontrollbefugnis der Gerichte reduziert sich in diesen Fällen auf bestimmte Abwägungsfehler, nämlich, ob der Bestimmungsberechtigte:

- überhaupt abgewogen hat, d.h. seinen Spielraum erkannt und genutzt hat (*Ausfall*),
- bei der Abwägung die relevanten Belange vollständig und zutreffend berücksichtigt hat (*Fehlgebrauch*), und
- keine sachfremden oder missbräuchlichen Erwägungen in die Abwägung eingestellt hat (*Fehlgebrauch*).

Sowohl beim Ermessen als auch beim Beurteilungsspielraum beinhaltet ein fehlerfreier Entscheidungsvorgang im Sinne der vorgenannten Anforderungen eine Gewähr für ein richtiges Ergebnis.[525]

Aufgrund dieses Gleichlaufs von Ermessen und Beurteilungsspielraum bedarf es für diese Untersuchung keiner Entscheidung darüber, ob das BAG das billige Ermessen zu Recht oder zu Unrecht als unbestimmten Rechtsbegriff qualifiziert.

Insofern ist auch unbeachtlich, wenn apodiktisch auf den vom BAG verwendeten Prüfungsmaßstab verwiesen wird, wonach das billige Ermessen ein unbestimmter Rechtsbegriff sei, welcher der vollen gerichtlichen Kontrolle unterliege.[526] Denn wie bereits erörtert, beruht diese Erwägung auf einem undifferenzierten Rückgriff des BAG auf das Recht zur gerichtlichen Ersatzleistungsbestimmung nach § 315 Abs. 3 S. 2 BGB.[527] Wie ebenfalls

---

523 Siehe oben Kapitel 3, C., III., S. 126 ff.

524 Siehe oben Kapitel 4, B., II., 3., S. 169 ff.

525 Siehe oben Kapitel 3., C., III., 2., S. 127 ff.

526 So etwa *Höpfner/Daum*, ZfA 2021, 467 (479) mit Verweis auf die Grundsatzentscheidung zur Unverbindlichkeit unbilliger Weisungen BAG, Urteil vom 18. Oktober 2017 – 10 AZR 330/16, BAGE 160, 296, NZA 2017, 1452 (1460), Rn. 61.

527 Dies wird besonders anschaulich, indem das BAG in seiner Grundsatzentscheidung zur Unverbindlichkeit unbilliger Weisungen, Urteil vom 18. Oktober 2017 – 10 AZR 330/16, BAGE 160, 296, NZA 2017, 1452 (1460), Rn. 61, worin auf zwei frühere BAG Urteile verweist, in denen es jeweils ausdrücklich auf die gerichtliche Befugnis zur Ersatzleistungsbestimmung verwiesen wird: „Ob die beiderseitigen Interessen angemessen berücksichtigt worden sind, unterliegt der

bereits erörtert, geht dieser pauschale Rückgriff jedoch fehl. Damit bleibt es bei den bekannten Grundsätzen, wonach ein Spielraum des Bestimmungsberechtigten eine reduzierte gerichtliche Kontrolle bedingt.

IV. Verzicht auf Vorgangskontrolle keine logische Konsequenz eines Spielraums (zugleich Exkurs ins englische *Common law*)

Bei der Untersuchung der BAG-Rechtsprechung auf eine Begründung für eine reine Ergebniskontrolle hin wurde unter anderem der einem Arbeitgeber zustehende Spielraum als Argument identifiziert, wobei das BAG auf die Rechtsprechung zur fehlerhaften Sozialauswahl bei betriebsbedingten Kündigungen verweist.[528]

Ist dieser Spielraum eine wesentliche Überlegung hinter der gerichtlichen Zurückhaltung, fragt sich, ob der Verzicht auf die Kontrolle des Entscheidungsvorgangs erforderlich ist, um ihm Geltung zu verschaffen. Dass dies zu bezweifeln ist, zeigt ein Vergleich zum britischen *Common law*. Denn britische Gerichte konzentrieren sich auf die Kontrolle des Entscheidungsvorgangs eines Arbeitgebers und üben bei der Ergebniskontrolle hingegen größtmögliche Zurückhaltung.

1. Erwartung an den Rechtsvergleich

Da der Exkurs ins englische *Common law* als Rechtsvergleich angelegt ist, ist – auch wenn die Rechtsvergleichung als gewinnbringende Disziplin anerkannt ist[529] – zunächst zu präzisieren, was dieser Vergleich leisten soll.

Dieser Exkurs hat nicht zum Ziel, die britische Ermessenskontrolle ins Deutsche zu übertragen oder ganzheitlich als Referenz zu verwenden. Eine solche ganzheitliche Übertragung würde nicht nur erheblichen rechtlichen Schwierigkeiten begegnen, sondern würde auch die beachtlichen historischen, politischen und sozialen Unterschiede zwischen zwei Jurisdiktionen

---

gerichtlichen Kontrolle (§ 315 Abs. 3 S. 2 BGB).", BAG, Urteil vom 11. Oktober 1995 – 5 AZR 1009/94, NZA-RR 1996, 313 (314) und BAG, Urteil vom BAG, Urteil vom 25. Oktober 1989 – 2 AZR 633/88, NZA 1990, 561 (562); ebenso BAG, Urteil vom 10. August 2022 – 5 AZR 154/22, BAGE 178, 293, NZA 2022, 1395 (1400), Rn. 44; BAG, Urteil vom 9. April 2014 – 10 AZR 637/13, BAGE 148, 16, NZA 2014, 719 (721).

528 Siehe oben Kapitel 2, B., III., S. 73 ff.

529 Zweigert, K., & Kötz, H., 'Introduction to comparative law (3th ed. reprinted)' (2011), The Functions and Aims of Comparative Law, S. 13.

übersehen.[530] *Kahn-Freund* – beschrieben als Doyen des britischen Arbeitsrechts – bemüht in diesem Zusammenhang die Metapher einer Transplantation.[531] Je enger Konzepte und Überlegungen mit ihrem historischen und politischen Ursprung verwachsen sind, desto eher liefen sie Gefahr – ähnlich einem Organ – abgestoßen zu werden; insbesondere bei Versuchen einer ganzheitlichen Übertragung.

Vielmehr soll aufgezeigt werden, dass die unternehmerisch notwendige Entscheidungsfreiheit eines Arbeitgebers britische Gerichte auf ähnliche Weise beschäftigt und diese – ebenso vertretbar – ihren Fokus auf die Vorgangskontrolle legen und dies gerade mit einem von Gerichten zu respektierendem Spielraum des Arbeitgebers begründen.

Diese lediglich „anregende" Zielrichtung dieses Exkurses wird in Anlehnung an *Teubner* gewählt. Denn nach *Teubner* zwingt die Auseinandersetzung mit fremden Rechtsordnungen dazu, die Erkenntnisse des eigenen Rechts unter Berücksichtigung der eigenen Besonderheiten neu zu behaupten.[532]

2. Vergleichbarkeit beider Jurisdiktionen

Ein Vergleich mit dem *Common law* eignet sich bei der Kontrolle von Arbeitgeberentscheidungen insbesondere aus drei Gründen:

Erstens gibt das „billige Ermessen" als unbestimmter Rechtsbegriff und Generalklausel den Gerichten einen beachtlichen Raum zur Auslegung.[533] Diese Dimension von Generalklauseln gesteht Gerichten letztlich einen

---

530 *Kahn-Freund*, Common Law and Civil Law: Imaginary and Real Obstacles to Assimilation (1978), in *Cappelletti*, New Perspectives for a Common Law of Europe (1978), S. 137 (163): „All purely intellectual obstacles to assimilation are, in practice, surmountable; the real obstacles are to be found in the widely differing histories, political and social structures of European countries".

531 *Kahn-Freund*, On Uses and Misuses of Comparative Law (1974), The Modern Law Review, Volume 37, Issue 1, S. 1 (5); zur Person *Sir Otto Kahn-Freunds* siehe *Lewis*, Kahn-Freund and Labour Law: an Outline Critique, Industrial Law Journal (1979), Volume 8, Issue 1, S. 202 (202).

532 *Teubner*, Legal Irritants: Good faith in British Law or How Unifying Law Ends Up in New Divergences (1998), The Modern Law Review, Volume 61, Issue 1, S. 11 (32); *Teubner* beschreibt fremde rechtliche Konzepte insofern als *legal irritants* (S. 12).

533 Siehe oben Kapitel 4, A., II., 2., b), S. 159 ff.

Gestaltungsspielraum zu, der an die rechtsetzende Funktion britischer Gerichte im *Common law* heranrückt.[534]

Zweitens ist die Basis für die gerichtliche Kontrolle von Arbeitgeberentscheidungen in beiden Jurisdiktionen ausreichend vergleichbar. Das billige Ermessen im Sinne von § 315 BGB und § 106 GewO ist von der Wertung des *guten Glaubens* geprägt.[535] Dies wird auch anhand der gefestigten Definition deutlich. Das darin enthaltene Abwägungserfordernis mahnt den Bestimmungsberechtigten an, auf die Interessen der anderen Partei Rücksicht zu nehmen.[536] Schließlich zielt billiges Ermessen auf Vertragsgerechtigkeit ab.[537] Dies ist im *Common law* ähnlich. Die gerichtliche Kontrolle von Arbeitgeberentscheidungen wird dort auf die implizite vertragliche Verpflichtung zum sogenannten *mutual trust and confidence* zurückgeführt.[538] Vom Arbeitgeber verlangt *mutual trust and confidence*, sich nicht ohne vernünftigen und angemessenen Grund in einer Art und Weise verhalten, die darauf abzielt und geeignet ist, das Vertrauensverhältnis zwischen Arbeitgeber und Arbeitnehmer zu zerstören oder ernsthaft zu schädigen.[539] *Mutual trust and confidence* baut auf der allgemeinen Pflicht zur Zusammenarbeit der Vertragsparteien auf (*general duty of cooperation*) und wird als Ausdruck von Treu und Glauben verstanden (*good faith*).[540] *Mutual*

534 Prominentes Beispiel hierfür ist die Schaffung der Figur des eingerichteten und ausgeübten Gewerbebetriebs als Fallgruppe eines „sonstigen Rechts“ im Sinne von § 823 Abs. 1 BGB, vgl. bereits RG, Urteil vom 27. Februar 1904 – I 418/03, RGZ 58, 24 (29).

535 Siehe oben Kapitel 4, A., II., 2., b), S. 159 ff.

536 Exemplarisch BAG, Urteil vom 24. Oktober 2019 – 10 AZR 19/18, NZA 2019, 619 (621), Rn. 26: „Die Leistungsbestimmung nach billigem Ermessen (§ 106 S. 1 GewO, § 315 BGB) verlangt eine Abwägung der wechselseitigen Interessen nach verfassungsrechtlichen und gesetzlichen Werteentscheidung, den allgemeinen Wertungsgrundsätzen der Verhältnismäßigkeit und Angemessenheit sowie der Verkehrssitte und Zumutbarkeit. In die Abwägung sind alle Umstände des Einzelfalls einzubeziehen [...].“

537 Siehe oben Kapitel 4, A., II., 1., b), S. 148 ff.

538 *Johnson v Unisys Ltd* [2001] ICR 480 (495), Rn. 36: „The contribution of the common law to the employment revolution has been by the evolution of implied terms in the contract of employment. The most far reaching is the implied term of trust and confidence“; *Davies*, Judicial Self-Restraint in Labour Law (2009), Industrial Law Journal, Volume 38, Issue 3, 278 (294-295); *Bogg/Freedland*, Pensions Law, *IBM v Dalgleish*, and the Public/Private Divide (2020), in *Agnew/Davies/Mitchell*, Pensions Law, Policy and Practice (2020), S. 235.

539 *Malik v Bank of Credit and Commerce International SA (In Liquidation)* [1997] ICR 606 (621), Absatz D.

540 Zum Ursprung von TC in der *general duty of cooperation*: *Brodie*, Beyond Exchange: The New Contract of Employment (1998), Industrial Law Journal

trust and confidence und billiges Ermessen sind damit gleichsam auch Ausdruck der Wertungen von gutem Glauben und gegenseitiger Rücksichtnahme.

Drittens erkennen beide Jurisdiktionen die Bedeutung eines Arbeitsverhältnisses für Arbeitnehmer ebenso an, wie deren grundsätzliche Schutzbedürftigkeit.[541]

3. Gerichtliche Kontrolle von Arbeitgeberentscheidungen im englischen *Common law*

Wie bereits angesprochen, ist Ausgangspunkt für die gerichtliche Ausübungskontrolle von (Leistungs-)bestimmungsrechten des Arbeitgebers dessen Verpflichtung zu *mutual trust and confidence.*[542] Innerhalb der Rechtsprechung ist anerkannt, dass *mutual trust and confidence*

> geeignet ist, die große Vielfalt der Situationen zu erfassen, in denen ein Ausgleich zwischen dem Interesse des Arbeitgebers, sein Unternehmen nach seinen Vorstellungen zu führen, und dem Interesse des Arbeitnehmers, nicht ungerechtfertigt und missbräuchlich ausgenutzt zu werden, gefunden werden muss.[543]

Volume 27, Issue 2, 79 (80); zur Einordnung von TC als Ausdruck guten Glaubens: *Bogg*, Good Faith in the Contract of Employment: A Case of the English Reserve (2011), Comparative Labor Law & Policy Journal, Volume 32, Issue 3, 729 (732).

541 So formulieren BVerfG und UK Supreme Court in augenfälligem Gleichlauf: „Der Arbeitsplatz ist die wirtschaftliche Existenzgrundlage für ihn und seine Familie. Lebenszuschnitt und Wohnumfeld werden davon bestimmt, ebenso gesellschaftliche Stellung und Selbstwertgefühl.“ und „It has been recognised that a person's employment is usually one of the most important things in his or her life. It gives not only a livelihood but an occupation, an identity and a sense of self-esteem.“, BVerfG, Beschluss vom 27. Januar 1998 - 1 BvL 15/87, BVerfGE 97, 169, NZA 1998, 470 (471) bzw. *Johnson v Unisys Ltd* [2001] ICR 480 (495), Rn. 35; zur Unterlegenheit von Arbeitnehmern im englischen Recht exemplarisch: *Regina (UNISON) v Lord Chancellor (SC(E))* [2017] 3 WLR 409 (417), Rn. 6: „Relationships between employers and employees are generally characterised by an imbalance of economic power. Recognising the vulnerability of employees to exploitation, discrimination, and other undesirable practices, and the social problems which can result, Parliament has long intervened in those relationships so as to confer statutory rights on employees, rather than leaving their rights to be determined by freedom of contract.“.

542 *Gogay v Hertfordshire CC* [2000] IRLR 703 (709), Rn. 53.

543 Lord Steyn in *Malik v Bank of Credit and Commerce International SA (In Liquidation)* [1997] ICR 606 (622), Absatz A, Übersetzung des Authors des Zitates „apt to cover the great diversity if situations in which a balance has to be struck

Umschrieben ist damit im Ausgangspunkt ein Interessensausgleich, der dem bekannten Verhältnismäßigkeitsgrundsatz ähnlich ist.[544] Gleichwohl erfolgt die gerichtliche Kontrolle vertraglicher Bestimmungsmacht mit einem Fokus auf den Entscheidungsvorgang. Spätestens seit der Entscheidung *Braganza* gegen *BP Shipping* (nachfolgend „*Braganza*") hat sich hierfür der sogenannte *Wednesbury test* als Standard etabliert.[545] Nach diesem – ursprünglich zur Kontrolle behördlicher Entscheidung entwickelten – Test muss ein Arbeitgeber

- die relevanten Belange berücksichtigen sowie irrelevante Belange außer Acht lassen (*Vorgangskontrolle*) und
- zu keiner Entscheidung gelangen, die kein vernünftiger Bestimmungsberechtigter getroffen hätte (*Ergebniskontrolle*).[546]

Soweit die Vorgangskontrolle verlangt, dass unerhebliche Belange außer Acht zu lassen sind, umfasst dies auch willkürliche und missbräuchliche Erwägungen.[547] Insofern ist die Vorgangskontrolle mit der nach deutschen Recht vergleichbar. In *Braganza* wurde insbesondere diskutiert, ob ein Arbeitgeber ähnlich einer Behörde auch einer Vorgangskontrolle unterliegt.[548] Die beklagte Arbeitgeberin vertrat die Ansicht, ausschließlich einer Ergebniskontrolle zu unterliegen. Der *Supreme Court* begründete die Anwendung

between an employer's interest in managing his business as he sees fit and an employee's interest in not being unfairly and improperly exploited".

544 So auch *Davies*, Judicial Self-Restraint in Labour Law, Industrial Law Journal, Volume 38 (2009), Issue 3, 278 (295).

545 Später nochmals bestätigt *IBM United Kingdom Holdings Ltd v Dalgleish* [2017] EWCA Civ 1212, [2018] 1681, bei dem es um Anpassungen an ein Betriebsrentensystem durch den Arbeitgeber ging.

546 *Braganza v BP Shipping Ltd and another* [2015] UKSC 17, [2015] ICR 449 (459), Rn. 24 Absatz C mit Verweis auf *Associated Provincial Picture House Ltd v Wednesbury Corporation* [1948] 1 KB 223 (233 f.).

547 *Braganza v BP Shipping Ltd and another* [2015] UKSC 17, [2015] ICR 449 (459), Rn. 26 Absatz F: „[...] common law principles applicable to the exercise of a contractual discretion include fairness, reasonableness, bona "des and absence of misdirection in law".

548 *Braganza v BP Shipping Ltd and another* [2015] UKSC 17, [2015] ICR 449 (459), Rn. 25 Absatz E und F: „The parties in this case disagree as to whether the term to be implied into this contract includes both limbs. Mrs Braganza argues that the employer must „keep within the four corners of the matters which they ought to consider", while the employer argues that its decision may only be impugned if it is a decision which no reasonable employer could have reached".

der Vorgangskontrolle unter anderem mit einer Rückbindung an den jeweiligen Vertragszweck.[549]

Die Ergebniskontrolle hingegen setzt einen im Vergleich zum deutschen Recht deutlich geringeren Standard. Sie verlangt keine Verhältnismäßigkeit oder Angemessenheit der Entscheidung.[550] Stattdessen ist die Entscheidung erst dann unwirksam, wenn sie ausgehend vom konkreten Vertragszweck nicht mehr nachvollziehbar ist. Zweck der Ergebniskontrolle ist es, im Ergebnis offenkundig willkürliche Entscheidungen auszuschließen.[551] Die Ergebniskontrolle erinnert in ihrer Zielrichtung erkennbar an den reduzierten Kontrollmaßstab, den deutsche Gerichte bei der Kontrolle von Organisationsentscheidungen anwenden, um ein missbräuchliches Berufen auf eine solche zu verhindern.[552]

Wie der Supreme Court in *Braganza* betont, fokussiert sich der *Wednesbury test* auf den Entscheidungsvorgang („rationality of the decision-making process") und nicht das Ergebnis einer Entscheidung.[553] Zweck dieser Fokussierung auf den Entscheidungsvorgangs ist die Vermeidung der Gefahr, so der Supreme Court ausdrücklich, dass Gerichte andernfalls ihre eigene Entscheidung an die Stelle der Entscheidung des Bestimmungsberechtigten setzen.[554] Damit taucht in den Erwägungen des *Supreme Courts*

549 *Braganza v BP Shipping Ltd and another* [2015] UKSC 17, [2015] ICR 449 (460), Rn. 27 Absatz A: „[…] the law's object is also to limit the decision-maker to some relevant contractual purpose".

550 Entsprechend gibt es eine anhaltende Diskussion, ob die Ausübung von dem Arbeitgeber vertraglich eingeräumten Ermessens nicht auch am Maßstab der Verhältnismäßigkeit kontrolliert werden sollte, vgl. etwa *Davies*, Judicial Self-Restraint in Labour Law, Industrial Law Journal, Volume 38 (2009), Issue 3, 278 und *Bogg/Freedland*, Pensions Law, *IBM v Dalgleish*, and the Public/Private Divide (2020), in *Agnew/Davies/Mitchell*, Pensions Law, Policy and Practice (2020), S. 235.

551 *Braganza v BP Shipping Ltd and another* [2015] UKSC 17, [2015] ICR 449 (460), Rn. 27 Absatz B und C: „[…] a contractual discretion must be exercised in good faith and not arbitrarily or capriciously [...]. This will normally mean that it must be exercised consistently with its contractual purpose [...]".

552 Siehe oben Kapitel 2, A., II., 1., b), aa), S. 44 ff.

553 *Braganza v BP Shipping Ltd and another* [2015] UKSC 17, [2015] ICR 449 (460), Rn. 29 Absatz F und G: „It is of the essence of „*Wednesbury* reasonableness" (or „*GCHQ* rationality") review to consider the rationality of the decision-making process rather than to concentrate on the outcome.".

554 *Braganza v BP Shipping Ltd and another* [2015] UKSC 17, [2015] ICR 449 (460), Rn. 29 Absatz F und G: „Concentrating on the outcome runs the risk that the court will substitute its own decision for that of the primary decision-maker"; in dieselbe Richtung gingen britische Gerichte bereits zuvor im Zusammenhang

dieselbe Wertung auf, die auch für arbeitsgerichtliche Kontrolle im Deutschen wesentlich ist: Die hinreichende Berücksichtigung der Unternehmerfreiheit des Arbeitgebers (im Deutschen Ausfluss von Art. 12 GG) und die daraus resultierende Kompetenzabgrenzung zwischen Arbeitgeber und Gericht.

Im Unterschied zu deutschen Gerichten messen die britischen Gerichte der Unternehmerfreiheit eine nochmals höhere Bedeutung bei. Sie gestehen Arbeitgebern auf Umsetzungsebene, d.h. bei Arbeitnehmern individuell berührenden Entscheidungen, einen vergleichbaren Freiraum zu, wie deutsche Gerichte auf Umsetzungsebene, d.h. bei grundlegenden Fragen der Betriebsorganisation. Zugleich kontrollieren britische Gerichte den Entscheidungsvorgang von Arbeitgebern in vergleichbarer Weise wie deutsche Gerichte.

4. Folgerung für die Kontrolle von Weisungen

Der Vergleich zum *Common law* zeigt: Der allgemeine Verzicht auf eine Kontrolle des Entscheidungsvorgangs ist keine Wertung, die dem Spielraum des Arbeitgebers immanent ist. Vielmehr wird diesem Spielraum umso stärker Rechnung getragen, desto weniger streng Gerichte das Ergebnis einer Entscheidung kontrollieren. In der Spannweite, die dem Arbeitgeber bei der Auswahl möglicher Ergebnisse, d.h. Weisungen, zugestanden wird, drückt sich die Zurückhaltung gegenüber dem Spielraum des Arbeitgebers aus; nicht im Verzicht auf eine Vorgangskontrolle. Im Gegenteil: Gerade der Fokus auf eine Vorgangskontrolle erlaubt – wie der Vergleich zum *Common law* und zum deutschen Verwaltungsrecht zeigt – eine verbleibende und effektive Kontrolle zum Schutz des Arbeitnehmers, ohne in den Spielraum des Arbeitgebers einzugreifen. Auch englische Gerichte gehen davon aus, dass ein fehlerfreier Entscheidungsvorgang („rationality of the decision-making process“) die Ermessensausübung an den Vertragszweck koppelt.

---

mit Ermessensboni, vgl. *Horkulak v Cantor Fitzgerald International* [2005] ICR 402 (417), Rn. 40, mit Verweis auf *Clark v Nomura International Plc* [2000] IRLR 766 (775).

V. Vergleich mit gerichtlicher Kontrolle bei Sozialauswahl

Eine Rechtfertigung, bei Weisungen allgemein auf eine Vorgangskontrolle zu verzichten, lässt sich auch nicht aus der Rechtsprechung des BAG zur Sozialauswahl bei betriebsbedingten Kündigungen herleiten. Insofern trägt der vom BAG bemühte Verweis hierauf nicht.[555]

1. Wertungsspielraum

Zunächst hat der Vergleich zum *Common law* gezeigt, dass der Spielraum eines Arbeitgebers keinen Verzicht auf eine Vorgangskontrolle rechtfertigt, sondern lediglich einen „losen" Maßstab für die Ergebniskontrolle.[556] Im Fall der Sozialauswahl hat der Spielraum des Arbeitgebers zur Folge, dass sich Arbeitnehmer erst dann auf eine im Ergebnis fehlerhafte Sozialauswahl berufen können, wenn sie deutlich schutzwürdiger sind als ungekündigte Arbeitnehmer.[557] Der Wertungsspielraum taugt daher nicht als Begründung für eine reine Ergebniskontrolle. Im Gegenteil: Wie der Vergleich zum Verwaltungsrecht zeigt, ist die Vorgangskontrolle gerade Folge des Spielraums des Arbeitgebers. Erst weil das Gericht keine eigenen Erwägungen anstellen darf, kommt es zur Vorgangskontrolle, welche den Abwägungsvorgang des Arbeitgebers nachzeichnet.[558] Die Vorgangskontrolle ist bereits die verringerte gerichtliche Kontrolle, welche den Spielraum des Arbeitgebers respektiert. Weshalb der Spielraum des Arbeitgebers auch eine Vorgangskontrolle ausschließen sollte, ist nicht ersichtlich.

2. Richtigkeitsgewähr und gerichtliches Verfahren

Interpretiert man den Verweis des BAG auf den Wertungsspielraum des Arbeitgebers dahingehend, dass es unverhältnismäßig wäre, eine Kündigungsentscheidung allein wegen eines Vorgangsfehlers für unwirksam zu erklären, die der Arbeitgeber ergebnisgleich nochmals aussprechen könnte, liegt hierin eine Fehlerfolgenbetrachtung, die sich nicht pauschal auf das

---

555 Siehe oben Kapitel 2, B., III., 2., c), S. 83 ff.

556 Siehe oben Kapitel 4, B., IV., S. 174 ff.

557 Exemplarisch BAG, Urteil vom 7. Juli 2011 – 2 AZR 476/10, AP KSchG 1969 § 1 Wartezeit Nr. 26, Rn. 48.

558 Siehe oben Kapitel 3, C., II., 7., S. 125 ff.; zum Arbeitsrecht am Beispiel von Personalentscheidungen siehe oben Kapitel 4, B., II., 3., S. 169 ff.

Weisungsrecht übertragen lässt. Hierfür unterscheidet sich die Interessenlage bei Kündigung und Weisung zu sehr.

a) Unbeachtlichkeit von Vorgangsfehlern als Ausnahme

Zunächst ist festzuhalten, dass der Verzicht auf die Unwirksamkeit als Fehlerfolge eine rechtfertigungsbedürftige Ausnahme bildet, wenn der Arbeitgeber – wie beim Weisungsrecht – zur tatsächlichen Abwägung verpflichtet ist.[559]

b) Interessenlage bei betriebsbedingter Kündigung

Wird Arbeitnehmern gekündigt, erheben sie häufig Kündigungsschutzklage. Aufgrund des Signals des Arbeitgebers zur Vertragsbeendigung besteht üblicherweise eine geringe Zurückhaltung. Praktisch bedeutet dies, dass Kündigungen häufig auf ihre Wirksamkeit überprüft werden – nach der Lösung des BAG jedenfalls auf ihr Ergebnis hin. Zwar bleibt die Richtigkeitsgewähr auch bei Kündigungen relevant. Der Arbeitgeber wird an einer einmal ausgesprochenen Kündigung im Gerichtsverfahren regelmäßig festhalten. Allerdings erfolgt häufig zumindest eine Ergebniskontrolle. Betrachtet man die Verteilung der Prozessrisiken und Interessenlage gilt Folgendes:

Eine Fokussierung allein auf das Auswahlergebnis erhöht für den Arbeitnehmer das Risiko des Unterliegens, weil schlicht weniger Fehler relevant sind. Zugleich wird ihm ohne Kassation und Zurückweisung die (zumindest theoretische) Möglichkeit genommen, dass er bei einer vom Arbeitgeber erneut durchzuführenden Sozialauswahl nicht länger zur Kündigung ansteht.[560] In der Praxis versuchen Arbeitgeber jedoch regelmäßig an ihrer Auswahl festzuhalten. Insbesondere dann, wenn der Arbeitnehmer aufgrund der Länge des Gerichtsverfahrens bereits aus dem Unternehmen ausgeschieden ist. Doch auch ungeachtet dessen ist das Vertrauensverhältnis zwischen Arbeitnehmer und Arbeitgeber durch eine einmal ausgesprochene

---

559 Siehe oben Kapitel 4, A., S. 145 ff.

560 So das BAG in früher in Fällen der zeitgleichen Kündigung mehrerer Arbeitnehmer mit der Prämisse, dass sich eigentlich schutzwürdigere Arbeitnehmer gegen ihre Kündigung nicht gewehrt haben und sich dadurch der Kreis der vergleichbaren Arbeitnehmer zwischenzeitlich zu Gunsten des klagenden Arbeitnehmers geändert hat, BAG, Urteil vom 18. Oktober 1984 – 2 AZR 543/83, BAGE 47, 80, NZA 1985, 423 (425), II. 4., c).

Kündigung üblicherweise zerstört. Im Fokus des Gerichtsverfahrens steht dann regelmäßig ein Beendigungsvergleich zu kommerziell attraktiven Bedingungen statt der vom Gesetz eigentlich vorgesehenen Weiterbeschäftigung.[561]

Der Arbeitgeber wiederum hat aus den vorgenannten Gründen spiegelbildlich ein starkes Interesse daran, dass die Kündigung nicht allein wegen eines Vorgangsfehlers unwirksam ist. Dies gilt insbesondere in Fällen, in denen er zeitgleich einer Vielzahl von Arbeitnehmern gekündigt hat (nachfolgend „Massenkündigung“). Erachtet das Gericht eine Kündigung für unwirksam, besteht für den Arbeitgeber häufig das Risiko, Annahmeverzugslohn zahlen zu müssen, da die Dauer gerichtlicher Verfahren die jeweils maßgebliche Kündigungsfrist häufig übersteigt. Wäre die Sozialauswahl nun aufgrund eines Vorgangsfehlers unzulässig, können sich potenziell viele Arbeitnehmer auf denselben Fehler berufen, weil sie alle ein Teil derselben Auswahlentscheidung waren. Das BAG ging in seiner früheren Rechtsprechung sogar davon aus, dass sich sämtliche Arbeitnehmer auf einen etwaigen Vorgangsfehler berufen können (sog. „Domino-Effekt“).[562] Bei ausreichend großer Anzahl von gekündigten Arbeitnehmern, d.h. insbesondere bei grundlegenden Organisationsänderungen, konnte ein Vorgangsfehler damit zu erheblichen wirtschaftlichen Risiken für den Arbeitgeber führen bis hin zur Gefährdung des Bestands des Unternehmens und damit der restlichen Arbeitsplätze.[563] Zugleich erhöht sich das Risiko des Arbeitgebers, Sozialdaten fehlerhaft zu berücksichtigen, naturgemäß mit der Anzahl der betroffenen Arbeitnehmer.

Strukturell ergibt sich bei Massenentlassung für Arbeitgeber damit ein vergleichbares Risiko aufgrund von Polyzentrizität wie für eine Gemeinde beim Aufstellen von Planungsbeschlüssen.[564] Die Sozialauswahl ist immanent fehleranfällig und sie ist im Falle eines Vorgangsfehlers – um die Parallele zum Verwaltungsrecht zu betonen – quasi nichtig.[565]

561 Nach einem Forschungsbericht des Max-Planck-Instituts aus den 1980ern liegt die Rückkehrquote nach Erhebung einer Kündigungsschutzklage gerade einmal bei 1,7 % bzw. bei 9 %, rechnet man die Rückkehr aufgrund eines Vergleichsschlusses hinzu, vgl. Ascheid/Preis/Schmidt/*Vossen*, KSchG § 1 Rn. 3 m.w.N.

562 BAG, Urteil vom 18. Oktober 1984 – 2 AZR 543/83, BAGE 47, 80, NZA 1985, 423 (425), II. 4., c); erstmals als Domino-Effekt bezeichnend *Bitter/Kiel*, RdA 1994, 333 (358).

563 Ascheid/Preis/Schmidt/*Kiel*, KSchG, § 1 Rn. 700.

564 Siehe oben Kapitel 3, C., IV., 5., S. 135 ff.

565 Bis zum Ablauf der materiellen Präklusionsfrist (heute §§, 4, 7 KSchG) konnte sich jeder von der Massenentlassung betroffene Arbeitnehmer erfolgreich auf die Unwirksamkeit seiner Kündigung berufen.

Dieser Domino-Effekt war schließlich der wesentliche Grund, weshalb das BAG seine Rechtsprechung später änderte und seither Arbeitgebern im Falle von Vorgangsfehlern erlaubt darzulegen, dass einem Arbeitnehmer auch bei ordnungsgemäßer Sozialauswahl gekündigt worden wäre und dies für die Wirksamkeit der Kündigung ausreichen lässt.[566]

c) Interessenlage bei Weisung

Hiervon ist die Interessenlage bei Weisungen deutlich zu unterscheiden.

Zunächst werden Weisungen in der Praxis deutlich seltener gerichtlich überprüft. Da jedes gerichtliche Verfahren die Gefahr birgt, das Vertrauensverhältnis zum Arbeitgeber zu beschädigen, sind Arbeitnehmer im laufenden Arbeitsverhältnis deutlich zurückhaltender mit etwaigen Klagen. Aufgrund der selteneren Ergebniskontrolle kommt der Richtigkeitsgewähr einer tatsächlichen Abwägung beim Weisungsrecht eine im Vergleich zur Kündigung nochmals gesteigerte Bedeutung zu. Denn sie verringert die Gefahr, dass gegenüber Arbeitnehmern auch im Ergebnis unwirksame Weisungen erteilt werden, denen diese aus vorgenanntem Grund folgen.[567] Muss der Arbeitgeber im Streitfall jedoch mit einer Vorgangskontrolle und gegebenenfalls mit der Unwirksamkeit der Weisung rechnen, geht von der Vorgangskontrolle eine „general-präventive" Wirkung aus. Ohne diese „general-präventive" Wirkung entfällt faktisch auch die Richtigkeitsgewähr einer tatsächlichen Abwägung.

Weiter ist die abweichende Verteilung der Prozessrisiken zu beachten. Wie bereits an anderer Stelle thematisiert, geht das BAG davon aus, dass sich Arbeitnehmer häufig nur effektiv gegen unbillige Weisungen wehren können, wenn sie sich diesen verweigern.[568] Kommt es infolgedessen zur Kündigungsstreitigkeit, wiegt für Arbeitnehmer jede strukturelle Verringerung ihrer Erfolgsaussichten besonders schwer. Dies stünde im Widerspruch zur Wertung des BAG, Arbeitnehmern mittels Unverbindlichkeit unbilliger Weisungen eine Verweigerung und damit effektiven Schutz vor einer Rechtsverletzung zu ermöglichen.

Umgekehrt ist das Prozessrisiko für Arbeitgeber regelmäßig überschaubar. Zwar besteht auch hier für Arbeitgeber das Risiko zu Zahlung von

566 Grundlegend BAG, Urteil vom 9. November 2006 – 2 AZR 812/05, BAGE 120, 134, NZA 2007, 549 (551), Rn. 18 ff.

567 Zur Richtigkeitsgewähr siehe oben Kapitel 4, A., II., 1., b), S. 148 ff.

568 Siehe oben Kapitel 2, C., II., 4., S. 99 ff. und Kapitel 4, B., I., S. 163 ff.

Annahmeverzugslohn, wenn sich Arbeitnehmer einer Weisung berechtigt widersetzen. Allerdings wird das aus den vorgenannten Gründen ohnehin selten der Fall sein. Folgen Arbeitnehmer einer Weisung hingegen vorläufig, um parallel auf vertragsgemäße Beschäftigung zu klagen, besteht für den Arbeitgeber regelmäßig kein kommerzielles Risiko. Die Arbeitnehmer üben bis zur Rechtskraft der gerichtlichen Entscheidung die vom Arbeitgeber gewünschte Tätigkeit aus. Dies unterscheidet die Weisung also von der Kündigung, bei der Arbeitnehmer während beachtlichen Teilen des Kündigungsschutzprozesses üblicherweise keine Arbeitsleistung erbringen.

Auf Seiten des Arbeitgebers muss also eine zusätzliche Erwägung hinzutreten, um eine abweichende Fehlerfolge zu rechtfertigen. Zu denken wäre etwa an die bereits angesprochene Polyzentrizität von Auswahlentscheidungen. So kann es beispielsweise Situationen geben, in denen Arbeitgeber aus Anlass von Versetzungen zwischen einer Vielzahl Arbeitnehmern auswählen müssen, wie etwa das BAG-Urteil zur Versetzung entfristeter Arbeitnehmer durch die Bundesagentur für Arbeit veranschaulicht.[569] Dies gilt insbesondere im Falle von grundlegenden Organisationsentscheidungen; wie etwa der Standortschließung im BAG-Urteil zur Versetzung einer Flugbegleiterin.[570] Hier hat der Arbeitgeber ein beachtliches Interesse an der Wirksamkeit einer jedenfalls im Ergebnis vertretbaren Weisung, weil die Versetzung gerade die Umsetzung der dahinterstehenden Organisationsänderung ist. Allerdings: Ungeachtet der Frage, ob dies grundsätzlich eine ausreichende Erwägung für die Unbeachtlichkeit eines Vorgangsfehlers ist, kann diese Erwägung jedenfalls nicht die generelle Unbeachtlichkeit von Vorgangfehlern bei Weisungen rechtfertigen.[571] Hierfür ist die Interessenslage bei Weisungen schlicht zu vielfältig. So scheiden Polyzentrizität und das Arbeitgeberinteresse an einer rechtssicheren Umsetzung einer Organisationsentscheidung regelmäßig jedenfalls dann als Erwägung aus, wenn es um „isolierte Weisungen“ gegenüber einzelnen Arbeitnehmern geht.[572]

569 Siehe oben Kapitel 2, B., III., 1., C., S. 76 ff.

570 Siehe oben Kapitel 2, A., II., 1., S. 39 ff.

571 Zur Frage, ob Polyzentrizität eine beim Weisungsrecht geeignete Erwägung für eine Abwägung der Fehlerfolge ist, noch unten Kapitel 4, C., II., 3., S. 200 ff.

572 Zur Unterscheidung zwischen „isolierten“ Weisungen und Weisungen, die Organisationsentscheidungen umsetzen, siehe oben Kapitel 2, A., II., A., b), aa), (2), S. 51 ff.

3. Allgemeiner Kontrollmaßstab

In inzwischen gefestigter Rechtsprechung geht das BAG davon aus, dass es für die Wirksamkeit einer Sozialauswahl nicht auf den Entscheidungsvorgang, sondern allein das Ergebnis einer Entscheidung ankommen soll, so dass selbst „Zufallstreffer“ wirksam seien. Vorgangsfehler begründen zunächst nur die (widerlegbare) Vermutung eines fehlerhaften Ergebnisses. Für ein zulässiges Ergebnis wiederum genüge die Darlegung des Arbeitgebers, dass die konkrete Auswahl zumindest vertretbar ist.[573]

Als Begründung hierfür wird angeführt, dass das Gesetz allein darauf abstelle, ob die konkrete Auswahlentscheidung die relevanten Gesichtspunkte ausreichend berücksichtigt. Das Gesetz verlange vom Arbeitgeber als Wirksamkeitsvoraussetzung hingegen kein „Prüfverfahren“.[574]

Dies überzeugt nicht. Nach dem Wortlaut von § 1 Abs. 3 S. 1 KSchG ist eine Kündigung unwirksam, wenn

> „*der Arbeitgeber bei der Auswahl* des Arbeitnehmers die [relevanten Sozialdaten] *nicht oder nicht ausreichend berücksichtigt hat*; auf Verlangen des Arbeitnehmers hat der Arbeitgeber dem Arbeitnehmer die Gründe anzugeben, die zu der getroffenen sozialen Auswahl geführt haben.“[575]

Rieble führt zutreffend an, dass das Gesetz nicht auf das Auswahlergebnis abstellt. Etwa im Sinne, dass die Auswahl des Arbeitgebers die relevanten Sozialdaten ausreichend berücksichtigt. Stattdessen stellt das Gesetz auf den Entscheidungsvorgang des Arbeitgebers ab. Weiter, so *Rieble* ebenfalls zutreffend, soll der Auskunftsanspruch des Arbeitnehmers, welche Gründe zur Auswahl führten, erkennbar die Vorgangskontrolle ermöglichen.[576] Wenn nun darauf abgestellt wird, das Gesetz verlange kein „Prüfverfahren“, ist dies überraschend. Soweit mit „Prüfverfahren“ die tatsächliche Abwägung gemeint ist, kann dem mit Blick auf den klaren Wortlaut nicht gefolgt werden. Sollte damit ein Prüfverfahren im formellen Sinne gemeint sein,

---

573 BAG, Urteil vom 7. Juli 2011 – 2 AZR 476/10, AP KSchG 1969 § 1 Wartezeit Nr. 26, Rn. 48; BAG, Urteil vom 15. Juni 1989 - 2 AZR 580/88, BAGE 62, 116, NZA 1990, 226 (228); in einem früheren Urteil hielt das BAG eine Kündigung noch für unwirksam, weil der Arbeitgeber keine Abwägung angestellt hatte, BAG, Urteil vom 4. Juni 1987 – 2 AZR 416/86, NZA 1988, 52 (53)

574 ErfK/*Oetker*, KSchG, § 1, Rn. 305.

575 [Hervorhebungen nicht im Original].

576 So auch *Rieble* zur alten jedoch insoweit gleichlautenden Gesetzesfassung, *Rieble*, Die Kontrolle des Ermessens der betriebsverfassungsrechtlichen Einigungsstelle (1990), S. 150.

verkennt das Argument schlicht die Unterscheidung zwischen formellem und (dem hier allein maßgeblichen) materiellen Recht.[577]

Doch selbst wenn man sich der Auslegung anschließen würde, wonach § 1 Abs. 3 S. 1 KSchG vom Arbeitgeber keine tatsächliche Abwägung verlange, ließe sich dies nicht als Begründung für eine reine Ergebniskontrolle bei Weisungen anführen. Denn das billige Ermessen im Sinne von § 106 GewO und § 315 BGB verlangt nach ständiger und zutreffender Rechtsprechung des BAG vom Arbeitgeber ein tatsächliches Abwägen.[578] Der Verweis auf § 1 Abs. 3 S. 1 KSchG geht dann aufgrund unterschiedlicher Anforderungen der Norm schlicht ins Leere.

4. Kausalität bei Massenkündigung

Das BAG verweist zur Ergebniskontrolle bei Weisungen insbesondere auf die Rechtsprechung zur fehlerhaften Sozialauswahl bei zeitgleicher Kündigung mehrerer Arbeitnehmer, d.h. einer Massenkündigung. Betrachtet man diese Rechtsprechung genauer, wird darin eine Kausalitätserwägung deutlich, die sich in dieser Allgemeinheit nicht auf das Weisungsrecht übertragen lässt. Zur Erinnerung: Legen Arbeitnehmer im Prozess einen Auswahlfehler dar (etwa falsche Berücksichtigung von Alter oder Betriebszugehörigkeit), wird vermutet, dass die Sozialauswahl auch im Ergebnis fehlerhaft ist. Das BAG geht dann davon aus, dass der

> „Arbeitgeber [...] in solchen Fällen [d.h. bei Vorgangsfehlern] im Prozess die Möglichkeit [hat] aufzuzeigen, dass und aus welchen Gründen soziale Gesichtspunkte gegenüber dem klagenden Arbeitnehmer deshalb ausreichend berücksichtigt wurden, *weil ihm selbst dann, wenn ein seitens des Arbeitnehmers gerügter Auswahlfehler unterblieben wäre, gekündigt worden wäre*."[579]

Der Arbeitgeber muss bei einer Massenkündigung bei Vorgangsfehlern also darlegen, dass sich dieser Fehler auf das Ergebnis nicht ausgewirkt hat:

- Hat der Arbeitgeber für seine Auswahlentscheidung ein zulässiges Punkteschema verwendet, kann er die Auswahl unter Anwendung des Punkteschemas und unter Verwendung der korrekten Sozialdaten

577 Zur Unterscheidung zwischen formellem und materiellem Recht am Beispiel des Weisungsrechts siehe oben Kapitel 2, A., I., 1., S. 24 ff.; am Beispiel des Verwaltungsverfahrens siehe oben Kapitel 3, B., S. 106 ff.

578 Siehe oben Kapitel 4, A., S. 145 ff.

579 BAG, Urteil vom 27. Juli 2017 – 2 AZR 476/16, NZA 2018, 234 (238), Rn. 41.

nachzeichnen und sich hierdurch entlasten.[580] Ergibt sich hiernach ein Rang unter den zu Kündigenden, ist die Kündigung trotz Vorgangsfehler wirksam.

- Hat er kein Punkteschema verwendet, muss zweifelsfrei feststehen, dass sich der Fehler unter keinem rechtlichen Gesichtspunkt zu seinen Gunsten auswirken kann.[581] Die soziale Auswahl ist damit nicht zu beanstanden, wenn der betroffene Arbeitnehmer auch bei zutreffender Würdigung der Sozialdaten und bei jedem zulässigen Abwägungsergebnis zur Kündigung angestanden hätte.[582]

Hinter beiden Fallgruppen steht erkennbar die Überlegung, dass die Aufhebung einer Arbeitgeberentscheidung wegen Vorgangsfehlern, die sich auf das Ergebnis nicht auswirken konnten bzw. nicht ausgewirkt haben, ungerechtfertigt wäre.[583] Gegen diese Kausalitätserwägung ist grundsätzlich nichts einzuwenden. Sie entspricht dem für das Verwaltungsrecht anerkannten Grundsatz eines fehlenden Rechtswidrigkeitszusammenhangs, der auf das Weisungsrecht im Sinne eines fehlenden Schutzzweckzusammenhangs übertragbar ist.[584] Konnte der Arbeitgeber aufgrund der konkreten Interessenslage ohnehin nur eine im Ergebnis zulässige Entscheidung treffen (Ermessensreduzierung auf null) oder legt er dar, dass er die Weisung aus mehreren voneinander unabhängigen Gründen erteilte, der Vorgangsfehler sich nur auf einen dieser Gründe bezieht und der verbleibende Grund die Weisung auch im Ergebnis rechtfertigt, hat sich die mit dem Entscheidungsvorgang bezweckte Richtigkeitsgewähr realisiert.[585]

Auch wenn die Kausalitätsprüfung bei Massenkündigungen auf das Weisungsrecht übertragbar ist, erklärt und rechtfertigt sie jedoch keinen allgemeinen Verzicht auf eine Vorgangskontrolle. Denn fehlende Kausalität zwischen Vorgangsfehler und Ergebnis bedeutet im Kontext der

---

580 Grundlegend im Zusammenhang mit Aufgabe der sog. „Dominotheorie" siehe BAG, Urteil vom 9. November 2006 – 2 AZR 812/05, BAGE 120, 134, NZA 2007, 549 (551), Rn. 23 ff.

581 Ascheid/Preis/Schmidt/*Kiel*, KSchG, § 1 Rn. 702; Henssler/Willemsen/Kalb/*Quecke*, KSchG, § 1 Rn. 332.

582 Ascheid/Preis/Schmidt/*Kiel*, KSchG, § 1 Rn. 702 der zu Recht auf das weiterhin hohe Prozessrisiko hinweist; in Fällen des § 125a InsO ist die gerichtliche Kontrolle auf „grobe Fehlerhaftigkeit" begrenzt, weshalb es genügen soll, wenn die Kündigung des Arbeitnehmers im Ergebnis vertretbar war, vgl. BAG, Urteil vom 8. Dezember 2022 – 6 AZR 31/22, BAGE 179, 328, NZA 2023, 692, Rn. 71.

583 ErfK/*Oetker*, KSchG § 1 Rn. 308.

584 Siehe oben Kapitel 3, C., I., 5., S. 116 ff.

585 Siehe oben Kapitel 4, A., II., 1., b), S. 148 ff.

Massenkündigung nicht lediglich, ob das Auswahlergebnis trotz Vorgangsfehler vertretbar ist. Dies wäre letztlich kein Kausalitätserfordernis, da eine solche Prüfung keinen Zusammenhang zwischen Vorgang und Ergebnis herstellt. Dies wurde für das Weisungsrecht bereits anhand des BAG-Urteils herausgearbeitet, in dem die Bundesagentur aus Anlass von Versetzungen zwischen mehreren Arbeitnehmern auswählen musste.[586] Stattdessen geht es darum, dass ein Arbeitgeber entweder konkret darlegen kann, wie seine ursprüngliche Entscheidung ohne Vorgangsfehler ausgegangen wäre oder, dass sich der Fehler auf das Ergebnis nicht auswirken konnte. Nur so ist sichergestellt, dass der Arbeitgeber seine Auswahlentscheidung im gerichtlichen Verfahren nicht unzulässig nachholt.[587]

5. Folgerung für die Kontrolle von Weisungen

Der Verweis des BAG auf die Rechtsprechung zur fehlerhaften Sozialauswahl hält keine Wertungen bereit, die einen generellen Verzicht auf eine Vorgangskontrolle bei Weisungen rechtfertigt. Der einem Arbeitgeber bei Sozialauswahl und Weisung zustehende Spielraum bedingt gerade eine Verschiebung zur Vorgangskontrolle, die schon eine verringerte Kontrolle ist. Weiter ist zu beachten, dass Weisungen – und damit auch deren Ergebnis – deutlich seltener gerichtlich kontrolliert werden als betriebsbedingte Kündigungen. Daher kommt der Richtigkeitsgewähr, welche ohne die „general-präventive“ Wirkung einer Vorgangskontrolle praktisch entfiele, bei Weisungen besondere Bedeutung zum Schutz vor im Ergebnis unzulässigen Weisungen zu. Erwägungen wie Polyzentrizität und die rechtssichere Umsetzung von Organisationsentscheidungen sind jedenfalls nicht für alle Weisungen relevant, weshalb sie keine generelle Unbeachtlichkeit von Vorgangsfehlern rechtfertigen. Argumente im Bereich der Sozialauswahl, wonach § 1 Abs. 3 S. 1 KSchG nur eine im Ergebnis „ausreichende“ Entscheidung verlange, sind auf das billige Ermessen nicht übertragbar, da dieses nach ständiger Rechtsprechung von BAG und BGH auch materiell-rechtliche Bindungen an den Entscheidungsvorgang enthält. Soweit für die Sozialauswahl angenommen wird, dass Vorgangsfehler unbeachtlich sind, wenn sie sich auf das konkrete Ergebnis der Entscheidung nicht auswirken konnten oder die Entscheidung des Arbeitgebers ohne diesen Fehler gleich ausgefallen wäre, ist dies auch für das Weisungsrecht denkbar. Allerdings

586 Siehe oben Kapitel 2, B., III., 1., C., S. 76 ff.

587 So auch *Rieble*, Die Kontrolle des Ermessens der betriebsverfassungsrechtlichen Einigungsstelle (1990), S. 149.

erfordert dies stets eine Prüfung im Einzelfall, weshalb auch die fehlende Kausalität zwischen Entscheidungsvorgang und -ergebnis kein Argument für einen generellen Verzicht auf eine Vorgangskontrolle ist.

VI. Folgen kongruenter Kontrolle für das Weisungsrecht

1. Grundsätzliche Kongruenz und Vorgangskontrolle

Es konnte aufgezeigt werden, dass das billige Ermessen im Sinne von § 106 GewO materiell-rechtliche Bindungen an den Entscheidungsvorgang des Arbeitgebers enthält und, dass diese materiell-rechtliche Bindungen von Arbeitsgerichten zu kontrollieren sind. Für den vom BAG postulierten generellen Verzicht auf eine Kontrolle des Entscheidungsvorgangs besteht beim Weisungsrecht kein Raum. Das bedeutet, Weisungen sind grundsätzlich darauf hin, ob der Arbeitgeber

- überhaupt abgewogen hat, d.h. seinen Spielraum erkannt und genutzt hat (*Ausfall*),
- bei der Abwägung die relevanten Belange vollständig und zutreffend berücksichtigt hat (*Fehlgebrauch*), und
- keine sachfremden oder missbräuchlichen Erwägungen in die Abwägung eingestellt hat (*Fehlgebrauch*).

2. Fehlerfolge: Regelmäßige Unwirksamkeit als Ausgangspunkt

Weiter wurde aufgezeigt, dass bei Vorgangsfehlern grundsätzlich von deren Kausalität für das konkrete Ergebnis auszugehen ist, da Arbeitnehmern ähnlich wie Bürger gegenüber der Behörde keinen Einblick in den Entscheidungsvorgang des Arbeitgebers haben. Ihnen gleichwohl die Darlegungs- und Beweislast für die Kausalität zwischen Entscheidungsvorgang und -ergebnis aufzuerlegen, wäre in Parallele zum Verwaltungsrecht mit dem allgemeinen Justizgewährungsanspruch und ihrem daraus resultierenden Anspruch auf eine effektive gerichtliche Kontrolle nicht zu vereinbaren. Für den Arbeitgeber bedeutet dies im Ausgangspunkt, dass er die Unverbindlichkeit einer Weisung aufgrund eines Vorgangsfehlers regelmäßig nur dadurch abwenden kann, indem er nachweist, dass sich der Vorgangsfehler auf das konkrete Ergebnis seiner Entscheidung nicht auswirken konnte oder zumindest nicht auswirkte. Es genügt nicht der bloße Nachweis, dass die

Weisung jedenfalls im Ergebnis vertretbar war, da andernfalls die Vorgangskontrolle obsolet würde.

3. Zwischenergebnis: Erfordernis zusätzlicher Wertungen

Möchte man über die Fallgruppe fehlender Kausalität hinaus in weiteren Fällen Vorgangsfehler als unbeachtlich erachten, ist dies nur über eine Fehlerfolgenbetrachtung möglich. Sprich: Lassen sich mit Blick auf die Interessenlage von Arbeitnehmer und Arbeitgeber Wertungen identifizieren, die ausnahmsweise eine Unbeachtlichkeit eines Vorgangsfehlers rechtfertigen? Aus Sicht des Arbeitgebers formuliert: Wann wäre die Kassation einer im Ergebnis billigen Weisung allein aufgrund eines Vorgangfehlers unverhältnismäßig? ^1qyy Solche Wertungen könnten dann zur Bildung von Fallgruppen genutzt werden, in denen Vorgangsfehler folgenlos sind.

C. Vorschlag: Modell abgestufter Kontrolle und Fehlerfolgen

I. Vorgehen nach einer Idee von *Davies*

1. Methodik

Wie bereits im Exkurs zum *Common law* angeklungen, beschäftigt die Frage nach einer angemessenen gerichtlichen Kontrolle von Arbeitgeberentscheidungen – wenig überraschend – nicht nur deutsche Gerichte.[588]

Einen äußerst interessanten Beitrag leistet in diesem Zusammenhang *Anne Davies*, Juraprofessorin der University of Oxford. *Davies* macht darin Parallelen zwischen öffentlichem Recht und Privatrecht fruchtbar. Sie erkennt die grundsätzlichen Unterschiede zwischen öffentlichem Recht und Arbeitsrecht als Privatrecht an.[589] Dabei versucht sie nicht, konkrete Kontrollmechanismen aus dem öffentlichen Recht (*Public law tests*) als Ganzes ins Arbeitsrecht zu übertragen. Stattdessen sucht sie nach einem Weg, wie die im englischen Verwaltungsrecht bereits ausgereifte Diskussion um angemessene gerichtliche Zurückhaltung bei der Kontrolle behördlicher

---

588 Siehe oben Kapitel 4, B., IV., S. 174 ff.

589 *Davies*, Judicial Self-Restraint in Labour Law, Industrial Law Journal, Volume 38 (2009), Issue 3, 278 (289).

Entscheidungen (*Due deference*) die Diskussion um angemessene Kontrolle von Arbeitgeberentscheidungen beeinflussen kann.[590]

Davies geht hierfür in vier Schritten vor: Zunächst beobachtet sie, dass Gerichte im Verwaltungsrecht je nach Entscheidungskontext unterschiedliche Kontrollmaßstäbe entwickeln.[591] Im nächsten Schritt identifiziert sie die aus ihrer Sicht wesentlichen Faktoren, welche die Gerichte bei Bestimmung angemessener Kontrolldichte im Verwaltungsrecht prägen (*Deference factors*).[592] Im dritten Schritt zeigt sie auf, dass jene Faktoren auch im Arbeitsrecht grundsätzlich eine Rolle spielen.[593] Im vierten und letzten Schritt veranschaulicht sie, wie diese Faktoren genutzt werden können, um für unterschiedliche Arten von Arbeitgeberentscheidungen eine jeweils passende Kontrolldichte zu bestimmen.

Im Kern zieht *Davies* folgenden Schluss: Gibt es Faktoren, die sowohl im Verwaltungsrecht als auch im Arbeitsrecht prinzipiell relevant sind, und bestimmen diese Faktoren im Verwaltungsrecht bereits die Debatte um angemessene gerichtliche Kontrolle, können die gleichen Faktoren die Diskussion im Arbeitsrecht ebenfalls voranbringen und das Problembewusstsein schärfen – wenngleich mit unterschiedlichem Gewicht.[594]

2. „Deference factors" nach Davies

Für das *Common law* identifiziert *Davies* drei solcher *Deference factors*:[595]

---

590 *Davies*, Judicial Self-Restraint in Labour Law, Industrial Law Journal, Volume 38 (2009), Issue 3, 278 (279).

591 *Davies*, Judicial Self-Restraint in Labour Law, Industrial Law Journal, Volume 38 (2009), Issue 3, 278 (280).

592 *Davies*, Judicial Self-Restraint in Labour Law, Industrial Law Journal, Volume 38 (2009), Issue 3, 278 (284).

593 *Davies*, Judicial Self-Restraint in Labour Law, Industrial Law Journal, Volume 38 (2009), Issue 3, 278 (289).

594 *Davies*, Judicial Self-Restraint in Labour Law, Industrial Law Journal, Volume 38 (2009), Issue 3, 278 (291).

595 Hierbei baut *Davies* (S. 284) auf einer Zusammenfassung von Lord Justice *Sir John Grant McKenzie* auf für das Verwaltungsrecht in: *International Transport Roth GmbH v Secretary of State for the Home Department* [2002] EWCA Civ 158; [2003] QB 728, (765 ff.), Rn. 83-87: „[**first**] greater deference is to be paid to an act of Parliament than to a decision of the executive or a subordinate measure [**second**] there is more scope for deference "where the Convention itself requires a balance to be struck, much less so where the right is stated in terms which are unqualified" (per Lord Hope in *ex parte Kebeline*) [**third**] greater

Der erste *Deference factor* ist die fehlende *Expertise* der Gerichte. Nach dieser Ratio sollten Arbeitgeberentscheidungen möglichst respektiert werden, da Arbeitgeber am besten wüssten, wie das eigene Unternehmen zu führen ist.[596] *Davies* Meinung nach solle *Expertise* jedoch nicht überbewertet werden. Zum einen seien zumindest die – mit deutschen Arbeitsgerichten vergleichbaren – Employment Tribunals mit Laienrichtern besetzt, die von Arbeitnehmer- und Arbeitgeberseite vorgeschlagen werden. Das System dieser Laienrichter ist insoweit mit den deutschen Arbeitsrichtern nach §§ 20 ff. ArbGG vergleichbar. Zum anderen, so *Davies*, könne bei Arbeitgebern – anders als bei Behörden – wegen deren eigenen wirtschaftlichen Interessen nicht vermutet werden, dass Arbeitgeber ihre *Expertise* auch zum Wohle der Arbeitnehmer nutzen.[597]

Als zweites benennt sie *Institutional competence*. Sie beschreibt damit den Umstand, dass ein Gerichtsverfahren als Zwei-Parteien-Prozess mitunter wenig geeignet ist, um polyzentrische Konflikte zu lösen, die in ihren Wirkungen über die Interessen der am Prozess beteiligten Parteien hinausgehen.[598]

Schließlich benennt *Davies* noch *Democratic accountability* als möglichen Faktor, den Gerichte bei der Bestimmung der angemessenen Kontrolldichte berücksichtigen könnten.[599] *Democratic accountability* meint, dass Gerichte mehr Zurückhaltung bei Arbeitgeberentscheidung üben könnten, an denen die Belegschaft im Vorhinein beteiligt wurde.

Bei ihrer Bewertung dieser drei *Deference factors* kommt *Davies* abschließend zu dem Ergebnis, dass englische Gerichte bislang am ehesten die eigene *Expertise* bezweifeln, um ihre Zurückhaltung insbesondere

deference will be due to the democratic powers where the subject matter in hand is peculiarly within their constitutional responsibility, and less when it lies more particularly within the constitutional responsibility of the courts [**fourth**] greater or less deference will be due according to whether the subject matter lies more readily within the actual or potential expertise of the democratic powers or the courts“.

596 *Davies*, Judicial Self-Restraint in Labour Law, Industrial Law Journal, Volume 38 (2009), Issue 3, 278 (290).

597 *Davies*, Judicial Self-Restraint in Labour Law, Industrial Law Journal, Volume 38 (2009), Issue 3, 278 (290-291).

598 *Davies*, Judicial Self-Restraint in Labour Law, Industrial Law Journal, Volume 38 (2009), Issue 3, 278 (290).

599 *Davies*, Judicial Self-Restraint in Labour Law, Industrial Law Journal, Volume 38 (2009), Issue 3, 278 (291).

gegenüber solchen Arbeitgeberentscheidungen zu begründen, die eine ernsthafte wirtschaftliche Tragweite besitzen.[600]

3. Mehrwert von *Davies* Ansatz für deutschen Diskurs

Das von *Davies* gewählte Vorgehen ist aus drei Gründen auch für den hiesigen Diskurs um eine angemessene Kontrolle von Weisungen gewinnbringend.

Erstens ist die Kontrolle von Weisung auch im deutschen Recht stark von der Entwicklung der Rechtsprechung abhängig. Dies gilt sowohl für das billige Ermessen als ausfüllungsbedürftige Generalklausel und den daraus resultierenden Auslegungsspielraum der Gerichte. Als auch für die Flexibilität, mit welcher die Rechtsprechung die Möglichkeit zur Ersatzleistungsbestimmung nach § 315 Abs. 3 S. 2 BGB je nach Kontext anwendet oder hierauf verzichtet.[601]

Zweitens hat die Untersuchung gezeigt, dass Verwaltungs- und Arbeitsgerichte vor vergleichbaren Herausforderungen stehen. Dies veranschaulicht etwa die Frage zur Kompetenzabgrenzung zwischen Gericht und Bestimmungsberechtigtem sowie die Frage zum Umgang mit der Fehleranfälligkeit einer Bauleitplanung und die einer Sozialauswahl bei Massenkündigungen.[602] Indem für im Verwaltungsrecht diskutierte Wertungen geschaut wird, ob diese in der arbeitsgerichtlichen Rechtsprechung bereits grundsätzlich relevant waren, werden Einwände vermieden, die auf den Dualismus zwischen Zivil- und Verwaltungsrecht abstellen.[603] Man kann *Davies* Ansatz als pragmatisch bezeichnen.

---

600 *Davies*, Judicial Self-Restraint in Labour Law, Industrial Law Journal, Volume 38 (2009), Issue 3, 278 (304-305).

601 Siehe oben Kapitel 4., B., II., 3., S. 169 ff. und unten Kapitel 4, C., IV., S. 222 ff.

602 Siehe oben Kapitel 3, C., IV., 5., S. 135 ff. und Kapitel 4., B., V., S. 181 ff.

603 Siehe etwa *Höpfner* und *Daum*, wenn diese versuchen, die reine Ergebniskontrolle mit der im Zivilrecht nicht vorhandenen Gewaltenteilung zu begründen, wobei sie übersehen, dass dasselbe Problem als Kompetenzabgrenzung zwischen Vertragspartei und Gericht auch im Zivilrecht auftritt, vgl. *Höpfner/Daum*, ZfA 2021, 467 (479 f.) sowie oben Kapitel 4., B., II., 3., S. 169 ff.; der auch im deutschen Recht grundsätzlich bestehende Dualismus findet seinen Ausdruck etwa in § 40 VwGO, der eine Zuordnung zur jeweiligen Gerichtsbarkeit davon abhängig macht, ob eine öffentlich-rechtliche Streitigkeit vorliegt. So erfolgt diese Abgrenzung nach heute h.M. anhand der sog. *modifizierten Subjektstheorie*, wonach die Abgrenzung danach geschieht, ob Handeln aufgrund

Drittens lässt sich der Ansatz von *Davies* auf den deutschen Diskurs übertragen, ohne dass dies einen Rechtsvergleich im eigentlichen Sinne erfordert. Denn ein inhaltlicher Rückgriff auf die im *Common law* diskutierten Wertungen ist nicht erforderlich. Vielmehr geht es um im deutschen Verwaltungsrecht und im Arbeitsrecht bereits diskutierte Wertungen.

II. Wertungen („*Deference factors*") im deutschen Recht

1. Unternehmerfreiheit („*Expertise*")

Als zentralen Faktor für gerichtliche Zurückhaltung identifiziert *Davies* die fehlende *Expertise* der Gerichte zur Unternehmensführung. Nach dieser Ratio sollten Arbeitgeberentscheidungen möglichst respektiert werden, da Arbeitgeber am besten wüssten, wie das eigene Unternehmen zu führen sei.[604] Diese Ratio findet sich in der Rechtsprechung des BAG in ähnlicher Formulierung wieder. Es sei nicht Sache der Gerichte, Arbeitgebern eine „bessere" oder „richtigere" Unternehmenspolitik vorzuschreiben und damit in deren wirtschaftliche Kalkulation einzugreifen.[605] Diese Ratio und die daraus resultierende gerichtliche Zurückhaltung ist Ausfluss der grundgesetzlich geschützten Unternehmerfreiheit des Arbeitgebers.[606] Wie die Rechtsprechung des BAG zeigt, beeinflusst die Unternehmerfreiheit aus Art. 12 GG die gerichtliche Kontrolle in vielfältiger Weise.[607]

---

staatlichen Sonderrechts im Streit steht, Kopp/Schenke/*W.-R. Schenke/Ruthig*, VwGO, § 40 Rn. 11. Dieser Theorie liegt damit die Vorstellung zugrunde, dass staatliches Handeln im Vergleich zu privatem Handeln besonderen Maßstäben und einer besonderen Kontrolle unterliegt, vgl. Schoch/Schneider/*Ehlers/Schneider*, VwGO, § 40 Rn. 19; Zur Kritik siehe bspw. *Ehlers*, Verwaltung in Privatrechtsform (1984), S. 38-40 m.w.N.

604 *Davies*, Judicial Self-Restraint in Labour Law, Industrial Law Journal, Volume 38 (2009), Issue 3, 278 (290) m.w.N.

605 BAG, Urteil vom 26. September 2002 – 2 AZR 636/01, BAGE 103 (35 f.), NZA 2003, 549 (550), zu II., Ziff. 1, lit b); BAG, Urteil vom 15. Juni 2021 – 9 AZR 217/20, NZA 2021, 1625 (1630), Rn. 46.

606 Siehe oben Kapitel 2, A., II, 1., b), aa), S. 44 ff.

607 BVerfG, Urteil vom 1. März 1979 - 1 BvR 532, 533/77, 419/78, 1 BvL 21/78, BVerfGE 50, 190, NJW 1979, 699 (708), wonach die Berufsfreiheit nach Art. 12 Abs. 1 GG auch die Freiheit umfasst ein Unternehmen zu gründen und zu führen.

a) Organisationsentscheidung umsetzende Weisung

Dass die Unternehmerfreiheit bereits ein anerkannter Faktor zur Bestimmung der gerichtlichen Kontrolldichte ist, zeigt zunächst der Kontrollmaßstab bei Organisationsentscheidungen. Wie bereits erörtert, kontrolliert das BAG bei Weisungen, die eine Organisationsentscheidung umsetzen, inzident auch die Organisationentscheidung.[608] In Parallele zur betriebsbedingten Kündigung tun sie dies jedoch mit äußerster Zurückhaltung. Kontrolliert wird eine Organisationsentscheidung inhaltlich nur darauf hin, ob sie nicht offenbar unvernünftig, unsachlich oder willkürlich ist.[609] Denn in solchen Fällen liegt es nahe, dass sie lediglich vorgeschoben ist und der Arbeitgeber kein wirkliches Interesse an ihrer Umsetzung hat. Darauf, ob die Organisationsentscheidung des Arbeitgebers zweckmäßig ist, kommt es jedoch ebenso wenig an wie darauf, ob die zugrundeliegenden unternehmerischen Erwägungen zutreffend sind. Aufgrund der Unternehmerfreiheit aus Art. 12 GG schichtet das BAG ab und vermeidet so, dass die Organisationsentscheidung selbst am Maßstab des billigen Ermessens kontrolliert wird.

b) Keine gerichtliche Ersatzleistungsbestimmung

Ein weiteres Beispiel für gerichtliche Zurückhaltung ist die bereits erörterte grundsätzliche Unanwendbarkeit von § 315 Abs. 3 S. 2 BGB. Nach ständiger Rechtsprechung des BAG können Arbeitsgerichte im Falle der Unverbindlichkeit einer Weisung keine eigene Weisung erlassen. Denn eine solche würde in unzulässiger Weise in die Organisationshoheit des Arbeitgebers eingreifen.[610] Praktisch steht hierhinter auch die Erwägung, dass das Gericht in die betriebliche Arbeitsorganisation nicht eingebunden ist und daher schon nicht weiß, welcher Arbeitnehmer welche Tätigkeiten wo und wann verrichten soll.[611] In der teleologischen Reduktion von § 315 Abs. 3 S. 2 BGB kommt also – ähnlich wie im *Common law* diskutiert – die Wertung zum Ausdruck, dass Gerichten schlicht die nötige Kenntnis fehlt, um

---

608 Siehe oben Kapitel 2, A., II, 1., b), aa), S. 44 ff.

609 Siehe oben Kapitel 2, A., II, 1., b), aa), (1), (a), S. 44 ff. und Kapitel 2, A., II, 1., b), aa), (2), (b), S. 53 ff.

610 Siehe oben Kapitel 2, B., III., 3., a), S. 85 ff. und unten Kapitel 4, B., II., 3., S. 169 ff.

611 Staudinger/*Rieble*, BGB, § 315 Rn. 424 m.w.N., der von der bloßen Möglichkeit einer unzureichenden gerichtlichen Weisungserteilung „ins Blaue hinein" spricht.

betriebliche Abläufe angemessen berücksichtigen zu können. Diese Erwägung ist daher nicht nur geeignet, auf Seiten des Ergebnisses Zurückhaltung zu üben, sondern auch bereits auf Ebene der Vorgangskontrolle und bei der Kassation einer Weisung.

c) Massenkündigung

Schließlich berücksichtigt das BAG die Unternehmerfreiheit des Arbeitgebers auch an anderer Stelle bei der Bewertung von Fehlerfolgen. Die Analyse zur Massenkündigung und der zwischenzeitlichen Aufgabe der sog. „Domino-Theorie" hat gezeigt: das BAG nimmt zur Beantwortung der Frage einer angemessenen Vorgangskontrolle auch die Folgen in den Blick. Nämlich, welche Beeinträchtigungen für den Arbeitgeber entstehen, wenn eine Maßnahme allein aufgrund eines Vorgangsfehlers gerichtlich kassiert würde.[612] Denn die Kritik an der „Domino-Theorie" fußt insbesondere auf der Überlegung, dass die reihenweise Unwirksamkeit von Kündigungen zu erheblichen wirtschaftlichen Risiken für den Arbeitgeber führen kann, was das BAG schließlich zur Aufgabe selbiger veranlasste.[613]

d) Zwei Dimensionen der Unternehmerfreiheit

Die Unternehmerfreiheit des Arbeitgebers hält damit zwei Dimensionen bereit, die eine abweichende Fehlerfolge und eingeschränkte Vorgangskontrolle rechtfertigen.

Zum einen die Zuordnung von Vorgangsfehlern in den Kernbereich der unternehmerischen Tätigkeit. Eine Grenze zur Berücksichtigung von Vorgangsfehlern ist dort erreicht, wo deren gerichtliche Kontrolle letztlich dazu führen würde, dass sich Gerichte sich zum Unternehmer aufschwingen. Arbeitnehmer sind nicht vor solchen Fehlern zu schützen, bei denen sich lediglich das jeder unternehmerischen Tätigkeit immanente Risiko realisiert (Fallgruppen a) und b) oben).

Zum anderen im Sinne des Interesses des Arbeitgebers, dass ihn die Unwirksamkeit seiner Entscheidung nicht übermäßig belasten (Fallgruppe c) oben).

---

612 Siehe oben Kapitel 4, B., V., S. 181 ff.

613 BAG, Urteil vom 9. November 2006 – 2 AZR 812/05, BAGE 120, 134, NZA 2007, 549 (551), Rn. 17; zur Kritik etwa *Bitter/Kiel*, RdA 1994, 333 (358).

2. Kollektiver Bezug („*Institutional competence*“)

Als weiterer Faktor für gerichtliche Zurückhaltung identifiziert *Davies Institutional competence*. Die Ratio dahinter: Gerichtsverfahren als Zwei-Parteien-Prozess sind nur bedingt zur Lösung von Konflikten geeignet, zu deren Lösung eine Vielzahl von Interessen von am Verfahren nicht Beteiligten berücksichtigt werden müssen. Im Kern, so *Davies*, sollten Gerichte erwägen, ob der Arbeitgeber besser in der Lage gewesen ist, die verschiedenen konkurrierenden Interessen auszugleichen, und ob er in dieser Hinsicht angemessene Anstrengungen unternommen hat.[614]

Die von *Davies* beschriebene Herausforderung ist im deutschen Verwaltungsrecht anerkannt. Dies zeigen das erörterte Beispiel des Planungsermessens und die Besonderheit final geprägter Normen.[615] Dort bildet der Ausgleich einer Vielzahl von Interessen gerade den Zweck der Ermächtigung.[616] Der Interessensausgleich ist dem Bestimmungsberechtigten zugewiesen, woraus ein weiter Spielraum entsteht, aufgrund dessen die Abwägungsfehlerlehre entwickelt wurde.[617] Nach dieser üben Gerichte bei der Vorgangskontrolle jedoch keine Zurückhaltung. Der Entscheidungsvorgang steht vielmehr im Fokus der gerichtlichen Kontrolle, um die gerichtliche Zurückhaltung bzw. Herausforderung bei der Ergebniskontrolle auszugleichen.[618] Die von *Davies* als *Institutional competence* beschriebene Wertung findet sich im deutschen Verwaltungsrecht wieder; allerdings nicht als Rechtfertigung für eine verringerte Vorgangskontrolle.

Ein ähnliches Bild ergibt sich für das Arbeitsrecht. Im Kontext des billigen Ermessens und § 315 Abs. 3 S. 2 BGB ist in ständiger Rechtsprechung von BAG und BGH anerkannt, dass Gerichte keine Ersatzleistung in Fällen treffen, deren Wirkung über die am Prozess Beteiligten hinausgeht.[619] Man

614 *Davies*, Judicial Self-Restraint in Labour Law, Industrial Law Journal, Volume 38 (2009), Issue 3, 278 (290).

615 Siehe oben Kapitel 3, C., IV., 2. und 3., S. 130 ff.

616 Siehe oben Kapitel 3, C., IV., 2., S. 130 ff. ff.

617 Siehe oben Kapitel 3, C., IV., 3., a), S. 131 ff. und Kapitel 3, C., IV., 4., S. 133 ff.

618 Kapitel 3, C., IV., 4., S. 133 ff.; zum mit Planungsentscheidungen vergleichbaren Regulierungsermessen betont das BVerwG ausdrücklich die Funktionsgrenzen der Gerichte, die sich aus der Komplexität der geforderten Abwägung ergibt, BVerwG, Urteil vom 28. November 2007 - 6 C 42/06, BVerwGE 130, 39, NVwZ 2008, 575 (577), Rn. 29; hierzu m.w.N. siehe auch *Gärditz*, NVwZ 2009, 1005 (1006).

619 Etwa BGH, Urteil vom 2. Oktober 2024 – IV ZR 37/23, BeckRS 2024, 28576, Rn. 32; BAG, Urteil vom 13. November 2007 - 3 AZR 455/06, BAGE 125, 11, NZA-RR 2008, 520.

kann insofern vom Ausschluss gerichtlicher Ersatzleistungsbestimmungen mit „kollektiver Wirkung" sprechen, bei denen es um komplexe Verteilungsfragen geht.[620] Typische Beispiele sind Versorgungssysteme. So hat das BAG für den Bereich der betrieblichen Altersversorgung entschieden:[621]

> „Die Überschreitung der Grenzen der Anpassung führt hier nicht dazu, dass das Gericht seinerseits eine angemessene Regelung zu treffen hat. Das beruht darauf, dass es sich um einen Eingriff in ein komplexes Versorgungssystem handelt, das nicht nur den [Kläger] betrifft, sondern kollektive Wirkung hat. Daher ist in *einschränkender Auslegung von § 315 III BGB* eine *gerichtliche Bestimmung der billigem Ermessen entsprechenden Entscheidung hier nicht möglich, sondern nur eine Überprüfung getroffener Entscheidungen.* Gleiches gilt bei kollektivrechtlicher Betrachtung. Deshalb muss es der [Beklagten] – gegebenenfalls in Verbindung mit deren Betriebsrat – vorbehalten bleiben, unter Berücksichtigung der maßgeblichen Gesichtspunkte eine billigem Ermessen entsprechende Entscheidung zu treffen."

Das BAG nimmt damit eine teleologische Reduktion von § 315 Abs. 3 S. 2 BGB vor.[622] Die Ersatzleistungsbestimmung des Gerichts soll nicht über die am Verfahren Beteiligten hinaus wirken.[623] Anders als im Fall von *Expertise* bietet diese Ratio der Vermeidung eines „Übergriffs" bzw. einer Kompetenzüberschreitung also kein Argument dafür, weshalb Gerichte auch auf der ersten Stufe, der Vorgangskontrolle, zurückhaltend sein sollten. Konsequenterweise wird in den vorgenannten Fallgruppen die ursprüngliche Entscheidung des Bestimmungsberechtigten auch uneingeschränkt kontrolliert.[624]

Insgesamt lässt sich die Wertung der *Institutional competence* nicht fruchtbar machen, um die Vorgangskontrolle beim Weisungsrecht einzuschränken.

---

620 Staudinger/*Rieble*, BGB, § 315 Rn. 23 m.w.N.

621 BAG, Urteil vom 13. November 2007 – 3 AZR 455/06, BAGE 125, 11, NZA-RR 2008, 520 (523), Rn. 38 [Hervorhebungen nicht im Original].

622 So auch Staudinger/*Rieble*, BGB, § 315 Rn. 588; das BAG geht davon aus, dass eine gerichtliche Ersatzleistungsbestimmung ausnahmsweise nur dann möglich ist, wenn der Bestimmungsberechtigte keine Entscheidung trifft. Dann sei es mit Blick auf einen effektiven Rechtsschutz ausnahmsweise gerechtfertigt, dass Gericht notfalls in das Versorgungssystem eingreifen, BAG, Urteil vom 18. Februar 2014 – 3 AZR 770/12, NJOZ 2015, 76 (80) Rn. 35.

623 So nachfolgend auch BAG, Urteil vom 18. Februar 2014 – 3 AZR 770/12, NJOZ 2015, 76 (80), Rn. 34.

624 BAG, Urteil vom 18. Februar 2014 – 3 AZR 770/12, NJOZ 2015, 76 (78), Rn. 24; BGH, Urteil vom 2. Oktober 2024 – IV ZR 37/23, BeckRS 2024, 28576 Rn. 20 m.w.N., worin ausdrücklich auch der Entscheidungsvorgang kontrolliert wird („ob nicht sachfremde oder willkürliche Motive für die Bestimmung maßgebend gewesen sind").

3. Polyzentrizität

Von *Davies* nicht thematisiert ist die Frage, ob die in bestimmten Kontexten immanent hohe Fehleranfälligkeit einer Abwägung es rechtfertigen kann, Vorgangsfehler ausnahmsweise unbeachtlich zu lassen.

Im deutschen Verwaltungsrecht wurde für den Grundsatz der Planerhaltung bereits die Wertung identifiziert, dass die sich aus einer Vielzahl von zu berücksichtigenden Interessen ergebende Fehleranfälligkeit eine abweichende Fehlerfolge rechtfertigt (für die Zwecke dieser Untersuchung „Polyzentrizität" genannt).[625] Die allgemeine Fehleranfälligkeit wird dadurch verschärft, dass sich Betroffene auch auf die fehlerhafte Berücksichtigung von Interessen anderer berufen können.

Die Wertung einer solchen Polyzentrizität lässt sich auch im Arbeitsrecht finden. Dies zeigt etwa die Entwicklung der Rechtsprechung des BAG zur Kontrolle von Betriebsvereinbarungen nach § 75 Abs. 1 BetrVG am Maßstab von „Recht und Billigkeit". In diesem Zusammenhang wurde fortwährend kritisiert, dass Betriebsvereinbarungen regelmäßig nicht auf ihre Billigkeit – verstanden als Erreichung von Einzelfallgerechtigkeit – hin kontrolliert werden können.[626] Denn die Billigkeit erfordere eine Abwägung mit den Interessen der einzelnen Arbeitnehmer. Dies wiederrum könne beim Erlass von abstrakt-generellen Regelungen wie in einer Betriebsvereinbarung, die nach § 77 Abs. 4 BetrVG gegenüber allen Arbeitnehmern gilt, naturgemäß nicht erfolgen.[627] In der Folge reduzierte das BAG die im Wortlaut des § 75 Abs. 1 BetrVG angelegte Billigkeitskontrolle. Die Betriebsparteien sind nicht gehalten, die Regelungen einer Betriebsvereinbarung mit den einzelnen Interessen der betroffenen Arbeitnehmer abzuwägen. Vielmehr beschränkt sich das BAG inzwischen im Kern auf eine Rechtmäßigkeitskontrolle.[628]

Auch der Vergleich zur betriebsbedingten Kündigung lässt sich für die Wertung der Polyzentrizität heranziehen.[629] Dort hat das BAG seine frühere „Domino-Theorie" aufgrund der Kritik aufgegeben, dass bereits einzelne

---

625 Siehe oben Kapitel 3, C., IV., 5., bb), S. 138 ff.

626 Zum Zweck des billigen Ermessens im Sinne des Erreichens von Einzelfallgerechtigkeit siehe oben Kapitel 4, A., II., 1., b), S. 148 ff.

627 Ausführlich *Horst*, Gleichbehandlung bei der Ausübung des Weisungsrechts des Arbeitgebers (2013), S. 129 f. m.w.N.; GK-BetrVG/*Kreutz*, BetrVG, § 77 Rn. 344 m.w.N.

628 Exemplarisch BAG, Urteil vom 16. Juli 1996 – 3 AZR 398/95, BAGE 1998, 293, NZA 1997, 533 (534).

629 Siehe oben Kapitel 4, B., V., S 181 ff.

Fehler bei der Sozialauswahl zur Unwirksamkeit vieler Kündigungen führen konnte – und damit erhebliche gerichtliche Zurückhaltung geübt. Zwar stellt das BAG ausdrücklich auf die wirtschaftlichen Risiken einer regelmäßigen Unwirksamkeit ab.[630] Konsequent zu Ende gedacht, ergibt sich das vom BAG thematisierte Risiko jedoch gerade aufgrund der Vielzahl der betroffenen Arbeitnehmer. Denn mit jedem in die Auswahl einzubeziehenden Arbeitnehmer steigt das Risiko, beachtliche Belange fehlerhaft zu berücksichtigen.[631] Hier ergibt sich ein vergleichbares Problem wie bei Planungsbeschlüssen einer Gemeinde.

Insgesamt lässt sich die Wertung einer Polyzentrizität von Entscheidungen damit grundsätzlich heranziehen, wenn es um einen Ausgleich bei der Fehlerfolgenbetrachtung geht.

4. Betriebsratsbeteiligung („*Democratic accountability*")

a) Betriebsratsbeteiligung als Faktor gerichtlicher Kontrolldichte

Schließlich identifiziert *Davies Democratic accountability* als Faktor. Dort, so *Davies*, wo die betroffenen Arbeitnehmer die Entscheidungsfindung im vornhinein beeinflussen konnten, sollten Gerichte zurückhaltend sein.[632]

Im deutschen Verwaltungsrecht ließ sich im Bereich des Bauplanungsrechts eine ähnliche Wertung finden. Denn dort wurde – teils beeinflusst von EU-Recht – die Öffentlichkeitsbeteiligung im Vorhinein an einen Planungsbeschluss gestärkt.[633] Die Ratio dahinter: Einer effektiven Beteiligung im Planungsverfahren kommt ein Eigenwert zu, der – kurz gesagt – die Wahrscheinlichkeit erhöht, dass die Gemeinde die relevanten Belange vollständig und korrekt berücksichtigt. Dies beschreibt nichts anderes als die Richtigkeitsgewähr eines fehlerfreien Entscheidungsvorgangs. Das

630 Siehe oben zur Expertise, Kapitel 4., B., V., 2., b), S. 182 ff.

631 Siehe etwa *Bitter/Kiel*, RdA 1994, 333 (358), welche die Bezeichnung „Domino-Effekt" in diesem Kontext prägten und auf die das BAG unter anderem Bezug nimmt. Diese sprechen davon, dass „*ein einziger „Zahlendreher" in der Liste der Sozialdaten* genügen kann, um weitere Hundert Kündigungen im Kündigungsschutzprozeß [sic!] zu Fall zu bringen, gleicht in den Folgen des fallenden Steis aufgestellter Domino-Steine und hat für den Arbeitgeber möglicherweise fatale Folgen [...]", [Hervorhebungen nicht im Original].

632 *Davies*, Judicial Self-Restraint in Labour Law, Industrial Law Journal, Volume 38 (2009), Issue 3, 278 (291).

633 Siehe oben Kapitel 3, C., IV., 6., S. 140 ff.

nach traditionellem deutschem Verständnis nur „dienende“ Verwaltungsverfahren wurde in diesem Bereich aufgewertet.[634] Hierdurch wird ein Ausgleich geschaffen zur begrenzten gerichtlichen Ergebniskontrolle von Planungsbeschlüssen bzw. zum Grundsatz der Planerhaltung.[635]

Die Wertung, wonach eine effektive Beteiligung der Betroffenen eine verringerte gerichtliche Kontrolle rechtfertigen kann, lässt sich auch im Arbeitsrecht finden. Die Besonderheit hier: Die Beteiligung der Belegschaft erfolgt nach der gesetzlichen Konzeption nicht unmittelbar, sondern über den Betriebsrat als Interessenvertreter der Belegschaft.[636]

Der Gesetzgeber geht erkennbar davon aus, dass dort, wo der Betriebsrat an Entscheidungen des Arbeitgebers beteiligt war, gerichtliche Zurückhaltung geboten ist. Dies zeigen folgende Beispiele:

aa) Betriebsbedingte Kündigung

Im Kontext von betriebsbedingten Kündigungen führt die Beteiligung des Betriebsrats wiederholt dazu, dass die Kündigungsentscheidung und -auswahl des Arbeitgebers nur auf „grobe Fehlerhaftigkeit“ hin kontrolliert wird.

„Grobe Fehlerhaftigkeit“ meint, dass ein evidenter, also ins Auge springender, schwerer Fehler vorliegt und die Auswahl, insbesondere bei der Gewichtung der Auswahlkriterien, jede soziale Ausgewogenheit vermissen lässt.[637] Die bloße „grobe Fehlerhaftigkeit“ greift sowohl bei der Berücksichtigung der Auswahlkriterien, deren Gewichtung zueinander, der Festlegung vergleichbarer Arbeitnehmer als auch bei der konkreten sozialen Auswahl der Arbeitnehmer (§ 1 Abs. 4, Abs. 5 S. 2 KSchG).[638] Vereinbaren Arbeitgeber und Betriebsrat per Interessensausgleich namentlich, welche Arbeitnehmer zur Kündigung anstehen, wird gar vermutet, dass deren

634 Zur „dienenden“ Funktion des Verwaltungsverfahrens siehe oben Kapitel 3, B., S. 106 ff.

635 Siehe oben Kapitel 3, C., IV., 6., S. 140 ff.

636 Die Bezeichnung „Interessenvertreter“ ist bewusst in Abgrenzung zur allgemeinen Bezeichnung „Vertreter“ oder „Repräsentant“ gewählt. So weist Reichold zutreffend darauf hin, dass der Betriebsrat keinen Weisungen der Belegschaft unterliegt und sich die Legimitation des Betriebsrats nicht ausschließlich aus seiner Wahl speist; siehe *Reichold*, Betriebsverfassung als Sozialprivatrecht (1995), S. 548.

637 St. Rspr. BAG, Urteil vom Urteil vom 8. Dezember 2022 – 6 AZR 31/22, BAGE 179, 328, NZA 2023, 692 (695), Rn. 22.

638 So ausdrücklich die Gesetzesbegründung, BT-Drucks. 15/1204, S. 12.

Kündigung durch dringende betriebliche Erfordernisse bedingt ist (§ 1 Abs. 5 S. 1 KSchG).

Nach der gesetzgeberischen Konzeption, so das BAG ausdrücklich für § 1 Abs. 5 KSchG, gehe von der übereinstimmenden Beurteilung der Betriebsparteien, eine hohe Gewähr für die Richtigkeit ihrer Einschätzung aus.[639] Eben jene Richtigkeitsgewähr, so das BAG weiter, rechtfertige verfassungsrechtlich die durch die verringerte gerichtliche Kontrolle entstehenden Nachteile für Arbeitnehmer.[640]

Die vom Gesetzgeber hier getroffene Wertung ist für die vorliegende Untersuchung gerade deshalb interessant, weil gerade die Fehlerfolgen eingeschränkt werden. Ähnlich wie bei Planungsentscheidungen der Gemeinde unterliegen die Betriebsparteien beim Entscheidungsvorgang denselben Anforderungen wie sonst auch. Sie sind gehalten, eine vollständige Beurteilung nach § 1 Abs. 3 S. 1 KSchG vorzunehmen. Lediglich die Fehlerfolge ist eingeschränkt, indem Fehler „grob" sein müssen, um relevant zu sein.

bb) Betriebsvereinbarungen

Ein weiteres Beispiel für eine erhöhte Richtigkeitsgewähr aufgrund von Betriebsratsbeteiligung ist die gerichtliche Kontrolle von Betriebsvereinbarungen.

Gemäß § 310 Abs. 4 S. 1 BetrVG dürfen Betriebsvereinbarungen nicht auf ihre Angemessenheit hin kontrolliert werden. Hierin kommt nach der Rechtsprechung des BAG unter anderem eine Richtigkeitsgewähr von Betriebsvereinbarungen zum Ausdruck:[641]

> „Ferner bietet die gleichberechtigte *Mitwirkung des Betriebsrats eine gewisse Gewähr dafür, dass die Interessen der Arbeitnehmer berücksichtigt und diese nicht unangemessen belastet werden*. Das bringt der Gesetzgeber durch die Regelung in

---

639 BAG, Urteil vom 17. März 2016 – 2 AZR 182/15, BAGE 154, 303, NZA 2016, 1072 (1075), Rn. 36; ähnlich BAG, Urteil vom 27. September 2012 – 2 AZR 516/11, BAGE 143, 177, NZA 2013, 559 (565 f.), Rn. 27: „Der Gesetzgeber durfte bei dieser Sachlage davon ausgehen, dass eine hohe Richtigkeitsgewähr für die betriebsbedingte Notwendigkeit der Kündigungen besteht und die Interessen der Belegschaft typischerweise angemessen durch die Beteiligung des Betriebsrats gewahrt sind."

640 BAG, Urteil vom 17. März 2016 – 2 AZR 182/15, BAGE 154, 303, NZA 2016, 1072 (1075), Rn. 36.

641 BAG, Urteil vom 12. Dezember 2006 – 1 AZR 96/06, BAGE 120, 308, NZA 2007, 453 (455), Rn. 21 [Hervorhebungen nicht im Original].

§ 310 IV 1 BGB zum Ausdruck, nach der Betriebsvereinbarungen nicht der Kontrolle anhand von §§ 305 ff. BGB unterfallen."

Als Rechtfertigung für die Normsetzungsbefugnis der Betriebsparteien führt das BAG zum einen an, dass diejenigen, die von Regelungen selbst betroffen sind, den relevanten Bereich üblicherweise am sachkundigsten beurteilen können.[642] Zum anderen, dass der Betriebsrat durch die betroffenen Arbeitnehmer demokratisch legitimiert sei.[643] Mit Blick auf die Erwägungen des BAG werden die gedanklichen Parallelen zu *Davies* Konzept von *Democratic accountability* besonders deutlich. Zudem kommt darin die gleiche Wertung wie bei der Öffentlichkeitsbeteiligung bei Planungsentscheidungen zum Ausdruck. Auch dort wird von einer erhöhten demokratischen Legitimation und einer Richtigkeitsgewähr durch Beteiligung ausgegangen.[644]

b) Dogmatischer Unterbau: Betriebsrat als Vertragshelfer

Die Wertung einer *Democratic Accountability* lässt sich für das Weisungsrecht dadurch untermauen, dass das Betriebsverfassungsrecht nach heute herrschender Meinung dem Privatrecht zugeordnet wird.[645] Die Betriebsverfassung ermöglicht es, die Belegschaft an der Ausübung der Leitungsmacht des Arbeitgebers zu beteiligen.

Wie in der Einleitung zu dieser Arbeit beschrieben, liegt die Besonderheit von Arbeitsverträgen in deren Unvollständigkeit.[646] Das heißt, bei Vertragsschluss können nicht alle Eventualitäten geregelt werden. Dies gilt insbesondere für die zu erbringende Arbeitsleistung. Wie ebenfalls bereits

642 Unter Verweis auf die Rechtsprechung des BVerfG zur Satzungsautonomie für juristische Personen des öffentlichen Rechts: BAG, Urteil vom 12. Dezember 2006 – 1 AZR 96/06, BAGE 120, 308, NZA 2007, 453 (455) Rn. 19 mit Verweis auf BVerfG, Beschluss vom 9. Mai 1972 – 1 BvR 518/62 u. 308/64, BVerfGE 33, 125, NJW 1972, 1504.

643 BAG, Urteil vom 12. Dezember 2006 – 1 AZR 96/06, BAGE 120, 308, NZA 2007, 453 (455) Rn. 19; BAG, Beschluss vom 10. Dezember 2002 – 1 ABR 7/02, BAGE 104, 175, NZA 2004, 223 (227).

644 Siehe oben Kapitel 3, C., IV., 6., S. 140 ff.

645 Zur Einordnung am Beispiel eines Sozialplans BVerfG, Beschluss vom 23. April 1986 - 2 BvR 487/80, BVerfGE 73, 261, NJW 1987, 827 (827); m.w.N. etwa Fitting/*Trebinger/Linsenmaier/Schelz/Schmidt*, BetrVG, § 1 Rn. 351; Richardi/*Richardi*, BetrVG, Einleitung Rn. 134; GK-BetrVG/Wiese, BetrVG, Einleitung Rn. 92; akzentuierend als privatrechtsakzessorisch *Reichold*, Betriebsverfassung als Sozialprivatrecht (1995), S. 399 ff.

646 Siehe oben Kapitel 1, A., S. 17 f.

erörtert, füllt das Weisungsrecht gerade diese Lücke, indem es dem Arbeitgeber die spätere Vertragskonkretisierung erlaubt.[647]

Für den Arbeitnehmer ist dies mit Unsicherheiten verbunden. Wie die Definition des Arbeitsverhältnisses in § 611a BGB verdeutlicht, erbringt er seine Arbeit fremdbestimmt und in persönlicher Abhängigkeit. Die Eingliederung des Arbeitnehmers in die vom Arbeitgeber bestimmte Organisation führt zu seiner rechtlichen und sozialen Abhängigkeit. Im Ausgangspunkt verliert er mit Abschluss des Arbeitsvertrages und dessen Durchführung insoweit seine Selbstbestimmung.[648]

Diese Abhängigkeit zum Schutz der Arbeitnehmer zu begrenzen, ist Ziel der Betriebsverfassung.[649] Hierfür wird die Belegschaft über ihren Betriebsrat an der Organisation des Betriebes beteiligt und die Gestaltungsmacht des Arbeitgebers eingeschränkt. Diese Teilhabe der Belegschaft bewirkt, dass Arbeitnehmer (in den vom Gesetz ausgewählten Bereichen) vom Objekt der Gestaltungsmacht des Arbeitgebers zum mitgestaltenden Subjekt werden.[650] Durch die Möglichkeit zur Mitgestaltung der betrieblichen Organisation erhalten Arbeitnehmer – vermittelt über das Kollektiv der Belegschaft – in Teilen ihre Selbstbestimmung (d.h. Privatautonomie) zurück.[651] Basis bleibt dabei stets der Arbeitsvertrag, wobei der Betriebsrat den Arbeitnehmern „zur Seite springt“. *Reichold* spricht insofern zutreffend vom „Betriebsrat als Vertragshelfer“.[652]

Zielt die Betriebsverfassung darauf ab, die Gestaltungsmacht des Arbeitgebers – einschließlich dessen vertraglichem Weisungsrecht – zu begrenzen bzw. dessen Entscheidungsfindung zu beeinflussen, liegt es nahe, dass Gerichte bei Vorgangsfehlern und ihrer Fehlerfolgenbetrachtung auch in den Blick nehmen, inwieweit Arbeitnehmer – vermittelt über ihren Betriebsrat – den Entscheidungsvorgang des Arbeitgebers konkret beeinflussen und an der Vertragskonkretisierung mitwirken konnten. Dies gilt insbesondere für Fälle, in denen die Richtigkeitsgewähr des Entscheidungsvorgangs und die daran anknüpfende „general-präventive“ Wirkung einer gerichtlichen Kontrolle an Bedeutung verlieren, weil die Richtigkeitsgewähr durch eine vorgelagerte Beteiligung der Belegschaft realisiert wird.

---

647 Siehe oben Kapitel 4, A., II., 2., a), S. 158 f.

648 GK-BetrVG/*Wiese*, BetrVG, Einleitung Rn. 76.

649 GK-BetrVG/*Wiese*, BetrVG, Einleitung Rn. 76; *Reichold*, Betriebsverfassung als Sozialprivatrecht (1995), S. 486 ff.

650 Die Freiheit auf Gegenseitigkeit hervorhebend, *Reichold*, Betriebsverfassung als Sozialprivatrecht (1995), S. 493.

651 GK-BetrVG/*Wiese*, BetrVG, Einleitung Rn. 84.

652 *Reichold*, Betriebsverfassung als Sozialprivatrecht (1995), S. 499 und 549.

5. Zwischenfazit

Als potenzielle Wertungen dafür, ausnahmsweise von der Unbilligkeit einer Weisung aufgrund eines Vorgangsfehlers abzusehen, konnten damit folgende Wertungen ausgemacht werden, die sowohl im Verwaltungsrecht als auch im Arbeitsrecht allgemein anerkannt sind:

- Unternehmerfreiheit des Arbeitgebers (Art. 12 GG) im Sinne einer Zuordnung von Vorgangsfehlern in den Kernbereich seiner unternehmerischen Tätigkeit (*Expertise*);
- Unternehmerfreiheit des Arbeitgebers (Art. 12 GG) im Sinne einer Berücksichtigung der Auswirkungen der Unwirksamkeit seiner Entscheidung auf den Betrieb bzw. das Unternehmen des Arbeitgebers;
- eine immanent erhöhte Fehleranfälligkeit beim Entscheidungsvorgang (*Polyzentrizität*);
- die Beteiligung der Betroffenen im Vorhinein einer Entscheidung (*Democratic accountability*).

Keine geeignete Wertung ist der kollektive Bezug einer Arbeitgeberentscheidung (*Institutional competence*). Hier hat die Untersuchung gezeigt, dass ein kollektiver Bezug allein eine Zurückhaltung bei der Ergebniskontrolle und ein Verzicht auf eine gerichtliche Ersatzleistungsbestimmung rechtfertigt. Im Fokus bleibt hingegen gerade der Entscheidungsvorgang – dies gilt fürs Verwaltungsrecht und das Arbeitsrecht gleichermaßen.

III. Veranschaulichung abgestufter Folgen von Vorgangsfehlern

1. These: Flexible Fehlerfolgen

Die im vorangehenden Abschnitt erörterten Wertungen können herangezogen werden, um ausgehend von der typischen Interessenlage von Arbeitnehmer und Arbeitgeber als Ergebnis einer Interessenabwägung Fallgruppen zu bilden, in denen bestimmte Vorgangsfehler ausnahmsweise nicht zur Unverbindlichkeit einer Weisung führen.

In Anlehnung an den Grundsatz der Planerhaltung bliebe der betreffende Vorgangsfehler im Sinne der dort erörterten eingeschränkten Kausalitätsprüfung nur dann relevant, wenn konkrete Anhaltspunkte dargelegt sind, wonach gerade die fehlerhafte Erwägung ausschlaggebend für die Weisung war.[653] Es sei denn, die Interessenabwägung im Rahmen der Fehlerfolgenbetrachtung, legt einen Ausschluss auch dieser Ausnahme nahe.

Außerhalb solcher Fallgruppen bliebe es hingegen beim Grundsatz einer vollständigen Kontrolle auf die etablierten Abwägungsfehler hin.[654] Die These flexibler Fehlerfolgen lässt sich anhand der nachfolgenden Beispiele veranschaulichen.

2. Betriebliche Erwägungen bei „isolierten" Weisungen

a) Wertungen für eingeschränkte Fehlerfolge

Die Unternehmerfreiheit des Arbeitgebers rechtfertigt es, dass es bei Weisungen unbeachtlich ist, ob der Arbeitgeber die betrieblichen Belange, die seine Weisung begründen, zutreffend und vollständig erfasst.

Denn die Ratio, weshalb Gerichte eine Organisationsentscheidung nur eingeschränkt kontrollieren, ist auch auf Weisungsebene übertragbar, soweit es um die betriebliche Sphäre geht. Verfolgt der Arbeitgeber mit einer Weisung einen betrieblichen Zweck, z.B. die Zuweisung von Aufgaben oder Positionen, kann es nicht darauf ankommen, ob er sich innerhalb der betrieblichen Sphäre irrt, etwa bei der Frage, welche Kenntnisse und Fähigkeiten für Erledigung einer Aufgabe geeignet sind, oder ob eine vorübergehende Versetzung geeignet ist, einen zwischen Arbeitnehmern bestehenden Konflikt zu lösen. Irrt der Arbeitgeber dabei bzw. stellt sich die Prognose als unzutreffend heraus, trägt der Arbeitgeber auch das hieraus resultierende unternehmerische Risiko. Etwa, wenn Aufgaben infolgedessen nicht wie vorgesehen erledigt werden. Soweit also die betrieblichen Belange betroffen sind, geht es um die Unternehmerfreiheit im Kleinen bzw. eine „kleine Organisationsentscheidung". Der Arbeitgeber muss daher bis zur Grenze von Missbrauch und Willkür frei darin sein, betriebliche Erfordernisse zu schaffen, die er im Rahmen des billigen Ermessens mit den berechtigten Interessen des Arbeitnehmers abzuwägen hat.

So ist dem BAG beispielsweise zu widersprechen, wenn es eine vorübergehende Versetzung bereits deshalb für unbillig erachtet, weil sie nach Ansicht des BAG aufgrund ihrer sechsmonatigen Befristung ungeeignet

---

653 Siehe oben Kapitel 3., C., IV., 5., b), bb), S. 138 ff.
654 Siehe oben Kapitel 4, B., VI., 1., S. 190 ff.

gewesen sei, einen zwischen Arbeitnehmern bestehen Konflikt zu lösen.[655] Der Arbeitgeber kann die betriebliche Situation weitaus besser einschätzen als das Gericht und er trägt das Risiko, dass die vorübergehende Versetzung den Konflikt nicht hat abkühlen lassen und nach Rückkehr des Arbeitnehmers die gleichen betrieblichen Reibungsverluste erneut auftreten. Bis zur Grenze von offenbarer Unsachlichkeit, Unvernunft oder Willkür hätte das BAG die Bewertung der betrieblichen Situation und die Geeignetheit der Versetzung dem Arbeitgeber überlassen müssen.

Bezüglich der persönlichen Belange von Arbeitnehmern gibt es wiederum keinen Grund zur Privilegierung. Irrt sich der Arbeitgeber hier über wesentliche Umstände oder lässt er solche unberücksichtigt, begründet dies einen relevanten Vorgangsfehler. So etwa im Fall zum strittigen BEM.[656] Berücksichtigte die Arbeitgeberin die Therapiesitzungen des Arbeitnehmers bei ihrer Entscheidung nicht, obwohl sie diese kannte oder hätte kennen müssen, begründet dies einen relevanten Vorgangsfehler.[657]

b) Keine entgegenstehenden Arbeitnehmerinteressen

Eine derartige teilweise Einschränkung der Vorgangskontrolle berücksichtigt auch die Interessen des Arbeitnehmers hinreichend.

Insbesondere bleibt der Arbeitgeber uneingeschränkt verpflichtet, die betrieblichen Belange mit den Interessen des Arbeitnehmers abzuwägen. So mag eine vorübergehende Versetzung zur Konfliktbereinigung auch dann unbillig sein, wenn die Einschätzung über deren Geeignetheit dem Arbeitgeber obliegt. Etwa, wenn der Arbeitnehmer familiär gebunden ist und die Versetzung räumlich erfolgt, ohne dass der Arbeitgeber zuvor mildere Maßnahmen (z.B. Personalgespräche) versucht hat.

Auch sind sachfremde oder gar missbräuchliche Erwägungen unverändert relevant. Ist der Konflikt zwischen Kollegen nur Vorwand für den Arbeitgeber, einen unliebsamen Arbeitnehmer zu versetzen, ist die Weisung schon deshalb unverbindlich.

---

655 BAG, Urteil vom 18. Oktober 2017 – 10 AZR 330/16, BAGE 160, 296, NZA 2017, 1452 (1458), Rn. 56; zum Urteil siehe oben Kapitel 2, A., I., 1., a), S. 24 ff.

656 Siehe oben Kapitel 2, A., I., 1., a), S. 24 ff.

657 Zum Kennen müssen relevanter Umstände siehe oben am Beispiel vertraglicher bzw. tariflicher Anhörungspflichten Kapitel 2, B., IV., S. 89 ff.

Indem der Arbeitgeber weiterhin zur tatsächlichen Abwägung verpflichtet ist, bleibt die bezweckte Richtigkeitsgewähr erhalten. Sind persönliche Belange des Arbeitnehmers umfassend zu berücksichtigen, muss sich der Arbeitgeber weiterhin ohne Einschränkung damit auseinandersetzen, inwieweit persönliche Belange durch eine Weisung gegebenenfalls übermäßig beeinträchtigt werden.

Der hier vertretenen Lösung steht auch nicht der Justizgewährungsanspruch des Arbeitnehmers entgegen. Insbesondere nicht mit Blick auf die Prozessrisiken im Fall eines Kündigungsschutzverfahrens.[658] Arbeitnehmer kennen ihre privaten Belange, wohingegen sie die betriebliche Organisation und die für den Arbeitgeber hierbei maßgeblichen Belange regelmäßig nur begrenzt einschätzen können. Anlass von Kritik dürfte daher regelmäßig gerade die Wahrnehmung des Arbeitnehmers sein, dass seine privaten Belange nicht hinreichend berücksichtigt worden sind. Etwa wie im Fall des strittigen BEM. Dort kritisierte der Arbeitnehmer insbesondere, dass die Ursachen seiner Krankheit nicht aus dem betrieblichen Bereich kommen und dass ihn die Versetzung daran hindere, an Therapiesitzungen teilzunehmen.[659] Da das tatsächliche Abwägen bezüglich solcher privaten Belange weiterhin relevant bleibt, verschiebt sich das Prozessrisiko auch nicht unangemessen zu Lasten des Arbeitnehmers. Außerhalb eines Kündigungsschutzprozesses, etwa bei einer Klage auf vertragsgemäße Beschäftigung, gilt dies erst recht.

c) (Keine) eingeschränkte Kausalitätsprüfung

Mit Blick auf die vorbeschriebene Interessensabwägung ist es schließlich gerechtfertigt, die Vorgangskontrolle insoweit vollständig auszuschließen. Erkennt man – wie hier vertreten – die Idee einer „kleinen Organisationsentscheidung" mit der Begründung an, dass es Gerichten nicht zusteht, es in betrieblichen Belangen „besser zu wissen" als der Arbeitgeber, bleibt kein Raum für eine eingeschränkte Kausalitätsprüfung. Denn dürfen Gericht die Erwägungen hinter einer „kleinen Organisationsentscheidungen" bis zur Grenze von Missbrauch und Willkür gar nicht inhaltlich prüfen, stellt sich die Folgefrage der Kausalität zwischen Vorgangsfehler und Ergebnis nicht. Schlicht deshalb, weil schon kein Vorgangsfehler festgestellt wird, der Anknüpfungspunkt für eine solche eingeschränkte Kausalitätsprüfung sein könnte. Daher besteht bei dieser Fallgruppe auch nicht die Gefahr,

658 Siehe oben Kapitel 2, C., II., 4., S. 99 ff.
659 Siehe oben Kapitel 2, A., I., 1., a), S. 24 ff.

dass das Arbeitsgericht bei einer Aufrechterhaltung der Weisung eine eigene Sachentscheidung trifft. Die nach Ansicht des BVerfG ohne eingeschränkte Kausalitätsprüfung bestehende Gefahr einer Kompetenzüberschreitung besteht hier nicht.

3. Organisationsentscheidung umsetzende Weisung

a) Wertungen für eingeschränkte Fehlerfolge

Setzt eine Weisung eine zulässige Organisationentscheidung um, lässt sich mit Blick auf die Unternehmerfreiheit des Arbeitgebers vertreten, dass es ausnahmsweise unbeachtlich ist, ob er bei der Umsetzung der Organisationsentscheidung die den Arbeitnehmer betreffenden Belange zutreffend und vollständig berücksichtigt hat.

In diesen Fällen eine Weisung allein wegen eines solchen Vorgangfehlers für unbillig zu erklären, hieße im Ergebnis, den Arbeitgeber an der Umsetzung seiner in zulässiger Weise getroffenen Organisationsentscheidung zu hindern. Denn Arbeitgeber können sich bei einer Weisung überhaupt nur auf die Organisationsentscheidung berufen, wenn sie die Weisung bedingt.[660] So etwa im Fall der Flugbegleiterin.[661] Die beschlossene Standortschließung erforderte die Versetzung sämtlichen Personals. Darf ein Arbeitgeber die Versetzung nicht umsetzen, unterbleibt effektiv die Standortschließung. Im Zweifel gerät der Arbeitgeber in Annahmeverzug und Arbeiten am vorgesehenen Einsatzort bleiben unerledigt. Je mehr Arbeitnehmer sich in einer solchen Situation auf die Unbilligkeit der Versetzung berufen, desto größer sind die wirtschaftlichen Konsequenzen für den Arbeitgeber.

Für dieses Ergebnis spricht bei Maßnahmen, die eine Vielzahl von Arbeitnehmern betreffen, zusätzlich die Wertung der Polyzentrizität. Denn je mehr Arbeitnehmer betroffen sind, desto größer ist die Gefahr, Umstände aus der Sphäre der Arbeitnehmer fehlerhaft zu erfassen. Aufgrund dieser allgemein erhöhten Fehleranfälligkeit bei zeitgleich reduziertem Schutzbedürfnis der Arbeitnehmer (bloße Zumutbarkeit) ist es gerechtfertigt, Weisungen nicht allein wegen eines solchen Vorgangfehlers zu kassieren. Dies gilt unabhängig davon, ob eine Vielzahl von Arbeitnehmern versetzt

660 Siehe oben Kapitel 2, A., II., 1., b), aa), (2), (a), S. 53 ff.
661 Siehe oben Kapitel 2, A., II., 1., S. 39 ff.

werden muss wie im erörterten Fall der Flugbegleiterin, oder ob der Arbeitgeber zwischen einer Vielzahl von Arbeitnehmern zur Versetzung auswählen muss wie etwa im erörterten Fall der Bundesagentur für Arbeit.[662]

b) Keine entgegenstehenden Arbeitnehmerinteressen

Dem stehen auch nicht überwiegende Interessen der Arbeitnehmer entgegen. Denn setzt eine Weisung eine Organisationsmaßnahme um, reduzieren sich ohnehin die Anforderungen an das Ergebnis der Entscheidung. Die sonst übliche allgemeine Verhältnismäßigkeitsprüfung reduziert sich auf eine bloße Zumutbarkeitsprüfung. Es entfällt gerade die sonst geforderte Abwägung zwischen Arbeitgeber- und Arbeitnehmerinteressen, damit die Organisationsentscheidung nicht mittelbar übermäßig gerichtlich kontrolliert wird.[663] Mit Blick auf den auf eine bloße Unzumutbarkeit reduzierten Kontrollmaßstab, der vom Arbeitgeber schon keine umfassende Interessensabwägung verlangt, verliert die Richtigkeitsgewähr des Entscheidungsvorgangs an Bedeutung. Insofern sind die Folgen eines Verzichts auf die Kontrolle bestimmter Vorgangsfehler für Arbeitnehmer nicht unverhältnismäßig. Das bedeutet aber auch, dass sachfremde oder gar missbräuchliche Erwägungen auf Umsetzungsebene, die weiterhin relevant bleiben, zu kontrollieren sind und die Unverbindlichkeit einer Weisung rechtfertigen können.

c) Eingeschränkte Kausalitätsprüfung

Eine eingeschränkte Kausalitätsprüfung ist zumindest insoweit denkbar, als dass der Arbeitgeber bei der Umsetzung einer Organisationsentscheidung zwischen mehreren Arbeitnehmern auswählen muss. Wird im Prozess dargelegt, dass sich der Arbeitgeber mit einem Arbeitnehmerbelang bewusst auseinandergesetzt hatte, und, dass dieser konkrete Belang ausschlaggebend für die getroffene Auswahl war, bliebe dieser Vorgangsfehler relevant. Wertungen, die es rechtfertigen, das Interesse des Arbeitnehmers an einem effektiven Rechtsschutz in einer solchen Situation noch weiter einzuschränken, sind keine ersichtlich. Darüber hinaus würde in einer solchen Situation das Gericht nicht bloß die Entscheidung des Arbeitgebers aufrechterhalten, sondern letztlich eine eigene Sachentscheidung treffen. Zugleich haben

---

662 Siehe oben Kapitel 2, A., II., 1., S. 39 ff. und Kapitel 2., B., III., 1. S. 73 ff.
663 Siehe oben Kapitel 2, A., II., 1., b), aa), (2), (b), S. 53 ff.

Arbeitnehmer gerade in den Fällen einen Anlass, sich auf die Unverbindlichkeit einer Weisung zu berufen, in denen der Arbeitgeber zuvor zu erkennen gab, sich bei seiner Entscheidung von einem Belang in besonderem Maße leiten zu lassen, der aus Sicht des Arbeitnehmers fehlerhaft erfasst worden sei.

Erfordert die Umsetzung einer Organisationsentscheidung keine Auswahl, verbleibt regelmäßig kein Raum für eine eingeschränkte Kausalitätsprüfung. Denn wie bereits erörtert stellt der Arbeitgeber auf Umsetzungsebene regelmäßig keine gesonderten Erwägungen an, sondern handelt mit dem bloßen Willen zur Umsetzung.[664] Dann mangelt es an einer potenziell fehlerhaften Erwägung, die Anknüpfungspunkt für eine eingeschränkte Kausalitätsprüfung sein kann. Damit besteht in dieser Situation auch nicht die Gefahr einer Kompetenzüberschreitung der Gerichte.

4. Einführung „genereller" Weisungen (z.B. Ordnungsverhalten)

a) Herausforderung

Problematisch ist eine uneingeschränkte Vorgangskontrolle insbesondere für „generelle" Weisungen, etwa solche, die das Verhalten und die Ordnung im Betrieb regeln. Beispiele hierfür sind Rauchverbote und das bereits erörterte Verbot für Reinigungskräfte, während der Arbeit Pfandgut zu sammeln.[665]

Die Besonderheit im Vergleich zu den bislang behandelten Weisungen liegt darin, dass sie nicht konkret-individuell, sondern konkret-generell gelten. So richtete sich das Verbot, Pfandgut zu sammeln, nicht an einen einzelnen Arbeitnehmer, der aufgefallen war, sondern an alle Reinigungskräfte.

Wenig überraschend wurde in der Literatur früher diskutiert, ob und inwieweit generelle Weisungen überhaupt am Maßstab des billigen Ermessens zu bewerten seien.[666] So kritisiert etwa *Hoyningen-Huene*, dass bei generellen Weisungen nur generelle Maßstäbe gelten könnten und kein am Ziel der Einzelfallgerechtigkeit orientiertes, billiges Ermessen.[667] Diese

664 Siehe oben Kapitel 2, A., II., 1., b), bb), (1), S. 57 ff.
665 Siehe oben Kapitel 2, A., I., 2., S. 38 ff.
666 Im Einzelnen zum Streitstand m.w.N. siehe *Horst*, Gleichbehandlung bei der Ausübung des Weisungsrechts des Arbeitgebers (2013), S. 127 ff.
667 *Hoyningen-Huene*, Die Billigkeit im Arbeitsrecht (1978), S. 159.

Diskussion kann inzwischen jedoch dahinstehen. Mit § 106 S. 2 GewO hat der Gesetzgeber am Beispiel der Ordnung und des Verhaltens im Betrieb entschieden, dass auch generelle Weisungen billigem Ermessen entsprechen müssen.

Verlangt man nun vom Arbeitgeber eine umfassende Abwägung mit den individuellen Interessen seiner Arbeitnehmer, stellt ihn das vor unpraktikable Herausforderungen. Insbesondere dann, wenn es nach der aktuellen Rechtsprechung des BAG nicht darauf ankäme, ob er individuellen Umstände kannte oder hätte kennen müssen, sondern allein auf deren objektives Vorliegen im Zeitpunkt der Weisungserteilung.[668]

Eine uneingeschränkte Vorgangskontrolle würde aufgrund der Vielzahl der zu berücksichtigten Interessen, d.h. der Polyzentrizität der Weisung, regemäßig zur Unverbindlichkeit von generellen Weisungen führen. Um Missverständnissen vorzubeugen: Anders als bei Massenkündigungen können Arbeitnehmer sich nicht auf unberücksichtigte oder fehlerhaft berücksichtigte Interessen anderer Arbeitnehmer berufen und damit die Unbilligkeit der Weisung begründen.[669] Beim billigen Ermessen kann sich der Arbeitnehmer grundsätzlich nur auf die fehlerhafte Abwägung seiner eigenen Interessen berufen. Allerdings ist das Risiko einer Unverbindlichkeit bei generellen Weisungen aus praktischen Gründen nicht minder gering. Denn Arbeitgeber werden es schlicht nicht leisten können, sich vor Erlass mit den potenziellen Einzelinteressen sämtlicher Arbeitnehmer zu befassen. In der Folge könnten sich Arbeitnehmer regelmäßig auf eine unterbliebene Berücksichtigung berufen.

b) Lösung

aa) Modifizierter Maßstab

Eine mögliche Lösung des Problems wäre es, die Grundsätze zu Weisungen, die eine Organisationsentscheidung umsetzen, auf generelle Weisungen zu übertragen.

Zur Erinnerung:[670] In diesen Fällen trennt das BAG zwischen der Organisationsentscheidung und der Umsetzungsentscheidung. Auf Ebene der

668 Siehe oben Kapitel 2, A., I., 1., a), bb), (2), S. 29 ff.
669 Zum „Domino-Effekt“ siehe oben Kapitel 4, B., V., 2., b), S. 182 ff.
670 Im Einzelnen siehe oben Kapitel 2, A., II., 1., b), S. 44 ff.

Organisationsentscheidung ist der Arbeitgeber bis zur Grenze von Missbrauch und Willkür frei. Auf Ebene der Umsetzung darf die Organisationsentscheidung für einzelne Arbeitnehmer nur nicht unzumutbar sein. Andernfalls ist die Weisung als Umsetzung der Organisationsentscheidung unbillig.

Dies lässt sich am Beispiel des „Pfandgut-Urteils" veranschaulichen.[671] Das Verbot Pfandgut zu sammeln wäre als Organisationsentscheidung zu qualifizieren. Bis zur Grenze von Missbrauch und Willkür war die Arbeitgeberin dann frei darin, ein solches Verbot zu erlassen. Ihr möglicher Rechtsirrtum zur Strafbarkeit wäre bereits deshalb irrelevant gewesen, weil ihr Beweggrund mangels Abwägungserfordernis schon nicht abwägungsrelevant gewesen wäre. Die Reinigungskraft hätte sich im Rahmen des Prozesses ausschließlich auf eine (nicht vorliegende) Unzumutbarkeit des Verbots berufen können. Im Ergebnis würden generelle Weisungen durch die inhaltliche Verlagerung auf Organisationsebene ein Stück weit vom Erfordernis des billigen Ermessens befreit. Zugleich blieben Arbeitnehmer nicht schutzlos, da individuelle Härten weiterhin Berücksichtigung fänden.

Aus Sicht des Autors wäre die Übertragung der beschriebenen Grundsätze auf generelle Weisungen damit eine praktikable Lösung, die den Interessen beider Seiten gerecht würde. Insbesondere, da auch eine „vollständige" Interessensabwägung typischerweise ohnehin auf eine bloße Zumutbarkeitsprüfung hinausläuft. Denn der Arbeitgeber wird bei sachlichen Organisationsentscheidungen regelmäßig anführen können, dass er ein berechtigtes Interesse an einer Umsetzung gegenüber allen Arbeitnehmern im Betrieb hat und daher nicht sämtliche Einzelinteressen berücksichtigen kann – Einzelinteressen von Arbeitnehmern mithin jedenfalls eher zurückstehen müssen als bei ausschließlich ihnen gegenüber erteilten Weisungen. Wie *Hoyningen-Huene* zutreffend schreibt, kann bei generellen Weisungen nur ein genereller Maßstab gelten.[672]

bb) Modifizierte Fehlerfolge

Gegen die vorgenannte Lösung lässt sich jedoch der insoweit klare Wortlaut von § 106 S. 2 GewO einwenden. Denn als Ergebnis der obigen Lösung würden Weisungen zur Ordnung und zum Verhalten im Betrieb – wie

671 Im Einzelnen siehe oben Kapitel 2, A., I., 2., S. 38 ff.

672 Am Beispiel einer generellen Überstundenanordnung *Hoyningen-Huene*, Die Billigkeit im Arbeitsrecht (1978), S. 159.

beschrieben – regelmäßig einer umfassenden Interessensabwägung entzogen. Dies lässt sich zumindest kritisieren, da das Gesetz eine Geltung des billigen Ermessens ausdrücklich anordnet. Hiervon bliebe bei Übertragung der Grundsätze zur Organisationsentscheidung auf generelle Weisungen jedoch nicht mehr viel übrig. Davon scheint im Ergebnis auch das BAG auszugehen. So prüfte es im „Pfandgut-Urteil" das Verbot – ohne die hier aufgeworfene Frage aufzugreifen – wie eine isolierte Weisung gegenüber der klagenden Arbeitnehmerin und nicht inzident als Organisationsentscheidung.[673] Und dies, obwohl sich die Parallele zwischen Organisations- und Ordnungsentscheidung aufdrängt.[674]

Berücksichtigt man die gesetzliche Wertung des § 106 S. 2 GewO, liegt eine angemessene Lösung in der Modifikation der Fehlerfolge. Die beschriebene Polyzentrizität bei generellen Weisungen rechtfertigt es, generelle Weisungen nicht allein wegen eines Vorgangsfehlers für unverbindlich zu erklären. Genauer: Berücksichtigt der Arbeitgeber Interessen einzelner Arbeitnehmer, die er kannte oder hätte kennen müssen, nicht oder unrichtig, ist eine generelle Weisung gleichwohl verbindlich, wenn sie im Ergebnis vertretbar ist. Denn andernfalls könnten Arbeitgeber generelle Weisungen praktisch nicht mehr rechtssicher erteilen. Dies gilt bei generellen Weisungen umso mehr, als dass sich Arbeitnehmer bis zur Grenze der Verwirkung jederzeit auf die Unverbindlichkeit einer Weisung berufen können. Eine Weisung erlangt anders als etwa ein Verwaltungsakt keine Bestandskraft. Auch gibt es anders als im Bereich des Bauplanungsrechts keine Erhaltungsvorschriften wie § 215 BauGB, welche die Geltendmachung bestimmter Abwägungsfehler nach Ablauf eines Jahres ausschließen. Das berechtigte Interesse der Arbeitnehmer an einer Richtigkeitsgewähr des Entscheidungsvorgangs muss in diesen Fällen also gegenüber dem Interesse von Arbeitgebern, Ordnung und Verhalten im Betrieb praktikabel und rechtssicher gestalten zu können, zurücktreten.

In Betrieben mit Betriebsrat kann dessen Beteiligung, d.h. *Democratic accountability*, als zusätzliche Wertung hinzukommen, wenn auch mit verringerter praktischer Relevanz. Zunächst wurde bereits herausgearbeitet, dass das BAG von einer Richtigkeitsgewähr ausgeht, soweit Arbeitsbedingungen gemeinsam zwischen den Betriebsparteien gestaltet wurden.[675] Hat der Betriebsrat also am Inhalt einer generellen Weisung mitgewirkt, ist die Richtigkeitsgewähr des Entscheidungsvorgangs regelmäßig schon

673 Siehe oben Kapitel 2, A., I., 2., S. 38 ff.
674 Siehe oben Kapitel 2, A., II., 2., S. 64 ff.
675 Siehe oben Kapitel 4, C., II., 4., S. 122 ff.

hierdurch verwirklicht. Praktisch werden diese Fälle jedoch selten sein. Denn soweit der Betriebsrat in solchen Bereichen ein Mitbestimmungsrecht hat, wird dieses typischerweise mittels Betriebsvereinbarung ausgeübt; insbesondere in den von § 106 S. 2 GewO vorgesehenen Fragen zu Ordnung und Verhalten im Betrieb (§ 87 Abs. 1 Nr. 1 BetrVG). Schließen Betriebsparteien jedoch eine Betriebsvereinbarung, erübrigt sich die Umsetzung mittels Weisung. Die Betriebsvereinbarung wirkt aufgrund ihrer normativen Wirkung für Arbeitnehmer unmittelbar und zwingend (§ 77 Abs. 4 BetrVG). Eine Betriebsratsbeteiligung ist als zusätzliche Wertung für eine abweichende Fehlerfolge als nur in den Fällen relevant, in denen sich die Betriebsparteien zum Abschluss einer Regelungsabrede statt Betriebsvereinbarung entschließen. Dann bleibt das Weisungsrecht zur rechtlichen Umsetzung der Regelungsabrede gegenüber den Arbeitnehmern relevant.[676] Dies ist denkbar, in der Praxis jedoch selten.

cc) Eingeschränkte Kausalitätsprüfung

Eine eingeschränkte Kausalitätsprüfung ist bei generellen Weisungen grundsätzlich denkbar, soweit es um Belange der Arbeitnehmer geht. Hat sich der Arbeitgeber bei Weisungserteilung mit konkreten Belangen von Arbeitnehmern auseinandergesetzt und ist deren Vorliegen oder Nichtvorliegen nachweislich ausschlaggebend für die generelle Weisung in ihrer konkreten Form gewesen, ist die Weisung für unverbindlich zu erklären. Denn würden Gerichte die generelle Weisung gleichwohl aufrechterhalten, würden sie damit auch hier eine eigene Sachentscheidung treffen und ihre Kompetenz überschreiten.

Soweit es jedoch um Belange aus der betrieblichen Sphäre geht, scheidet eine eingeschränkte Kausalitätskontrolle aus. Hier gilt letztlich das gleiche wie für „kleine Organisationsentscheidungen“.[677] Verfolgt der Arbeitgeber mit einer generellen Weisung legitime betriebliche Ziele, obliegt es bis zur Grenze von Missbrauch und Willkür allein ihm. die ihn hierzu veranlassenden betrieblichen Belange richtig und vollständig zu erfassen.

---

676 Fitting/*Trebinger/Linsenmaier/Schelz/Schmidt*, BetrVG, § 77 Rn. 387.
677 Siehe oben Kapitel 4, C., III., 2., S. 208 ff.

5. Versetzung

Ein weiteres Beispiel für die mögliche Relevanz einer vorangegangenen Beteiligung des Betriebsrats, d.h. *Democratic accountability*, sind schließlich Versetzungen.

a) Beteiligungsrecht

Nach § 99 BetrVG haben Arbeitgeber in Unternehmen mit in der Regel mehr als zwanzig wahlberechtigten Arbeitnehmern den Betriebsrat vor jeder Versetzung zu unterrichten. Der Betriebsrat kann in vom Gesetz vorgesehenen Fällen die Zustimmung zur Versetzung verweigern; insbesondere dann, wenn der betroffene Arbeitnehmer durch die Versetzung benachteiligt wird, ohne dass dies aus betrieblichen oder in der Person des Arbeitnehmers liegenden Gründen gerechtfertigt ist (§ 99 Abs. 2 Nr. 4 BetrVG).

Verweigert der Betriebsrat seine Zustimmung zur Versetzung, darf der Arbeitgeber den betreffenden Arbeitnehmer bis zur gerichtlichen Klärung grundsätzlich nicht zu den geänderten Arbeitsbedingungen einsetzen.[678] Das bedeutet, der Betriebsrat kann eine aus seiner Sicht unzulässige Versetzung grundsätzlich verhindern und gerichtlich kontrollieren lassen. Das Beteiligungsrecht des Betriebsrats ist bei § 99 BetrVG damit stark ausgestaltet. Zwar liegt hierin noch kein Einigungserfordernis wie im Bereich der „echten" Mitbestimmung (z.B. § 87 BetrVG). Allerdings ist das hiesige Zustimmungsverweigerungsrecht des Betriebsrats das zweitstärkste Beteiligungsrecht, indem ohne den Betriebsrat (zunächst) nichts geht.[679]

Bei der Bewertung des Beteiligungsrechts des Betriebsrats nach § 99 Abs. 2 Nr. 4 BetrVG ist zunächst zu berücksichtigen, dass der arbeitsvertragliche und der betriebsverfassungsrechtliche Versetzungsbegriff nicht deckungsgleich sind.

Versetzung im betriebsverfassungsrechtlichen Sinne ist legal definiert und meint die Zuweisung eines anderen Arbeitsbereichs, die voraussichtlich die Dauer von einem Monat überschreitet, oder die mit einer erheblichen

---

678 Der Arbeitgeber kann ein gerichtliches Zustimmungsersetzungsverfahren einleiten (§ 99 Abs. 4 BetrVG) und, soweit die Voraussetzungen im Einzelfall erfüllt sind, die Versetzung vorläufig umsetzen (§ 100 BetrVG).

679 Zu den Stufen der Beteiligungsrechte des Betriebsrats sie etwa *Junker*, Grundkurs Arbeitsrecht, S. 381.

Änderung der Umstände verbunden ist, unter denen die Arbeit zu leisten ist (§ 95 Abs. 3 S. 1 BetrVG).

Anhand dieser Definition wird erkennbar, dass der Begriff einer Versetzung im arbeitsvertraglichen Sinne (Ausübung des Weisungsrechts) vom Begriff der Versetzung im betriebsverfassungsrechtlichen Sinne zu unterscheiden ist. Ersterer fragt danach, ob die Aufgabenzuweisung arbeitsvertraglich möglich und zulässig ist (billiges Ermessen); letzterer fragt allein nach den tatsächlichen Arbeitsbedingungen vor und nach der Aufgabenzuweisung.[680] Diese Unterscheidung wird anschaulich, wenn man berücksichtigt, dass eine betriebsverfassungsrechtliche Versetzung nicht nur mittels Weisung, sondern auch mittels Änderungskündigung erfolgen kann. In beiden Fällen ändern sich die Arbeitsbedingungen, ohne dass es für §§ 95, 99 BetrVG auf den exakten Rechtsgrund der Änderung ankommt.

Für diese Untersuchung ist diese Unterscheidung insofern relevant, als dass dem Betriebsrat aus diesem Grund kein Recht zur vollständigen Vertragskontrolle zusteht.[681] Mit anderen Worten: Der Betriebsrat kann seine Zustimmung nicht mit der Begründung verweigern, die Versetzung entspreche nicht billigem Ermessen. Dies stellt das BAG im Zusammenhang mit § 99 Abs. 2 Nr. 1 BetrVG klar. Nach dieser Vorschrift kann der Betriebsrat seine Zustimmung unter anderem mit der Begründung verweigern, die Versetzung verstoße gegen ein dem Schutz des Arbeitnehmers dienendes Gesetz. Nach der Rechtsprechung des BAG ist § 106 GewO kein Gesetz in diesem Sinne.[682]

Gleichwohl: Nach § 99 Abs. 2 Nr. 4 BetrVG steht dem Betriebsrat ein Widerspruchsrecht für den Fall zu, dass der betroffene Arbeitnehmer durch die Versetzung benachteiligt wird, ohne dass dies aus betrieblichen oder in der Person des Arbeitnehmers liegenden Gründen gerechtfertigt ist. Nach der Rechtsprechung des BAG führt eine entsprechende Zustimmungsverweigerung des Betriebsrats auch zur Unwirksamkeit der Weisung.[683]

680 Wozu auch die materiellen Arbeitsbedingungen, wie etwa eine Verringerung der Entgeltgruppe aufgrund der Tätigkeitsänderung, gehören, Fitting/*Linsenmaier/Schelz/Schmidt*, BetrVG, § 99 Rn. 242. m.w.N.

681 BAG, Beschluss vom 8. Dezember 2009 - 1 ABR 41/09, BAGE 132, 324, NZA 2010, 665 (667), Rn. 22.

682 BAG, Beschluss vom 20. Oktober 2021 – 7 ABR 34/20, NZA 2022, 494 (499), Rn. 46.

683 BAG, Urteil vom 5. April 2001 – 2 AZR 580/99, BAGE 97, 276, NZA 2001, 893 (896); kritisch gegenüber der Verquickung beider Ebenen etwa Staudinger/*Rieble*, BGB, § 315 Rn. 251.

Inhaltlich besteht ein Verweigerungsgrund nach § 99 Abs. 2 Nr. 4 BetrVG bei Nachteilen für den Arbeitnehmer ohne eine sachliche Rechtfertigung der Maßnahme. Hierbei kann sich der Betriebsrat auch auf eine fehlerhafte Auswahl zwischen Arbeitnehmern berufen.[684] Auch wenn diese Voraussetzungen nicht deckungsgleich mit den Anforderungen an das billige Ermessen sind, zeigen sich in der Rechtsprechung doch Parallelen. So entspricht es etwa der ständigen Rechtsprechung des BAG, dass dort, wo Arbeitgeber mit der Versetzung eine Organisationsentscheidung umsetzen, verringerte Anforderungen gelten:[685]

> „Die Zustimmungsverweigerung kann bei Vorliegen einer die Versetzung bedingenden unternehmerischen Entscheidung nicht auf eine Interessenabwägung zwischen den Nachteilen des Arbeitnehmers und den Belangen der Arbeitgeberin gestützt werden."

Hierin kommt letztlich dasselbe Konzept abgestufter Kontrolle wie beim Weisungsrecht zum Ausdruck, wenn das BAG auch dort den rechtlichen Maßstab bei Weisungen, die eine Organisationsentscheidung umsetzen, im Vergleich zu isolierten Weisungen modifiziert.[686]

Für das Zustimmungsverweigerungsrecht des Betriebsrats nach § 99 Abs. 2 Nr. 4 BetrVG bedeutet dies im Umkehrschluss, dass er seine Zustimmungsverweigerung im Normalfall einer „isolierten Versetzung" auf eine mangelnde Interessensabwägung stützen kann. Dies steht auch im Einklang mit der Gesetzesbegründung, wonach § 99 Abs. 2 Nr. 4 BetrVG dazu dient, Arbeitnehmer vor der Nichtbeachtung ihrer berechtigten Belange zu schützen.[687]

b) Umfang der Beteiligung

Nach § 99 Abs. 1 S. 1 und 2 BetrVG hat der Arbeitgeber den Betriebsrat vor einer Versetzung zu unterrichten, ihm Auskunft über die Person der Beteiligten zu geben, unter Vorlage der erforderlichen Unterlagen Auskunft über die Auswirkungen der geplanten Maßnahme zu geben und den in Aussicht genommenen Arbeitsplatz mitzuteilen.

---

684 Für den Fall einer Änderungskündigung etwa BAG, Beschluss vom 2. April 1996, NZA 1997, 219 (221 f.).

685 BAG, Beschluss vom 20. Oktober 2021 – 7 ABR 34/20, NZA 2022, 494 (500) Rn. 50.

686 Siehe oben Kapitel 2, A., II., 1., b), aa), (2), S. 51 ff.

687 BT-Drucks. VI/1786, S. 51.

Der Arbeitgeber unterliegt damit einer umfassenden Unterrichtungspflicht. Die Unterrichtungspflicht bezweckt einen Gleichlauf: Alle Informationen, die Grundlage der Entscheidung des Arbeitgebers für das Ob und das Wie der Versetzung sind und seine Entscheidung wesentlich beeinflusst haben, sind im gleichen Umfang dem Betriebsrat zur Verfügung zu stellen, damit der Betriebsrat die Entscheidung des Arbeitgebers nachvollziehen und prüfen kann.[688]

Da die Versetzung die Zustimmung des Betriebsrats erfordert, hat dieser praktisch die Möglichkeit, die geplante Maßnahme mit dem Arbeitgeber zu erörtern. Auch steht es dem Betriebsrat selbstredend offen, mit dem betroffenen Arbeitnehmer das Gespräch darüber zu suchen, wie er zur geplanten Versetzung steht, und ob aus dessen Sicht die relevanten Belange vollständig erfasst worden sind.

c) Bewertung bei Fehlerfolgen

Betrachtet man die Prüfkompetenz und den Umfang der Beteiligung des Betriebsrats, zeigt sich, dass Arbeitgeber bei Versetzungen ihren Entscheidungsvorgang offenlegen müssen, bevor sie ihre Entscheidung treffen. Möchte ein Arbeitgeber ein zeit- und kostenaufwendiges gerichtliches Zustimmungsersetzungsverfahren vermeiden, wird er die Erörterung der Maßnahme mit dem Betriebsrat regelmäßig auch ernst nehmen. In der Praxis nicht zuletzt allein schon deshalb, um die vertrauensvolle Zusammenarbeit mit dem Betriebsrat nicht ohne Not zu belasten. Dies bedeutet dreierlei:

- Arbeitgeber sind gezwungen, vor einer Versetzung tatsächlich zwischen Arbeitnehmer- und betrieblichen Interessen abzuwägen und plausibel zu begründen.
- Der Betriebsrat kann im Rahmen seiner Beteiligung kraft des Zustimmungserfordernisses eine erste Vorgangskontrolle vornehmen.
- Der Betriebsrat hat eine effektive Möglichkeit, auf die Entscheidung des Arbeitgebers zum Schutze der berechtigten Interessen des betroffenen Arbeitnehmers Einfluss zu nehmen.

Geht man nun davon aus, dass die Bedeutung eines fehlerfreien Entscheidungsvorgangs in dessen Richtigkeitsgewähr liegt und dem gerichtlichen Verfahren eine „general-präventive“ Wirkung dahingehend zuerkannt werden kann, dass Arbeitgeber tatsächlich und möglichst fehlerfrei abwägen,

688 BeckOGK/*Niklas/Tenbrock*, BetrVG, § 99 Rn. 174.

lässt sich vertreten, dass die Erfüllung beider Funktionen durch die Beteiligung des Betriebsrats im Vorhinein an die Entscheidung gewährleistet wird. Anders als das Gericht im Nachhinein, kann der Arbeitnehmer die Entscheidung des Arbeitgebers – vermittelt über den Betriebsrat als „Vertragshelfer“ – sogar inhaltlich beeinflussen.[689]

Vor diesem Hintergrund erscheint es bei einer Fehlerfolgenbetrachtung angemessen, eine im Ergebnis vertretbare Versetzung nicht allein aufgrund eines Vorgangsfehlers für unverbindlich zu erklären.

Diesem Ergebnis steht schließlich auch nicht entgegen, dass die Anforderungen aus § 99 Abs. 2 Nr. 4 BetrVG und § 106 GewO nicht vollkommen deckungsgleich sind. Die Schnittmenge ist mit Blick auf die vom Entscheidungsvorgang bezweckte Richtigkeitsgewähr im Sinne einer hinreichenden Berücksichtigung berechtigter Arbeitnehmerinteressen zumindest ausreichend. Mit anderen Worten: Die Möglichkeit zur Vorgangskontrolle des Betriebsrats bleibt inhaltlich hinter jener durch das Arbeitsgericht nicht zurück.

IV. Dogmatischer Anknüpfungspunkt flexibler Fehlerfolgen

1. Ausgangspunkt

Als dogmatischer Anknüpfungspunkt für eine flexible Fehlerfolgenlehre kann § 315 Abs. 3 S. 2 BGB dienen. Die erörterten Urteile von BAG und BGH zeigen, dass eine flexible, zum Einzelfall passende Handhabung der Norm anerkannt ist.

Zur Erinnerung: Im Ausgangspunkt sieht § 315 Abs. 3 S. 2 BGB vor, dass Gerichte die Entscheidung des Bestimmungsberechtigten notfalls als eigene Entscheidung aufrechterhalten können.[690] Etwa indem sie die Entscheidung mit Erwägungen rechtfertigen, die der Bestimmungsberechtigte im Zeitpunkt der Entscheidung nicht anstellte. Beispielsweise, weil er irrig davon ausging, keine Abwägung vornehmen zu müssen.

§ 315 Abs. 3 S. 2 BGB ist insofern vergleichbar mit dem erörterten § 53 AufenthG. Hier wie da ordnet das Gesetz den Gerichten die

689 Zum Begriff des „Vertragshelfers“ siehe oben Kapitel 4, C., II., 4., b), S. 205 ff.

690 Siehe oben zum Urteil betreffend ein Altersteilzeitverlangen in Kapitel 2, B., III., 2., a., S. 78 ff.

Letztentscheidungsbefugnis zu. Eine Zurückweisung an den Bestimmungsberechtigten zur neuen Entscheidung ist entbehrlich.

Dass auch im Aufrechterhalten eine Ersatzleistungsbestimmung liegen kann, ergibt sich aus folgender Überlegung: Nach § 315 Abs. 1 BGB ist der Arbeitgeber zur tatsächlichen Abwägung verpflichtet.[691] Maßgeblich für die rechtliche Bewertung einer Weisung ist die Sachlage zum Zeitpunkt der Entscheidung.[692] Hat der Arbeitgeber zu diesem Zeitpunkt nicht abgewogen, kann die Weisung nicht mit von ihm angestellten Erwägungen begründet werden. Das Gericht prüft also, aus welchen Gründen die Weisung im Ergebnis gleichwohl angemessen war. Soweit das Gericht hierbei auf die vom Arbeitgeber erst im Prozess vorgebrachten Rechtfertigungen zurückgreift, ändert dies nichts. Spätere Begründungen des Arbeitgebers sind in keiner Weise kausal für seine in der Vergangenheit liegende Weisung.[693]

Zugleich scheidet nach der Rechtsprechung des BAG eine Ersatzleistungsbestimmung regelmäßig dort aus, wo der Spielraum des Bestimmungsberechtigten eine Zurückweisung an und Neuentscheidung durch den Bestimmungsberechtigten gebietet. So etwa bei der Einstellung eines Arbeitnehmers oder im Ausgangspunkt beim Weisungsrecht.[694] Gleiches solle im Fall von Entscheidungen gelten, die kollektive Wirkung entfalten und über die Parteien des Verfahrens hinausgehen.[695]

2. Fehlerfolgenlehre als Ergebnis einer Interessenabwägung

Betrachtet man die Rechtsprechung zu § 315 Abs. 3 S. 2 BGB jedoch genauer, zeigt sich, dass die Gerichte sich nicht bloß von teleologischen Erwägungen leiten lassen, sondern letztlich eine Interessenabwägung vornehmen.

Soweit das BAG eine Ersatzleistungsbestimmung beim Weisungsrecht ablehnt, kann dies als Ergebnis einer Interessenabwägung verstanden werden. Denn vermieden werden soll letztlich ein unzulässiger Eingriff in die Unternehmerfreiheit des Arbeitgebers.[696]

691 Siehe oben Kapitel 4, A., I., S. 145 ff.
692 Siehe oben Kapitel 2, A., I., 1., a), S. 24 ff.
693 Was veranschaulicht, dass die Richtigkeitsgewähr einer tatsächlichen Abwägung vollständig entfällt.
694 Siehe oben Kapitel 4., B., II., 3., S. 169 ff.
695 Siehe oben zum Urteil zu komplexen Versorgungssystemen, Kapitel 4, C., II., 2., S. 198 ff.
696 Siehe oben Kapitel 4., B., II., 3., S. 169 ff.

Die Idee einer Interessenabwägung veranschaulicht weiter die Fallgruppe der komplexen Versorgungssysteme.[697] So geht das BAG davon aus, dass § 315 Abs. 3 S. 2 BGB zwar grundsätzlich unanwendbar, eine Ersatzleistungsbefugnis ausnahmsweise aber dann möglich sei, wenn der Bestimmungsberechtigte nach der Kassation durch das Gericht keine oder jedenfalls nicht innerhalb angemessener Zeit eine neue Leistungsbestimmung vornehme.[698] Nimmt das Gericht in diesen Fällen ausnahmsweise eine eigene Leistungsbestimmung vor, wirkt diese nicht minder über die am Prozess Beteiligten hinaus. Dies wird schlicht in Kauf genommen, um dem Betroffenen einen effektiven Rechtsschutz zu ermöglichen.[699] Das BAG nimmt also auch hier nichts anderes vor als eine Interessenabwägung.

Es ist kein Grund ersichtlich, weshalb eine derartige differenzierte Interessenabwägung nicht auch beim Weisungsrecht möglich sein soll. Ausgehend vom Regelfall können dann die bereits erörterten Wertungen (*Deference factors*) bemüht werden, um wie veranschaulicht im Einzelfall oder typisierend Ausnahmen zuzulassen.[700]

- Auf Seiten des Arbeitgebers ist im Ausgangspunkt dessen Unternehmerfreiheit nach Art. 12 Abs. 1 GG zu beachten, wobei zu berücksichtigen ist, dass diese gerade dadurch beeinträchtigt sein kann, dass seine Weisung nicht aufrecht erhalten wird.[701] Hieran anknüpfend kann sich ein berechtigtes Interesse daraus ergeben, dass der Vorgangsfehler allein den Kernbereich der unternehmerischen Tätigkeit betrifft.[702] Ebenso daraus, dass eine Kassation der Weisung übermäßige Folgen für den Arbeitgeber hätte, wie im Fall von Weisungen, die Organisationsentscheidungen umsetzen.[703] Oder daraus, dass es im konkreten Kontext eine immanent hohe Fehleranfälligkeit besteht mit der Folge,

697 Siehe oben Kapitel 4, C., II., 2., S. 198 ff.

698 BAG, Urteil vom 18. Februar 2014 – 3 AZR 770/12, NJOZ 2015, 76 (80) Rn. 35.

699 So auch BAG, Urteil vom 18. Februar 2014 – 3 AZR 770/12, NJOZ 2015, 76 (80) Rn. 35.

700 Zu den möglichen Wertungen siehe oben Kapitel 4, C., II., S. 195 ff.; zur Veranschaulichung einer Abwägung siehe oben Kapitel 4, C., III., S. 207 ff.

701 Siehe oben Kapitel 4, C., III., 3., S. 211 ff., siehe auch *Pfrang*, Das Ausbleiben arbeitsrechtlicher Weisungen im Arbeitsverhältnis (2020), S. 131, der bereits die Annahme des BAG ablehnt, eine vom Gericht erteilte Weisung greife stets unzulässig in die Organisationshoheit des Arbeitgebers ein. Vielmehr, so *Pfrang*, müsse man die Weisung und deren Auswirkungen im Einzelfall betrachten.

702 Siehe oben Kapitel 4, C., III., 2., S. 208 ff.

703 Siehe oben Kapitel 4, C., III., 3., S. 211 ff.

dass sich Arbeitnehmer regelmäßig auf einen Vorgangsfehler berufen könnten.[704]

- Auf Seiten des Arbeitnehmers sind insbesondere sein berechtigtes Interesse an der Richtigkeitsgewähr eines fehlerfreien Entscheidungsvorgangs zu beachten und der diesbezüglichen „general-präventiven“ Wirkung einer gerichtlichen Kontrolle.[705] Dieses Interesse kann vermindert sein, wenn die Weisung keine umfassende Güterabwägung erfordert, wie bei solchen, die lediglich eine Organisationsentscheidung umsetzen,[706] oder wenn die Richtigkeitsgewähr bereits durch Beteiligung des Betriebsrats gewährleistet worden ist.[707] Weiteres mögliches Interesse des Arbeitnehmers – im Lichte eines effektiven Rechtsschutzes – ist die Verteilung der Prozessrisiken. So kann es bei Letzterem einen Unterschied machen, ob die Weisung im Rahmen eines Kündigungsschutzprozesses kontrolliert wird, weil sich der Arbeitnehmer der aus seiner Sicht unbilligen Weisung verweigert oder er „nur“ auf vertragsgemäße Beschäftigung geklagt hat.
- Eine Grenze ist in Parallele zum Grundsatz der Planerhaltung und aufgrund des insoweit bestehenden Gleichlaufs von Rechtsschutzgarantie und Justizgewährungsanspruchs dort erreicht, wo das Gericht eine Weisung aufrecht erhält, deren Ergebnis sich mit vom Arbeitgeber im Zeitpunkt der Weisungserteilung tatsächlich angestellten Erwägungen nicht begründen lässt.[708] Denn wie das BVerfG für das Verwaltungsrecht zutreffend feststellt, würden Gerichte andernfalls ihre verfassungsrechtlich zugewiesene Rolle als Kontrollinstanz verlassen und damit den Anspruch auf effektiven Rechtsschutz aushöhlen.

3. Raum zur Berücksichtigung von Willkür sowie sachfremden und missbräuchlichen Erwägungen

Das Konzept flexibler Fehlerfolgen und einer Interessenabwägung als dogmatische Grundlage erlaubt es auch, dass willkürlich getroffene Entscheidungen sowie sachfremde und missbräuchliche Erwägungen weiterhin sanktioniert werden.

704 Siehe oben Kapitel 4, C., III., 3., a), S. 211 f.
705 Siehe oben Kapitel 4, B., V., 2., c), S. 184 ff.
706 Siehe oben Kapitel 4, C., III., 3., b), S. 212 ff.
707 Siehe oben Kapitel 4, C., III., 5., c), S. 221 ff.
708 Siehe oben Kapitel 3, C., IV., 5., b), bb), S. 138 ff.

Denn ist die Bestimmung der Fehlerfolge das Ergebnis einer Interessenabwägung, lässt sich ohne Weiteres begründen, dass missbräuchlich und willkürlich getroffene Entscheidungen unverbindlich sind, auch wenn sie im Ergebnis (zufällig) objektiv begründbar wären.

Dieser Ansatz spielt seine Stärken insbesondere bei sachfremden Erwägungen aus, die nicht auf einen Missbrauch gerichtet waren. So kann anhand der konkreten sachfremden Erwägung bewertet werden, inwieweit das Interesse des Arbeitnehmers an einer Unverbindlichkeit überwiegt und spiegelbildlich das Interesse des Arbeitgebers am Bestand der Weisung weichen muss. So kann es bei der Fehlerfolgenbetrachtung bzw. Interessensabwägung beispielsweise einen Unterschied machen, ob eine sachfremde Erwägung den Arbeitnehmer zugleich unzulässig diskriminiert oder nicht.[709]

In der Möglichkeit, sachfremde Erwägungen differenziert zu berücksichtigen, liegt ein klarer Vorteil gegenüber dem bisherigen Ansatz des BAG, die Erwägungen des Arbeitgebers pauschal einer gerichtlichen Kontrolle zu entziehen.

4. Besonderheit bei „kleiner Organisationsentscheidung“

Bezüglich „kleiner Organisationsentscheidungen“ kann man streng genommen noch einen Schritt weiter gehen. Folgt man der hier vertretenen Auffassung, wonach betriebliche Erwägungen für eine Weisung bis zur Grenze von Missbrauch und Willkür kontrollfrei sind, lässt sich dies bereits bei den Anforderungen an das billige Ermessen berücksichtigen. Denn bei genauer Betrachtung kommt es bei dieser Fallgruppe auf die Fehlerfolgen mangels eines rechtlich relevanten Fehlers nicht an. Dogmatisch steht einer Anpassung der Anforderungen an das billige Ermessen nichts entgegen. Wie bereits erörtert, ist das billige Ermessen ein unbestimmter Rechtsbegriff, der verfassungskonform auszulegen und zu konkretisieren ist.[710] Nichts anderes macht das BAG bei Weisungen, die eine Organisationsentscheidung umsetzen, wenn die Interessensabwägung auf eine Unzumutbarkeitsprüfung reduziert wird.[711]

---

709 Siehe etwa die Wertung von § 7 Abs. 3 AGG, wonach der Arbeitgeber bei einer Diskriminierung im Sinne des AGG zugleich seine vertraglichen Pflichten verletzt.

710 Siehe oben Kapitel 4, A., II., 1., c), dd), S. 154 ff.

711 Siehe oben Kapitel 2, A., II., 1., b), aa), (2), S. 51 ff.

V. Zusammenfassung: Vorschlag abgestufter Fehlerfolgen

Die Analyse von § 106 GewO und § 315 BGB hat gezeigt, dass das billige Ermessen materiell-rechtliche Anforderungen an den Entscheidungsvorgang des Arbeitgebers stellt, die grundsätzlich gerichtlich kontrolliert werden müssen.

Eine Einschränkung bei der Vorgangskontrolle ist lediglich bezüglich der betrieblichen Erwägungen des Arbeitgebers angezeigt, die ihn zur Weisung bewegt haben. Bis zur Grenze von Missbrauch und Willkür sind die betrieblichen Erwägungen zur Wahrung der Unternehmerfreiheit des Arbeitgebers einer gerichtlichen Kontrolle entzogen.

Gibt es einen relevanten Vorgangsfehler, ist eine Weisung grundsätzlich unverbindlich, es sei denn eine Kausalität zwischen Vorgangsfehler und Entscheidungsergebnis ist nachweislich ausgeschlossen. Etwa, wenn das Ermessen des Arbeitgebers ohnehin auf Null reduziert gewesen ist, oder der Arbeitgeber mit der Weisung mehrere Zwecke verfolgt, die erkennbar einzeln ausreichend Anlass für die Weisung gewesen sind, für sich genommen ohne Vorgangsfehler waren und die Weisung im Ergebnis rechtfertigen.

Soweit darüber hinaus Vorgangsfehler nicht zur Unverbindlichkeit einer Weisung führen sollen, bedarf es einer zusätzlichen Interessensabwägung im Rahmen einer Fehlerfolgenbetrachtung. Hiernach kann ein Aufrechterhalten einer fehlerhaft zustande gekommen, im Ergebnis jedoch zulässigen Weisung gerechtfertigt sein. Ein Aufrechterhalten scheidet lediglich dann aus, wenn Anhaltspunkte für die konkrete Möglichkeit bestehen, dass der Arbeitgeber ohne Vorgangsfehler eine andere Weisung erteilt oder von ihr abgesehen hätte. Ein vollständiger Verzicht auch auf diese eingeschränkte Kausalität erschiene andernfalls in Parallele zum Verwaltungsrecht unverhältnismäßig. Denn dann würden Gerichte im Ergebnis eine Sachentscheidung treffen, welchen den Justizgewährungsanspruch des Arbeitnehmers unzulässig verkürzen würde; dies gilt insbesondere mit Blick auf die Verteilung der Prozessrisiken im Kündigungsschutzprozess.[712]

Ausgehend von dem vom BAG bislang genutzten rechtlichen Maßstab und unter Nutzbarmachung des verwaltungsgerichtlichen Maßstabes zum

712 Zum Vergleich von Justizgewährungsanspruch und Rechtsschutzgarantie siehe oben Kapitel 4., B., I., S. 163 ff.; zur Verteilung der Prozessrisiken siehe oben Kapitel 2, C., II., 4., S. 122 ff.

Grundsatz der Planerhaltung lässt sich der Vorschlag dieser Arbeit wie folgt zusammenfassen:[713]

> Nach § 106 GewO kann der Arbeitgeber Inhalt, Ort und Zeit der Arbeitsleistung nach billigem Ermessen näher bestimmen, soweit diese Arbeitsbedingungen nicht [...] festgelegt sind.
>
> Die Leistungsbestimmung nach billigem Ermessen (§ 106 S. 1 GewO, § 315 BGB) verlangt eine Abwägung der wechselseitigen Interessen nach verfassungsrechtlichen und gesetzlichen Wertentscheidungen, den allgemeinen Wertungsgrundsätzen der Verhältnismäßigkeit und Angemessenheit sowie der Verkehrssitte und Zumutbarkeit. In die Abwägung sind alle Umstände des Einzelfalls einzubeziehen. Dem Inhaber des Bestimmungsrechts nach § 106 GewO, § 315 Abs. 1 BGB verbleibt auch im Falle der Versetzung für die rechtsgestaltende Leistungsbestimmung ein nach billigem Ermessen auszufüllender Spielraum. Innerhalb dieses Spielraums können dem Bestimmungsberechtigten mehrere Entscheidungsmöglichkeiten zur Verfügung stehen.
>
> Ob die beiderseitigen Interessen angemessen berücksichtigt worden sind, unterliegt der gerichtlichen Kontrolle. *Hierbei werden die vom Bestimmungsberechtigten angeführten betrieblichen Belange nur daraufhin kontrolliert, ob sie tatsächlich vorlagen und nicht offenbar unsachlich, unvernünftig, missbräuchlich oder willkürlich sind. Darauf, ob die angeführten betrieblichen Belange zutreffend oder vollständig erfasst wurden, kommt es nicht an.*
>
> Die Darlegungs- und Beweislast für die Einhaltung dieser Grenzen hat der Bestimmungsberechtigte. Maßgeblicher Zeitpunkt für die Ausübungskontrolle ist der Zeitpunkt, zu dem der Arbeitgeber die Ermessensentscheidung zu treffen hatte.
>
> *Waren die Erwägungen des Bestimmungsberechtigten – soweit für die gerichtliche Prüfung relevant – fehlerhaft, ist eine Weisung regelmäßig unverbindlich, es sei denn, eine Kausalität zwischen Vorgangsfehler und Entscheidungsergebnis ist nachweislich ausgeschlossen. Etwa, wenn das Ermessen des Arbeitgebers ohnehin auf Null reduziert gewesen ist oder der Arbeitgeber mit der Weisung mehrere Zwecke verfolgt, die erkennbar einzeln ausreichend Anlass für die Weisung gewesen sind, für sich genommen ohne Vorgangsfehler waren und die Weisung im Ergebnis rechtfertigen.*
>
> *Darüber hinaus kann es im Einzelfall bei vorhandener Kausalität gleichwohl gerechtfertigt sein, dass die Weisung trotz eines Fehlers im Entscheidungsvorgang nicht unverbindlich ist. Ob dies der Fall ist, ist anhand einer Abwägung der Interessen von Arbeitgeber und Arbeitnehmer zu beurteilen. Relevante Faktoren hierbei sind insbesondere die Auswirkungen, die eine Unverbindlichkeit der Weisung auf den Betrieb und/oder das Unternehmen des Arbeitgebers hätte, eine erhöhte Fehleranfälligkeit des Entscheidungsvorgangs aufgrund einer Vielzahl zu*

713 Aufbauend auf BAG, Urteil vom 18. Oktober 2017 – 10 AZR 330/16, BAGE 160, NZA 2017, 1452 (1453) Rn. 45 und BAG, Urteil vom 30. November 2016 – 10 AZR 11/16, NZA 2017, 1394 (1395), Rn. 28 f.; BVerwG, Urteil vom 21. August 1981 – 4 C 57/80, BVerwGE 64, 33, NJW 1982, 591 (592); die Hervorhebungen geben die vorgeschlagenen Anpassungen durch den Autor wieder.

berücksichtigender Belange sowie die Beteiligung des Betroffenen – ggf. vertreten durch den Betriebsrat – im Vorhinein an die Entscheidung. Ebenso in diese Interessenabwägung einzustellen ist, inwieweit der Arbeitgeber willkürliche oder gar missbräuchliche Erwägungen anstellte.

Eine Ausnahme von der Aufrechterhaltung der Weisung ist jedoch dann zu machen, wenn nachweislich die konkrete Möglichkeit besteht, dass der Fehler im Entscheidungsvorgang auf das Ergebnis der Entscheidung von Einfluss gewesen ist. Eine solche konkrete Möglichkeit besteht dann, wenn sich anhand der Begründung des Arbeitgebers oder sonst erkennbarer oder naheliegender Umstände die Möglichkeit abzeichnet, dass der Arbeitgeber die Weisung ohne den Fehler im Entscheidungsvorgang anders oder nicht erlassen hätte.

Kapitel 5: Schlussbetrachtung

A. Zusammenfassung

I. Entwicklung der Rechtsprechung des BAG

1. Der Kontrollmaßstab, den das BAG seit 2016 verwendet, kann interpretiert werden als Beschränkung auf eine reine Ergebniskontrolle unter umfassendem Verzicht auf eine Kontrolle auch des Entscheidungsvorgangs (Vorgangskontrolle).
2. Anhand der Rechtsprechung lässt sich belegen, dass es unbeachtlich ist, wenn Arbeitgeber eine Weisung auf Grundlage unvollständiger oder unrichtiger Erwägungen getroffen haben.
3. Das BAG unterscheidet auch nicht danach, ob die fehlenden Erwägungen die eigene, betriebliche Sphäre des Arbeitgebers oder die Interessen von Arbeitnehmern betreffen. Beide Sphären sind für die gerichtliche Kontrolle gleichermaßen unbeachtlich.
4. Für die Ergebniskontrolle lässt sich ableiten, dass das Ergebnis einer Weisung objektiv kontrolliert wird anhand aller wesentlichen Umstände, die im Zeitpunkt einer Weisungserteilung tatsächlich gegeben waren. Die Kontrolle wird durch die Erwägungen des Arbeitgebers nicht verengt – nicht „subjektiv determiniert“. Denkbar ist daher, dass Gerichte auch Umstände und sich daraus ergebende Interessen berücksichtigen, die im Zeitpunkt der Erteilung der Weisung zwar objektiv gegeben waren, deren Wahrnehmung aber nicht Zweck der Weisung gewesen sind.
5. Der Kontrollmaßstab des BAG, nach dessen einschränkungslosen Wortlauts es allein auf das Ergebnis einer Weisung ankommt, lässt eine Interpretation zu, wonach weder sachfremde und missbräuchliche Erwägungen noch eine willkürlich getroffene Entscheidung Auswirkungen auf die Billigkeit einer Weisung haben.
6. Die ausdrückliche Beschränkung auf eine reine Ergebniskontrolle findet sich erstmals in einem Urteil aus dem Jahr 2016 zur Versetzung einer Flugbegleiterin, auf das sich nachfolgende Urteile zurückführen lassen.

B. Seiwerth, *Die gerichtliche Kontrolle von Arbeitgeberweisungen*,
Juridicum – Schriften zum Arbeitsrecht, https://doi.org/10.1007/978-3-658-52310-7_5

6.1. Das Urteil zur Versetzung einer Flugbegleiterin behandelt nicht nur eine einzige, „isolierte“ Entscheidung, sondern zwei Entscheidungen des Arbeitgebers: Die Weisung und die vorgelagerte Organisationsentscheidung.

6.2. Unterschiede zwischen Weisung und vorgelagerter Organisationsentscheidung lassen sich durch einen Vergleich zur gerichtlichen Kontrolle betriebsbedingter Kündigungen verdeutlichen, da Gerichte zur Kontrolle von Weisungen auf Grundsätze zur betriebsbedingten Kündigung zurückgreifen. Setzt eine Weisung eine vorgelagerte Organisationsentscheidung um, prüfen Gerichte auch bei einer Weisung zwei getrennte Entscheidungen des Arbeitgebers: Die Weisung und inzident die Organisationsentscheidung. Die Organisationsentscheidung wird als Vorfrage im Rahmen der Ergebniskontrolle geprüft, und unterliegt – wie bei betriebsbedingten Kündigungen – einer stark eingeschränkten Ausübungskontrolle (Missbrauch und Willkür). Eine Organisationsentscheidung ist – anders als eine Weisung – als quasi-tatbestandliche Vorfrage nicht am Maßstab des billigen Ermessens zu messen. § 106 GewO erfasst allein die nachgelagerte Weisung. Aussagen zur Konkretisierung des Kontrollmaßstabes auf Organisationsebene präzisieren damit nicht zugleich den Kontrollmaßstab auf Umsetzungsebene.

6.3. Die im Urteil zur Versetzung einer Flugbegleiterin angegriffenen Erwägungen der Arbeitgeberin betreffen allein den Entscheidungsvorgang auf Ebene der Organisationsentscheidung und nicht auf Umsetzungsebene, also der Weisung. Betreffend der Umsetzungsebene lässt sich dem Urteil damit allenfalls die Aussage entnehmen, dass Erwägungen, die Grundlage der Organisationsentscheidung sind, auch auf Umsetzungsebene gerichtlich nicht kontrolliert werden.

6.4. Die Ratio, die hinter der Kontrollfreiheit des Entscheidungsvorgangs von Organisationsentscheidungen steht, kann nicht ohne Weiteres auf das billige Ermessen auf Umsetzungsebene übertragen werden. Die Kontrollfreiheit des Entscheidungsvorgangs bei Organisationsentscheidungen folgt aus der Kontrollfreiheit bereits deren Ergebnisses. Das Ergebnis einer Weisung wird hingegen kontrolliert; die Arbeitnehmerinteressen müssen angemessen berücksichtigt sein. Doch selbst auf Organisationsebene ist der Entscheidungsvorgang nicht vollständig gerichtlicher Kontrolle entzogen. Es verbleibt eine Missbrauchs- und Willkürkontrolle. Ein vollständiger Verzicht auf eine Vorgangskontrolle lässt sich daher auch unter diesem Gesichtspunkt nicht auf Überlegungen zur Kontrolldichte bei Organisationsentscheidungen stützen.

7. Wegen den unterschiedlichen rechtlichen Bindungen bei Organisationsentscheidung und Weisung ist bei der Kontrolle von Erwägungen des Arbeitgebers zwischen beiden Ebenen strikt zu unterscheiden. Erwägungen sind insoweit kontrollfrei, wie sie auf Umsetzungsebene nicht eigenständig in den Entscheidungsspielraum des Arbeitgebers eingeflossen sind. Folglich muss bei der gerichtlichen Kontrolle genau unterschieden werden, ob vom Arbeitnehmer angegriffene Erwägungen die Organisationsebene oder die Umsetzungsebene betreffen. Wurde eine Weisung hingegen „isoliert" erteilt, ist mangels Unterscheidung die Kontrolle sämtlicher Erwägungen angezeigt.

8. In Urteilen vor 2016 überprüft das BAG den Entscheidungsvorgang auf Weisungsebene jedenfalls auf sachfremde und missbräuchliche Erwägungen sowie auf Willkür hin. Eine konsequente Beschränkung auf eine Ergebniskontrolle, wie man den aktuellen Kontrollmaßstab seit 2016 interpretieren kann, wäre damit eine Rechtsprechungsänderung.

9. Noch im Jahr 2013 lässt sich einem Urteil entnehmen, dass das BAG den Entscheidungsvorgang einer Weisung kontrolliert. Damit eine Weisung billigem Ermessen entspricht, müsse ein Arbeitgeber alle wesentlichen Umstände tatsächlich abgewogen haben. Damit beschreibt das BAG die Fallgruppen unvollständiger und unrichtiger Erwägungen. Zugleich kann das Urteil so verstanden werden, dass die für die Ergebniskontrolle notwendige Abwägung nicht durch die vom Arbeitgeber tatsächlich verfolgten Zwecke subjektiv determiniert wird und stattdessen alle im Zeitpunkt der Weisungserteilung objektiv gegebenen Umstände und die sich daraus ergebenden Interessen eine Weisung rechtfertigen können. Soweit nach Ansicht des BAG eine Weisung trotz subjektiver Fehler wirksam sein kann, wenn sie im Ergebnis objektiv angemessen ist, liegt hierin keine Kausalitätsprüfung. Es ist nicht erforderlich, dass der Vorgangsfehler ohne Einfluss auf das Ergebnis der Weisung geblieben, sondern allein, ob das Ergebnis angemessen ist.

9.1. Insgesamt ist das Urteil aus dem Jahr 2013 widersprüchlich. Einerseits sollen subjektive Fehler im Entscheidungsvorgang die Unbilligkeit einer Weisung begründen können. Ist es jedoch möglich, dass eine Weisung im Ergebnis dennoch objektiv billigem Ermessen entsprechen kann, kommt es anderseits – bei konsequenter Anwendung – von vorneherein allein darauf an, dass das Ergebnis einer Weisung billigem Ermessen entspricht. Für die „hilfsweise“ objektive Billigkeit einer Weisung führt das BAG keine selbstständige Begründung an, sondern verweist auf Urteile zur gerichtlichen Kontrolle einseitiger Leistungsbestimmungen im Sinne von § 315 BGB und zur Sozialauswahl nach § 1 Abs. 3 KSchG.

9.2. Dem Verweis auf die gerichtliche Kontrolle einseitiger Leistungsbestimmungen lässt sich für die Ergebniskontrolle die Wertung entnehmen, dass diese nicht subjektiv determiniert sein soll, sondern anhand aller objektiv gegebenen Umstände und der sich daraus ergebenen Interessen erfolgt. Begründet wird dies mit der eigenen Sachentscheidungsbefugnis der Gerichte gemäß § 315 Abs. 3 S. 2 BGB, die sie – anders als Verwaltungsgerichte – zu eigenen Erwägungen ermächtige.

9.3. Für die Kontrolle des Entscheidungsvorgangs lässt sich dem Verweis auf die eigene Sachentscheidungsbefugnis der Gerichte nach § 315 Abs. 3 S. 2 BGB folgende Ratio entnehmen: Dürfen Gerichte die ursprüngliche Entscheidung kassieren, um sie sodann durch eine eigene Entscheidung zu ersetzen, können sie erst recht bereits die ursprüngliche Entscheidung unter Zuhilfenahme eigener Erwägungen auf ein angemessenes Ergebnis hin kontrollieren, ohne dass den Erwägungen des Bestimmungsberechtigten eigenständige Relevanz zukomme.

9.4. Soweit das BAG ohne nähere Begründung auf die Rechtsprechung zur gerichtlichen Kontrolle einer Sozialauswahl verweist, lässt sich diesem Verweis zunächst nur die Wertung entnehmen, dass ein Verzicht auf eine Vorgangskontrolle nach Ansicht des BAG aufgrund des dem Arbeitgeber beim billigen Ermessen zustehenden Spielraums gerechtfertigt sei.

10. Vergleicht man die aktuelle Rechtsprechung mit der früheren, kann die aktuelle Rechtsprechung trotz erkennbarer Unterschiede als Fortentwicklung verstanden werden. Denn können bereits nach der früheren Rechtsprechung Fehler im Entscheidungsvorgang dadurch „geheilt“ werden, dass eine Weisung zumindest im Ergebnis objektiv billigem Ermessen entspricht, ist es konsequent, nunmehr allein nach dem Ergebnis einer Weisung zu fragen.

11. Beschränkt sich die gerichtliche Kontrolle generell auf das Ergebnis einer Weisung, höhlt dies jedoch das materiell-rechtliche

Abwägungserfordernis aus, welches sich nach ständiger Rechtsprechung des BAG aus dem billigen Ermessen ergibt.

12. Die vom BAG angeführte Ratio, wonach eine unvollständige Entscheidungsgrundlage regelmäßig zu auch im Ergebnis unbilligen Weisungen führe, ist nicht belegbar. Diese Ratio verdeckt vielmehr die wichtige Frage, ob Arbeitgeber, die wesentliche Arbeitnehmerinteressen beim Entscheidungsvorgang berücksichtigen, ihren rechtlichen Spielraum zu Gunsten von Arbeitnehmern womöglich gar nicht erst ausschöpfen.

13. Bei einer reinen Ergebniskontrolle wären Arbeitnehmer weniger vor missbräuchlichen oder willkürlich getroffenen Weisungen geschützt als vor missbräuchlichen oder willkürlich getroffenen Organisationsentscheidungen. Und dass, obwohl Gerichte bei Organisationsentscheidung wegen der Unternehmerfreiheit von Arbeitgebern (Art. 12 GG) – anders als bei Weisungen – größtmögliche Zurückhaltung üben.

14. Die objektive Ergebniskontrolle erhöht das Risiko für Arbeitnehmer, dass ihr Arbeitsverhältnis wirksam gekündigt wird, wenn sie sich weigern, einer nach ihrer Einschätzung unbilligen Weisung zu folgen. Insofern untergräbt die objektive Ergebniskontrolle das vom BAG mit seinem Grundsatzurteil seit dem Jahr 2017 anerkannte praktische Bedürfnis an der Unverbindlichkeit unbilliger Weisungen zum Schutze von Arbeitnehmern.

15. Die objektive Ergebniskontrolle verkennt den präventiven Wert einer gerichtlichen Vorgangskontrolle: Sind Arbeitgeber rechtlich durchsetzbar gehalten, sich mit bekannten Arbeitnehmerinteressen auseinanderzusetzen, verringert dies von Beginn an die Gefahr von im Ergebnis unbilligen Weisungen.

II. Gerichtliche Kontrolle im Verwaltungsstreitverfahren

1. Das Verwaltungsstreitverfahren dient dem Schutz subjektiver Rechte und ist gekennzeichnet durch Kongruenz von rechtlicher Bindung und Kontrolle. Diese Kongruenz leitet sich insbesondere aus der Rechtschutzgarantie des Art. 19 Abs. 4 GG ab und ist Ausdruck einer Sensibilität gegenüber effektivem Rechtsschutz einerseits sowie Respekt vor behördlichen Spielräumen andererseits.

2. Das formelle Verwaltungsrecht hat nach tradierter Vorstellung gegenüber dem materiellen Recht nur eine untergeordnete Bedeutung. Daher steht der Umstand, dass das allgemeine Verwaltungsverfahren – anders als das Weisungsrecht – formelle Verfahrensschritte vorsieht (z.B. Anhörung), einem Vergleich von Zivilprozess und Verwaltungsstreitverfahren nicht entgegen.

3. Verwaltungsermessen und Weisungsrecht weisen eine wichtige Parallele auf. Beiden werden Spielräume eingeräumt, wo es nicht möglich oder gewollt ist, eine angemessene Lösung für noch einzutretende Einzelfälle konkret-individuell zu antizipieren. Beide überwinden das Problem notwendiger Unvollständigkeit zum Zeitpunkt des Vertragsschlusses bzw. Normerlasses. Die normübergreifende Funktion des Ermessens liegt damit in der Einzelfallgerechtigkeit.

4. Bei Ermessensentscheidungen unterliegt die Behörde materiell-rechtlichen Bindungen an den Entscheidungsvorgang, die entsprechend gerichtlich kontrolliert werden können. Insbesondere muss die Behörde die im Einzelfall relevanten Umstände tatsächlich gegeneinander abwägen.

4.1. Da die Kontrolle des Entscheidungsvorgangs einer Ermessensentscheidung entlang der materiell-rechtlichen Bindungen der Verwaltung erfolgt, respektiert sie den erst darüber hinaus bestehenden Spielraum der Behörde.

4.2. Materiell-rechtliche Bindungen an den Entscheidungsvorgang, die bei jeder Ermessensentscheidung gelten, können als Mindestanforderungen gewertet werden, die einer effektiven Ermessensausübung nicht entgegenstehen, sondern diese vielmehr gewährleisten.

4.3. Die materiell-rechtlichen Bindungen an den Entscheidungsvorgang der Behörde sichern die normübergreifende Funktion des Ermessens ab: die Einzelfallgerechtigkeit.

4.4. Bei Fehlern im Entscheidungsvorgang ist grundsätzlich von deren Kausalität für das konkrete Entscheidungsergebnis auszugehen. Fehler im Entscheidungsvorgang einer Ermessensentscheidung (Vorgangsfehler) führen grundsätzlich zur Unwirksamkeit und Aufhebung behördlicher Entscheidungen. Eine Ausnahme besteht wegen eines fehlenden Rechtswidrigkeitszusammenhangs nur dann, wenn sich ein Vorgangfehler auf die konkret getroffene Entscheidung nicht ausgewirkt hat oder nicht auswirken konnte (Kausalität).

5. Anders als das Ermessen sind Beurteilungsspielräume vorwiegend ein Phänomen im Bereich der Erkenntnis. Nach heutigem Verständnis soll die Behörde letztverbindlich über das Vorliegen eines Tatbestandes entscheiden dürfen, wenn ihr gesetzlich die Letztentscheidungsbefugnis zugewiesen ist und – vor dem Hintergrund der Rechtschutzgarantie des Art. 19 Abs. 4 GG – die Möglichkeit „substantieller" gerichtlicher Kontrolle verbleibt.

5.1. Auch bei Beurteilungsspielräumen, die bei unbestimmten Rechtsbegriffen in Frage kommen, unterliegt die Behörde materiell-rechtlichen Bindungen an den Entscheidungsvorgang, die gerichtlich kontrolliert werden.

5.2. Da Gerichte bei Beurteilungsspielräumen der Behörde stets den Entscheidungsvorgangs darauf hin kontrollieren, ob die Behörde ihren Beurteilungsspielraum auf Grundlage eines richtigen und vollständigen Sachverhalts sowie ohne sachfremde Erwägungen genutzt hat (zs. Beurteilungsfehler), kann eine solche Kontrolle des Entscheidungsvorgangs auch bei Beurteilungsspielräumen als Mindestmaß effektiven Rechtsschutzes gewertet werden.

5.3. Beurteilungsfehler führen ebenfalls grundsätzlich zur Unwirksamkeit und Aufhebung behördlicher Entscheidungen. Eine Ausnahme besteht wegen fehlendem Rechtswidrigkeitszusammenhangs nur dann, wenn sich ein Beurteilungsfehler auf die konkret getroffene Entscheidung nicht ausgewirkt hat oder nicht auswirken konnte (Kausalität).

5.4. Müsste der Betroffene hingegen die Kausalität zwischen Vorgangsfehler und konkretem Entscheidungsergebnis positiv darlegen, würden die Anforderungen an den Entscheidungsvorgang regelmäßig unterlaufen. Denn der Entscheidungsvorgang spielt sich – gleich ob Ermessen oder Beurteilungsspielraum – regelmäßig allein in der Sphäre des Bestimmungsberechtigten ab, weshalb der Betroffene nicht nachweisen kann, inwieweit sich der Vorgangsfehler konkret auf das Ergebnis ausgewirkt hat. Nach allgemeiner Ansicht würde dies einen effektiven Rechtsschutz unzulässig verkürzen.

5.5. Auch unbestimmte Rechtsbegriffe können ein Abwägungserfordernis beinhalten, das der Verwirklichung von Einzelfallgerechtigkeit am Maßstab der Verhältnismäßigkeit dient. Einzelfallgerechtigkeit als normübergreifender Zweck von Ermessen kann damit auch bei unbestimmten Rechtsbegriffen von zentraler Bedeutung sein.

5.6. Der Entscheidungsvorgang ist bei unbestimmten Rechtsbegriffen nur dann unbeachtlich, wenn das Gesetz den Gerichten die Letztentscheidungsbefugnis zugewiesen hat. Das heißt, wenn der Behörde kein Beurteilungsspielraum zusteht und Gerichte die Entscheidung der Behörde durch eine eigene ersetzen dürfen.

6. Zwischen Ermessen und Beurteilungsspielräumen besteht ein Gleichlauf: In beiden Fällen muss die Behörde sicherstellen, dass sie überhaupt abwägt, d.h. ihren Spielraum nutzt, bei ihrer Abwägung die relevanten Belange vollständig und zutreffend berücksichtigt und keine sachfremden oder missbräuchlichen Erwägungen anstellt.

6.1. Die Idee einer Vorgangskontrolle kann damit als übergeordnetes Prinzip verstanden werden. Ein fehlerfreier Entscheidungsvorgang als Methode zur Entscheidungsfindung bietet Gewähr für ein auch im Ergebnis richtiges Ergebnis (Richtigkeitsgewähr).

6.2. Mit Blick auf die Richtigkeitsgewähr eines fehlerfreien Entscheidungsvorgangs kommt der gerichtlichen Vorgangskontrolle eine „general-präventive" Wirkung zu.

7. Bei Planungsentscheidungen unterliegt die behördliche Entscheidung ebenfalls materiell-rechtlichen Bindungen an den Entscheidungsvorgang, die gerichtlich kontrolliert werden. Die materiell-rechtlichen Vorgaben an den Entscheidungsvorgang bei Planungsentscheidungen sind – soweit für einen Vergleich mit dem Weisungsrecht relevant – vergleichbar mit jenen bei Ermessensentscheidungen und Beurteilungsspielräumen.

7.1. Dass Fehler beim Abwägen, also dem Entscheidungsvorgang, seit der Novelle durch das EAG Bau als Verfahrensfehler eingeordnet werden, hindert keinen Vergleich mit der Kontrolle des Entscheidungsvorgangs bei Ermessensentscheidungen und Beurteilungsspielräumen, da die Novelle die Anforderungen an den Entscheidungsvorgang inhaltlich nicht geändert hat.

7.2. Das Beispiel von Planungsentscheidungen bzw. der für diese entwickelte Grundsatz der Planerhaltung zeigt, dass die strukturelle Fehleranfälligkeit von Entscheidungen eine Rechtfertigung für eine abgeschwächte Fehlerfolge sein kann, da andernfalls das Bestandsinteresse der Behörde nicht hinreichend berücksichtigt würde. Die Fehlerfolge ist insofern abgeschwächt, als dass nur offensichtliche Vorgangsfehler relevant sind und diese auch nur, sofern die konkrete Möglichkeit besteht, dass die Behörde ohne den Vorgangsfehler anders entschieden hätte.

7.3. Eine weitergehende Einschränkung der Fehlerfolge in dem Sinne, dass eine Planung auch dann aufrecht zu erhalten ist, wenn die konkrete Möglichkeit einer Kausalität zwischen Vorgangsfehler und Planungsergebnis besteht, wird seitens des BVerfG mit Verweis auf das Gebot effektiven Rechtsschutzes und der Kompetenzabgrenzung zwischen Behörde und Gericht abgelehnt.

8. Weiter ist anerkannt, dass die Aufwertung des Verwaltungsverfahrens im Sinne einer verstärkten, vorherigen Beteiligung die Richtigkeitsgewähr einer Entscheidung erhöht. Eine entsprechende Beteiligung des Betroffenen beim Entscheidungsvorgang kann damit einen gewissen Ausgleich für eine verringerte, nachträgliche gerichtliche Kontrolle schaffen.

9. Einem Vergleich zwischen Verwaltungs- und Arbeitsrecht steht schließlich nicht die besondere Nähe zwischen Arbeitgeber und Arbeitnehmer entgegen. Für das Verwaltungsrecht ist anerkannt, dass allein die besondere Nähe zwischen Bestimmungsberechtigtem und Betroffenem keine verringerte gerichtliche Kontrolle rechtfertigt. Auch bei besonderen Näheverhältnissen bleibt es bei der Kongruenz zwischen Bindung und Kontrolle. Stehen dem Betroffenen subjektive Rechte zu, ist deren Einhaltung zu kontrollieren. Es bleibt damit bei einer Kongruenz zwischen Bindung und Kontrolle.

III. Kontrolle des Entscheidungsvorgangs bei Weisungen

1. Nach ständiger Rechtsprechung des BAG erfordert das billige Ermessen vom Arbeitgeber eine umfassende Abwägung seiner Interessen mit jenen des Arbeitnehmers.

2. Dieses Verständnis des billigen Ermessens ist zutreffend und wird von einer Auslegung des § 106 GewO (i.V.m. § 315 Abs. 1 BGB) gestützt.

2.1. Bereits der Wortlaut beider Normen („nach billigem Ermessen näher bestimmen") beschreibt einen Entscheidungsvorgang und stellt nicht auf das Ergebnis der Entscheidung ab.

2.2. Der Regelungszweck des billigen Ermessens, das Erreichen von Einzelfallgerechtigkeit, erfordert ein tatsächliches und fehlerfreies Abwägen. Billiges Ermessen dient als Korrektiv bei Vertragsinhalten, die die Parteien nicht aushandeln können, um ein möglichst gerechtes Ergebnis zu erreichen. Wie im Zusammenhang mit dem

Verwaltungsrecht erörtert, kann eine solche Einzelfallgerechtigkeit jedoch nur erreicht werden, wenn die relevanten Umstände zutreffend ermittelt und ihrer Bedeutung entsprechend gegeneinander abgewogen werden. Andernfalls ist die Billigkeit des Ergebnisses vom Zufall abhängig und die vom billigen Ermessen bezweckte Richtigkeitsgewähr würde unterlaufen.

2.3. Für ein Abwägungserfordernis sprechen weiter systematische Argumente. Zunächst wendet das BAG § 315 Abs. 1 BGB in gefestigter Rechtsprechung beim Weisungsrecht neben § 106 GewO entsprechend an. Für § 315 BGB wiederum entspricht es der ständigen Rechtsprechung des BGH, dass eine Leistungsbestimmung allein wegen eines Vorgangsfehlers unwirksam sein kann. Auch die innere Systematik von § 315 BGB spricht für ein Abwägungserfordernis, soweit das BAG außerhalb des Weisungsrechts zur Begründung einer bloßen Ergebniskontrolle auf die Sachentscheidungsbefugnis der Gericht nach § 315 Abs. 3 S. 2 BGB und nicht auf eine Auslegung von § 315 Abs. 1 BGB zurückgreift. Auch ein Vergleich mit § 76 Abs. 5 S. 4 BetrVG unterstreicht das Abwägungserfordernis des billigen Ermessens, da sich der Gesetzgeber dort veranlasst sah, die Beschränkung auf eine Ergebniskontrolle ausdrücklich zu normieren. Und schließlich: Soweit angeführt wird, eine Übernahme verwaltungsgerichtlicher Grundsätze sei nicht angezeigt, da der Arbeitgeber im Gegensatz zur Verwaltung nicht hoheitlich handle, überzeugt dieser Einwand nicht. Zum einen übt auch der Arbeitgeber „soziale Macht“ über Arbeitnehmer aus. Zum anderen ist auch der Arbeitgeber (mittelbar) verpflichtet, die Grundrechte von Arbeitnehmern hinreichend zu wahren. Insofern besteht eine ausreichende Parallele zwischen Verwaltungs- und Arbeitsrecht.

2.4. Auch die Historie von § 106 GewO spricht für ein Abwägungserfordernis. Zur älteren Historie: Zunächst entspringt das billige Ermessen dem sog. *arbitrium boni viri*. *Söllner* stellt in diesem Zusammenhang zutreffend eine Parallele zwischen Verwaltungsermessen und *arbitrium boni viri* fest: Im Verwaltungsrecht bewirkt das Ermessen eine Bindung der Verwaltung an das Gesetz (Art. 20 Abs. 3 GG). Das *arbitrium boni viri* wiederum bewirkt eine Bindung einer Leistungsbestimmung an den Vertrag. Zur neueren Historie: Ausweislich der Gesetzesbegründung zu § 106 GewO sollte mit Einführung der Norm die zu diesem Zeitpunkt anerkannten Rechtsgrundsätze zum Weisungsrecht kodifiziert werden. Zu diesem Zeitpunkt war seitens des BGH und des BAG anerkannt, dass der Bestimmungsberechtigte materiell-rechtlichen Anforderungen an den Entscheidungsvorgang unterliegt. Anhaltspunkte für eine vom Gesetzgeber gewollte Änderung sind keine ersichtlich.

3. Auch beim Weisungsrecht ist von einer Kongruenz zwischen materiell-rechtlicher Bindung und gerichtlicher Kontrolle auszugehen.

3.1. Ebenso wie die Rechtsschutzgarantie im öffentlichen Recht garantiert der allgemeine Justizgewähranspruch im Privatrecht einen wirkungsvollen Rechtsschutz. Ausfluss des allgemeinen Justizgewähranspruchs ist unter anderem, dass Gerichte einen Streitgegenstand grundsätzlich umfassend tatsächlich und rechtlich prüfen. Für das Weisungsrecht bedeutet das, dass im Sinne eines effektiven Rechtsschutzes der Entscheidungsvorgang gerichtlich zu kontrollieren ist. Möchte man hingegen wie das BAG auf eine Vorgangskontrolle verzichten, bedarf es einer entsprechenden gesetzlichen Einschränkung der gerichtlichen Kontrolle, die im Lichte des allgemeinen Justizgewährungsanspruchs selbst nicht unverhältnismäßig sein darf.

3.2. Eine gesetzliche Einschränkung, die beim Weisungsrecht einen generellen Verzicht auf eine Vorgangskontrolle rechtfertigt, findet sich in § 315 Abs. 3 BGB keine – weder in Satz 1 noch in Satz 2.

3.2.1. Zunächst lässt sich aus dem unterschiedlichen Wortlaut von § 315 Abs. 1 bzw. § 106 GewO („nach billigem Ermessen") im Vergleich zu § 315 Abs. 3 S. 1 BGB („Billigkeit") keine Einschränkung der Kontrolldichte entnehmen. Insbesondere ergeben sich aus dem Unterschied beim Wortlaut kein inhaltlicher Unterschied. Denn die Anforderungen an das billige Ermessen ergeben sich gerade aus der vorgeschriebenen Billigkeit. Dies zeigt im System der §§ 315 ff. BGB ein Vergleich zum freien Ermessen, das keine Interessensabwägung erfordert.

3.2.2. Weiter ist ein Umkehrschluss zur Rechtsprechung des BGH zu § 319 Abs. 1 S. 1 BGB sowie ein Erst-Recht-Schluss zur Rechtsprechung des BAG zur selben Vorschrift zu beachten. § 319 Abs. 1 S. 1 BGB bestimmt, dass die Leistungsbestimmung eines Dritten nur unverbindlich ist, wenn sie „offenbar unbillig" ist. Diese Formulierung wird übereinstimmend als Einschränkung der gerichtlichen Kontrolle im Vergleich zu § 315 Abs. 3 S. 1 BGB verstanden. Der BGH leitet aus dieser Einschränkung ab, dass bei der offenbaren Unbilligkeit der Entscheidungsvorgang des Dritten nicht zu kontrollieren sei. Im Umkehrschluss bedeutet dies, dass der Entscheidungsvorgang im

Rahmen von § 315 Abs. 3 S. 1 BGB gerichtlich zu kontrollieren ist. Das BAG hat für § 319 BGB in Anlehnung an die Fallgruppe von Schiedsgutachten ausdrücklich entschieden, dass die Kontrolle des billigen Ermessens nicht nur das Ergebnis, sondern auch den Entscheidungsvorgang umfasst. Dies muss daher erst recht für die uneingeschränkte Kontrolle nach § 315 Abs. 3 S. 1 BGB gelten.

3.2.3. Hiervon geht auch das BAG aus, wenn es außerhalb des Weisungsrechts zum Verzicht auf eine Vorgangskontrolle auf die Ersatzleistungsbefugnis des Gerichts gemäß § 315 Abs. 3 S. 2 BGB verweist. Diese Ersatzleistungsbefugnis lässt sich mangels regelmäßiger Anwendbarkeit jedenfalls beim Weisungsrecht nicht anführen, um einen generellen Verzicht auf eine Vorgangskontrolle zu rechtfertigen. Wenn das BAG die Ersatzleistungsbefugnis des Gerichts zur Vermeidung eines unzulässigen Eingriffs in die Unternehmerfreiheit des Arbeitgebers (Art. 12 GG) regelmäßig ausschließt, kann sich das BAG bei konsequenter Anwendung der eigenen Grundsätze nicht mit einer bloßen Ergebniskontrolle begnügen. Dies verdeutlich auch die Rechtsprechung des BAG zu Konkurrentenklagen im öffentlichen Dienst. Dort stellt das BAG auf die im Verwaltungsrecht vorhandene Gewaltenteilung ab, verneint die Ersatzleistungsbefugnis der Gerichte und unterzieht Personalentscheidungen der bereits verkannten Vorgangskontrolle. Im Ausgangspunkt kann nach dieser Rechtsprechung des Weisungsrechts dann nichts anderes für das Weisungsrecht gelten.

3.3. Ob das billige Ermessen beim Weisungsrecht als „richtiges" Ermessen oder als unbestimmter Rechtsbegriff eingeordnet wird, ist für die Frage einer Vorgangskontrolle ohne Belang. Denn beim Weisungsrecht ist anerkannt, dass dem Arbeitgeber aufgrund seiner Unternehmerfreiheit (Art. 12 GG) ein Spielraum zusteht. Ob dieser als Ermessensspielraum oder Beurteilungsspielraum verstanden wird, macht keinen Unterschied. Für beide Arten von Spielräumen ist anerkannt, dass der Entscheidungsvorgang des Bestimmungsberechtigten kontrolliert wird. Nämlich, ob der Bestimmungsberechtigte überhaupt abgewogen hat, d.h. seinen Spielraum erkannt und genutzt hat (*Ausfall*), bei der Abwägung die relevanten Belange vollständig und zutreffend berücksichtigt hat (*Fehlgebrauch*), und keine sachfremden oder missbräuchlichen Erwägungen in die Abwägung eingestellt hat (*Fehlgebrauch*).

3.4. Ein Verzicht auf eine Vorgangskontrolle lässt sich auch nicht mit einer Rücksicht auf den einem Arbeitgeber beim Weisungsrecht zustehenden Spielraum begründen.

3.4.1. Zunächst ist der Verzicht auf eine Vorgangskontrolle keine logische Konsequenz eines zu wahrenden Spielraums – auch dann nicht, wenn dieser weit verstanden wird. Dies veranschaulicht ein Vergleich mit der gerichtlichen Kontrolle von Arbeitgeberentscheidungen im englischen *Common law*.

Der Vergleich mit dem *Common law* ist aufgrund hinreichender Parallelen ergiebig. Erstens eröffnet das billige Ermessen als Generalklausel den Gerichten einen beachtlichen Auslegungsspielraum – ähnlich dem Gestaltungsspielraum englischer Gerichte im *Common law*. Zweitens ist die Rechtsgrundlage zur Kontrolle von Arbeitgeberweisungen von ähnlichen Wertungen geprägt: Das billige Ermessen und die vertragliche Verpflichtung zu *Mutual trust and confidence* sind damit gleichsam auch Ausdruck der Wertungen von gutem Glauben und gegenseitiger Rücksichtnahme. Drittens erkennt auch das englische Recht die grundsätzliche Schutzbedürftigkeit von Arbeitnehmern an.

Der Vergleich zum *Common law* zeigt jedoch: Der allgemeine Verzicht auf eine Kontrolle des Entscheidungsvorgangs ist keine Wertung, die dem Spielraum des Arbeitgebers innewohnt. Stattdessen wird diesem Spielraum durch eine zurückhaltende Ergebniskontrolle Rechnung getragen. In der Spannweite, die dem Arbeitgeber bei der Auswahl möglicher Ergebnisse, d.h. Weisungen, zugestanden wird, drückt sich die Zurückhaltung gegenüber dem Spielraum des Arbeitgebers aus, nicht im Verzicht auf eine Vorgangskontrolle. Das *Common law* ist besonders bedacht, diesen Spielraum zu respektieren und fokussiert sich aus diesem Grund auf eine Vorgangskontrolle. Dabei gehen auch englische Gerichte davon aus, dass ein fehlerfreier Entscheidungsvorgang („rationality of the decision-making process") die Ermessensausübung an den Vertragszweck koppelt.

3.4.2. Soweit das BAG in seinem Urteil aus dem Jahr 2013 auf die Rechtsprechung zur Sozialauswahl bei betriebsbedingten Kündigungen verweist, ergibt sich auch hieraus kein überzeugendes Argument für den Verzicht auf eine Vorgangskontrolle.

Der einem Arbeitgeber bei Sozialauswahl und Weisung zustehende Spielraum bedingt gerade eine Verschiebung zur Vorgangskontrolle, die schon eine verringerte Kontrolle ist.

Weiter ist zu beachten, dass Weisungen – und damit auch deren Ergebnis – deutlich seltener gerichtlich kontrolliert werden als betriebsbedingte Kündigungen. Daher kommt der Richtigkeitsgewähr eines fehlerfreien Entscheidungsvorgangs, welche ohne die „general-präventive" Wirkung einer Vorgangskontrolle praktisch entfiele, bei Weisungen besondere Bedeutung zum Schutz vor im Ergebnis unzulässigen Weisungen zu.

Faktoren wie eine erhöhte Fehleranfälligkeit von Entscheidungen, bei denen die Interessen vieler Arbeitnehmer zu berücksichtigen sind, und die rechtssichere Umsetzung von Organisationsentscheidungen sind jedenfalls nicht für alle Weisungen relevant, weshalb sie keine generelle Unbeachtlichkeit von Vorgangsfehlern rechtfertigen.

Argumente im Bereich der Sozialauswahl, wonach § 1 Abs. 3 S. 1 KSchG nur eine im Ergebnis „ausreichende" Entscheidung verlange, sind auf das billige Ermessen nicht übertragbar, da dieses nach ständiger Rechtsprechung von BAG und BGH schlicht materiell-rechtliche Bindungen an den Entscheidungsvorgang enthält. Insoweit sind § 1 Abs. 3 KSchG und § 106 GewO (i.V.m. § 315 BGB) schlicht unterschiedliche Normen, die unterschiedlich ausgelegt werden.

Soweit für die Sozialauswahl angenommen wird, dass Vorgangsfehler unbeachtlich seien, wenn sie sich auf das konkrete Ergebnis der Entscheidung nicht hätten auswirken können oder die Entscheidung des Arbeitgebers ohne diesen Fehler gleich ausgefallen wäre, ist dies auch für das Weisungsrecht denkbar. Allerdings ist eine solche Kausalitätsprüfung eine Einzelfallprüfung und aus diesem Grund schon kein Argument für einen generellen Verzicht auf eine Vorgangskontrolle.

4. Unterliegen Arbeitgeber beim Weisungsrecht materiell-rechtlichen Anforderungen an den Entscheidungsvorgang und sind diese Bindungen mangels eines abweichenden rechtlichen Anknüpfungspunktes grundsätzlich gerichtlich zu kontrollieren, kann die derzeitige Rechtsprechung des BAG zum generellen Verzicht einer Vorgangskontrolle nicht begründet werden.

5. Möchte man über die Fallgruppe fehlender Kausalität hinaus in weiteren Fällen Vorgangsfehler als unbeachtlich erachten, ist dies nur über eine Fehlerfolgenbetrachtung möglich, sprich: Lassen sich mit Blick auf die Interessenlage von Arbeitnehmer und Arbeitgeber Faktoren identifizieren, die eine ausnahmsweise Unbeachtlichkeit eines

Vorgangsfehlers rechtfertigen. Derartige Faktoren könnten dann zur Bildung von Fallgruppen genutzt werden, in denen Vorgangsfehler folgenlos sind.

6. Zur Identifizierung geeigneter Faktoren lässt sich ein Ansatz von *Davies* fruchtbar machen, den diese für das *Common law* vorschlägt: Lassen sich Faktoren zur Bestimmung einer angemessenen gerichtlichen Zurückhaltung (*Deference factors*) im Verwaltungsrecht identifizieren und sind diese Faktoren im Arbeitsrecht zumindest abseits des Weisungsrechts bereits anerkannt, können diese Faktoren auch die Diskussion einer angemessenen gerichtlichen Kontrolle von Arbeitgeberentscheidungen beeinflussen.

6.1. *Davies* identifiziert für das *Common law* drei solcher *Deference factors*: *Expertise* verstanden als Verantwortung und Fähigkeit von Arbeitgebern, ihr Unternehmen zu führen. *Institutional competence* als Herausforderung für Gerichte in einem Zwei-Parteien-Prozess Entscheidungen zu fällen, die in ihrer Wirkung auch Dritte, d.h. am Prozess nicht Beteiligte, betreffen. *Democratic accountability* im Sinne einer gerichtlichen Zurückhaltung bei Entscheidungen, bei denen die Betroffenen vorab eingebunden waren.

6.2. Der Mehrwert von *Davies* Ansatz für den deutschen Diskurs liegt zum einen in dessen Flexibilität. Etwaige Faktoren können bei der Konkretisierung der Vorgangskontrolle ebenso herangezogen werden wie bei der Frage, wann und in welchem Umfang Gerichten im Einzelfall ausnahmsweise doch eine Ersatzleistungsbefugnis zugestanden werden soll, um eine fehlerhafte Weisung aufrecht erhalten zu können. Weiter hebt *Davies* zutreffend hervor, dass sich bei der Kontrolle von Behörden- und Arbeitgeberentscheidungen vergleichbare Herausforderungen und Fragen stellen (etwa die Kompetenzabgrenzung und die Schutzbedürftigkeit des Betroffenen).

6.3. Soweit es um Faktoren im Sinne einer vergleichbaren Interessenlage von Verwaltungsrecht und Arbeitsrecht geht, und die zugleich im Arbeitsrecht zumindest prinzipiell anerkannt sind, können Fragen zu grundsätzlichen Unterschieden zwischen öffentlichem Recht und Privatrecht vermieden werden.

6.4. Schließlich erfordert *Davies* Ansatz auch keinen Rechtsvergleich mit dem *Common law*, da der Ansatz eine universelle Methode ausdrückt, die ebenso im deutschen Recht ohne zusätzlichen Rückgriff auf das englische Recht funktioniert.

7. Insgesamt lassen sich vier potenzielle Faktoren identifizieren, von denen drei geeignet sind, die jeweilige Fehlerfolge zu bestimmen.

7.1. Unternehmerfreiheit des Arbeitgebers (Art. 12 GG) im Sinne einer Zuordnung von Vorgangsfehlern in den Kernbereich seiner unternehmerischen Tätigkeit (*Expertise*) und im Sinne einer Berücksichtigung der Auswirkungen der Unwirksamkeit seiner Entscheidung auf den Betrieb bzw. das Unternehmen des Arbeitgebers. Ersteres veranschaulicht die ständige Rechtsprechung des BAG zu Weisungen, die Organisationsentscheidungen umsetzen. Letzteres veranschaulicht die Rechtsprechung des BAG zur Sozialauswahl, indem das BAG die sog. „Domino-Theorie" insbesondere aufgrund der potenziell desaströsen Folgen für das Unternehmen des Arbeitgebers aufgab.

7.2. Eine immanent erhöhte Fehleranfälligkeit beim Entscheidungsvorgang (*Polyzentrizität*). Eine solche *Polyzentrizität* ist im Verwaltungsrecht ein wesentlicher Faktor für die Entwicklung des Grundsatzes der Planerhaltung gewesen. Auch im Arbeitsrecht spielt Polyzentrizität eine wichtige Rolle; insbesondere im Bereich betriebsbedingter Kündigungen. Dies zeigt die Aufgabe der sog. „Domino-Theorie" durch das BAG zur Sozialauswahl bei Massenkündigungen.

7.3. Die Beteiligung der Betroffenen im Vorhinein einer Entscheidung (*Democratic accountability*). Im Verwaltungsrecht findet die Annahme, dass eine Beteiligung der Betroffenen zur Erhöhung der Richtigkeitsgewähr eines Entscheidungsvorgangs führt, ebenfalls ihren Ausdruck im Bauplanungsrecht. Mit Blick auf die nur begrenzt mögliche Ergebniskontrolle wurde dort – unter Einfluss von EU-Recht – die Öffentlichkeitsbeteiligung gestärkt. Im Arbeitsrecht findet die Beteiligung von Arbeitnehmern regelmäßig über den Betriebsrat statt. Zugleich lässt sich anhand verschiedener Bereiche belegen, dass der Gesetzgeber und die Rechtsprechung von einer Erhöhung der Richtigkeitsgewähr durch Betriebsratsbeteiligung ausgehen (z.B. verringerte Kontrolle bei sog. Namenslisten und von Betriebsvereinbarungen). Dogmatisch lässt sich die Relevanz der Betriebsratsbeteiligung mit der von *Reichold* geprägten Figur des Vertragshelfers untermauern.

7.4. Keine geeignete Wertung ist der kollektive Bezug einer Arbeitgeberentscheidung (*Institutional competence*). Hier hat die Untersuchung gezeigt, dass ein kollektiver Bezug allein eine Zurückhaltung bei der

Ergebniskontrolle und ein Verzicht auf eine gerichtliche Ersatzleistungsbestimmung rechtfertigt. Im Fokus bleibt hingegen der Entscheidungsvorgang.

8. Die Funktionsweise einer solchen abgestuften Fehlerfolgenlehre lässt sich an typischen arbeitsrechtlichen Konstellationen veranschaulichen.

8.1. Bei „isolierten" Weisungen lässt sich anhand der identifizierten Faktoren begründen, weshalb Vorgangsfehler betreffend betriebliche Erwägungen bis zur Grenze von Missbrauch und Willkür unbeachtlich sein können. Wesentlicher Faktor für eine abweichende Fehlerfolge bei solchen „kleinen Organisationsentscheidungen" ist die Unternehmerfreiheit des Arbeitgebers.

8.2. Bei Weisungen, die eine Organisationsentscheidung umsetzen, lässt sich begründen, weshalb Vorgangsfehler auf Umsetzungsebene ausnahmsweise unbeachtlich sein können. Wesentliche Faktoren für eine abweichende Fehlerfolge sind die Unternehmerfreiheit des Arbeitgebers und – soweit eine Vielzahl von Arbeitnehmern betroffen sind – Polyzentrizität. Auf Seiten des Arbeitnehmers ist zu berücksichtigen, dass die Interessensabwägung ohnehin auf eine Zumutbarkeitsprüfung reduziert ist.

8.3. Bei „generellen" Weisungen lässt sich ebenfalls eine abweichende Fehlerfolge begründen. Wesentliche Faktoren sind Polyzentrizität und – soweit mittels Weisung eine Regelungsabrede umgesetzt wird – die vorherige Beteiligung des Betriebsrats.

8.4. Bei Versetzungen ist eine abweichende Fehlerfolge jedenfalls in Betrieben mit Betriebsrat denkbar. Wird im Vorhinein gemäß § 99 BetrVG die Zustimmung des Betriebsrats eingeholt, wird durch die Betriebsratsbeteiligung eine Richtigkeitsgewähr geschaffen, die andernfalls durch die „general-präventive" Wirkung einer gerichtlichen Kontrolle des Entscheidungsvorgangs erzielt würde.

9. Als dogmatischer Anknüpfungspunkt für eine flexible Fehlerfolgenlehre kann § 315 Abs. 3 S. 2 BGB dienen.

9.1. Im Ausgangspunkt sieht § 315 Abs. 3 S. 2 BGB vor, dass Gerichte die Entscheidung des Bestimmungsberechtigten notfalls als eigene Entscheidung aufrechterhalten können. § 315 Abs. 3 S. 2 BGB ist insofern vergleichbar mit dem erörterten § 53 AufenthG. Hier wie da ordnet das Gesetz den Gerichten die Letztentscheidungsbefugnis zu.

Eine Zurückweisung an den Bestimmungsberechtigten zur neuen Entscheidung ist entbehrlich.

9.2. Dass auch im Aufrechterhalten eine Ersatzleistungsbestimmung liegen kann, verdeutlicht folgende Überlegung: Wird eine wesentliche Erwägung erstmals im Gerichtsverfahren beachtet oder korrekt erfasst, kann sie für die ursprüngliche Weisung nicht ursächlich gewesen sein.

9.3. Zugleich veranschaulicht die Rechtsprechung des BAG zu komplexen Versorgungssystemen, dass das BAG die Frage, ob eine Ersatzleistungsbestimmung nach § 315 Abs. 3 S. 2 BGB ausnahmsweise zulässig ist, als Ergebnis einer Interessenabwägung beantwortet: Grundsätzlich schließt das BAG eine Ersatzleistungsbestimmung aus. Es sei denn, der Arbeitgeber verweigert sich beharrlich, eine eigene Leistungsbestimmung vorzunehmen. Zur Wahrung des Rechtsschutzes des Arbeitnehmers nimmt das BAG einen richterlichen Eingriff in das Versorgungssystem ausnahmsweise in Kauf. Ein solches abwägendes Vorgehen lässt sich auf das Weisungsrecht ohne Weiteres übertragen.

9.4. In diese Interessenabwägung sind auf Seiten des Arbeitgebers die identifizierten Faktoren zu berücksichtigen (Unternehmerfreiheit, Polyzentrizität und Betriebsratsbeteiligung). Auf Seiten des Arbeitnehmers ist sein berechtigtes Interesse an der Richtigkeitsgewähr eines fehlerfreien Entscheidungsvorgangs zu beachten und in diesem Zusammenhang, inwieweit zur Gewährleistung der Richtigkeitsgewähr eine gerichtliche Kontrolle erforderlich ist. Auch können die konkreten Prozessrisiken des Arbeitnehmers entscheidend sein (etwa Kündigungsschutzklage vs. Beschäftigungsklage).

9.5. Eine Grenze ist in Parallele zum Planerhaltungsrecht und aufgrund des insoweit bestehenden Gleichlaufs von Rechtsschutzgarantie und Justizgewährungsanspruchs dort erreicht, wo das Gericht eine Weisung aufrechterhalten würde, deren Ergebnis sich mit vom Arbeitgeber im Zeitpunkt der Weisungserteilung tatsächlich angestellten Erwägungen nicht begründen lässt.

10. Eine flexible Fehlerfolgenbetrachtung lässt hinreichend Raum zur Berücksichtigung von Willkür sowie sachfremden und missbräuchlichen Erwägungen. Bei sachfremden Erwägungen, die nicht schon missbräuchlich sind, erlaubt sie darüber hinaus eine Differenzierung nach der Schwere des Vorgangsfehlers.

11. Bei „kleinen Organisationsentscheidungen" lässt sich die Unbeachtlichkeit von Vorgangsfehlern in der betrieblichen Sphäre noch konsequenter umsetzen. Nämlich, indem solche Vorgangsfehler nicht nur folgenlos sind, sondern die entsprechenden Erwägungen – vergleichbar einer „großen Organisationsentscheidung" – bis zur Grenze von Missbrauch und Willkür schon nicht kontrolliert werden.
12. Insgesamt ergibt sich damit ein System abgestufter Fehlerfolgen, auf dessen Basis sich der vom BAG bislang geprägte Kontrollmaßstab unter Berücksichtigung verwaltungsrechtlicher Wertungen modifizieren lässt.[714]

B. Ausblick

Die Frage des richtigen Maßes an Vorgangskontrolle wird durch die rasche Verbreitung von KI-Systemen auch am Arbeitsplatz immer größere Bedeutung gewinnen.[715] Hierbei ist denkbar, dass KI-Systeme gegenüber Arbeitnehmern auch Weisungen erteilen, indem sie ihnen Aufgaben zuweisen.[716] Auch ist denkbar, dass ein KI-System eine Auswahl zwischen Arbeitnehmern trifft, sei es zur Aufgabenerledigung oder Versetzung.

Wird nun – wie in dieser Arbeit vertreten – der Entscheidungsvorgang einer Weisung grundsätzlich kontrolliert, müssen KI-Systeme, wie unter anderem von *Lembke* gefordert, so programmiert sein, dass im Einzelfall die wesentlichen Umstände abgewogen und die beiderseitigen Interessen bereits im Zeitpunkt der Entscheidung angemessen berücksichtigt werden.[717] Wann KI-Systeme dazu in der Lage sein werden, ein umfassende Interessenabwägung vorzunehmen, ist – wie *Arnold und Winzer* richtigerweise anmerken – schwer absehbar.[718] Hinzu kommt die Herausforderung, KI-Systeme mit den hierfür erforderlichen Daten zu bespielen.

714 Zum vom Autor vorgeschlagene Kontrollmaßstab findet sich ausführlich oben unter Kapitel 4, C., V., S. 227 ff.

715 Siehe in diesem Zusammenhang etwa die Beiträge von *Höpfner/Daum*, ZfA 2021, 467, *Waas*, KI@Work: neue Regeln für neue Arbeit (2025), S. 84 m.w.N.; *Waas*, Künstliche Intelligenz und Arbeitsrecht (2023), S. 112 f. m.w.N.

716 ArbR 4.0-HdB/*Arnold/Winzer*, § 3, Rn. 270 unter Verweis auf das Beispiel eines japanischen Unternehmens.

717 Henssler/Willemsen/Kalb/*Lembke*, GewO, § 106 GewO Rn. 6; siehe auch oben Kapitel 2, A., I., 3., S. 36 f.

718 ArbR 4.0-HdB/*Arnold/Winzer*, § 3, Rn. 272.

Dass es richtig und wichtig ist, gerade bei KI-Systemen auch den Entscheidungsvorgang in den Blick zu nehmen, zeigen in der Praxis bekanntgewordene Fälle, in denen KI-Systeme zur Personalauswahl zunächst unerkannt eine diskriminierende Auswahl vornahmen. So etwa im Fall von Amazon. Hier wurde ein KI-System zur Bewerberauswahl anhand von Bewerbungen trainiert, die innerhalb der letzten zehn Jahre eingegangen waren.[719] Das KI-System wählte verstärkt einen Bewerbertyp aus, der sich sehr häufig bei Amazon bewarb. Das KI-System bescheinigte diesem Bewerbertyp ein ausgeprägtes Interesse am Unternehmen. Schwierig: Da es in der IT-Branche mehr Männer als Frauen gab, folgerte das KI-System, dass Männer im Vergleich zu Frauen die interessierteren Bewerber seien und filterte Frauen aus dem Bewerbungsprozess verstärkt heraus.[720] Was Amazon im konkreten Fall für externe Einstellungen nutzte, könnte problemlos intern für die Auswahl von zu versetzenden Arbeitnehmern genutzt werden – mit ähnlichen Risiken.

Dieses Beispiel veranschaulicht eindrücklich, welche Risiken entstehen, wenn ein fehlerfreier Entscheidungsvorgang nicht gewährleistet ist und dessen Richtigkeitsgewähr entfällt.

Inzwischen hat auch der Normgeber diese Risiken anerkannt. So sehen beispielsweise die KI-VO (Art. 12, Art. 13 Abs. 1) und die Plattformarbeits-RL (Art. 11) Transparenzpflichten vor, die den Entscheidungsvorgang des KI-Systems nachvollziehbar machen sollen.[721]

Sollen Arbeitgeber die Funktionsweise der von ihnen genutzten KI-Systeme und deren Entscheidungsfindung soweit möglich transparent offenlegen, verdeutlicht dies Zweierlei: Erstens kommt nach der gesetzgeberischen Wertung der Richtigkeitsgewähr eines fehlerfreien Entscheidungsvorgangs gerade bei KI-Systemen eine besondere Bedeutung zu. Erkennt man diese Bedeutung an, ist es zweitens nur folgerichtig, dass der Entscheidungsvorgang des KI-Systems, den sich der Arbeitgeber rechtlich zurechnen lassen muss, gerichtlich kontrolliert wird.[722] Denn andernfalls könnte man sich

---

719 https://t3n.de/news/diskriminierung-deshalb-platzte-amazons-traum-vom-ki-gestuetzten-recruiting-1117076/ (zuletzt abgerufen am 29. Mai 2025).

720 https://www.zeit.de/arbeit/2018-10/bewerbungsroboter-kuenstliche-intelligenz-amazon-frauen-diskriminierung (zuletzt abgerufen am 29. Mai 2025).

721 Siehe Verordnung (EU) 2024/1689 des Europäischen Parlaments und des Rates vom 13. Juni 2024 zur Festlegung harmonisierter Vorschriften für künstliche Intelligenz und Richtlinie (EU) 2024/2831 des Europäischen Parlamentes und des Rates vom 23. Oktober 2024 zur Verbesserung der Arbeitsbedingungen in der Plattformarbeit

722 Zur rechtlichen Zurechnung siehe *Bomhard*, Automatisierung und Entkollektivierung betrieblicher Arbeitsorganisation (2019), S. 53 ff. m.w.N.

den damit verbundenen Aufwand und die technischen Herausforderungen sparen, käme es – wie das BAG bislang meint – einzig darauf an, ob das Ergebnis der Entscheidung objektiv begründbar ist.

Literaturverzeichnis

Agnew, Sinéad (Hrsg.) / Davies, Paul S (Hrsg.) / Mitchell, Charles (Hrsg.): Pensions: Law, Policy and Practice, 1st edition, Verlag Hart Publishing, Oxford 2020 (zitiert als: *Agnew/Davies/Mitchell*, Pensions Law, Policy and Practice (2020)).

Alexy, Robert: Ermessensfehler, in: Alexy, Robert / Koch, Hans-Joachim / Kuhlen, Lothar / Rüßmann, Helmut: Elemente einer juristischen Begründungslehre, S. 251-286, Verlag Nomos, Baden-Baden 2003 (zitiert als: *Alexy*, Ermessensfehler, in: Alexy et al., Elemente einer juristischen Begründungslehre (2003)).

Alexy, Robert: Ermessensfehler, JZ 1986, S. 701-716.

Arnold, Christian (Hrsg.) /Günther, Jens (Hrsg.): Arbeitsrecht 4.0: Praxishandbuch zum Arbeits-, IP- und Datenschutzrecht in einer digitalisierten Arbeitswelt, 2. Auflage, Verlag. C.H. Beck, München 2022 (zitiert als: Arnold/Günther ArbR 4.0-HdB/*Bearbeiter*).

Ascheid, Reiner / Preis, Ulrich / Schmidt, Ingrid: Kündigungsschutzrecht – Großkommentar zum gesamten Recht der Beendigung von Arbeitsverhältnisen, 7. Auflage, Verlag C.H. Beck, München 2024 (zitiert als: Ascheid/Preis/Schmidt/*Bearbeiter*, Kündigungsrecht).

Aschke, Manfred: Gewaltenteilung und verwaltungsgerichtliche Kontrolldichte, in: Selbstbestimmung und Gemeinwohl – Festschrift für Friedrich von Zezschwitz, Verlag Nomos, Baden-Baden 2005 (zitiert als: *Aschke*, in: FS v. Zezschwitz (2005)).

Bachof, Otto: Begriff und Wesen des sozialen Rechtsstaates, VVDStRL 12 (1953), S. 37-79.

Bachof, Otto: Beurteilungsspielraum, Ermessen und unbestimmter Rechtsbegriff im Verwaltungsrecht, JZ 1955, S. 97-102.

Battis, Ulrich (Begr.) /Krautzberger, Michael (Begr.) /Löhr, Rolf-Peter (Begr.): Baugesetzbuch – Kommentar, 15. Auflage, Verlag C.H. Beck, München 2022 (zitiert als: Battis/Krautzberger/Löhr/*Bearbeiter*).

Berkemann, Jörg: Zur Abwägungsdogmatik, ZUR 2016, S. 323-331.

B. Seiwerth, *Die gerichtliche Kontrolle von Arbeitgeberweisungen*, Juridicum – Schriften zum Arbeitsrecht, https://doi.org/10.1007/978-3-658-52310-7

Bitter, Walter / Kiel, Heinrich: 40 Jahre Rechtsprechung des Bundesarbeitsgerichts zur Sozialwidrigkeit von Kündigungen, RdA, 1994, S. 333-358.

Bitzenhofer, Dominik: Grundlagen des Weisungsrechts, Verlag Duncker & Humblot, Berlin 2020 (zitiert als: *Bitzenhofer*, Grundlagen des Weisungsrechts (2020)).

Bogg, Alan: Good Faith in the Contract of Employment: A Case of the English Reserve, Comparative Labor Law & Policy Journal, Volume 32 (2011), Issue 3, S. 729-772

Bomhard, David: Automatisierung und Entkollektivierung betrieblicher Arbeitsorganisation, Axel Springer Verlag, Berlin 2019 (zitiert als: *Bomhard*, Automatisierung und Entkollektivierung betrieblicher Arbeitsorganisation (2019)).

Brodie, Douglas: Beyond Exchange: The New Contract of Employment, Industrial Law Journal, Volume 27 (1998), Issue 2, S. 79-102

Burgi, Martin: Die dienende Funktion des Verwaltungsverfahrens: Zweckbestimmung und Fehlerfolgenrecht in der Reform, DVBl. 2011, S. 1317-1324.

Cappelletti, Mauro: New Perspectives for a Common Law of Europe, 1st edition, Verlag Springer, Heidelberg 1978 (zitiert als: *Cappelletti*, New Perspectives for a Common Law of Europe (1978)).

Davies, Anne: Judicial Self-Restraint in Labour Law, Industrial Law Journal, Volume 38 (2009), Issue 3, S. 278-305

Dütz, Wilheim / Thüsing, Gregor (Verf.): Arbeitsrecht, 29. Auflage, Verlag C.H. Beck, München 2024 (zitiert als: *Dütz/Thüsing*, Arbeitsrecht).

Düwell, Franz Josef (Hrsg.) / Boecken, Winfried (Hrsg.) / Diller, Martin (Hrsg.) Hanau, Hans (Hrsg.): Nomos Kommentar – Gesamtes Arbeitsrecht, 2. Auflage, Verlag Nomos, Baden-Baden 2022 (zitiert als: NK-BGB/*Bearbeiter*).

Ehlers, Dirk (Hrsg.) / Pünder, Hermann (Hrsg.): Allgemeines Verwaltungsrecht, 16. Auflage, Verlag De Gruyter, Berlin 2022 (zitiert als: Ehlers/Pünder/*Bearbeiter*, Allgemeines Verwaltungsrecht).

Ehlers, Dirk: Verwaltung in Privatrechtsform, Verlag Duncker & Humblot, Berlin 1984 (zitiert als: *Ehlers*, Verwaltung in Privatrechtsform (1984)).

Elsner, Thomas: Das Ermessen im Lichte der Reinen Rechtslehre – Rechtsstrukturtheoretische Überlegungen zur Rechtsbindung und zur Letztentscheidungskompetenz des Rechtsanwenders, Verlag Duncker & Humblot, Berlin 2011 (zitiert als: *Elsner*, Das Ermessen im Lichte der Reinen Rechtslehre (2011)).

Engisch, Karl: Einführung in das juristische Denken, 12. Auflage (herausgegeben und bearbeitet von Würtenberger, Thomas und Otto, Dirk), Verlag W. Kohlhammer, Stuttgart 2018 (zitiert als: *Engisch*, Einführung in das juristische Denken (2018)).

Enneccerus, Ludwig (Begr.) / Nipperday, Hans Karl (Bearb.): Lehrbuch des Bürgerlichen Rechts, Band I, 15. Auflage, Verlag Mohr Siebeck, Tübingen 1959 (zitiert als: *Enneccerus/Nipperday*, AT, Band I).

Erbguth, Wilfried: Rechtsschutzfragen und Fragen der §§ 214 und 215 BauGB im neuen Städtebaurecht, DVBl. 2004, S. 802-810.

Erman, Walter (Begr.) / Grunewald, Barbara (Hrsg.) / Maier-Reimer, Georg (Hrsg.) ; Westermann, Harm Peter (Hrsg.): Bürgerliches Gesetzbuch – Kommentar mit Nebengesetzen (AGG, BVersTG, EGBGB, ErbbauRG, ProdhaftG, VBVG, VersAusglG, WEG - teils in Auzügen) und Internationalem Privatrecht, 17. Auflage, Verlag Dr. Otto Schmidt, Köln 2023 (zitiert als: Erman BGB/*Bearbeiter*).

Ernst, Werner (Begr.) / Zinkahn, Willy (Begr.) / Bielenberg, Walter (Begr.) / Krautzberger, Micharl (Fortf.), Baugesetzbuch – Kommentar, Band I, 157. EL November 2024, Verlag C.H. Beck, München 2024 (zitiert als: Ernst/Zinkahn/Bielenberg/Krautzberger/*Bearbeiter*).

Fehling, Michael: Eigenwert des Verfahrens im Verwaltungsrecht, VVDStRL 70 (2011), S. 278-337.

Fitting, Karl (Begr.): Betriebsverfassungsgesetz – Handkommentar, 32. Auflage, Verlag Franz Vahlen, München 2024 (zitiert als: Fitting/*Bearbeiter*, BetrVG).

Gamillscheg, Franz: Die Grundrechte im Arbeitsrecht, AcP 164 (1964), S. 385-445.

Gamillscheg, Franz: Die Grundrechte im Arbeitsrecht, Verlag Duncker u. Humblot, Berlin 1989 (zitiert als: *Gamillscheg*, Die Grundrechte im Arbeitsrecht).

Gärditz, Klaus Ferdinand: „Regulierungsermessen" und verwaltungsgerichtliche Kontrolle, NVwZ 2009, S. 1005-1011.

Gsell, Beate / Krüger, Wolfgang / Lorenz, Stephan / Reymann, Christoph (GesamtHrsg.): beck-online Großkommentar zur Gewerbeordnung, Stand: 1. Dezember 2024, Verlag C.H. Beck, München 2024 (zitiert als: BeckOGK/*Bearbeiter*, GewO).

Henssler, Martin (Verf./Hrsg.) / Willemsen, Heinz Josef (Verf./Hrsg.) / Kalb, Heinz-Jürgen (Verf./Hrsg.): Arbeitsrecht Kommentar, 11. Auflage, Verlag Dr. Otto Schmidt, Köln 2024 (zitiert als: Henssler/Willemsen/Kalb/*Bearbeiter*).

Hofmann, Kai: Assistenzsysteme in der Industrie 4.0 – Arbeitsrechtliche und beschäftigungsdatenschutzrechtliche Fragestellungen in einem automatisierten Arbeitsumfeld, Verlag Nomos, Baden-Baden 2021 (zitiert als: *Hofmann*, Assistenzsysteme in der Industrie 4.0 (2021)).

Höpfner, Clemens / Daum, Jan Alexander: Der „Robo-Boss“ – Künstliche Intelligenz im Arbeitsverhältnis, ZfA 2021, S. 467-501.

Hoyningen-Huene, Gerrick: Die Billigkeit im Arbeitsrecht – ein Beitrag zur rechtsdogmatischen Präzisierung der Billigkeit im Zivilrecht, dargestellt am Beispiel des Arbeitsrechts, Verlag C.H. Beck, München 1978 (zitiert als: *Hoyningen-Huene* Die Billigkeit im Arbeitsrecht (1978)).

Hromadka, Wolfgang: Versetzung durch Weisung – Zu § 106 GewO und zu den §§ 315, 275 Abs. 2 BGB, Festschrift für Gerrick von Hoyningen-Huene, S. 145-156, Verlag C.H. Beck, München 2014 (zitiert als: *Hromadka*, in: FS von Hoyningen-Huene (2014)).

Huber, Peter Michael (Hrsg./Bearb.) / Voßkuhle, Andreas (Hrsg.): Grundgesetz – GG, Band 1: Präambel, Artikel 1-19, 8. Auflage, Verlag C.H. Beck, München 2024 (zitiert als: Huber/Voßkuhle/*Bearbeiter*, GG).

Huck, Winfried (Hrsg.) / Müller, Martin (Hrsg.): Verwaltungsverfahrensgesetz – Beck'sche Kompakt-Kommentare, 4. Auflage, München 2025 (zitiert als: Huck/Müller/*Bearbeiter*).

Hufen, Friedhelm: Verwaltungsprozessrecht, 12. Auflage, Verlag C.H. Beck, München 2021 (zitiert als: *Hufen*, Verwaltungsprozessrecht).

Ibler, Martin: Rechtspflegender Rechtsschutz im Verwaltungsrecht, Verlag Mohr Siebeck, Tübingen 1999 (zitiert als: *Ibler*, Rechtspflegender Rechtsschutz im Verwaltungsrecht (1999)).

Isensee, Josef (Hrsg.) / Kirchhof, Paul (Hrsg.): Handbuch des Staatsrechts – Grundrechte: Wirtschaft, Verfahren, Gleichheit, Band VIII, 3. Auflage, Verlag C.F. Müller, Heidelberg 2010 (zitiert als: Isensee/Kirchhof/*Bearbeiter*, Handbuch des Staatsrechts, Band VIII).

Jarass, Hans D. (Begr./Bearb.) / Pieroth, Bodo (Begr.) / Kment, Martin (Bearb.), Grundgesetz für die Bundesrepublik Deutschland, 18. Auflage, Verlag C.H. Beck, München 2024 (zitiert als: Jarass/Pieroth/*Bearbeiter*, GG).

Jauernig, Othmar (Begr.) / Stürner, Rolf (Hrsg.): Bürgerliches Gesetzbuch – mit Rom-I-VO, Rom-II-VO, Rom-III-VO, EG-UnthVO/HUntProt und EuErbVO – Kommentar, 23. Auflage, Verlag. C.H. Beck, Mücnhen 2023 (zitiert als: Jauernig/*Bearbeiter*, BGB).

Jesch, Dietrich: Unbestimmter Rechtsbegriff und Ermessen in rechtstheoretischer und verfassungsrechtlicher Sicht, AöR 82 (1957), S. 163-249.

Junker, Abbo: Grundkurs Arbeitsrecht, Verlag C.H. Beck, München 2024 (zitiert als: *Junker*, Grundkurs Arbeitsrecht).

Kahl, Wolfgang (Hrsg.) / Ludwigs, Markus (Hrsg.): Handbuch des Verwaltungsrechts – Band 1: Grundstrukturen des deutschen Verwaltungsrechts (zitiert als: Kahl/Ludwigs/*Bearbeiter*, Handbuch des Verwaltungsrechts).

Kahn-Freund, Otto: On Uses and Misuses of Comparative Law' (1974), The Modern Law Review, Volume 37, Issue 1, S. 1-27

Kellner, Hugo: Zum Beurteilungsspielraum – Zugleich ein Beitrag zu den Verhandlungen der öffentlich-rechtlichen Abteilung des Deutschen Juristentages 1962 über Zusagen in der öffentlichen Verwaltung, DÖV 1962, S. 572-583.

Kiel, Heinrich (Hrsg.) / Lunk, Stefan (Hrsg.) / Oetker, Hartmut (Hrsg.): Münchener Handbuch zum Arbeitsrecht, Bd. 1: Individualarbeitsrecht I, 6. Auflage, Verlag C.H. Beck, München 2024 (zitiert als: MHdB ArbR/*Bearbeiter*).

Klocke, Daniel: Die Vermutung aufklärungsrichtigen Verhaltens bei fehlerhafter Information nach § 613 a Abs. 5 BGB, RdA 2017, S. 311-315.

Kment, Martin / Vorwalter, Sebastian: Beurteilungsspielraum und Ermessen, JuS 2015, S. 193-201.

Kolbe, Sebastian: Anmerkung zu BAG, Beschluss vom 14. Juni 2017 – 10 AZR 330/16 (A), AP GewO § 106 Nr. 36.

Kopp, Ferdinand (Begr.) / Schenke, Wolf-Rüdiger (Hrsg.): Verwaltungsgerichtsordnung – Kommentar, 30. Auflage, Verlag C.H. Beck, München 2024 (zitiert als: Kopp/Schenke/*Bearbeiter*, VwGO).

Kothe, Wolfhard / Liebsch, Matthias: Auswirkungen eines unterlassenen BEM auf das Direktionsrecht des Arbeitgebers, jurisPR-ArbR 36/17 Anm. 5.

Kraushaar, Bernhard: Krankenrückkehrgespräche und Betriebsrat, NZA 2005, S. 913-918.

Landmann, Robert von / Rohmer, Gustav (Begr.): Gewerbeordnung – Kommentar, Stand: 93. Ergänzungslieferung März 2024, Verlag C.H. Beck, München 2024 (zitiert als: Landmann/Rohmer/*Bearbeiter*, GewO).

Larenz, Karl: Lehrbuch des Schuldrechts, Band I: Allgemeiner Teil, 14. Auflage, Verlag C.H. Beck, München 1987 (zitiert als: *Larenz*, Schuldrecht I, AT).

Lewis, Roy: Kahn-Freund and Labour Law: an Outline Critique, Industrial Law Journal, Volume 8 (1979), Issue 1, S. 202-221

Lücke, Jörg: Begründungszwang und Verfassung – Zur Begründungspflicht der Gerichte, Behörden und Parlamente, Verlag Mohr Siebeck, Tübingen 1987 (zitiert als: *Lücke*, Begründungszwang und Verfassung (1987)).

Maunz, Theodor (Begr.) / Dürig, Günter (Begr.) / Herzog, Roman (Hrsg.) / Scholz, Rupert (Hrsg.) / Herdegen, Matthias (Hrsg.) / Klein, Hans H. (Hrsg.): Grundgesetz – Kommentar, Band III, Stand: 106. Ergänzungslieferung Oktober 2024, Verlag C.H. Beck, München 2024 (zitiert als: Dürig/Herzog/Scholz/*Bearbeiter*, GG).

Maunz, Theodor (Begr.) / Schmidt-Bleibtreu, Bruno (Verf.) / Klein, Franz (Verf.) / Bethge, Herbert (Verf.): Bundesverfassungsgerichtsgesetz – Kommentar, Band 1, Werkstand: 64. Ergänzungslieferung August 2024, Verlag C.H. Beck, München 2024 (zitiert als: Schmidt-Bleibtreu/Klein/Bethge/*Bearbeiter*, BVerfGG).

Maurer, Hartmut / Waldhoff, Christian: Allgemeines Verwaltungsrecht, 21. Auflage, Verlag C.H. Beck, München 2024 (zitiert als: *Maurer/Waldhoff*, Allgemeines Verwaltungsrecht).

Mayer, Otto: Deutsches Verwaltungsrecht, I. und II. Band, unveränderter Nachdruck der 1924 erschienenen 3. Auflage, Verlag Duncker & Humblot, Berlin 2004 (zitiert als: *Mayer*, Deutsches Verwaltungsrecht, 3. Auflage 1924).

Müller-Glöge, Rudi (Hrsg.) / Preis, Ulrich (Hrsg.) / Schmidt, Ingrid (Hrsg.): Erfurter Kommentar zum Arbeitsrecht, 25. Auflage, Verlag C.H. Beck, München 2025 (zitiert als: ErfK/*Bearbeiter*).

Musielak, Hans-Joachim (Hrsg.) / Voit, Wolfgang (Hrsg.): Zivilprozessordnung mit Gerichtsverfassungsgesetz – Kommentar, 17. Auflage, Verlag Franz Vahlen, München 2020 (zitiert als: Musielak/Voit/*Bearbeiter*, ZPO).

Neumann, Dirk (Bearb.) / Pahlen, Roland (Bearb.) / Greiner, Stefan (Bearb.) / Wnkler, Jürgen (Bearb.) / Jabben, Jürgen (Bearb.): Sozialgesetzbuch IX (Rehabilitation und Teilhabe behinderter Menschen) – Kommentar, 15. Auflage, Verlag C.H. Beck, München 2024 (zitiert als: NPGWJ/*Bearbeiter*).

Pfrang, Sebastian: Das Ausbleiben arbeitsrechtlicher Weisungen im Arbeitsverhältnis, Verlag Nomos, Baden-Baden 2020 (zitiert als: *Pfrang,* Das Ausbleiben arbeitsrechtlicher Weisungen im Arbeitsverhältnis (2020)).

Posser, Herbert (Hrsg.) / Wolff, Heinrich Amadeus (Hrsg.) / Decker, Andreas (Hrsg.): Beck'scher Online-Kommentar zur VwGO, Stand: 73. Edition April 2025, Verlag C.H. Beck, München 2025 (zitiert als: BeckOK VwGO/*Bearbeiter*).

Preis, Ulrich / Ulber, Daniel: Die Rechtskontrolle von Betriebsvereinbarungen, RdA 2013, S. 211-226.

Quabeck, Christian: Dienende Funktion des Verwaltungsverfahrens und Prozeduralisierung, Verlag Mohr Siebeck, Tübingen 2010 (zitiert als: *Quabeck*, Dienende Funktion des Verwaltungsverfahrens und Prozeduralisierung (2010)).

Raimund, Brühl: Das Ausweisungsrecht in Studium und Praxis, JuS 2016, S. 23-29.

Reichold, Hermann: Arbeitsrecht, 7. Auflage, Verlag C.H. Beck, München 2022 (zitiert als: *Reichold*, Arbeitsrecht).

Reichold, Hermann: Betriebsverfassung als Sozialprivatrecht – historisch-dogmatische Grundlagen von 1848 bis zur Gegenwart, Verlag C.H. Beck, München 1995 (zitiert als: *Reichold*, Betriebsverfassung als Sozialprivatrecht (1995)).

Reichold, Hermann: Grundlagen und Grenzen der Flexibilisierung im Arbeitsvertrag, RdA 2002, S. 321-333.

Reichold, Hermann: Religionsfreiheit und Arbeitsverhältnis, ZfA 2019, 82-97.

Repey, Marc: Die unternehmerische Entscheidung bei Versetzungen, ArbRAktuell 2017, S. 214-216.

Richardi, Reinhard (Hrsg.): Betriebsverfassungsrecht mit Wahlordnung, 17. Auflage, Verlag C.H. Beck, München 2024 (zitiert als: Richardi/*Bearbeiter*, BetrVG).

Rieble, Volker: Die Kontrolle des Ermessens der betriebsverfassungsrechtlichen Einigungsstelle : entwickelt aus einem Vergleich der Kontrolle behördlichen, gerichtlichen und privaten Ermessens, Verlag Recht und Wirtschaft, Heidelberg 1990 (zitiert als: *Rieble*, Die Kontrolle des Ermessens der betriebsverfassungsrechtlichen Einigungsstelle (1990)).

Rolfs, Christian (Hrsg.) / Giesen, Richard (Hrsg.) / Meßling, Miriam (Hrsg.) / Udsching, Peter (Hrsg.): Beck'scher Online-Kommentar Arbeitsrecht, 75. Edition März 2025, Verlag C.H. Beck, München 2025 (zitiert als: BeckOK ArbR/*Bearbeiter*).

Rolfs, Christian: Die Inhaltskontrolle arbeitsrechtlicher Individual- und Betriebsvereinbarungen, RdA, 2006, S. 349-356.

Ruffert, Matthias: Von Lüth zum Stadionverbot – und darüber hinaus?, JuS 2020,
S. 1-6.

Sachs, Michael (Hrsg.): Grundgesetz – Kommentar, 10. Auflage, Verlag C.H. Beck, München 2024 (zitiert als: Sachs/*Bearbeiter*).

Säcker, Franz Jürgen (Hrsg.) / Rixecker, Roland (Hrsg.) / Oetker, Hartmut (Hrsg.) / Limperg, Bettina (Hrsg.) / Schubert, Claudia (Hrsg.): Münchener Kommentar zum Bürgerlichen Gesetzbuch, Band 3, 9. Auflage, Verlag C.H. Beck, München 2022 (zitiert als: MüKoBGB/*Bearbeiter*).

Saurer, Johannes: Heilung von Verfahrensfehlern in umweltrechtlichen Zulassungsverfahren, NVwZ 2020, S. 1137-1143.

Saurer, Johannes: Klimaschutz und Abwägungsentscheidungen in der raumbezogenen Planung, EurUP 2018, S. 183-187.

Scharl, Anna Ingeborg: Die Schutznormtheorie – Historische Entwicklung und Hintergründe, Verlag Duncker & Humblot, Berlin 2018 (zitiert als: *Scharl*, Die Schutznormtheorie (2018)).

Schaub, Günter (Begr.) / Ahrendt, Martina (Bearb.) / Koch, Ulrich (Bearb.) / Linck, Rüdiger (Bearb.) / Rinck, Ursula (Bearb.) / Rennpferdt, Maren (Bearb.) / Treber, Jürgen (Bearb.) / Vogelsang, Hinrich (Bearb.): Arbeitsrechts-Handbuch – Systematische Darstellung und Nachschlagewerk für die Praxis, 20. Auflage, Verlag C.H. Beck, München 2023 (zitiert als: Schaub ArbRHdB/*Bearbeiter*).

Schauß, Lena-Marie: Der Umgang mit unbilligen Arbeitgeberweisungen, ArbRAktuell 2016, S. 518-521.

Schiefer, Bernd: Betriebsbedingte Kündigung – Kündigungsursache und Unternehmerentscheidung, NZA-RR 2005, S. 1-12.

Schirmer, Th.: Arbitrium merum und arbitrium boni viri, AcP 91 (1901), S. 136-141.

Schlacke, Sabine: Die Novelle des UmwRG 2017, NVwZ 2017, S. 905-912.

Schoch, Friedrich (Hrsg.) / Schneider, Jens-Peter (Hrsg.): Verwaltungsrecht VwGO – Kommentar, Band I, Loseblattsammlung, Stand: Juli 2020, 46. Ergänzungslieferung August 2024, Verlag C.H. Beck, München 2024 (zitert als: Schoch/Schneider/*Bearbeiter*, VwGO).

Schoch, Friedrich (Hrsg.), Schneider, Jens-Peter (Hrsg.): Verwaltungsverfahrensgesetz – VwVfG, Stand: 6. Ergänzungslieferung November 2024, Verlag C.H. Beck, München 2024 (zitiert als: Schoch/Schneider/*Bearbeiter*, VwVfG).

Schoch, Friedrich: Der unbestimmte Rechtsbegriff im Verwaltungsrecht, JURA 2004, S. 612- 614.

Schönleiter, Ulrich / Viethen, Hans Peter: Die Dritte GewO-Novelle, GewArch 2003, S. 129-137.

Sebastian, Eberz: Konkurrenz direktionsrechtlicher Normen und ihre Systemfolge für die Weisungserteilung Dritter, Verlag Utzverlag, München 2018, (zitiert als: *Eberz*, Konkurrenz direktionsrechtlicher Normen und ihre Systemfolge für die Weisungserteilung Dritter (2018)).

Söllner, Alfred: Einseitige Leistungsbestimmungen im Arbeitsverhältnis, Verlag der Akademie der Wissenschaften und der Literatur in Mainz, Wiesbaden 1966 (zitiert als: *Söllner*, Alfred: Einseitige Leistungsbestimmungen im Arbeitsverhältnis (1966)).

Spannowsky, Willy (Hrsg.) / Uechtritz, Michael (Hrsg.): Beck'scher Online-Kommentar zum BauGB, Stand: 65. Edition Februar 2025, Verlag C.H. Beck, München 2025 (zitiert als: BeckOK BauGB/*Bearbeiter*).

Staudinger, Julius von: Kommentar zum Bürgerlichen Gesetzbuch mit Einführungsgesetz und Nebengesetzen, Buch 2: Recht der Schuldverhältnisse: §§ 315-326 (Leistungsstörungsrecht 2), 16. Auflage, Verlag Otto Schmidt – De Gruyter, Berlin 2020 (zitiert als: Staudinger/*Bearbeiter*).

Staudinger, Julius von: Kommentar zum Bürgerlichen Gesetzbuch mit Einführungsgesetz und Nebengesetzen, Buch 2: Recht der Schuldverhältnisse: Einleitung zum Schuldrecht; §§ 241-243: (Treu und Glauben), Neubearbeitung, Verlag Otto Schmidt – De Gruyter, Berlin 2024 (zitiert als: Staudinger/*Bearbeiter*).

Stein, Peter: Betriebsbedingte Kündigung und unternehmerische Entscheidung, Kritische Justiz 2001, S. 282-299.

Stelkens, Klaus (Begr./Hrsg.) / Bonk, Heinz Joachim (Begr.) /Sachs, Michael (Hrsg.): Verwaltungsverfahrensgesetz – Kommentar, 10. Auflage, Verlag C.H. Beck, München 2023 (zitiert als: Stelkens/Bonk/Sachs/*Bearbeiter*, VwVfG).

Stern, Klaus: Ermessen und unzulässige Ermessensausübung – Eine Analyse der subjektiven und objektiven Elemente, Verlag Duncker & Humblot, Berlin 1964 (zitiert als: *Stern*, Ermessen und unzulässige Ermessensausübung (1964)).

Stickelbrock, Barbara: Inhalt und Grenzen richterlichen Ermessens im Zivilprozeß, Verlag Otto Schmidt, Köln 2002 (zitiert als: *Stickelbrock*, Inhalt und Grenzen richterlichen Ermessens im Zivilprozeß (2002)).

Teubner, Gunther: Legal Irritants: Good faith in British Law or How Unifying Law Ends Up in New Divergences (1998), The Modern Law Review, Volume 61, Issue 1, S. 11-32.

Ule, Carl Hermann: Zur Anwendung unbestimmter Rechtsbegriffe im Verwaltungsrecht, in: Bachof, Otto (Hrsg.) et al., Forschungen und Berichte aus dem Öffentlichen Recht – Gedächtnisschrift für Walter Jellinek, S. 309-330, Verlag Günter Olzog, München 1955 (zitiert als: *Ule*, in: GS Jellinek (1955)).

Voßkuhle, Andreas / Eifert, Martin / Möllers, Christoph (Hrsg.): Grundlagen des Verwaltungsrechts, Band II, 3. Auflage, Verlag C.H. Beck, München 2022 (zitiert als: Voßkuhle/Eifert/Möllers/Voßkuhle/*Bearbeiter*, Grundlagen Verwaltungsrecht II).

Voßkuhle, Andreas / Eifert, Martin / Möllers, Christoph (Hrsg.): Grundlagen des Verwaltungsrechts, Band I, 3. Auflage, Verlag C.H. Beck, München 2022 (zitiert als: Voßkuhle/Eifert/Möllers/*Bearbeiter*, Grundlagen Verwaltungsrecht I).

Voßkuhle, Andreas: Bruch mit einem Dogma: Die Verfassung garantiert Rechtsschutz gegen den Richter, NJW 2003, 2193-2200

Voßkuhle, Andreas: Grundwissen – Öffentliches Recht: Der Grundsatz der Verhältnismäßigkeit, JuS 2007, S. 429-431.

Waas, Bernd: KI@Work: neue Regeln für neue Arbeit, Verlag Franz Vahlen, München 2025, (zitiert als: *Waas*, KI@Work: neue Regeln für neue Arbeit (2025)).

Waas, Bernd: Künstliche Intelligenz und Arbeitsrecht (2023), Bund-Verlag, Frankfurt am Main 2023 (zitiert als: *Waas*, Künstliche Intelligenz und Arbeitsrecht (2023)).

Wahl, Rainer: Das Verhältnis von Verwaltungsverfahren und Verwaltungsprozessrecht in europäischer Sicht, DVBl 2003, S. 1285 - 1293.

Waltermann, Raimund: Arbeitsrecht, 20. Auflage, Verlag Franz Vahlen, München 2021 (zitiert als: *Waltermann*, Arbeitsrecht).

Wiese, Günther (Begr.) / Kreutz, Peter (Hrsg.) / Oetker, Hartmut (Hrsg.): Gemeinschaftskommentar Betriebsverfassungsgesetz, Band II, 12. Auflage, Verlag Wolters Kluwer Deutschland, Hürth 2022 (zitiert als: GK-BetrVG/*Bearbeiter*).

Williamson, Oliver Eaton: The Economic Institutions of Capitalism – Firms, Markets, Relational contracting, Verlag Free Press / Macmillan, New York 1985 (zitiert als: *Williamson*, The Economic Institutions of Capitalism (1985)).

Williamson, Oliver Eaton: The Mechanisms of Governance, Verlag Oxford University Press, New York 1996 (zitiert als: *Williamson*, The Mechanisms of Governance (1996)).

Wolff, Hans J. (Begr.) / Bachof, Otto (Hrsg.) / Stober, Rolf (Hrsg.) / Kluth, Winfried (Hrsg.) / Korte, Stefan (Hrsg.) / Eisenmenger, Sven (Hrsg.): Verwaltungsrecht: Band I, 13. Auflage, Verlag C.H. Beck, München 2017 (zitiert als: *Wolff*, Verwaltungsrecht I).

Zweigert, Konrad / Kötz, Hein: An Introduction to comparative law, 3rd edition reprinted, Oxford University Press, Oxford 2011 (zitiert als: Zweigert, K., & Kötz, H., 'Introduction to comparative law (3th ed. reprinted)' (2011)).

FSC
www.fsc.org
MIX
Papier | Fördert gute Waldnutzung
FSC® C083411

Kolibri 360 GmbH
Ferdinand-Jühlke-Straße 7
99095 Erfurt, Deutschland
produktsicherheit@kolibri360.de